听与说

社会学电邮集
2012-2013

吕炳强 李越民 孙宇凡 刘拥华 ◎著

中国社会科学出版社

图书在版编目（CIP）数据

听与说：社会学电邮集：2012～2013/吕炳强等著．—北京：中国
社会科学出版社，2015.6
ISBN 978 - 7 - 5161 - 5559 - 2

Ⅰ.①听… Ⅱ.①吕… Ⅲ.①社会学—文集 Ⅳ.①C91 - 53

中国版本图书馆 CIP 数据核字（2015）第 032583 号

出 版 人 赵剑英
责任编辑 陈雅慧
责任校对 王 斐
责任印制 戴 宽

出 版 中国社会科学出版社
社 址 北京鼓楼西大街甲 158 号
邮 编 100720
网 址 http：//www.csspw.cn
发 行 部 010 - 84083685
门 市 部 010 - 84029450
经 销 新华书店及其他书店

印 刷 北京市大兴区新魏印刷厂
装 订 廊坊市广阳区广增装订厂
版 次 2015 年 6 月第 1 版
印 次 2015 年 6 月第 1 次印刷

开 本 710×1000 1/16
印 张 27.75
插 页 2
字 数 455 千字
定 价 88.00 元

目　　录

2012 年

社会学本来便是舶来品,便没有太大的理由不接受西方化。

来,而是能动性(agency)或局外人(社会学家便是)把它从外插进贝叶斯表示式之中。

我认为,社会学的两个课题在执行上有一个差别。思辨课题(speculative project)适合单干户,科学课题(scientific project)只能是在群体分工合作中进行。

意向性(其实是一个时间概念)无疑是胡塞尔现象学的基石,但是我还是喜欢奥古斯丁的时间概念(在过去的现在中记忆,在现在的现在中注意,在将来的现在中期望)。我喜欢后者的纯朴,贴近行动者的心灵。

我个人认为,分析哲学有一死穴,就是处理不好时间概念。

关系那一重意义上的 intersubjectivity 必须视之为另一个存在论
事体(ontological entity)……不妨借用"主体间性"一词作其汉
名……主体间性是不带肉身的。

相反,交互主体性(intersubjectivity 另一汉名)(一网络的主体性)
却是带着众多肉身的,因为每一个主体性都是带着肉身。

阶段可以不理脑神经生物学。

克理斯玛(作为肉身、行动者)便背负了一种正当性的形象。

2013 年

横渠先生的理学是个社会理论,是在社会学的思辨课题之中。

若不考虑本体论或实在论,对理论社会学的建立会产生什么关键
的缺漏?

你说:"在社会学理论这个领域,未必所有人同意社会学要从本
体论出发去思考。"你说得太客气了。真实情况是,根本上没有
哪几位社会学家曾经想过这个问题⋯⋯

随着种(应用理论)不断地繁衍,属(纯粹理论 = 分析方法)也不
断地(相对缓慢地)繁衍,保证不会出现反例(counter-example)!

我已经写好我的第一份"功课"。我尝试分析洛根(John R. Log-
an)与摩洛奇(Harvey L. Molotch)的 *Urban Fortunes*(《都市财
富》)里的实在论。

"都市"社会过程的关键就是使用价值和交换价值(use value—
exchange value)的冲突。

你不妨尝试绘出 *Urban Fortunes* 整本书的语意学系统。

收到你的回应,有两点不明白。明天我会整理好洛根和摩洛奇的
语意学系统。

(我)这个示范指出了如何阅读语意学系统:读者必须尽量从不
同的焦点重组这个系统,方能读出其中的多重意义。

是不是我的功力问题,产生这问题?还是这是正常的?

你先看看这个修改过的语意学系统是否符合 *Urban Fortunes* 的原
文,然后从它再看你原来的困难和观感。

博任纳……借用哈维的"都市化"过程……稍作修正后就套用为
他的国家空间建构的过程。

的一个)更大!

对麦鲁恒来说,媒体的改变是要依靠新的科技。个别知识分子也许在媒体限制有所突破,成为艺术史上的鬼才,但媒体仍然存在。

我一直没有把沟通和交易的媒介(medium)安置在实在论和诠释论,没有把它俩视为他性,只是以并未明言的方式安插在交互主体性(社会过程、社会制度)之中。

您认为媒介应该要到了实在论才引入,因为本体论没有可以容纳媒介的位置?

我是极度尊重主体性,如非必要,绝不愿意在我的理论社会学里限制他的自主性,还要尽量保持他的奥秘。这……可以说是一种理论美学(theoretical aesthetics)……

自然可否进而成为行动者的他性?

事实上,"一旦从自然分裂出去",理性已经"超越自然"了,何须再多事?

学士学位论文《发现气学社会学之旅》已写好。

看过你的毕业论文稿,可以给你一些意见。

我重新安排你论文中的……一些符号。

费—叶—孙理论的最明显缺失是没有把"自我"区分为"能动性"

和"他性",以致"差序格局—差序性自我"这组对立意义不清。

我想把科尔曼加入我今年秋季的社会学—哲学讲课里……课程
大纲里的两个社会学分析都是你先告诉我,我才知道或留意的。
十分感谢。

就检验假设的惯例来说,研究者先接受零假设为真,那挑战零假
设的假设便是备择假设。

我明白你推动我阅读组织社会学著作的背后善意:确实,我关于
"他性"的构想若是不进一步发展,不跟"法人行动者"扯上关
系,……我的理论社会学恐怕也无力收编组织社会学……为
案例。

我觉得有关意见访查的假想那一节最为有趣。一个基于存在论
的理论社会学竟然能够说明为何意见访查收集回来的数据可以
供社会学家做实证研究!

很久没有练习绘制语意学系统了,我这次的练习样本是拉米雷斯
和克里斯汀生去年在 *Higher Education*……发表的文章"The For-
malization of the University: Rules, Roots and Routes"。

唐世平的代表著作有《论社会进化》和《论制度变迁的广义理
论》。

《社会科学的基础范式》是唐世平为提出社会进化范式而作的准
备。《制度变迁的广义理论》是他的同名著作的概括,是篇工作
论文。

要适当看待巴斯卡的实在论,必须要跟其他实在论比较……我个
人认为舒茨(Schutz)的最佳,他是从现象学出发。艾耶尔(Ayer)
是从逻辑实证论出发,最糟糕。巴斯卡……属于英国当代分析哲
学一系,居中。

（唐世平:）"……自从诞生以来,人类取得了长足的进步,尽管这
种进步是不均匀的甚至有所反复。"

试想想:该把它安置在索—布话说网络哪一面? 资本话说还是价
值话说? 谁爱说它? 主子(Herr)还是老百姓?

您说韦伯也是有意于做理论社会学,只是没成功。他的书写方式
是新康德主义式的,先界定关键概念再展开语意学系统,但是,当
语言值溢出定义,理论社会学构建便宣布失败。

社会达尔文主义……强调不同物种间的竞争。达尔文生物进化
论并不重视这样的竞争,而是强调能适应于外在环境 ……的物
种就可以生存下来,不能适应的……也会被淘汰。

韦伯似乎……把社会达尔文主义与达尔文(生物进化论)……混
淆了。

我们没有本事把社会世界写为几条数学方程式,但是总可以把各
派的社会学理论所蕴含的符号学系统写出来。如何一来,这些理
论便可以在符号学系统的层面上进行整合,理论社会学终于成为
可能!

仅仅在个别领域的社会学理论层面上"整合"(to integrate) 跟一
个理论社会学从上朝下伸向社会学理论层面"收编"(to recruit)
终归不是同一回事,我认为是应该仔细区分的。

你没有仔细分析文中关于奥斯陆大学和斯坦福大学的历史叙述
（historical account），我却在这个叙述中看到众多的"自然人"
（natural person），也看到他们的行动历程。

新制度主义者十分坚定地要确立"组织"（organization）的存在论
地位。
确定了它不是主体性、能动性或交互主体性之后，我们便可以转
去考虑它是否有可能是对象性、他性或交互对象性。

你的分析最令人惊奇的地方就是，即使把组织这个符号嵌入你的
理论社会学中，仍然与科尔曼的方法论个人主义（methodological
individualism）无所冲突。

我尝试绘制此两篇文章的语意学系统，却不得要领。我想问吕先
生：我的想法是否有问题，致使这个绘制遇到重重的困难？

可以想象，很多人会不同意你的"理论社会学—社会学理论"的
对立，尤其是致力于理论整合的社会学理论家……

近日找工作忙，但我在忙碌之中，也抽点时间绘制韦伯关于股票
和期货交易的两篇文章的语意学系统，调解一下苦闷的心情。

"Theoretical research program"其实是什么样的东西呢？

美国社会学界文字风格的弊端之一就是在习惯上以简单的文字
去说明一些其实是无法简单地说明的事情,因而遮蔽了个中并不
简单的内情。

但是,科学不单只需要天天进步,还需要在发生危机时掀起革命。
科学能没有危机吗? ……社会学的吊诡之处却是:以它目前的情
况看,危机是不可能发生的。

我……忘记了理论研究纲领（theoretical research program）（科学
课题的一部分）必然要在科学共同体（一个交互主体性）之中,理
论发展就是这个交互主体性（即社会过程）的产物。

理论社会学的探究和分析只集中在自己与特定社会学理论二者
的语意学系统的比较分析……而且是从自己的系统审视后者的
系统。这样的探究和分析绝无实证研究的成分。

序　一

　　这本书收录了我和几位青年社会学者的电邮往来，我听他们说，他们听我说。论年龄，我是他们的爷辈。论专业学历，他们之中有社会学的学士、硕士、博士，我连孙辈也当不上，我没有念过社会学，却搞理论社会学。这个作者组合不无怪异，我们却能彼此用心听与说，偶有灵光一闪。

　　也是一种缘分吧，我们只是在这三几年里萍水相逢。孙宇凡是2012年自己找上门来的，刘拥华是孙宇凡介绍我认识的，李越民是2009—2010年自己来旁听我在香港中文大学哲学系开的硕士课时认识的。论学校，宇凡在安徽大学念书；拥华在吉林大学念书，在华东师范大学教学；越民在香港中文大学念书兼教学；我2009年退休前在香港理工大学应用社会科学系教学。

　　电邮里的话题完全随意。各人的学术兴趣不一，他们是随着自己的兴趣来问，他们问得多，我是答得多。之所以如此，我想是由于我在过去的十多年致力于发展自己的理论社会学，拥华和宇凡看到了我的一些文章，有兴趣向我追问。越民恐怕是给我的社会学—哲学讲课弄糊涂了，到了他完成硕士学位论文后，有空才来追问。

　　我总是从我自己的理论社会学来回答。对于拥华、越民和宇凡来说，他们看过我的一些文章，对我的回答不至于茫无头绪，但是会有疑问。这是应该的，学问就是学和问，学而不思（思能不带来问吗？）则罔。他们在电邮里不断追问。

　　对于不熟悉社会学的读者来说，这本电邮集揭开了一个勇敢新世界。先说个自然科学的例子，方便读者明白。化学家早就说了，$C_3H_6N_6$就是三聚氰胺（Melamine）。今天，人们知道三聚氰胺能够令牛奶味道浓郁（知道能够便足够了，无须知道如何）。于是，人们有了几年前还没有的新常识，凭着它来明白美味的牛奶是怎么生产出来的。我说的是行外常识（outsider commonsense），不是行内知识（insider knowledge）。行外人如我会知道 $C_3H_6N_6$ 的个中含义吗？

可惜，在社会世界这方面，我们的情况却差得多。从全球范围来说，是不是社会科学这些年来真的毫无长进呢？恐怕不是。仅就社会学而言，我个人相信，过去百年的努力正令这个学科（discipline）处于一个大突破的时刻，只是有关的行内知识并没有转为人们的行外常识而已。有证据吗？我以为，至少这本电邮集便是个旁证。

稍稍翻翻这本电邮集，你会惊讶社会学竟然术语（jargon）遍野，有些名词和概念竟然像三聚氰胺那样貌若高深。这个令人却步的第一印象（prima facie），只要你再花几分钟看一两封电邮，便会消退不少。原因是，在我们的来往邮件里，为了令自己明白对方所说，我们彼此都要求对方把他的知识（$C_3H_6N_6$）转为我能明白的常识（那能使牛奶味道浓郁的东西）。

化学分为许多小学科（sub-discipline），社会学分为许多学派（school）。学派跟小学科不是同一回事，不过，作为一个比方可暂且算是。化学家为了小学科之间的沟通，免不了要把众小学科里的知识转为整个学科都能明白的"知识"，那不就是行内常识吗？行内常识再往前走一步不就是行外常识吗？跟化学相比，社会学要走这两步都不难。社会学的学派知识还不至于那么 $C_3H_6N_6$。

我想，社会学同行才是真正要花点精神来看这本电邮集的读者，因为他们面对的是行内的一个勇敢新世界。同行们很快便可以看出，我们之间的讨论总是徘徊在社会学已有的文本丛中，不外乎是涂尔干、韦伯、马克思等师祖爷们及其至今的徒子徒孙的著作。为了避免堕入思而不学则殆的困境，我们尽力保持自己的所说在社会学的大传统（它是由众多互相争吵的学派组成的）之中。其后果之一是，所有在这本电邮集中出现的社会学专用词几乎都是从社会学各学派的著作中借来的，不妨说是词词有本。

但是，在这个词词有本的社会学词汇里，同行们会逐渐看见一个理论社会学的呈现，而且恐怕是他们以前没有见过的一种。这个理论社会学是由一个存在论（ontology）、一个实在论（realism）、一个诠释论（hermeneutics）顺序组成的。它的存在论带入了一些哲学专用词，也是词词都有所本的，但恐怕不是所有社会学家都熟悉的。它的诠释论完全属于贝叶斯主义（Bayesianism），是一种较少人研究的非主流的认识论（epistemology）。社会学家绝大多数都念过概率理论（probability theory）里的贝叶斯定理（Bayes's theorem），却不一定念过认识论里的贝叶斯主义。

且不说读者是否同意这个理论社会学，光是理解这个陌生的理论社会学便要花点精神了。我是它的始作俑者，若是真的有社会学同行愿意花精神看，当然是不胜荣宠的了。

一本书可以有多个读法，我向不熟悉社会学的读者建议一个比较轻松的，读者不妨先从目录中找熟悉的或感兴趣的翻着看。爱读书的读者大概总会找到只言片语是你熟悉的或感兴趣的，这是你冒险闯进社会学的勇敢新世界的起步点。

吕炳强

序　二

对于目前只能做"抽屉学术"的我来说，得知吕老师准备把我们的电邮录结集出版，心中有种难以言表的感觉。

回想刚和吕老师建立联系时，我一边备战雅思，一边偷闲找些撰写研究计划所需的文献。在豆瓣读书网站上，当我看到《我思、我们信任，社会之奥秘》这本书时，又一次懊恼自己身在内地，不易购买港台书籍。谁知我的联想能力再次"泛滥"，想到此书作者在《社会学研究》《社会》发表文章时曾在注释中留下电子邮箱。然后，不知哪来的勇气，竟发了封"希望吕老师惠赠著作"的电子邮件。再然后，不知哪来的缘分，竟一聊至今，收录成集。

想到我的邮件内容，文意肤浅而又不着边际，吕老师却每次都认真回答我、指引我，让我感动。心想，一个普通学校的普通学生竟然有机会向功力精深的老师直接学习。

梳理一下，我确实学到两样十分重要的知识：一是生活美学，二是理论美学。前种知识体现在吕老师丰富的人生阅历上。他每每谈及自己的经商与生活，尤其是对诸多复杂情境的拿捏与化解，都对我产生不易言明的人生启发。后种知识诚如我的学士学位论文中致谢部分写的那样："吕先生让我对概念的选择性亲和有了更深的认识。"是的，"概念的选择性亲和"不正体现一个学者搓揉了严谨与理性、想象与创意的理论图景吗？

诚然，虽是一封封或零碎或齐整的电邮，但学习往往如此，师者只言词组，徒弟已受益无穷。

又想起第一次和吕老师见面时，我很认真地说："大学者一定也是信简师。"在我看来，现代的大学理念与评价体系似乎对独白形式的学术成果予以更高的肯定，而对话形式的学术信简已为时代所抛弃，只是孔子、柏拉图古典学术风格的回响。

但是，我想，这回响给读者的感受，也许确如在大山中听到回音一样，顿时给人惊讶与启迪。

孙宇凡

序　三

我认识吕老师的机缘是 2009 年我修读哲学系的一门功课。当时我是香港中文大学社会学系的本科生。在大学课程表中见到哲学系开了一门叫"哲学家与社会学"的功课，没头没脑地跑了去听课。

那门功课，我至今仍记忆犹新。吕老师每课都派发详尽的讲义，领读文本，按本解释。但是，我居然听不懂。自第二课开始，每课我顶多算是听懂三成，事后回想，三成也是多算了。更可怕的是，部分文本是我以前在社会学功课中读过的。你说，我感觉能不至今深刻？

既然一课至少有七成时间我是处于茫无头绪的状况之中，我为什么还坚持听下去呢？原因很简单，我当时便发觉：虽然一课只能明白三成，那三成已经让我受用不少了。

例如有一课，老师领读帕森斯《社会系统》的其中一章，顺便对帕森斯文本流露的保守意识形态作出一句起两句止的批评。那个时候，我正反感坊间对帕森斯的批评，认为那是对他不公平，而且大多都是从意识形态立场攻击他的论点，大多都是基于对帕森斯理论"想当然矣"的看法，并无坚实的文本根据。我有点不满吕先生的论断，在课上提出异议。吕先生从帕森斯的文本出发回答，缕析条分，非常中肯，不是"帕森斯重视共识，忽略了冲突"之流的说法，我不得不修正我的想法。这次经验非常深刻，因为我当面"被说服了"（being convinced）。

我原来只是希望从吕老师的课中学习如何评价不同的社会学理论而已，对老师本身追求的宏大理论（他称为"理论社会学"）兴趣不大。但随着后来我个人对理论的掌握愈多，对老师的宏大理论兴趣愈浓了。关于老师的理论，大家大可参阅正文的对话，我不多言了。

老师总会在不同场合把他的所学倾囊以授，读者在这本电邮集中也可以看到。我从老师身上学到的不只是理论知识，还有各种做学问以至做人的道理。吕老师教导后进：要把自己的学术事业（scholarship）建立在前人的智慧上，正因为如此，我们更要好好阅读前人的文本。老师身体力行，他为了不扭曲文本，甚至想出一套法子（tricks）去撮要与综合文本。

有一次，我问老师关于文本选取的问题。他说，他一生大都只能在匆匆俗务之中抽出一点点时间做学问。时间有限，所以不能滥读。读每一本书之前都要思前想后、做足"研究"，肯定该书值得读才会读。

那是怎样的"研究"呢？吕老师指的是：先问清楚自己的研究问题，然后把与研究问题相关的文本找来，挑选那些或能帮助自己研究的文本。这个做法基于一个信念：所有问题都不会无从入手，前人总会提供你一个进入问题的起点。找出这个入手点，就是你在读书前的"研究"了。

在这个意义上，文献回顾其实已经是一种重要的学术事业了。至此，老师意有所指地说，这是他在时间限制之下做学问的办法。难道做学问不应该就是这样吗？甚至做人处事也不就是这样吗？

老师飞来一笔，直指人心。今天我仍以这几句话自勉自励。是为序。

李越民

2012 年

7 月 5 日孙宇凡来邮：

您好！我是安徽大学 2009 级社会学专业本科生孙宇凡。近日拜读您的社会学作品，对其中的现象学式的独特思考尤为感兴趣。但是，学生只能阅读到您在《社会学研究》上发表的论文，找不到您的书籍作品。

请问能否赠阅我一本您的作品《我思、我们信任，社会之奥秘：社会现象学论文集 1997—2007》?①

7 月 7 日复孙宇凡：

很高兴收到你的来邮。我很少收到陌生读者寄来的邮件，对我的文章感兴趣的读者大概不多，我的思想不是主流，更不是用世的学问。

我可邮寄一本给你。

7 月 8 日孙宇凡复：

非常感谢您的赠书之情！我的通信信息如下：（下略）

坦白地说，学生冒昧地联系吕老师您，一方面是因为对社会学的现象学传统一直较为关注，另一方面是因为近期准备的研究课题——"气"与社会网络的建构。当我尝试建立"气"的分析框架时，发现在一定程度上契合了您的主张——"行动在肉身里，肉身在当下一刻里，当下一刻在行动里"。因而，不顾身份差距，写了邮件给您，希望我的冒昧之举没有打扰您的清静生活。

7 月 18 日孙宇凡来邮：

著作已收到。字里行间尽显吕先生心思历程，读起来备受感动。

---

① 吕炳强：《我思、我们信任，社会之奥秘：社会现象学论文集 1997—2007》，（台北）漫游者文化事业股份有限公司 2010 年版。

8 月 29 日孙宇凡来邮：

阅读您的书，真的是思想的冒险！当然，我必须承认，书里很多内容我还需要阅读相关文献才能进一步体悟。

在读您的著作时，我也阅读了塞尔（J. R. Searle）的 *The Construction of Social Reality* 等作品，不由得将他的社会存在论与您的社会存在论观点进行了对比。[①]

您的存在论基点是：主体性、交互主体性、他性。就我有限的阅读而言，我十分敬佩您将他性引入社会学中的贡献，因为我总感觉诸社会学理论中，观察者视域的论述太少了。

塞尔的社会存在论很简洁，即 X 在语境 C 中算作（即集体承认）Y。我认为，您和塞尔的社会实在论的区别在于您通过三个概念勾勒社会实在的建构框架，他则作出了社会实在的"结果式宣判"。相似之处，可比较一下：X、Y 与 C 可大致看作您所说的行动者及其处境，集体承认即诸行动者在互动中、他性的作用机制。当然，我相信这一比较是粗糙的，因为塞尔还涉及集体意向性问题。但关键在于，他谈到了语言的社会存在论意义，他批判诸多社会学家例如韦伯、涂尔干乃至哈贝马斯都将语言默认化，从而忽视其意义。在您的社会实在论中三大基点之间的关系是不是也要靠语言进行互动呢？这一机制又是如何呢？他性的作用机制又是怎样的呢？我想，这些可能都与语言有密切关系。自奥斯汀（John Austin）提出以言行事以来，许多社会存在论中想当然的运用机制都将再重建。[②] 换言之，当我想了解三大存在论基点之间的关系及其社会建构的历程时，却看到了语言的缺场。

很抱歉，在没有完全理解您的著作时又发出这样的疑问，但如何在秉持社会学学科特质的同时又理解语言的社会本体意义一直困扰着我，希望吕老师若有时间的话，点拨学生一下吧。

---

① 塞尔：《社会实在的建构》，李步楼译，上海人民出版社 2008 年版。
② 奥斯汀：《如何以言行事》，杨玉成译，商务印书馆 2012 年版。

8 月 29 日复孙宇凡：

你提出的疑问是有道理的，也是我应该回答的。

我附上两篇新文章，是英文的，和一篇序言。①从中你可以看到我可能给出的回答，也可以看到你的疑问如何进一步提出。

静待你的读后感！

9 月 4 日孙宇凡来邮：

两篇文章涉及知识领域较广，加之学生英语阅读水平不是很好，所以难免有理解上的偏差，若有表述不当，还望先生见谅。

那么，请允许我谈一下对您这两篇文章的一点点意见。

缘于上次邮件中关于语言在社会实在建构中的作用之疑问，您在这两篇文章中均进行了解释，尤其是在 "Ontology, Realism and Hermeneutics in Sociology" 一文，运用了 Saussure-Bourdieuen network of speech（索绪尔—布迪厄话说网络）这一概念，巧妙地将 social structure（社会结构）与 symbolic universe（象征全域）连接起来。但鉴于学生才疏，一方面，我不太明白将索绪尔与布迪厄连接起来，是指索绪尔代表着社会结构，布迪厄代表着象征全域？还是索绪尔与布迪厄均分享着社会结构与象征全域之意？据我对布迪厄有限的阅读，布迪厄对二者的整合自然是有趣的，但可能他理论内部也有一定的张力，并使理论具有一定的倾向性。例如：霍耐特（Axel Honneth）在评述布迪厄的社会理论时，称其建构的是 "象征形式的分裂世界"，在他的具体分析中也指出象征全域可能

---

① Lui, Ping-keung, "Ontology, Realism and Hermeneutics in Sociology—More Complex Than a Chinese Ivory Puzzle Ball", presented at Fifth International Conference of Phenomenology for East-Asian Circle, jointly sponsored by Department of Philosophy, Institute for Foreign Philosophy, Peking Centre of Phenomenology, Peking University, Beijing, 22 – 23 September, 2012. Lui, Ping-keung, "Chaos and E-nigma: How Do We settle the Unexplainable?", presented at Logos and Aisthesis: Phenomenology and the Arts, International Conference celebrating the 10th Anniversary of the Edwin Cheng Foundation Asian Centre for Phenomenology, The Chinese University of Hong Kong, 30 July – 1 August, 2012. 序言出处略去。

是其理论重点。①另一方面，缘于"分裂世界"之指称，相较而言，索绪尔可能更强调语言结构的完整性与共享性。因此，我认为如何处理索绪尔与布迪厄之间的张力，从而使之担负连接社会结构与象征全域的功能可能十分关键。

关于第二篇文章"Chaos and Enigma：How Do We Settle the Unexplainable?"由于我近来在尝试将中国哲学的"气"概念引入社会学中，因而对中国传统自然哲学、本体论略有了解，所以看到文中的一个观点，稍有异议。在这篇文章中，您提出了 bare fact（赤裸事实）和 otherness（他性）为两种不可解释之事，但我认为将 bare fact 列入不可解释之事可能需要商榷。我不清楚我是否理解有误，您似乎将 bare fact 看作玄思神秘的社会现象。

如果是这样的话，那么重返您的方法论基础，您是以亨佩尔（Hempel）模型为依据提出的理论社会学作为科学理论的观念。我认为社会科学中的亨佩尔模型无疑是近代物理学的滥觞之一。就物理学体系而言，其建构的三位一体之系统却遭到了荣格（Carl G. Jung）的批判与补充。荣格认为，在时间与空间的基础上，除了因果性还有共时性（synchronicity）。②荣格建立共时性分析的重要依据之一，便是对中国的《易经》通感之说等神秘现象的阐释。共时性原则的建立，可以说在一定程度上给予 bare fact 一定的科学解释。

先生文意高深，学生只读得粗叶大意，若有诠释不当，还望先生指正。

9 月 4 日复孙宇凡：

谢谢你的意见。我先简单回答一下。

索绪尔—布迪厄话说网络（Saussurean-Bourdieuen network of speech）的命名是因为：

---

① 霍耐特：《分裂的社会世界：社会哲学文集》，王晓升译，社会科学文献出版社 2011 年版。

② 荣格：《心理类型》，储昭华、沈学君、王世鹏译，国际文化出版公司 2011 年版。

（一）索绪尔的语言（language）和话说（speech）的区分至为重要，留意：网络是话说，不是语言。

（二）我重视布迪厄的资本（capital）这一概念，有这一面，价值（value）那一面便有所对立。你提到霍耐特的意见，我没有读过，不敢评论。布迪厄有一句名言："Vision of the world is the division of it."霍耐特的意见是否与此有关？

至于我自己的理论，可以在我的《凝视、行动与社会世界》（以下简称《凝视》——编者注）一书和我的讲稿《哲学家与社会学》中找到。①

《混沌与奥秘》（Chaos and Enigma）一文主要是为他性在社会学解释里找到一个栖身之所。在分析哲学中，赤裸事实（bare fact）是一个广被接受的概念，即使是反对亨佩尔的覆盖律模型（covering law model）的分析哲学家也不拒绝。从这个角度看，荣格的批评与此无关。

共时性当然重要，索绪尔—布迪厄话说网络就是在某种特殊的共时性（synchrony）之中，我在《凝视》一书有详细讨论。但是，共时性不一定跟因果性冲突。因果性跟解释是互为表里的，原因是解释必须是已说出（spoken），因此是话说，不得不是线性，如此便出现了解释项（explanans）和被解释项（explanadum）的区分。因为话说总是严格地有始有终，赤裸事实必然出现，而且在有关解释之中必然是无可解释之事。奇怪处在于，分析哲学家对始有所觉，对终则无，他性（otherness）在此得栖身之所。

我不熟悉《易经》，譬如"潜龙勿用"，是一种解释还是一种忠告？

9 月 5 日致孙宇凡：

说说你的"气"这个想法。

气作为解释中的赤裸事实，当然是可以的。《混沌与奥秘》一文当中说到的 Mosaic God（摩西式的神）便是赤裸事实。问题是：你打算把气

---

① 吕炳强：《凝视、行动与社会世界》，（台北）漫游者文化事业股份有限公司 2009 年版。Lui Ping-keung, *The Philosopher and Sociology—Lectures on Sociology-Philosophy*, Fall 2009.（Unpublished）

的理论当作社会理论（social theory）、社会学理论（sociological theory）还是理论社会学（theoretical sociology）？这才是关键所在。

9 月 5 日再致孙宇凡：

我先前只简单说了亨佩尔的覆盖律模型，今晨有空，可以补充一些意见给你。

首先，就逻辑解释（logical explanation）而言，亨佩尔的理论是难以推翻的。而作为非严格的逻辑解释，他的理论当然有可以引申和扩展的可能。库恩的范式论便是一例，它是在社会学方面补充了亨佩尔的理论，我在讲稿《社会学的科学课题》里有关于库恩理论的详细讨论。无论是亨佩尔或库恩的理论，焦点都是普遍理论和特殊理论之间的关系。

我没有读过荣格对亨佩尔理论的批评，不敢插话。但是从海德格现象学的思路来说，任何时间性（包括共时性）无法不是在存在论之中。在这个限制下，任何时间性跟诠释论的关系只能是通过存在论达到。

一般而言，科学解释（scientific explanation）只是牵涉到特殊理论（就是社会学理论），不牵涉到普遍理论（就是理论社会学），反例（counter-example）除外。在此限制下，特殊理论的科学解释无法不是因果性。解困的办法是引申和扩展因果性这个概念，得出多种多样的因果性。这就是我提出参数因果性（parametric causality）和士多噶因果性（Stoic causality）（都是概率论之物，不是严格的逻辑）的原因。留意：能动性（agency）和他性（otherness）（都在存在论之中）进入了贝叶斯表示式（Bayesian representations）（它在诠释论之中）之中。

9 月 5 日孙宇凡来邮：

接连收您的回邮，非常感动！没想到一个本科生能有如此学习的机会。

我想先说说"气"的问题。

我有一个大胆的想法，当然也非常值得商榷——社会学三态划分：固态、液态与气态。由于我没有系统地学习过自然科学知识，我不太清楚这种隐喻是否与物理学规律有冲突，只能先作这一假设吧。我认为这三态的划分意味着社会本体论上的差异。

当然，我对社会本体论的判断是受到知识社会学的影响。我大致的想法是现代性情境下的西方社会学传统基本上是固态的，而后现代性情境下西方社会学理论是液态的。当然这两者划分的灵感源于鲍曼（Zygmunt Bauman），但又与他的不同。①基本来说，鲍曼强调了流动性而已，但实际上这一说法是涵盖了气态与液态（因为我发现，台湾学者往往将 Liquid Modernity 翻译成"液态的现代性"，而大陆学者则翻译成"流动的现代性"）。

当然，我还"猜想"中国社会学理论的建构，可能是一种气态的，这直接源于儒家气论哲学，而这一传统依然反映在今日中国人的身体观、人际观与社会观。进一步论证，固态社会学的预设是空间对时间的优先性，液态社会学的预设是时间对空间的优先性，而我认为气态社会学的预设是无时间无空间。我认为正是无时间与无空间才证成了中国人"心心相印""心诚则灵""天人合一"的一些自我想象与社会想象。当然，时间/空间概念使得这一研究涉及更多问题，我尚不能把握，我只能大致从于连（François Jullien）的著作中认为这里涉及宇宙观、效率观等问题。

上述这内容可能是在理论社会学层面上的一些想法。若按社会理论与社会学理论来看，上述内容也可以进一步延伸，这主要是因为中国哲学中"体用不二"的传统，使"气"常常作为中国哲学中诸种二元概念的中介，例如道与器、体与用、天与人的中介。若在社会理论中，则更强调气作为一种交相感应的感情力量，若作为社会学理论，则更强调气作为一种关系实践中身心状态。

当然，我不能确定我对理论社会学、社会学理论、社会理论三者的拿捏与划分是否得当。的确，我认为对于象征全域与社会结构搓揉的日常生活（everyday life），对理论的层次划分与详细定位是很困难的。附件是我近日完成的一篇气论社会学的文章，吕老师若有空还望给予修改意见。②

再说说特殊理论与普通理论的问题。

---

① 鲍曼：《流动的现代性》，欧阳景根译，上海三联书店 2002 年版。

② 孙宇凡、陈澄、田飞：《"气"与"云南新娘"的人际交往》，"经典与文化"学术研讨会（12 月 1—2 日），（台南）嘉南药理科技大学，2012 年。（未刊稿）

的确，建构普遍理论是一个庞大的系统工程，而处理普遍理论与特殊理论之间的关系似乎像力拔山河的项羽安抚流氓气质的刘邦一样难以拿捏。因而，我非常佩服先生的勇气与执着。但是，我仍有一个疑问，从知识社会学的视角来说，社会本体论作为知识分子对社会构成的想象往往与社会背景相联系。诚如帕森斯之伟业的建立与崩解，吕老师有没有想过您的理论社会学是受怎样的社会背景所制约，又将会在怎样的社会变迁中受到冲击？若受到冲击，您认为会不会是因为理论体系中特殊理论的突破？

还有一点，我想对他性概念进一步了解，还望先生列一些阅读文献。

9月5日复孙宇凡：

不要客气，学无先后，只是互相切磋而已。

先不说你的气理论，因为牵连甚广，不能简单讨论。日后有空才说。

我的理论社会学当然受制于我的社会背景，正如牛顿的理论物理学受制于他的社会背景。牛顿的理论能够是科学课题的一部分，我也期望我的理论能够有幸在我身后成为科学课题的一部分。牛顿的理论既然已被超越，我的理论又哪能是例外？这是科学家的命运，也是他乐于接受的。

他性在社会学里的讨论不多，在现象学里有讨论，却与社会学的关系不大。有关的文献可在我的一些文章中看到。

9月6日致孙宇凡：

今晨有空看过你、田教授和陈同学的文章，看来是准备投稿的文章。

从文章的立题看，走的是杨国枢一路的理论本土化，这在中国内地、香港、台湾都有追随者，是一条熟悉的套路。这当然是可行的，不过，从社会理论、社会学理论、理论社会学的区分来说，追随者必须自己明白自己在干的是哪一类。《云南新娘》既然牵涉到人类学式访谈，自然应归入社会学理论（特殊理论），"气"的理论却是理论社会学（普遍理论）。这样说来，一篇文章同时跨入社会学的科学课题的两部分，即：既有案例（云南新娘、特殊理论），又有范式（气、普遍理论），前者是后者的唯一支持案例。如此，这篇文章的旨趣便在"气"那部分出现了模糊。

气的理论既然是理论社会学，便有责任收编社会学里的所有社会学理论，不论中外古今。我个人认为，这就是社会学本土化难以胜任的工作。请试想想，气的理论如何收编所有西方的社会学理论？最简单的脱身办法是拒绝承认本土的理论社会学有责任收编西方的社会学理论。不过，这样有违普遍理论在科学课题中的任务。这等于说，气的理论只能是一个特殊理论。话说回来，我却认为，所有的本土理论本应定位于此。就这篇文章来说，"气"和"云南新娘"的主从关系或应颠倒过来。

气的理论或应独立成篇。我的理论社会学便是如此。正如你所说，这是楚霸王对付刘邦的活儿，不好弄。不过，不好弄正是我等人觉得最好玩的地方。

9 月 7 日孙宇凡复：

的确，如您所说，本土化的确无法像理论社会学一样涵盖古今中外之说。当然，这一问题在杨国枢一路的学者看来，可能并不是问题，因为他们研究的预设便是中西语境存有差异或间距。我可能受海外汉学和台湾本土化的双重影响，也在一定程度上抱有这一观点。但是，我也坚信，人作为与禽兽对立的物种，享有跨文化的一致性，而这些一致性中的某些因素共同解释了"社会何以构成"。因此，正如您对普通理论与特殊理论的划分，我认为普通理论由于参照群体不同而具有成立、玩味、思考的意义。

还有一件事想请教吕老师的意见，我已经大四了，计划申请香港的社会学 MPhil，但我感觉香港的社会学界可能已经很"社会工作化"或西方化，请问还有哪些老师嗜好于社会学理论呢？

9 月 10 日复孙宇凡：

我想，香港的社会学不是社会工作化，也不是西方化。正如我说过，既然理论的本土化可以接受，社会工作化便没有理由不接受。社会学本来便是舶来品，便没有太大的理由不接受西方化。我个人认为，社会学首先是一个科学理论工作，香港的社会学正是在这方面缺乏共识。不过，香港也不是没有对理论有兴趣的社会学家。

我认为，念社会学以原文精读经典是最佳，不成的话，至少能以英语阅读。这是绕不过的语文关。

太早对社会学有定见，对你的研究生生涯不一定有好处。多方涉猎是不二法门。但是，不少导师本身也做不到，面对一个多方涉猎的学生，教学并不会相长。这才是学生选导师的难题。

9 月 14 日孙宇凡来邮：

学生很赞成先生说的社会学首先是一个科学理论工作，只可惜社会理论的兴起难免冲击对社会学理论的认识。我想，内地的社会学学者似乎持有欢迎社会学理论变为社会理论的想法，这可能是和内地老一辈社会学学者多是非科班出身有关吧。

我有学法语的计划，坦白地说，我对法国哲学较有偏好，虽然法国哲学有时候给人怪怪的感觉。可能因为我受于连的影响，所以虽然现在对社会学理论、文化社会学感兴趣，但我坚信《迂回与进入》的研究策略。[①]正所谓血气未定，戒之在色，可能从外部视角入手，不太容易让自己迷失于所谓的研究方向之中。您说的学生选导师的难题，学生深有体会。之前写了篇《科研诚信的概念界定》的论文，我游走于科学哲学、现象学、社会学、伦理学等领域，每当拿非社会学领域的知识向课题指导老师请益时，不免有进一步挖掘受阻之感。

近日思考您的"他性"这一概念，请问您的社会本体论是不是目的论传统下的社会本体论？因为与程序主义和形式主义的社会本体论分析功利的个人不得不建立利维坦社会不同，他们总要预设自然状态，从而证明自然状态中非自然状态之发展。您在《我思、我们信任，社会之奥秘》的第 216—217 页谈到《未适应之女孩》一书，您指出对处境的行动者定义与他性的定义不同，而他性是"我们共同所有"之物，若违反了它，将会受到惩罚。这时仿佛预设了社会之善。从这个角度来看，为什么会有语言、集体表象，是不是也是因为预设了社会之善，所以才要形成促成社会生成的他性之物？同样地，涂尔干在谈到社会事实时也说社会事实唯有

---

① 于连：《迂回与进入》，杜小真译，生活·读书·新知三联书店 1998 年版。

在人违背了社会事实时方可显现，似乎也是遵循着同样的逻辑。

请恕学生表述不是很明确，我只是读到泰勒（Charles Taylor）社会本体论有所联想。

9 月 14 日复孙宇凡：

内地在恢复社会学学科研究之后，社会理论好像才兴起，这只是一时表象而已。事实是，社会理论只不过是一些玄思，自古已有，不是新鲜事物（你应该明白，我从不反对社会理论，它们是社会学的思辨课题，是社会学理论和理论社会学的源头）。有些内地社会学家进入社会理论领域不足为怪。我反对的是，打着社会理论的旗子攻击社会学的科学课题（社会学理论、理论社会学）。这是反科学的，内地确有这样的学者，跟是否科班出身无关。

另一个情况是，可能出于对科学哲学的无知，也有人打着特殊理论（社会学理论）的旗子攻击普遍理论（理论社会学）。

最佳的语言搭配是，汉语和英语都可以说听写，以法语为第三语言。你选法语是对的，这五十年来，法语在社会学中比德语重要。

我现在的看法是，不搞社会存在论（我不用本体论一词），而是同时搞存在论、实在论和诠释论，这是我在《社会学里的存在论、实在论和诠释论》的做法。原因是，实在论是无法回避的，即使采用了社会存在论也没用。反过来，有了实在论，却可以不理"自然状态"和"社会之善"等形而上的事物，一举摆脱前社会学理论（pre-sociological theory）（目的论、契约论、涂尔干社会团结论等社会理论）的桎梏。如此，社会学的科学课题才能茁长。

他性跟社会之善无关。

泰勒，跟哈贝马斯（Jurgen Habermas）一样，只是社会理论家。

9 月 24 日孙宇凡来邮：

近日读儒家身体观的文献，结合您的"他性"概念有所感悟，所以想听听先生的意见。儒家的气—身体观将身体不仅看作生理系统，更看作

"气"的场所。先生在书中将"他性"定位于"既我们所有人之内,又在个别个体之外"。缘此逻辑进行模拟:气既在所有器官之内,又在个别器官之外。在我看来,这一说法,既符合气—身体观下的"气"的定位,似乎也与"他性"有所契合。推而广之,在儒家的气论社会观中,社会不仅仅是有机体,更是气化流行。而有机体隐喻似乎暗含着您说的基础存在论另两种:事体—行动者(器官)及其处境(生理系统)、诸行动者(诸器官)在互动中。这样一来,气论社会观似乎与您的三种基础存在论不谋而合。

学生钝识,望先生指正。

9 月 25 日复孙宇凡:

关于他性的构想,我一直在修改,最新的版本是在《社会学里的存在论、实在论和诠释论》一文。在其中,他性只出现在贝叶斯表示式之中。

一方面,这意味着他性并不出现在实在论里,只出现在诠释论里,原因是行动者眼见和口述的社会实在只需要他的记忆和期望便可。另一方面,当他的目光聚焦在他自己身在的处境时,他不得不行动,他不得不运用记忆、注意和期望以外的能力来看出和说出叙事(narrative)和划策(strategy)(注意的在场与否区分了看和说,也区分了叙事和划策)。这时,行动者不再游目四骋于整个社会实在,而是聚精会神于行动诠释。这就是他的能动性。对于这个概念,加芬克尔(Harold Garfinkel)和戈夫曼(Irving Goffman)的贡献最多。有了能动性,便有他性。

这样的他性不是行动历程的任何一个参与者自己给出的定义,而是某些参与者从外召唤而来的某一定义。由此延伸,他性也可以是把参与者各自给出的定义捆绑在一起的条款,至少是部分参与者承认的条款[布迪厄的"共谋"(complicity)由此而来]。再由此延伸,他性甚至可以是研究者(他不参与行动历程)为了社会学分析而自行加进贝叶斯表示之中,例如人口结构,这样的他性不是参与者召唤而来的,但可以是把参与者各自给出的定义捆绑在一起却又没有参与者予以承认的条款。留意:研究者只在贝叶斯表示式才插手,诠释论里的分析(analysis)是他的活儿,与行动者无关。行动者只干诠释论里的演绎(interpretation)。

　　"既在我们所有人之内，又在个别个体之外"是涂尔干的说法，只是研究者为了社会学分析而自行加进贝叶斯表示式之中的一种他性。事实上，在"行动者及其处境""行动者在互动中""他性"的区分中，大部分的他性都是研究者自行加进的。

　　我想，对儒家身体观的处理应着重于它跟西方理论的差异上，而不是在模拟上。这道理跟我们看汽车一样，汽车总是大同小异，正是这些小异，我们不得不留心。

9 月 29 日孙宇凡来邮：

　　他性确是一个十分有魄力的概念，在学生看来，有力揽古今多种欲言而不明之此种性质的担当。学生之所以对此概念着迷，是因为学生之前的作品《科研诚信：概念界定及其逻辑结构》确有尝试探讨此种性质问题，只可惜功力不够，虽有碰触他性之想法，却只落得匆匆收场。[①]正如学生的文章中所谈到的科研人员与学术界间关系、科研人员与同行之间互动，但科研诚信或科研活动何以可能似乎还有除了"行动者及其处境""行动者间的互动"之外的颇具神秘但又融合肉身的力量。所以请教吕老师，若将他性落入科研场域中，他性当如何理解呢？

10 月 1 日复孙宇凡：

　　你的这篇论文的论述是从伦理学（ethics）到社会学。我以为，正因如此，引入他性这一概念便不易办。反过来，论述若是从社会学到伦理学，便好办了。

　　个中原因是，他性在社会学研究中可以在个别的理论社会学（普遍理论、在社会学的科学课题里竞争当社会学的范式）里明确地定位，从而在相关的社会学理论（特殊理论、科学课题里的案例）可以实证地研究，而且可以行政地运用（后一点稍后可以看到）。

　　在更广阔的哲学视野里，伦理学里既是哲学一支，便是一种社会理论

---

① 　陈俊峰、孙宇凡：《科研诚信：概念界定及其逻辑结构》。（未刊稿）

（属于社会学的思辨课题），马古塞（Herbert Marcuse）如此说过："自黑格尔以后，哲学已经降解为社会理论。"你们这篇论文有用世之志（志在对付内地科研不端的现况），首先保持论述停留在社会学的科学课题之中应是比较恰当的做法，站稳在科学课题之内，再引入本是在科学课题之外的社会理论（伦理学）便不会自乱阵脚了。

　　如何安置他性？且以我的理论社会学为例，科研首先是一个行动历程，也就必然是在实在论（韦伯行动历程、吉登斯行动历程、社会结构、象征全域）之中。科研然后是一个行动者（科研者）在诠释论里的演绎，演绎才是科研者的本行。这时，它不光体现主体性（subjectivity）［只具有记忆（memory），注意（attention）和期望（expectation）三种能力］，同时还具有能动性（上述三种能力之外的能力）。

　　在这一转折点上，处境（situation）（在行动者眼中的焦点里的那部分实在）便是科研共同体（research community）当下关注的那个科研课题（research project），个别科研者对该课题的演绎就是他给出的定义（definition）。注意：一旦如此指定，关于科研诚信的社会学分析便离开了普遍理论（理论社会学），进入了特殊理论（社会学理论）。

　　毋庸说，处境之定义（那个课题的演绎）因人而异。第一个出现的他性（把所有行动者的定义捆绑在一起的条款）就是："每一个定义必须是有异于在它之前出现的定义。"显然，这是科研得以进步的必要条件，一句价值话说（value-speech），是众所承认的，却又不是任何一个科研者给出的。

　　更应该注意到：若仅就纯粹的科研任务而言，科研者只有叙事，无须划策。先要记住：叙事和划策用贝叶斯表示式表达：

$$Pr\ (x \mid y_1,\ y_2,\ \cdots,\ y_n,\ \theta)\ Pr\ (y_1,\ y_2,\ \cdots,\ y_n \mid \theta)$$
$$=\ Pr\ (x,\ y_1,\ y_2,\ \cdots,\ y_n \mid \theta)$$
$$=\ Pr\ (y_1,\ y_2,\ \cdots,\ y_n \mid x,\ \theta)\ Pr\ (x \mid \theta)$$

左右两方的条件概率（conditional probability），即 $Pr\ (x \mid y_1,\ y_2,\ \cdots,\ y_n,\ \theta)$ 和 $Pr\ (y_1,\ y_2,\ \cdots,\ y_n \mid x,\ \theta)$，分别是科研者的叙事和划策。

　　其中，x 是科研者给出的定义，$y_1,\ y_2,\ \cdots,\ y_n$ 是他的同行比他更早给出的定义，θ 是刚在上面说过的条款。

为何无须划策？原因很简单，y_1，y_2，…，y_n 必须是比 x 更早出现的定义，科研者无策可划。若他一定要私下划策，对更早出现的定义动手脚，他肯定是要犯科研的天条了。

你文中提及的美国学术诚信中心（Center for Academic Integrity）是一个社会体制（social institution），是另一个把所有定义捆绑在一起的条款，一句资本话说（capital-speech），另一个他性（姑且表示之为 φ），实际上也是为了防止科研者私下划策（因而犯了天条）而行政地加进贝叶斯表示式之中：

$$\mathrm{Pr}\ (x\mid y_1,\ y_2,\ \cdots,\ y_n,\ \theta,\ \varphi)\ \mathrm{Pr}\ (y_1,\ y_2,\ \cdots,\ y_n\mid \theta,\ \varphi)$$
$$=\ \mathrm{Pr}\ (x,\ y_1,\ y_2,\ \cdots,\ y_n\mid \theta,\ \varphi)$$
$$=\ \mathrm{Pr}\ (y_1,\ y_2,\ \cdots,\ y_n\mid x,\ \theta,\ \varphi)\ \mathrm{Pr}\ (x\mid \theta,\ \varphi)$$

若是用你文中的术语来说，条款 θ（价值话说）和 φ（资本话说）便分别是为了保证科研的真实和真诚而出现的他性。由此处入手，关于科研诚信的论述便可从社会学转入伦理学，在索绪尔—布迪厄话说网络上大展拳脚，天地广阔。记住：索绪尔—布迪厄话说网络是双面的，社会结构就是紧张起来的索绪尔—布迪厄话说网络，还有，社会结构跟韦伯行动历程是在辩证振荡（dialectic oscillations）中。

我想，上面十分简略的示范也许回答了你提出的"若将他性落入科研场域中，他性当如何理解呢？"这个问题。

10 月 1 日孙宇凡复：

邮件已收到，多谢老师！我会好好研读，再予以回复。

另外，之前您传给我您的两篇新作，请问我是否可以转发给我的一位恩师刘拥华先生。他现在任教于华东师范大学社会发展学院，主要研究方向为布迪厄的社会理论及法国的认识论传统。刘老师对您的理论也非常感兴趣。他的博士学位论文标题《社会世界的底蕴——从二元性到二重性》便取灵感于您的文章。

因为您的理论又有创新与进步，希望他也能及时了解。

10 月 1 日复孙宇凡：

理论到底不是创作人拥有的，是献给愿意读它的人们的。刘老师愿意读，理当送给他，同时请代我问候他。

10 月 3 日致孙宇凡：

刚在整理旧文稿，检出附上的一篇文章《马克思〈1844 年经济学哲学手稿〉里的货币现象学》，对你或有用处。①

10 月 13 日孙宇凡来邮：

学生近日忙于撰写申请香港高校的材料，拖了些日子才给您回信，抱歉！

老师您关于"他性落入科研场域中，当如何理解？"这一问题的解答，学生仍有疑惑，望先生点拨。

不管是从价值话说中还是从资本话说中理解他性，其定位似乎都有模糊之处。我的疑惑是这样的：从理论社会学上说，他性除了理解为与行动者及其处境（A）、诸行动者之间的互动（B）之外的独立存在之要素之外，是否可以理解为是 A 与 B 共享之属性或特征？换言之，A 与 B 似乎都可以从关系主义方法论来理解，而 A 中的"行动者"与"处境"、B 中的"诸行动者"之所以有关系互动，是因为二者既有差异，又有共性。他性的定位，貌似是将共性中的部分"拔"出来以独立化。如果是这样，为什么要"拔"出来？将"他性"归还给 A 与 B 不可以吗？如果一定要"拔"出来的话，有没有给"行动者""处境""诸行动者的互动"这些要素带来损益？

---

① 吕炳强：《马克思〈1844 年经济学哲学手稿〉里的货币现象学》，宣读于第十二届中国现象学年会"现象学与中国哲学"，中国现象学专业委员会、浙江大学外国哲学研究所、香港中文大学郑承隆基金亚洲现象学中心，杭州，2007 年 11 月 8—12 日。

此外，流心在《自我的他性》一书中也运用了他性（otherness）这一概念，而他则是基于泰勒的社会理论提出这一论说，似乎是想将"他性"还原到自我之内，而非拔出来。①我未看到先生引用他的说法，请问您对他的这种"他性"有何看法呢？

10 月 13 日复孙宇凡：

我是不用共性这个概念的，因为即使没有行动者之间的"共性"，也能界定他们的互动。情况是这样的：如果行动者是主体性（subjectivity），按照米德（George H. Mead）在《心灵、自我与社会》（*Mind, Self, and Society*）一书的说法，社会过程（social process）便可以理解为"一网络的众多主体性，是正在持续着的，而且是在沟通甚至是交易的媒介之中"。行动历程就是"社会过程中众多行动序列（action sequences）的集合，每个行动序列都是由一个而且是只有一个主体性所拥有"。沟通和交易便足以保证互动成为可能。

有了韦伯和吉登斯二行动历程，便有了社会结构和象征全域，也便有了处境及其诸定义，叙事和划策便出现了。他性只出现在贝叶斯表示式之中。他性不是从某些"共性"拔出来，而是能动性或局外人（社会学家便是）把它从外插进贝叶斯表示式之中。

我没有引用流心的《自我的他性》，但我看过这本书。就社会学而言，我个人认为该书的理论价值不高。流心对他性哲学的认识恐怕不多。我曾对泰勒的一本小书作了一个短评，你用泰勒和我的名字可在网上找到。

10 月 14 日致孙宇凡：

我昨夜写给你的回答只是从我自己的理论社会学的角度作出，今晨有空，另从他性哲学本身的各种可能性出发作答。

首先是他性和自我的关系。我不喜欢用"ego"（我）一词，因为该词在现代哲学里应从笛卡尔哲学的语意学系统中得到它的意义，即从

---

① 流心：《自我的他性》，常姝译，上海人民出版社 2005 年版。

"cogito" 和 "cogitatum" 这组对立中获得意义。我也不喜欢用 "self"（自我）一词，因为该词在现代哲学中不属于任何学派，是一通俗用词。我几乎是只用 "subjectivity"（主体性）一词，而且是局限在奥古斯丁的意义上。原因是：奥古斯丁意义上的主体性已足供社会学界定行动历程（course of action）、社会结构（social structure）、象征全域（symbolic universe）、处境（situation）、处境之定义（definition of the situation）之用。但是主体性不足以支持行动者作出叙事和划策，所以必须引入 "能动性" 一词。叙事和划策是不同的贝叶斯表示式。他性从外插入贝叶斯表示式之中。有能动性才有他性。我规定了能动性和他性是一组对立，模拟于主体性和对象性（objectivity）是一组对立。

显然，如此安排之下，他性是无法回归到自我的，除非自我不作为我界定的主体性和能动性来理解。那么，流心的 "自我" 究竟应如何理解？我从他的《自我的他性》一书中，找不到一个清晰的定义。他恐怕只是借用了一个时髦名词（他性）而已。

现在，我们反过来从他性这端看自我。胡塞尔和萨特只把他者（the other）看作他我（alter ego）的一个变种。对于社会学来说，这个添加的贡献不大，原因是社会学者既关心行动者之间的共通之处，也关心他们之间的相异之处。前者是他我，后者是他者。

纳维勒斯才算是他性这概念的奠基人，不过他也经过一个漫长过程，逐步摆脱他者才得出他性（你应注意到我不用 "他者性" 这个汉译，因为它刚好是反映 "他性" 尚未摆脱 "他者" 的状态）。我在《混沌与奥秘》一文中举出的纳维勒斯关于赎罪日（day of atonement）的犹太经文解释是他已成功确立他性旳独立位置的一个成熟例子。他说的他性是神。

我在该文中还列出涂尔干在他的宗教社会学里如何安置神。你比较一下二人的安置办法，便看出把神安置在集体表象和个体表象这组对立之中的尴尬，即："神"这不可知物在他的理论里无处容身。不可知物，是行动者无法避开的。因此，理论社会学作为普遍理论必须顾及。

另："差异"不一定必须跟 "共性" 组成对立。统计学理论便不是这样构想。差异是变量（variable），与变量对立的是参数（parameter）。我跟随统计学的构想，所以不用共性这概念。

10 月 15 日致孙宇凡：

我刚在读《余英时访谈录》，有如下一段：

> 我……预设了古代"哲学突破"的重要性……"突破"以后，"超越世界"与"现实世界"分开了；从此以后，价值之源在超越世界，人可以持此以评判现实世界的种种不完善。这是中、西之所同。但由于中国的"突破"比较温和，因此这两个世界之间的关系与西方不同。西方的超越世界（或称"彼世"，other worldliness），完全超于现实世界（或称"此世"，this worldliness）之外或之上。无论是柏拉图的"理型世界"或中古基督教的"上帝之城"都是如此。中国的两个世界则大致是不即一离的，儒家如此，道家也如此。
>
> ……"突破"以后，代表"超越"的"道"确实在很多情况下隐指一种精神实体，似乎流行在宇宙之中。我承认古人有此认定。①
>
> "超越"显然符合我说的"他性"。你可以试想想如何把它归入"自我"？

10 月 16 日孙宇凡复：

> "超越"显然符合我说的"他性"。你可以试想想如何把它归入"自我"？

我认为，这个问题其实是涉及四个概念之间的关系澄清之事，即"超越""道""他性"这三个概念与"自我"的兼容性。

"超越"这一概念来自宗教哲学，马丁·布伯（Martin Buber）说超越图景有两种，一种是自圣说，一种是自失说，前者即自我统摄世界，后者即世界统摄了自我。而中国文化传统的内圣外王，是外推式的心理—社会平衡，难说是自失或自圣。但超越的功夫却是从"反求诸己"出发。

---

① 陈致：《余英时访谈录》，中华书局 2012 年版，第 61—62 页。

当然，回到提出"外在超越"与"内在超越"的"哲学突破"时期，我认为，这一说法的需要换一种表述，以方便进一步阐释下面的问题。按玛莎·娜斯鲍姆（Martha Nussbaum）和皮埃尔·阿多（Pierre Hadot）的说法，哲学本身首先是一种"生活方式"（way of life）。进言之，哲学的突破便可以理解为知识人对大众生活的一种超拔。这在《周易》中说得挺有意思："仁者见之谓之仁，知者见之谓之知，百姓日用而不知，故君子之道鲜矣。"我认为，"超越"正是取自于"日用而不知"之中的"仁"，亦即"道"。

"日用而不知"的"道"其实说的正是一种实践（practice）逻辑，亦其身心状态的逻辑。从古文来看，作为"道"的"仁"而"悤"字。因此，解释"道"作为他性，进而与自我联系可能需要从身心关系切入。

身心关系的梳理提到"气"的感通性，这又与以中国的身体观为基础的工夫论有关。因此，在我看来，"道"作为不可解释的精神实体，诚如汤浅泰雄说中国的形而上是 meta-praxis，他性的落定可能正在 praxis 与 meta-praxis 之间，而这一中介正是"气"。这种中介性说法在王夫之的"气"论哲学中也有提及。

再谈谈"自我"。诚如先生所说，self 是个很不规范的概念，他们更偏重于自我一说。因为自我不同于个体、主体之概念，具有弹性或模糊性，才符合了中国人的自我观念。费孝通先生在谈差序格局时可能对"波纹中心"的理解是 self 吧（不过，我没见过《乡土中国》英文版本），但蔡锦昌将差序格局转为感通格局还是挺有道理的。林安梧等台湾儒学研究者似乎也是支持这一观点。①

因此，从"气"论哲学谈中国社会观，"气化流行"等说法，作为先生所说的隐指的精神实体，确实可能让他性得以寄身。但可能的问题是，"道"可能只是"自我"他性的一个面向。诚如上面谈到的"君子之道"是"道"不错，而中国历史中的一个重要矛盾自然就是"道统"与"政统"。这可能便溢出了存有论，更贴近表象，道统与政统的争论，从自我

---

① 费孝通：《乡土中国》，上海人民出版社 2007 年版。蔡锦昌：《从"差序格局"到"感通格局"：社会学中国化的再一次尝试》，第三次"台湾社会理论工作坊"（2009 年 1 月 9—10 日），（宜兰）佛光大学社会学系。林安梧：《儒学与中国传统社会之哲学省察》，（台北）幼狮出版公司 1996 年版。杨儒宾、祝平次主编：《儒学的气论与工夫论》，华东师范大学出版社 2008 年版。

的他性来看，可能是一横一纵的问题。道，或气的感通，是横切式的流转，不讲究纵向等级之分，或言之为权力等级问题。而政统谈的是权力、上下等级问题，暴露了自我的他性的另一个面向。

回到马丁·布伯（Martin Buber）的理论，他所说的"我—你"与"我—它"关系，在中国文化中存有论问题，可能含有的是二而一的自我的他性。借用先生对社会行动的时间结构的分析手法，可能是一个序列：我—你、我—它……①

因此，总的来说，从"我—你"的横向角度来看，学生难以理解清楚了。

10 月 16 日复孙宇凡：

你的回答斑驳，需要逐点整理。

我想你的兴趣还是在本土理论。我提议你先在中国哲学的范围里作答，只谈"道"作为"超越"一种，是否可以当作"他性归入自我"一例。

西方哲学里讨论超越的人很多，马丁·布伯（Martin Buber）是其一。我提议你先看看约纳斯（Hans Jonas）的名作 *The Gnostic Religion*（《诺斯替宗教》），有很好的中译本。该书集中在基督教草创时候的百家争鸣。②

10 月 17 日致孙宇凡：

看来你把"超越"当作个人修为的功夫或个人生活的方式。如此，确实可以归入自我。不过，这便跟社会学的科学课题关系不大，应算进文史哲的范围中。

这是个人选择，没有对错。只是跟科学无关。

---

① 马丁·布伯：《我与你》，陈维纲译，上海三联书店 2002 年版。
② 汉斯·约纳斯：《诺斯替宗教》，张新樟译，上海三联书店 2006 年版。

10 月 17 日又致孙宇凡：

你说起"知识人"，我想起在香港中文大学上过牟宗三课的社会学专业的朋友说的一个故事，不知是否真确，姑妄听之。

第一课一开始，牟先生便问在座学生："有没有念社会学的？"我这位朋友便举手应是。

牟先生说："你们研究拉黄包车夫的，都给我出去！"牟先生没说错，当年芝加哥大学的罗伯特·帕克（Robert Park）教授在北大当访问教授一年，他就领着学生研究黄包车夫的生活。

回到你的回答，这个能够"自返其身"的人到底是哪种人？这个决定作好了，便可顺理成章地说下去。注意：除非你不指定是哪种人，你所得的理论只能是社会学理论。

10 月 18 日孙宇凡来邮：

您说的《诺斯替宗教》一书，学生已借到，在阅。

的确，学生的论述仍是从中国气论哲学传统角度来说的，是无法划入社会学的科学课题，只能称作社会理论吧。但其实学生又何尝不想纳入科学的视野。只是大学三年多接受的科学训练太少，虽偶有问题意识却不得科学之门，所以常落于玄思之中。

牟宗三先生的例子，以及老师您的批判是十分具洞见的。正如您在文章中说现象学和社会学是一对难兄难弟，的确社会学也是"贴近地面"的。我的回答可能确实是停留在凝视者的视域了。但是，"事实的逻辑"与"逻辑的事实"如何区别是好呢？若逻辑是知识人的话语，事实是大众的话语，那谁来从第三只眼的角度区别与评判呢？布迪厄批判理性选择理论是"逻辑的事实"，要回到"事实的逻辑"，但假如后人重建社会学理论，批判布迪厄的理论时，又何尝不是把他的理论看作"逻辑的事实"呢？可能，社会学的新陈代谢只能靠自我指涉的、反思社会学的功夫了？

10 月 21 日致孙宇凡：

我刚回到邢台，前几天在河南焦作。我在路上写了对你 16 日邮件的一些意见，先发给你。你最近这封邮件稍后再复。

在《余英时访谈录》里有这样的话：

> 中国古代史学发达，西方史学近二百年有很大的发展。在史学上，西方传记史学占很大比重，特别是心理分析的方法，用得很普遍。但毛病也不少……与社会经济史学的决定论并为西方史学研究上的两大支持。中国有褒贬史学的传统，但褒贬史学有局限……
>
> 褒贬史学是不得已之法。不讲心理分析，讲不到深处。
>
> ……陈寅恪的史学观念、史学方法是现代的……他一再讲"发覆"、"发历史之覆"，只有"发"到心理层面，才算到了家。①

这些话因有访者的插话，有点零碎。所谓"褒贬史学"应是指对个别历史人物的褒贬。我认为余英时肯定心理分析和社会（含经济）分析两大史学方法。此处"心理分析"应是指 psychological analysis，而非 psychoanalysis。因此，不妨视此二史学方法为心理学和社会学（留意：此处之心理学和社会学应是指两个学科的理论。现代史学是以理论为方法的）。

若以韦伯和涂尔干为理论社会学的连续统（spectrum）之两极端［这个连续统状似悬挂在两柱之间的网床（hammock）］，理论心理学（theoretical psychology）或可视为韦伯一端的向外延伸。我个人认为，正是在这延伸的分寸上每位理论社会学家必须自行作出决定。

我个人是这样决定的：

（一）肯定每个行动者（他是个存在者）是一个奥秘。

（二）只是最低度地从此奥秘"开发"出理论社会学所需的存在论前设（presuppositions），即主体性（subjectivity）和能动性（agency）。

留意：我停留在存在论里，没有进入心理学。这样做，防止了这些前

---

① 陈致：《余英时访谈录》，中华书局 2012 年版，第 198 页。

设被当作心理学的研究对象。我的原因是，社会学的实在论（realism）和诠释论（hermeneutics）已经足够理论社会学家忙的了，无须进入心理学的实在论和诠释论。

可以回到你关于 self 的想法了。对于心理学家（理论心理学家、心理学理论家、心理理论家）而言，行动者不是主体性和能动性，不是身在存在论前设里，而是一个 self，是一个实在（reality），是心理学家的研究对象（study object），仍然是一个奥秘，必须尽量"开发"，这是他的正业（留意：在我的理论社会学里，行动者不是一个实在，他身在存在论前设之中）。

但这是理论社会学家的正业吗？他必须自行作出决定（连带社会学理论家亦应如此，因为他的理论是个案例，必为众多理论社会学争取收编的对象）。这种决定没有对错，只有好坏。例如帕森斯（Talcott Parsons），他曾经当之为正业来做，看来不大成功，他的弟子好像也没有继续下去。你不妨从这个角度考虑一下台湾那些偏向本土论的社会学家（例如叶启政及其弟子，蔡锦昌便是叶老师的学生。你应读过叶老师的大作吧？叶老师原来是念心理学的）。

10 月 22 日复孙宇凡：

回到你 18 日的邮件。"事实的逻辑"和"逻辑的事实"这组对立，原来是马克思用于论战的。我方的理论是"事实的逻辑"，敌方的是"逻辑的事实"，是一种敌我关系。布迪厄是一个好辩之人，他引用这组对立，仍然是走着马克思的旧路。我可不是这样理解这组对立。

先回到我的理论社会学（普遍理论）。如果它真的能够覆盖所有已知的社会学理论（特殊理论、案例）的话，它便是范式（paradigm），也就是"事实的逻辑"。理由是：范式是"逻辑"，它的所有案例（记住：社会学理论就是在某些特定条件下能够承受实证研究的社会理论）却是关于"事实"的。

你可能没有注意到，我特地在我的"事实的逻辑"（理论社会学）为"逻辑的事实"留了一线生机（仅就狭义的"事实的逻辑"而言，这一线生机原本是无须出现在我的理论社会学之中的）。情况是这样的：除了

（1）行动历程中某些参与者从外召来的定义和（2）某些参与者承认的"把所有定义捆绑在一起的"条款这两类他性之外，我还容许（3）局外人（包括社会学家）加插进贝叶斯表示式的参数。

"逻辑的事实"衍生自最后一类参数（记住：首两类他性是以参数的面目出现在贝叶斯表示式之中）。情况是这样的：首先，如果局外人加插进贝叶斯表示式的参数（无论是定义抑或是条款）已为某些参与者召唤或承认，它便应归入首两类他性，也就是归附于"事实的逻辑"（这意味着"逻辑的事实"和"事实的逻辑"不一定是敌我关系）。其次，如果这个参数还未被召唤或被承认，也就不是首两类他性，这个局外人大可以利用它来演绎和分析（记住：在我的理论社会学里，诠释论分为二部分，即演绎和分析）行动者的叙事和划策（它俩是不同的贝叶斯表示式）。

如此演绎和分析的所得只能称为"逻辑的事实"，因为它们也是一种"事实"，只不过是根据另一类"逻辑"（最后一类参数，局外人的"逻辑"，不是行动者的"逻辑"）而得。留意："逻辑的事实"可以是正当的科学成果，例如，根据人口学分析得来的结论便是。事实上，像物理学那样的自然科学，它只有"逻辑的事实"，因为它没有像社会学里那样的行动者（主体性、能动性、处境及其定义、叙事、划策等），不会有社会学那样的"事实的逻辑"。物理学的"事实的逻辑"等同于它的"逻辑的事实"。

在"事实的逻辑"当中的"事实"［我称之为"数据"（data）］本身又是何景况？它当然是"事实的逻辑"的明证（evidence）。但是，实验社会学家（即社会学理论家）却只能在某些特定条件下才能幸运地得到一鳞半爪！这意味着光靠数据的正面支持不一定足以保证"事实的逻辑"的成立，因为即使数据（"事实"）的数量看似许多，相对于"事实的逻辑"需要的正面支持而言，始终是稀薄的。这一点经常被忽略。

因此，对于"事实的逻辑"而言，得到数据支持的反例（counter-example）才是最关键的。如此的反例也是一个特殊理论（社会学理论），原来的范式（普遍理论、理论社会学）必须修改自己来收编它为自己的案例。这便意味着理论社会学家必须视这个正被挑战的范式为"逻辑的事实"，并考虑如何修改它（留意：这完全是理论工作）。这等于说，在未被反例挑战前的范式是"事实的逻辑"，一旦被挑战，它却是"逻辑的事实"。从积极的意义上讲，这样的挑战应视为数据（支持反例的数据）对

"事实的逻辑"的反面支持，促使它更进一步。

由此可见，"事实的逻辑"和"逻辑的事实"之间不是敌我关系，而是交替着往前进。这正是库恩的科学哲学的微言大义。就社会学的科学课题而言，布迪厄所提倡的反思社会学（社会学家必须"自返其身"）恐怕不一定是必要的。

10 月 23 日致孙宇凡：

你说逻辑是知识人的话说（speech，我不用"话语"一词），事实是大众的话说，大体上是准确的。不过，我通常把用词收紧至"社会学家"和"在行动历程中的参与者"。社会学家其实可以是参与者，而且有时免不了是。

理论社会学家或社会学理论家（实验社会学家）只要是身在行动历程中，他便是正在参与这个行动历程，他正在其中的那个行动历程便不可能是他的研究对象。因此，在这一刻里他不可能履行他的科学专业职责。但是，社会理论家不受限制，他可以挑起政策分析或鼓吹运动的任务。前者拥护权力（国师?），后者攻击权力（公共知识分子?），两者都不属于科学课题，只属于思辨课题。这就是韦伯所说的"以科学为志业"和"以政治为志业"的分野。没有对错，只是个人的抉择。

例如吉登斯，他成名后曾当过英国首相托尼·布莱尔（Tony Blair）的顾问（国师!）。他没有转业的困惑，因为他从来就是社会理论家。从"用世之志"这个角度看，战国时期的各家各派的思想都是社会理论，当今的国内社会学绝大部分是社会理论。

事实上，无论是理论社会学抑或社会学理论，一旦用世，那一刻便是社会理论。不再用世的时候，它又返回原位。它比那些纯是社会理论的理论（"逻辑的事实"?）占点便宜，它至少曾属科学课题，用世时可能比较接近"事实的逻辑"。

10 月 26 日致孙宇凡：

我今天在天津看到你最新的电邮（10 月 18 日孙宇凡来邮），我只写了简单的回复给你（10 月 22 日复孙宇凡）。昨天我写了下列我对布迪厄的反思社会学一说的看法。现寄给你。

我认为，社会学的两个课题在执行上有一个差别。思辨课题适合单干户，科学课题只能在群体分工合作中进行。

社会理论家（他在思辨课题里）之间虽是互相争辩，实际上谁也没有被打倒、被淘汰，只有是否还被后人阅读、讨论之别。你想想中国的古代思想，便明白了。

如果我们同意社会学的科学课题在执行上应该类似物理学，同时同意库恩的《科学革命的结构》有道理，那么，理论社会学（普遍理论）之间便只有竞争上岗（当范式），无须彼此争辩谁对谁错，因为一个理论社会学在竞争上岗一事上是否被淘汰只取决于它是否能够收编反例（也是特殊理论、社会学理论），别无其他。实际上，每一位理论社会学家都只是面对着所有的实验社会学家（社会学理论家）的问难。正面地说，一位理论社会学家应该主动与所有实验社会学家分工合作，他无法一人包揽所有活。

事实上，如果一个理论社会学家能够想象到一个可能的反例，他一早便想办法收编它了，不会等到实验社会学家提出才做。但是，反例的花款层出不穷，他终生也无法穷尽所有可能。即使布迪厄的反思社会学是一个理论社会学，他也不会是例外。

更要紧的问题是，布迪厄的反思社会学究竟是什么？我认为，他的反思对象其实是他的理论（此时是"逻辑的事实"？）和当前的人之景况（the human condition）（他个人、一代人或一群人）（"事实的逻辑"？），他要解决的难题是两者如何结合。

但是，如此的反思只会导致他（不自觉地？）当了社会理论家。他大概不会接受别人的理论社会学覆盖他的社会学理论，因此，他只是把自己的特殊理论普遍化。如此只由一己的特殊理论（一个案例）展开的普遍化的所得（一个社会理论）恐怕不足以成为理论社会学，因为它只有一个案例，卢梭等契约论者便是例子［你或可从这个角度重读布迪厄和华岗（Loic J. D. Wacquant）合著的 *An Invitation to Reflexive Sociology*，你应已读过中译本］。

从科学课题的视野看，布迪厄是一个实验社会学家多于是一个理论社会学家，当他以为自己在干理论社会学（他自己的特殊理论的普遍化）的时候，他实际是堕入思辨课题之中，因为他忙于与别的理论家（社会理论家、社会学理论家或理论社会学家）吵架。这样做是搞错斗争对象了，他可能没有想到应该集中精力面对所有社会学理论，专注于反例，不但不敌视它，还欢迎它，收编它。

10月26日孙宇凡复：

理论社会学与社会学理论的交替互补关系，我也是很赞同的，正如之前学生将之比喻为项羽（理论社会学）与刘邦（社会学理论）二人的精神气质一样。

叶启政先生的大作我有阅读过，更与叶先生在上海有过一面之缘，深感叶先生的学识视野开阔。他的学术进路似乎与您的多有对立之处，尤其是关于一些理论预设，如对存有论预设、科学概念的理解。学生在网上看到您和叶先生在政治大学对谈的文稿，感觉沟通似乎不是很畅快，很多问题似乎未能得到足够澄清。

坦白地说，我之前的社会学理论想法多受叶先生套路的影响，但与吕先生您交流之后，对之前的想法进一步反思，心中"坚固的东西都烟消云散了"。

回到存有论预设的问题，您提出了两点，其中说最低限度上行动者具有主体性与能动性，那请教先生，这两个性质为何可以算作最低限度的？这两个性质之间又是否存在张力？就学生的看法，最低限度的标准可能在于"自明性"，而"自明性"之中又孕育着"惊奇"，从而在一起形成二律背反的交替发展结构。另外，西方艺术认为裸体即本质，存在只有在裸体之下才能达致，因为裸体之美象征着静止与永恒。从这层关系来看，主体性与能动性能否代表静止与永恒，它们之间的张力或结合能否产生"惊奇"？

10月26日复孙宇凡：

的确如你所说，叶老师和我的那次对话不太畅快。我想原因之一是，叶老师没有读过我的著作，他只能就着我当时的发言来评论。这是不容易做好的，因为我的理论社会学牵涉太广，叶老师很难马上理解到背后的多层考虑。

我倒没有认为叶先生的学术进路与我的有多大的对立之处。且举叶先生的巨著《进出"结构—行动"的困境》为例，前大半部追随 Margaret Archer（叶译"爱瑟儿"）的 emergence theory，后小半部回到东方的个人修为。爱瑟儿的理论以巴斯卡（Bhaska）的哲学为后盾，确实是一个理论社会学。东方的个人修为却是本土哲学，如何与西方分析哲学［Bhaska 大体上属于分析哲学一路，他的老师是罗姆·哈里（Rom Harre）］接轨成疑。有此本土尾巴，叶先生的理论顶多是社会学理论，与我的理论社会学并无冲突。我倒有责任收编它为案例。

主体性和能动性的问题，稍后有空再说。祝学安。

10 月 27 日致孙宇凡：

我在昨天一封电邮里说："布迪厄的反思社会学究竟是什么？我认为，他的反思对象其实是他的理论和当前的人之景况（他个人、一代人或一群人），他要解决的难题是两者如何结合。"这段话说得不清楚，"结合"一词用得不当。我想补充说明一下。

从特定的人之景况出发建构一个社会学理论（特殊理论）是个行之有效的办法。最明显的例子是斯科特（James C. Scott）的成名作 *The Moral Economy of the Peasant*。他从东南亚农民的景况出发，建构了自己的政治经济学理论（社会学理论、特殊理论）。

若你小心阅读布迪厄的名作 *The Logic of Practice*，他只是在章节安排上先谈理论，后说理论所根据的北非农民的特定的景况。他的理论也是一种政治经济学理论，与斯科特所得的同属社会学理论。

社会学理论家一旦成名，总是想更上一层楼，采取对他来说最便捷的办法，就是把自己的特殊理论普遍化，布迪厄和斯科特在后期的著作中都是如此。或者，布迪厄只认为他的反思社会学面对的难题主要是来自普遍化。但是，这样的难题是难不倒布迪厄的，他辩才无碍，他不难把普遍化说通。真正的麻烦不在这里。

真正的麻烦是：这样做便堕入了一个明显却又要命的盲点，忘掉了普遍理论（理论社会学）必须承担收编所有特殊理论为自己案例的责任。这岂是由一个特殊理论普遍化得来的社会理论可以挑得起的？

从这个角度看，爱瑟儿的 emergence theory 聪明得多，他不从自己的特殊理论出发，一开始便背靠分析哲学。这也是个好办法，所得的理论社会学是否有能力竞争上岗便是后话了。

我也顺便讨论你在上一封电邮提出的下面一段话：

> 回到存有论预设的问题，您提出了两点，其中说最低限度上行动者具有主体性与能动性，那请教先生，这两个性质为何可以算作最低限度的？这两个性质之间又是否存在张力？就学生的看法，最低限度的标准可能在于"自明性"，而"自明性"之中又孕育着"惊奇"，从而在一起形成二律背反的交替发展结构。另外，西方艺术认为裸体即本质，存在只有在裸体之下才能达致，因为裸体之美象征着静止与永恒。从这层看，主体性与能动性能否代表静止与永恒，它们之间的张力或结合能否产生"惊奇"？

首先，我指定主体性即记忆、注意、期望这三种"人之能力"，有此存在论（我不用存有论这个中译）前设便足以支持我理论社会学里的实在论。但是，这不足以支持同一理论社会学里的诠释论，能动性这个存在论前设便不得不登场。戈夫曼（Irving Goffman）的晚期名著 Frame Analysis 说服了我：能动性这个前设是必要的。他在该书里讨论了有些参与者在行动历程中如何作势、作状、作假、布局骗人等伎俩。其实，在加芬克尔（Harold Garfinkel）的著作里也有讨论到，只是没有戈夫曼那样在理论上梳理清楚。这些伎俩需要主体性以外的人之能力，我统称为"能动性"。

我认为，主体性和能动性之间没有张力。但是后者增加了前者无力处理的复杂情况。这复杂情况出现在处境（来自韦伯行动历程）之定义（来自象征全域）上（留意：骗人的伎俩就是在定义上和诸定义之间的先后次序上做手脚）。最要紧的是，他性无法从主体性（记忆、注意、期望）衍生出来。如此说来，为何主体性和能动性是最低限度的存在论前设应是很清楚的了。

回到你的猜度。"惊奇"一词应是古代希腊哲学家说的 wonderment

吧？"自明性"是否来自胡塞尔？原文是哪一个词？若仅从"自明性"一词字面解，便是不证自明之意，也就是没有惊奇的意思。如此，自明性和惊奇当然是对立（不是"二律背反"，该词在哲学里有严格的定义，不用作泛词）着交替前进。

但是，"惊奇"另有自己的发生学（genetics，你用了"孕育"），它在哲学里源自"奥秘"，"奥秘"源自"混沌"。混沌乃是天地间的大事，岂是人力（主体性和能动性）可以左右？

另外，经我严格限制的"主体性"和"能动性"等专为社会学定做的存在论前设跟"静止"和"永恒"这些古代希腊哲学的大概念的关系太远了。每一套哲学都有自己的语意学系统［semiotic system，即索绪尔说的"语言"（langue），与"话说"（parole）对立］，它的每一词只应在系统内得到意义。因此跨着两套哲学的讨论必须格外小心。

10 月 29 日致孙宇凡：

你提出了"自明性"和"惊奇"对立着交替发展。这个想法有点类似我说的"我思—我们信任"的交替发展，我视其为时间序列。你应记得：行动、肉身和当下一刻被现象学地等同起来。因此，"我思—我们信任"也是行动序列。由于肉身必须是活在物理时间里，它被物理钟牵着走，也就是说，主观的行动序列因而也可以记录在客观时间上。

从"我思—我们信任"的角度反观"惊奇—自明性"，后者主要关系到认识论，没有前者那么贴近存在论。你是否有特别的理由要强调认识论呢？

10 月 29 日孙宇凡来邮：

你说到这个序列，的确比"自明性"与"惊奇"离存在论更近。

另外，作为现象学序列让我想到了今天听的一个讲座。讲者将 intersubjectivity 翻译成"主体共融性"似乎意在讲主体之"我"与共同之"我们"集合在"融"字里，但是这个翻译似乎不强调时间序列而是主要指"我"与"我们"的结构关系，可惜讲者未对这个译法进行解释，请问吕老师对这个翻译这么看？

10 月 30 日复孙宇凡：

　　自从海德格的《存在与时间》问世，在现象学圈子里的共识是"存在即时间"，两者必须现象学地等同起来。没有时间谈不上存在，因为"存在"无可避免是有限的（finite），跟"永恒"（eternity）（一种无限性）是一个二律背反。我在《我思》一书中批评海德格的时间概念不适合社会学使用，但不是反对"存在即时间"这个共识。

　　这意味着所有牵涉到主体性的"结构"必须是可以转写为一个时间序列（或可说是一种人造的永恒吧？），也就是说，结构和时间序列应该是可以互换的。因此，我们应该追问："主体共融性"（结构）如何能够转写为时间序列？

　　另一个应该追问的问题是关于语言（索绪尔意义上的语言，langue）的："主体共融性"一词身在的那个语意学系统（即语言）究竟是何模样？提出这个问题是为确定该词的语言值（linguistic value）。一词的语言值即它在一个语意学系统中获得的意义（meaning）。

　　我个人认为，绝大多数的社会学家（吉登斯是其一）都未认识到语意学系统的首要性（primacy），对一个理论所用的词汇很少作出语意学分析（semiotic analysis），只要求定义（definition）或字面解（literal meaning）。搞理论而不搞语意学分析，恐怕是越搞越糊涂。这是方法学上的缺乏。在关心社会学的哲学家当中，利科（Paul Ricoeur）大概是最重视语意学分析的。

　　仅就我的理论社会学而言，subjectivity → intersubjectivity = social process→ the course of action 是从存在论进入实在论的一条论述途径（discursive pathway）。但是作者所走过的建构考虑（constructive considerations）无可避免是逆向，从尾回到头。

　　若以此为例，把 intersubjectivity 翻译为"主体共融性"应是在建构上有所图谋。译者的图谋究竟是什么？这是判断翻译是否恰当的窍门。

10 月 31 日致孙宇凡：

　　首先是，就发生学（genetics）而言，交互主体性（intersubjectivity）

源自主体性。其次是，交互主体性被指定是一个存在论事体（ontological entity）。这等于说，这发生学应是身在存在论之中，主体性和交互主体性的关系便只应在存在论之内讨论。

再次是，就语意学而言，由于是先有主体性一词，交互主体性的最基本的意义（语言值）是由主体性帮助界定的。当交互主体性得到更多的意义（可以是来自同一语意学系统里的其他词）之后，它又倒过来帮助主体性得到更多的意义。

我们在此只谈交互主体性从主体性得到的最基本意义，而且是从主体性的最广义出发，不限制在我理论社会学里的主体性（非常狭义）和能动性（它是广义主体性的一部分）的范围。

最广义的主体性就是人之为人的集于一身的所有可能的性质（possible qualities）的总体（whole）。这个总体是无法穷尽的，只能是一个奥秘。在此情况下，交互主体性既然是众多主体性的衍生物、我们该如何现象学地描述它呢？记住：它也是一个存在论事体。

我想不外乎二途：一是原子主义（atomism），即交互主体性是由个别的奥秘（主体性、原子）组成的集合体（collectivity），一个更大的奥秘。这些原子在这集合体中可以互相作用（interacting），但始终保持其原子性（atomicity）。二是整全主义（holism），即这些主体性一旦互相作用，它们便丧失了本身的原子性，交互主体性（intersubjectivity）。

由于存在论事体都是形而上学的，不是实在论的，无法实证地探究，不可论对错，只可说选择。我个人的选择很明确，就是原子主义。我的理由是：对于众多奥秘组成的大奥秘，我们所知极少，因此应该采用最简单的构想，这是科学工作遵从的简约原则（principle of parsimony）。原子主义显然比整全主义简单。最原始的物理学便是原子主义，现在当然已被更复杂的理论替代了。但是，今日的社会学恐怕还是在原始阶段，能不取原子主义舍整全主义？

但是，选择整全主义的社会学家比我们想象的多。凡是承认有集体行动者（collective actor）一事的，诸如杜格拉斯（Mary Douglas）的 *How Do Institutions Think?* 一书，便是。整全主义有时确实是无法不选择的，譬如说，作为一个个体、一个单独的行动者，面对着庞大的国家机器（组成它的那些原子已走了样，无可辨认了），能不承认它是一个集体行动者吗？

在我的理论社会学里，基于原子主义的考虑，这样的集体行动者不被容许以存在论事体的身份出现，而是拐个弯，以他性（也是一个存在论事体，与能动性对立）的诠释论面目（被行动历程中某一参与者从外召入的一个定义或被某些参与者承认是约束着所有定义的一个条款）出现在叙事和划策（不同的贝叶斯表示式）之中。注意：他性是只出现在诠释论里的存在论事体。

讨论到此，你可以回顾你听到的"主体共融性"了。它究竟是哪一门子的 intersubjectivity？这位讲者是谁，可否告知？

11 月 1 日孙宇凡复：

回复您上封信中谈的原子主义与整全主义。这两端的确牵涉甚广，但也有不少学者尝试整合。学生知道一例，但不知如何看待其理论贡献。约翰·塞尔（John R. Searle）的 *The Construction of Social Reality* 里，塞尔明确反对"要么选择还原论，要么选择一种飘浮在个体心灵之上的超级心灵"。他自己阐述的 collective intentionality（集体意向性）似乎就如"主体共融性"的理论诉求一样，要在个体与集体之间求得平衡。这个概念还引起了塞尔与社会学者如内尔·格罗斯（Neil Gross）等人关于集体意向性与涂尔干的集体表象的争论，塞尔又提出 background abilities 是集体意向性的前设（他认为这概念与布迪厄的习性一词相近），所以这个概念的位置及其合理性，实在难以拿捏。[①]

另外，虽说现象学极为重视意向性，但在先生您的文章中很少谈这一概念，学生大胆猜想，是不是为了让"他性"概念出场，预留其理论空间？

11 月 1 日复孙宇凡：

因为你提起塞尔（Searle），我前段日子花了些时间匆匆看了他的大作一遍，也看了他与他的批评者的一些辩论。非常初步的印象是他的"集体意向

---

① Steven Lukes, "Searle versus Durkheim", in S. L. Tsohatzidis (ed.), *Intentional Acts and Institutional Facts*, Springer, 2007.

性"整合不了原子主义和整全主义。这个印象需要仔细地证实,待我有空好好写篇文章讨论。不过有几点观察应是不会太离谱的,如下:

(一)塞尔不熟悉社会学,难以社会学地想问题。

(二)他不熟悉人类学和历史学,对人之景况体会不深。

(三)因出身于分析哲学,不熟悉现象学,对由主体性和交互主体性等衍生出来的复杂内情恐怕理解不足。

11 月 1 日致孙宇凡:

意向性(其实是一个时间概念)无疑是胡塞尔现象学的基石,但是我还是喜欢奥古斯丁的时间概念(在过去的现在中记忆,在现在的现在中注意,在将来的现在中期望)。我喜欢后者的纯朴,贴近行动者的心灵。相比之下,前者太学究了,也不见得比后者更有创见。

就我的匆匆一读来说,塞尔的"集体意向性"中的"意向性"跟胡塞尔的"意向性"毫无关系,塞尔的"意向性"应是没有哲学根源。你试试把集体意向性转换为时间序列,看看是难是易,便会有所体会了。我个人认为,分析哲学有一死穴,就是处理不好时间概念。

塞尔的那句话不妨这样理解:从整全主义那一端看,原子主义这一端便是还原论;从原子主义这一端看,整全主义那一端便是一种飘浮在个体心灵之上的超级心灵。

在此理解下,我会这样回应塞尔:如果真的有"超级心灵"这一回事,又能把它还原为众多的个体心灵,岂不妙哉?如果真的没有"超级心灵"这一回事,又可否容许我们改说个体心灵(原子,最广义的主体性)其实是面对着一个奥秘(他性,看不透的对象性)?

你试想想塞尔会如何回应我?

11 月 1 日孙宇凡复:

我在读塞尔的文章时,亦感觉他的论证总有漂浮感,例如他坦言对现象学的交互主体性以及哈贝马斯的沟通理性不认同,但却没陈述其支持理由。他在《社会实在的建构》(*The Construction of Social Reality*)的导言部分说他认为韦伯、西美尔、涂尔干没有回答他感到困惑的问题，是因为他们"缺乏一种关于言语行为的理论"（中译本是语言行动，似为疏误）。换言之，他的意向性与胡塞尔无衔接之处可能就在于他是从奥斯汀（John L. Austin）那里延伸下来的言语行动理论，加之他自己对心灵哲学的理解，成就他现在的理论诉求。

我个人认为，正因为他有一定的心灵哲学的背景，对认知科学的理解也采取于此，所以他不会相信"超级心灵"的整全之说，因为这无法为他的生物性前提提供有力的佐证。所以，超级心灵之说在他看来是个奥秘（学生认为，奥秘的设置可能是学者留下的"禁区"，是上帝的管辖之区，巴别塔未触的区域），所以他不去分析超级心灵，只去分析个体层面。在分析个体层面时，他又假设语言的社会性先于意识的社会性，所以使个人层面的意向性具有了集体性。

因此，就学生理解而言，虽然我刚开始阅读分析哲学取向的社会理论时常感其简洁明意，但细想，又觉其漂浮感十足，论证无力，而结果的合理性又似乎常基于学者的连环假设。

另外，学生仍有一事想麻烦先生。我申请香港的研究计划，是基于之前发给您的《"气"与"云南新娘"的人际交往》，在翻译成英文文本时，有几个名词不知如何翻译是好：

（一）身心状态。虽然叶启政先生及其门生多用此概念，但学生一直没见过英译表述，只是邹川雄大致承认了用 habitus 即可。

（二）感通性。林安梧、蔡锦昌虽然都看重"气"的感通性，但学生仍未见到有英译表述，我准备采借安乐哲的关联性思维中的"关联性"（correlative）译感通性，不知先生认为如何？

11 月 1 日复孙宇凡：

自纳维勒斯之后，奥秘（包括上帝）不再是禁区，而成为哲学家研究的对象。

我提议：凡原是汉语的名词都声译。这有先例，在英语社会学界里"关系"就是 guanxi，以别于原有的 relationship。

11 月 1 日致孙宇凡：

我没有塞尔的《社会实在的建构》一书在手边，以下的意见只是凭印象说出。

塞尔说韦伯、西美尔、涂尔干的社会学"缺乏一种关于话说举止（注：speech act，我认为"语言行为"也是错译）的理论"，大体上是对的。如此说来，塞尔便是把话说举止引入社会学。我的质疑由此开始。

塞尔的《社会实在的建构》算是哪门子理论？肯定是社会理论，但不是社会学理论（特殊理论）。它的理论野心很大，足以称为普遍理论，却又没有打算收编所有的社会学理论，所以不是理论社会学。塞尔大概没有意识到这是个问题。

一个普遍理论如何可能成为一个理论社会学（竞争当社会学的范式的普遍理论）呢？我想，至少是应该接过社会学的一些问题系（problematic，国内一般以"问题意识"一词译之），只有如此，它才会有收编社会学理论的可能。话说举止显然不是在韦伯、西美尔、涂尔干的问题系之中，这意味着凡是循着这三位师傅思路走的社会学理论，专注于话说举止的理论恐怕都收编不了。这反映了塞尔没有社会学地想问题。

我也说过，从人之景况出发得出社会学理论是一条行之有效的套路。话说举止的理论对人之景况有多大的关怀？若是没有这样的关怀，要收编如此得来的社会学理论恐怕也不易。

话说是一种行动，话说举止不是单纯的话说，而是有所"润色"的话说，仿如戈夫曼的有所"布局"的行动。若从我的理论社会学看话说举止，它大概是出现在处境之定义里，从而进入叙事和划策之中，但不会像有所"布局"的行动那样促成他性。若是如此，话说举止的理论便用处不太大了。

11 月 2 日致孙宇凡：

任何一个理论都像一块浮雕，因为它总是聚焦在某些点上，其余的点便成为它的背景（background）。由胡塞尔开始，现象学家都谨记这一明显却又经常被遗忘的事实。

舒茨的社会学便是从"视之为当然"（taken for granted）、"应问却未问"（questionable but unquestioned）展开的，他称为"我们—关系"（we-relationship），我在《我思》书中改称为"我们信任"，也就是行动者可能身在的众多心灵状态之一，即浑噩状态（mundane state）。我的理论社会学聚焦在不止一种的自省状态（reflexive states）身上，浑噩状态便成了这个焦点的背景。

布迪厄的理论焦点应是 field（我翻译为世局），habitus（我翻译为惯习）应是他理论的背景，但是他有时也把它移入焦点之中，这种焦点—背景互换是他的理论特色，好坏另说［他理论中的 practice（实践）便是在客观的世局和主观的惯习的狭缝中出现］。叶启政一派的"身心状态"是否等同布迪厄的"惯习"，你必须弄清楚。

回到塞尔的"背景能力"一词。他用之于补救他理论的漏洞。事前未筹谋，事后来补救，难免左支右绌。我想，舒茨的做法还是比较可取，我在自己的理论里便是跟随了他。

11 月 2 日孙宇凡来邮：

之前和您说过的刘拥华老师，想必您还记得。这两天与他的学生参与"社会学知识论"的讨论①，深感先生您指教的内容与之多有契合，学生希望能将您回复邮件中与之相关的内容转发给刘老师，以供师生拜读，不知吕老师意下如何？

11 月 2 日复孙宇凡：

欢迎你这样办，我是来者不拒的。请代问候刘老师。

又：我 11 日至 13 日会在上海，如刘老师有暇，可以一会。

————————

① "社会学知识论"讨论提纲：http://blog.renren.com/share/325291086/14566210154? from = 0101010202&ref = minifeed&sfet = 102&fin = 31&fid = 20075688527&ff_ id = 325291086 &platform = 0& ex-pose_ time = 1376405317（浏览时间：2013 年 8 月 13 日）。

11 月 2 日孙宇凡复：

刘拥华老师已回信，内容如下："多谢吕老师的慷慨。很高兴能够在上海见面。到时联系。多谢！"

我已将您的邮箱发给了刘老师，以便你们进一步联系。

预祝会谈畅快！

11 月 2 日刘拥华来邮：

我是华东师范大学社会学系的刘拥华，在系里面讲授西方社会学理论课程。因为我也一直和安徽大学社会学系的孙宇凡同学保持着联系，他偶尔将您的一些学术想法介绍给我，我很受启发。平时读您的文章也是颇有启发。希望以后能够和先生保持通畅的学术交流，或我有什么疑问，我会通过各种方式向先生请教，还请先生多多赐教。

先生如有时间，可以来上海华东师范大学社会学系做些讲座，或者您如来上海，我们可以邀请些年轻人和先生做些交流。再次对您表示感谢！

11 月 2 日复刘拥华：

很高兴收到你的第一封邮件，希望以后的邮件来往频繁。我在社会学圈子里的朋友不多，经常邮件往来的更是绝无仅见，大概是由于我专注社会学的科学课题里的理论社会学，对此感兴趣的同行不多。你应该是例外。

我 12 日上午到浦东办事，之后便有空了。我坐地铁很方便，你如有空，请安排地点和时间。如有年轻朋友参加，无任欢迎。我的手机号码是（略去）。也请你告诉我你的手机号码方便联系。

11 月 2 日刘拥华复：

您别叫我刘老师，叫我小刘或者拥华就行，在您面前怎敢称老师。我的联系方式是（略去）。我去联系些朋友过来和您聊聊，等我确定了时间和地点再和您联系。

11 月 2 日孙宇凡来邮：

学生愿意届时到上海聆听先生与刘老师的教诲。

11 月 3 日拥华来邮：

我到校门口接您。我们几个先聊聊，饭后和学生见面聊。考虑到您回去不便，我们和学生见面的时间提前到五点。

另，我有一个学生（陈孚）会在和您见面的时候谈一些自己的想法，我将他的想法发给您，请您到时当面指正。多谢！

11 月 5 日拥华来邮：

我想将 12 日您的行程当作一次学术报告来申请学校的资助，钱不多，但我想试试看，因为您太辛苦了，我很过意不去，您看如何？

11 月 5 日复拥华：

我乐于与同行交流，对我是难得的机会，没有辛苦，只有快乐。

资助的事，你不嫌烦，我便填报。

11 月 6 日致宇凡：

一些补充意见给陈孚同学，请转发。谢谢。

（一）舒茨的 everyday world、commonsense world、paramount reality 是同义词，应可在霍桂垣翻译舒茨（霍音译为许茨）论文集卷一《社会实在问题》的索引中找到。留意：是基础实在。

（二）占姆士（William James）有 subuniverse 一词，舒茨不喜欢，但

是舒茨用其意，提出了 work world、dream world 等。显然，这些世界都是身陷基础实在之中的飞地。这间接提示了如何回答：知识世界如何可能出现在常识世界之中？

（三）知识倒退，不是到了常识。无论是知识抑或常识，都是倒退到奥秘，奥秘再倒退，便到了混沌（chaos）。语言（langue，索绪尔意义上的语言）应是在奥秘便开始出现，因为奥秘其实已是按照差异原则（principle of difference）从混沌中发掘出来，语言也是在同一刻按照对立原则（principle of opposition）诞生。有了语言（也就是语意学系统），关于奥秘的话说（parole）便从系统中衍生出来，奥秘从此得到描述。从奥秘走向常识或知识，也就是语言的繁衍，繁衍起来的语言令常识或知识得到描述。语言和知识（或常识）恐怕是相辅相成的。

（四）就科技而言，默顿（Robert Merton）及其弟子（Bernard Barber）等人对科技发展的历史及其社会学理论的贡献良多（Barber 早逝，"invisible college" 一词便是他提出的）。连库恩（Thomas Kuhn）也是得到默顿的支持从物理学转去科学哲学，他的名著 *The Structure of Scientific Revolutions*（《科学革命的结构》）其实是科学哲学的社会学化。他们的贡献随着结构功能主义的衰落而为今日社会学界所忽略，我想是不合理的。光读布迪厄恐怕是不够的。

11 月 6 日宇凡复：

邮件已转发。

邮件最后您提到了库恩的贡献被今日社会学界忽略，但学生又想到"范式"这一概念如今又被学界滥用，确实感觉知识在被遗忘的过程中，一些命题或概念却变成了脱离其原有语意系统的、"异化"的知识。

信中您还谈到舒茨对世界的划分，学生对舒茨的作品阅读不精，但近日看到孙飞宇刚发表的《方法论与生活世界》一文，将舒茨的理论焦点置在方法论上，并由方法论转入存有论，详见附件。①从科学研究过程来

---

① 孙飞宇：《方法论与生活世界》，"中国社会变迁与社会学前沿：社会学的历史视野"学术研讨会，上海大学 2012 年 11 月 3—4 日。

看，这个阐释路径似乎与您由存在论出发的路径相反。

11 月 7 日复宇凡：

孙飞宇（杨善华先生的学生？）这篇大作要在有限篇幅绘写出无限景观，难免斑驳不纯。这是国内有志于理论的年轻学者评论前人著作时常有的浮光掠影。到他有了自己的一套理论之后，便会选材精到，鞭辟入里。

文中所说的社会科学（这应是沿用欧陆习惯的用词）过于笼统。作为最初步梳理，你在阅读时每段都先弄清楚其中谈及的问题是关涉到社会理论、社会学理论还是理论社会学。这样阅读下，孙飞宇这篇大作的斑驳处应可梳理清楚。你试试办。

你提及的方法学和存在论的先后问题。就现象学来说，前者是手段，后者是目的。目的优先，手段押后。你想想，胡塞尔的搁置（epoche）便是方法，他用之进入本质（eidos）问题的分析。但是，在讨论交互主体性问题时，你可以说他没有使用任何方法，至多也是可以说他仿照了笛卡尔的沉思（这也是方法）。

孙飞宇选择由方法论（我喜欢用方法学一词）入手，因为他需要有一根线把多人的理论串联起来，并无不可。我是志在描述自己的理论社会学，一人的理论，由存在论入手比较自然顺畅。

我是顺带一笔提到默顿和库恩的交情。库恩的范式论仍然是颇多人阅读的。

11 月 7 日再复宇凡：

趁空写点回答给你，我挑选了孙飞宇《方法论与生活世界》谈木偶世界的那一段文字。

舒茨接受韦伯的理想类型（ideal type）这个概念，木偶世界（作为方法）便是后果。情况是这样的：所谓"木偶"就是行动者的各种理想类型（同样，行动也有各种理想类型，就是韦伯有名的行动类型学）。这样的世界自然是由社会学家（社会理论家、社会学理论家、理论社会学家）制造、彩排。不过，我认为它的用途顶多只是一个思想实验

（thought experiment）。

　　这样的实验结果当不得真，因为它不是实证研究的结果。这一点是社会学界的共识，但是共识过后该怎么办，便言人人殊了。舒茨是皈依日常世界，我在此处跟他分道扬镳。

　　我始终假定行动历程中的每一位参与者都是一个奥秘，在实证研究里他绝不是有限的理论类型可以勉强代表的。这些参与者眼中的处境也是一个奥秘，而且衍生自"奥秘的他们"自己。但是，他们给出的定义大体上总是落在索绪尔—布迪厄话说网络之中。这意味着在某些特定条件下，实验社会学家（社会学理论家）可以获得这些定义在索绪尔—布迪厄话说网络上的概率分布，即数据。如此，实证地测试该分布的参数便成为可能（记住：他性是一种参数）。

　　在我的理论社会学里，行动历程中的参与者的日常世界是何景况？它就是他的浑噩状态，是背景。他在自省状态中给出的处境之定义才是焦点。

　　在我的理论社会学里，可以有思想实验吗？可以有的，那便是行动历程中参与者之间互相牵制的叙事和划策！留意：在如此的思想实验中，这些参加者都不是木偶，他们正在叙事和划策。

　　我一直认为，韦伯的理想类型是一个容易引人误入歧途的概念，木偶世界便是一例。孙飞宇似乎没有察觉。

11 月 8 日宇凡复：

　　孙飞宇老师确是杨善华老师的学生。

　　您在信中说"国内有志于理论的年轻学者评论前人著作时常有的浮光掠影。到他有了自己的一套理论之后，便会选材精到，鞭辟入里"。学生也正有这方面的疑问。在评论前人著作时，如何选材既尊重理论史之本身事实，又符合自己的论题？

　　学生准备做的学士学位论文为《殊途同归：中国社会学与现代新儒学》（初拟题）。我意在模仿您的《现象学在社会学里的百年沧桑》的理论思路，把社会学本土化与现代新儒学在近代以来的交织问题描述清楚，并从知识社会学视角予以解释。

学生认为由于社会学在新中国成立之前的本土化工作着力形而下的、社会事实的功夫，尤其像费孝通的"差序格局"之说。但费老晚年反思时又提倡研究"心"这种形而上，乃至具有存在论意义的概念。新儒学从熊十力到牟宗三强调"返本开新"，要在形而上的"心"中开出民主与科学。但到了牟氏之后，杜维明提出"体知"，林安梧也以哲学话语阐释中国传统社会格局。

因此，我认为中国社会学似乎经历了从身到心，而新儒学似乎经历了从心到身的相反历程，但二者最终落脚点实际上都意欲身与心均出场，以实现身心一体的学术观照。二者殊途同归可能在于其各自学科或知识的性质（舶来品与本土物），以及各自的接受历程（社会学在中国确是涂尔干来得比韦伯早，新儒学确有脱离大众的文化启蒙倾向，陈海文先生有所论证）。①

问题在于，新儒学发展路径纷多，如熊十力—牟宗三—林安梧一系，又有当前的海外新儒学，大陆可能也有新儒学吧。②而且早期的梁漱溟身兼新儒学家与社会学家。社会学中国化的代表不仅有费孝通，也有早期的孙本文以及当前的台湾学术力量。所以学生不知道怎么选材是好。

当然，也很可能是学生的选题就不恰当，但我看了费孝通、叶启政的作品，总感觉他们的作品和新儒学的东西有亲和性。而您之前说到的牟宗三的故事再加上我近期阅读牟氏学生的一些作品，确感觉现代新儒学与社会学之间既有分又有合。还望先生给予适当的意见。

11 月 8 日复宇凡：

"取法乎上，仅得其中。"我那篇《百年沧桑》并非上佳文章。不足为法。

我的意见是，你不妨考虑从原来的题目《中国社会学与现代新儒学》中只选一方为焦点，另一方用作背景。举例说，《台湾社会理论的本土

---

① 陈海文：《启蒙论：社会学与中国文化启蒙》，社会科学文献出版社 2010 年版。
② 林安梧：《儒学革命》，商务印书馆 2011 年版。余英时：《士与中国文化》，上海人民出版社 2003 年版。余英时：《朱熹的历史世界》，生活·读书·新知三联书店 2004 年版。

化：以叶启政和杨国枢为例》。新儒家思想自然出现在其中，因为无论叶或杨都有用世之志，而且是"学是西方学，心是东方心"，这正是现代新儒家的本色。

他们公认自己是否新儒家已是无关紧要了，理由是，他俩在留学前恐怕都没有离开过台湾，大概留学几年便回去了。他们的日常世界从来都是台湾式的。借用舒茨的说法，台湾便是他俩的"基础实在"。

11 月 9 日致宇凡：

我借用孙飞宇《方法论与生活世界》引述华勒斯坦的话为引子，谈谈他者（the other）和他性（otherness）二概念的理论后果。

华勒斯坦说："如果社会科学是一种寻求普遍知识的获得，那么，'他者'在逻辑上便不可能存在，因为'他者'是'我们'的一部分，而'我们'既是研究的对象，又是研究的主体。"我没读过此话来自的书，只能按字面解。

你是知道的，我认为社会学的科学课题是追求范式的，也就是追求普遍知识的。如此，我便要说明他者是存在的。引文中的"他者"应是关于一个主体性（行动历程中的一个参与者）看到、说到、听到、想到另一个主体性（也是一个参与者）这回事。前者还是主体（subject），后者却是前者的对象（object）。

依随笛卡尔的思路，前者是我（ego），后者是他我（alter ego）。我和他我的关系是镜影式对称的，也就是说，若从后者那一端看前者这一端，后者是我，前者是他我。如此的他我是现代哲学中最早的，胡塞尔的交互主体性中的主体性便是一例，他借用了莱布尼兹的单子（monad）这个概念，因此也可以称为 monadic intersubjectivity。帕森斯的双重偶然性（double contingency）是它的社会学翻版，在他的《社会系统》一书可以找见。

萨特（Jean-Paul Sartre）在《存在与虚无》一书提出另一种交互主体性。当一个主体性（行动历程中的一个参与者）看到、说到、听到、想到另一个主体性（也是一个参与者）的时候，前者可以还是我，后者却不是他我。萨特称为"他者"（the other），即"不是他我的他人"。这样的交互主体性仍然是对称的，只是不再是镜影式，也意味着移情（empathy）这个方法是不可用的。他后来在《呕吐》一书中进一步说：他者是地狱（the other is hell）。如此，萨特便打开了交互主体性可能有的无限变化。

这也意味着一个主体性作为另一个主体性对象时的面目可以变化多端。我在自己的理论社会学里比萨特更激进，我干脆设定主体性（相对另一个主体性来说，他可以是主体，也可以是对象）是一个奥秘。这样做，是出于我对主体性（行动者）的自主性（autonomy）的最高尊重。

我曾经说过，既然每一个主体性都是一个奥秘，他们组成的交互主体性便是更大的一个奥秘。我们该如何在存在论里安置它？"intersubjectivity"一词的三个汉译，即"互为主观性"（最早的译法，如殷海光）、"交互主体性"（如倪梁康）、"主体间性"（如杨善华、孙飞宇），刚好反映了三个已知的安置办法。首个译法强调两个主体性之间的主体—对象互换，以今日的眼光看，意义过窄。次个强调众多主体性在一起的形态，是交互的，我接受这个译法，并且在我的理论社会学里指定这个形态就是网络。尾个的焦点放在两个或多个主体性的关系上，个别的主体性只是背景。

从语意学来说，"交互主体性"一词的意义（语言值）是得到"主体性"一词的帮助而获得的，因而是"intersubjectivity"一词的基本意义。"主体间性"一词却是得到"间"（或可英译为 in-between）一词或"间性"[古代希腊语有 metaxy 一词正是此义，见福格林（Eric Voegelin）的著作，他是舒茨的好友]一词的帮助而获得的，显然不是 intersubjectivity 的基本意义。事实上，"主体间性"一词是反过来帮助"主体性"一词获得多一重的意义。

如此一来，情况便变得复杂。intersubjectivity 一词有两重意义，一是关于形态（网络）的，二是关于关系（间、间性）的。这是不利于科学工作的，解决方法就是区分它俩。我规定"intersubjectivity"只解作一网络的主体性，而且是正在沟通（communication）甚至交易（exchange）的媒介（medium）之中的，译为"交互主体性"。这样的定义其实一早便出现在米德（H. G. Mead）的《心灵、自我与社会》一书里，即他说的 social process（社会过程）或 social institution（社会制度）。这安顿了形态这一重意义。

安顿关系那一重意义比较复杂。首先，关系那一重意义上的 intersubjectivity 必须视为另一个存在论事体（ontological entity）。它跟主体性（行动者）的关系必须说清楚。一方面，相对于作为主体的主体性，它当然可以充当它的对象。另一方面，我规定它不可以是主体，这等于说，主体性不可以是它的对象。我把它归类为他性（otherness）的一种，不妨借用"主体间性"一词作其汉名。主体间性（作为一种他性）跟主体性的关系是不对称的，正如死亡和上帝跟行动者的关系那样不对称。应该注意到，主体间性是不带肉身的。相反，交互主体性（一网络的主体性）却是带着众多肉身的，因为每一个主体性都是带着肉身。

"他性"一词的意义又该如何规定呢？顺着纳维勒斯的死亡和上帝、马克思的货币和我刚说过的主体间性等例子拓展，他性是一个不带肉身的奥秘，只能充当带着肉身的主体性（行动者）的对象，本身不可以担当为主体，却可以作为主体性的对象反过来规限着主体性这个主体。这样的主体性我改称为能动性（agency）。

华勒斯坦所说的"'我们'既是研究的对象，又是研究的主体。"这句话又该如何理解呢？我认为，"我们"一词应是包括了研究者（应可理解为行动历程中的参与者之一，不是身在其外的研究者，否则该话欠解）。作为研究的对象的"我们"应是主体间性（规限着众多主体性的一种他性，贝叶斯表示式里的由某些参与者从外召来的条款），作为研究的主体的"我们"应是交互主体性。如此说来，"他者"（奥秘的主体性）便可以是"我们"（作为交互主体性，一网络的主体性）的一部分！

11 月 9 日再致宇凡：

昨日我给了你一个提议，是以中国社会学为焦点，以现代新儒家为背景。今日我给你另一提议："中国历史学里的社会理论：以余英时的《朱熹的历史世界》为例。"这本书应有简体中文版。这题目我原来打算作为我的一本大书一章的题目，但我嫌它在那书中会占篇幅太多，不写了。

余英时的汉学底子深厚，你只需引用便可，无人可以置疑。如此，你便可集中精力用社会学的视角从这本书中找出余英时眼中的儒家社会理论

（甚至社会学理论）。不妨试试翻翻这本书。

11月9日宇凡复：

您的第一个提议"以中国社会学为焦点，以现代新儒家为背景"虽是学生大四以来一直感兴趣的，但其实我也一直苦于文献难以搜集，即使是叶启政先生的作品我校图书馆也仅得一两本，难觅全貌，加上地域问题学生也难以购置，仅能从相关的讲座、期刊论文上阅读以解渴。所以，即使是感兴趣的，也不得不犹豫再三。

"中国历史学里的社会理论：以余英时的《朱熹的历史世界》为例"确是学生感兴趣的课题。我在大二上学期曾一度对传统中国的"士"与西方的"知识分子"研究十分着迷。余氏的《"士"与中国文化》也拜读过。后来做"诚信"课题也曾把宋代一些儒学知识翻了一遍。

但学生不太明白"中国历史学里的社会理论：以余英时的《朱熹的历史世界》为例"是一种怎样的诠释？是对其中的社会学思维重述？

对《朱熹的历史世界》这本书，我的看法基本是：借用您说的焦点与背景的比方，余英时是以士大夫的政治文化的政治史研究为焦点，以理学的哲学分析为背景。或许是通过这种方法，他尝试将分立的"道"的哲学史研究（余称为文化史）与"势"的政治史研究联系起来。但学生认为可能余氏在由背景过渡到焦点时稍显简略，当然这可能是他的课题导向决定的。

学生认为，若您的提议是只谈这本书中体现的社会理论，那仍可尊重余氏，从"内圣"与"外王"关系切入，但转换成社会与个人的视角。先由书中谈到张载《西铭》一文指出理学家眼中的社会二重性：社会作为血缘的自然性链接的隐喻之实体，内圣推至外王，外王亦证成内圣。

但是，这毕竟只是朱熹这样理学家型士大夫视域下的社会理念。当这一理念延续至现实的权力空间时，就既有亲密性又有他异性（借沈清松分析身体的意义指向的说法）。亲密性在于朱熹这样的理学家把内圣与外王看作自然连续（正如他认为王安石变法何以失败那样），他异性在于这样的社会理念指向非理学家士大夫集团，包括皇帝及官僚集团。而书中的"国是""登对"（或"轮对"）正是处理亲密性与他异性的策略，宋神宗和王安石的蜜月期合作正是亲密性与他异性得以协调的结果。

大致的社会理论图式可能是横纵相织的：

```
内圣 — — — ┐            ┌ — — 外王
  |      亲密性 ＋ 他异性       |
社会理念 — — ┘            └ — 权力空间
```

当然，先生的题目中提到"中国历史学中……"，我还不明确这个中国历史学背景如何铺陈。可能学生也误解了您这个提议的意涵。

11 月 10 日复宇凡：

我想，先由收窄题目入手吧，例如，改为"余英时《朱熹的历史世界》一书里体现的社会理论：从社会学的观点看"。小题大做，这是香港中文大学社会学系最早期的黄寿林老师给学生的忠告。

如此，第一，你便可避开中国历史学背景，只谈作者余英时个人的历史学背景。这应是可接受的，因为你只谈一位作者的社会理论及其个人的历史学背景。正如你说，我的提议只是指该书中体现的社会理论。

第二，朱熹社会理论是玄思（内圣必在其中），他着意于靠近（亲密性？）统治（外王？）。《诺斯替宗教》一书谈的玄思却都是疏远统治的，刚好是以内圣疏远外王。疏远固然躲不过王与圣之间无可避免的张力（他异性？），靠近其实也躲不过这张力，因为内圣便是智，而外王从来都是反智的。你应是不愁没有文章可造。

第三，余英时对社会学并不陌生，即使他使用古老中国的词汇（"道""势"），你也不难找回现代社会学里的对应词。但是，你另有卖点，他是中体西用，你是西体中用。

11 月 10 日致宇凡：

多说几句。当你勾勒出朱熹的社会理论之后，你便可讨论如何安置它在一系列你选定的社会理论丛中。有此图像之后，你便可发挥你的社会学想象力。

11 月 14 日宇凡来邮：

那个余英时问题我要想想再回复。先谈谈塞尔的社会哲学。见他在网站 http：//m. douban. com/group/topic/30385462/？ session = 6b069702 的《现象学幻象》一文。

这里是塞尔谈他对现象学的看法，很消极似的，但他的一个观点可能值得思考。他的社会哲学有自然主义取向，所以他认为他的基础实在论是原子物理学论、演化论、脑神经生物学三者，和您的对比，似乎他的更基础？社会学该如何处理自然世界？似乎社会学者执着于变迁中的"自然状态"之状态，却没有随科技发展增进对"自然"的认识。

11 月 14 日致拥华、宇凡：

十分感谢你们给我带来一晚畅谈和一群年轻朋友。我想这只是开始，越来越多的词汇、意见、看法、文章、书籍将会送到我面前，考虑我的理论社会学，帮助我完善它。于我是求之不得，我会尽量回答，只是有时会过于简略、有时又会有些延误，请谅。

我在路上看了拥华大作《布迪厄的终生问题》的第七章，我开始比较明白拥华在会上说出的词汇、意见和看法。[①]我会从自己的理论社会学出发，写出我对第七章的意见。

宇凡此次附来的塞尔文章我稍后回答。

11 月 15 日拥华复，兼致宇凡：

谢谢两位光临所带来的精彩的知识传授，我自己也从吕老师的发言中学到很多，基本上知道吕老师要做什么、怎么去做的，这是一个宏伟的计划，是对目前理论研究和学习的极大挑战。

---

① 刘拥华：《布迪厄的终生问题》，上海三联书店 2009 年版。

　　我本人还只是一个理论的初入门者，基础差、悟性低、不用功。吕老师和宇凡关心的是本体论（即存在论）上的问题，而我却更关心这个社会如何团结起来、它的机制以及社会应该如何理想，所以，我更会涉及道德、权力、个人主义、自由、价值理性等术语，甚至我还会去读些社会经济史的文献，比如波兰尼（Polanyi）和诺斯（North）的东西，从经验的维度去回答团结的问题。

　　但你们的思考，尤其是吕老师对"奥秘"的思考，我深受启发，我的理解是，这个"奥秘"没有确定的回答，但可以去"理解"，即基于"参数—变量"的方式去理解，而这种理解似乎可以还原到个人的层面（方法论意义上的），从而实现与"方法论的个人主义"的对接，进而对"启蒙价值"做出坚实的论证。这是我解读吕先生的方式，当然还有其他的方式，但我的解读使得我知道，我和吕先生的想法不会太过于遥远。

11 月 15 日致拥华：

　　刚回到香港的家，友人发来悼念劳思光老师的文章（略去），想你或有兴趣一读，转发给你。

　　在我的前辈中不乏有用世之志之士。劳老师便是其一。劳老师出身北大，未及毕业，北平解放，转学台湾大学，本科毕业。其生平见该文，作者关子尹，劳老师高足，香港中文大学本科及硕士，德国洪堡大学博士，曾任教台湾东海大学哲学系，后回香港中文大学，两任系主任，仍在系中当教授。劳老师和关老师都曾慷慨让我旁听他们的课。

　　我对士人用世，从前辈身上得到自己的看法，与他们不大相同。

11 月 16 日复宇凡，兼致拥华：

　　我只匆匆看了一下附来的塞尔文章，先说说一些表面观察。

　　（一）塞尔的辩论对手其实不是胡塞尔和海德格，而是德雷福斯（Hubert Dreyfus）。我没有读过德雷福斯的文章，不敢评论，但可以说说现象学圈子里对德雷福斯的一般印象。他的贡献在于向现象学圈外推广现象学，甚至欧洲思想（现象学是其一）。我想，塞尔还没有真正跟现象学家交手。

（二）塞尔说得很清楚，分析哲学家从前是不（不想？不敢？不屑？）碰意向性的，意向性成了现象学家的专利，他带头碰了，这是他的贡献。他也说明白，他的意向性跟胡塞尔的没有冲突，只有互补。

（三）你是知道的，我很少谈意向性，原因也告诉过你。我认为意向性可以视为一种时间概念，它其实是众多时间概念中的一个而已，无论是行动者还是研究者都有许多选择。我个人认为，一旦不谈时间概念，意向性一词对社会学的科学课题便无大用处。

（四）我认为社会学的科学课题在现阶段可以不理脑神经生物学。北京大学的人类学教授蔡华在他的《人思之人》一书中便是如塞尔那样把社会科学建基在脑神经生物学。蔡老师没有塞尔的哲学底子，反而没有哲学带来的障碍，可以简单说出自己的道理。我稍后把我对他的评论转发给你。

11 月 16 日致拥华：

转发我 11 月 9 日致宇凡的一封邮件给你，内中有关于奥秘的片面说明。

11 月 16 日拥华复：

多谢吕先生，我先认真读，然后向您请教，我特别想知道与这一论题（奥秘）相关的主要文献都有哪些？这样更便于我和先生讨论。

11 月 16 日拥华来邮：

吕先生大陆之行车马劳顿，很是辛苦，特别感谢您到我们学校和学生所做的交流，真是有古师者之风，很难得。劳思光先生也是我敬仰的学者，对他的去世深表惋惜！多谢分享！

11 月 16 日致宇凡，兼致拥华：

附文，从中可以看到我对以脑神经科学为社会学基础的看法。①

11 月 18 日宇凡复：

蔡华老师的《人思之人》学生没有拜读过，只能从您的这篇文章中大致了解一下你们交锋的一些的观点。我的想法是这样的：脑神经科学作为生物学的一支，对社会学的启示（宽泛地讲，不一定是从基础存在论的角度）可能还得时间来检验。

就像达尔文的进化论对社会学的影响一样，我认为塞尔也好，蔡华也好，选择以脑神经科学为立足点，可能是为了对传统社会科学中身心二元论的解困，这种解困之法究竟是绕过难点还是真正解铃，一时不好判定。不好判定的原因之一是因为脑神经科学未带来社会科学方法论的创新。

进化论对社会科学的影响，学生认为更多的可能是在方法论以及认识论方面，它强调的差异性具有重要影响。而脑神经科学一引入哲学或社会科学，仿佛就是奔着基础实在论去的，这样看来，究竟是脑神经科学知识在社会科学中基础实在论上定位不妥，还是这门知识本身就难以在方法论上有影响呢？另外，或许脑神经科学在一定程度上有破解行动者作为奥秘的这种说法了吧?!

11 月 18 日致拥华、宇凡：

我写了一个小说明，是关于奥秘的，如下。

在我极有限所见的文献当中，专论奥秘的极少，就是把有关奥秘的算进去，也不外乎如下几个例子：

（一）萨特（Jean-Paul Sartre）论他者（the other），带着肉身的奥秘。

（二）纳维勒斯（Emmanuel Levinas）论死亡和上帝，是他性（other-

---

① 吕炳强：《文化科学和自然科学的统一性——兼答蔡华先生》，寄奉蔡华，未刊稿。

ness），不带肉身的奥秘。

（三）约纳斯（Hans Jonas）论知识（gnosis），是他性，不带肉身，一种以奥秘为面具的"知识"，gnosticism（诺斯替主义）一词源自此。

（四）马克思论货币，是媒介（medium），是他性，不带肉身，或者不该算是奥秘。

（五）伽达默（Hans-Georg Gadamer）论传统（tradition），它跟行动者对话，是他性，不带肉身，或者不该算是奥秘。

（六）卢曼（Niklas Luhmann）论系统，它不是他性，也不是奥秘，却是在混沌里的一片澄明（clarity），行动者反而是被安置在澄明之外的混沌里。

仅以这些例子看，"奥秘"一词是身在"行动者"（"行动""主体性""能动性""交互主体性"与此词有关）"肉身""他者""他性""混沌""货币""传统""死亡""上帝""知识""系统"等词的邻近（vicinity）。

我们的任务是：若是从我的理论社会学出发，该如何把这些词汇组织为一个语意学系统？我的构想见图。

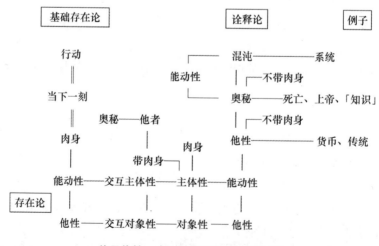

关于他性、奥秘和混沌的语意学系统

起点是我定下的基础存在论（直行一），即：肉身在当下一刻里，当下一刻在行动里，行动在肉身里。图中的主体性是最狭义的，只包括最广义的主体性所具备的记忆、注意和期望这三种能力，他的其他能力都拨入能动性之中。最广义的主体性当然是带着肉身的，因此，图中的主体性和能动性都带着肉身。

萨特的他者是带着肉身的奥秘，与此相反的是不带肉身的他性（例子是马克思的货币和伽达默的传统）。由肉身（它代表着基础存在论）出发，整个存在论（横栏）便展开了。

作为主体（subject）的能动性，不单只拥有他性这个对象（object），他还可以拥有奥秘和混沌这两个对象。这三个对象究竟有何关系呢？一句话：它们构成了一个诠释论（直行二）。

先说混沌。从索绪尔的结构语言学看，思维（thought）和声音（sound）各是一团混沌。根据差异原则（principle of difference），某一所指（signified）和某一能指（signifier）分别从思维和声音这两团混沌身上割离开来，并且配对起来，所得便是一个符号（sign），既有能指，亦有所指。混沌就是这样成为能动性的第一个对象。只要不断重复运用差异原则，自然会得到越来越多的符号。

根据对立原则（principle of opposition），这些符号又会彼此帮助着对方获得各自的意义（meaning），即语言值（linguistic value）。如此，它们便构成了一个语意学系统（semiotic system）。注意：随着时光流转，这个系统内的每一个符号所承载的意义便会越来越厚重。被认定已经足够厚重——因此也被认定已经说得够明白了——的符号便是他性，还未足够厚重的则仍然是奥秘。

显然，这样的认定永远只能是权宜的（interim），也就是说，他性和奥秘并无确定不移的区分。（我们真的已经知道了货币和传统的全部真相吗？）我个人认为：已经呈现的他性其实只是奥秘的小部分，它的大部分还是潜在的，我们甚至可以直截了当地说，他性就是不带肉身的奥秘。

11 月 20 日宇凡来邮：

接续学生在华师大研讨会上的疑问，我欲以另一种粗线条方法重述您的基础存在论，以期框定您的理论范围。

"肉身在当下一刻里，当下一刻在行动里，行动在肉身里。"学生撷取这三个概念并分别代替。

理由粗略，学生简述之：虽然存在即时间，肉身在时间中流逝。但是，我将要尝试将之还原为空间。"当下一刻"换为空间式的"在场"，"肉身"替为位置式的"在席"。行动则在"在席"与"在场"间互动。如此一来，先生您试图以"肉身""当下一刻""行动"三者之间互相嵌套形成的三角形便转化为"位置"（在席—肉身）、"空间"（在场—当下一刻）二者之间的互动（"行动"）。

您的三角形式的格局，任何一个无法缺失，因为缺之便意味着基础实在论自身逻辑不周延。但是，从时间转化为空间后，空间自身便比时间饱满得多。因为空间可能是多重的，从而构成"在席的缺（此）场"即"在席的（另一）在场"?!

您选取"当下一刻"可能是这个基础存在论中最基础的一个环节，但如果转化成空间式的表述，会不会有另一般情景?

11 月 23 日复宇凡：

你区分了"在场"和"在席"，前者关乎空间，后者关乎位置。空间和位置又依靠于当下一刻和肉身。

若是翻译为英语，又该是哪几个词？你试试便会发现，这一转换马上令人堕入语意学浓雾之中。我们必须设法拨开这浓雾。

我认为，空间的构想应从交互主体性出发。原因是，交互主体性总是带着众多的肉身［你应记得我曾说过：交互主体性就是一网络（network）的主体性，是正在持续着的（ongoing），而且是坐落在沟通（communication）的媒介甚至是交易（exchange）的媒介（medium）之中的。由于主体性带着肉身，交互主体性便带着众多的肉身］。根据基础存在论（肉身＝行动＝当下一刻），这些肉身之间的最基本关系必须是它们在物理空间（physical space）的分布（记住：若是没有了肉身，行动和当下一刻便跟物理空间脱离了关系）。

我们先从一位未经指定的观察者（an unspecified observer）的视野看行动历程（the course of action）（你应记得我曾说过：行动历程衍生自社会过程，社会过程等于交互主体性）。他不是行动历程中的参与者。他看得最清楚的不是众多参与者的行动和当下一刻，而是他们的肉身。或者可以这样说，观察者清楚看到一群肉身。

由于他看不清楚参与者的行动和当下一刻，他其实是看不见行动历程，而是看见事件序列（the sequence of events）而已。我在《我思、我们信任，社会之奥秘》第四章说：依照士多噶因果性（Stoic causality），行动历程是藏在深处（depth）的，事件序列是它在表面（surface）上的痕迹（traces）。更准确地说，他看见事件序列在物理空间之中。

我们甚至可以进一步说，物理钟记录着事件序列。原因是，物理钟总是牵着肉身走（这一点我以前说过了）。由于事件序列衍生自一群肉身，它必然被记录在物理钟上。

我称物理空间跟物理钟的代数积（algebraic product）为"时空方格网"（space-time grid），我不用"物理时空"（physical space-time）一词，意在强调这样的事实：肉身总是落在各个时空方格（space-time cell）里。

可以转去行动历程中的参与者的视野了。他身在行动历程里，他经验着以自己为起始点的交互主体时空（intersubjective space-time）。在这个时空结构里，时间便是一连串的奥古斯丁当下一刻（Augustinian present moment），空间却可以是因人而异，无法指定（舒茨曾给出一个他认为适用于所有行动者的空间构想，我认为尚属言之过早）。

不过，我们却可以肯定：交互主体时空是不会太偏离时空方格网。原因是：在行动历程中的所有参与者，不管彼此是合作还是对抗，总是在共谋（布迪厄说的 complicity）之中。因此，他们不可能太偏离物理世界的时空方格网。［埃利亚斯（Norbert Elias）在他的 *Time：An Essay* 一书便曾指明物理时间是文明进步的条件。他没有讨论物理空间，我认为不妨假定它也是文明进步的另一条件］。也就是说，每一位参与者的交互主体时空，不管它是何模样，总是参照着所有参与者都知道的时空方格网。

论证至此，观察者所用的和参与者所经历的时空都被带入了我的理论社会学（普遍理论）里，有关的语意学系统见下图。

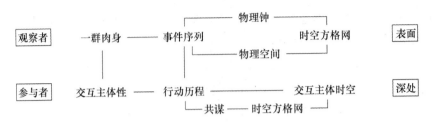

有关观察者和参与者的时空的语意学系统

应该注意到：

（一）基础存在论（肉身＝当下一刻＝行动）和实在论（韦伯行动历程—吉登斯行动历程，及未列出的其他）都出现在这个语意学系统。

（二）在深处的交互主体性和行动历程分别对应着在表面的一群肉身和事件序列。

（三）原来在深处的肉身（它是基础存在论的一部分）被观察者拖上表面，原来在表面的时空方格网被参与者拖入深处。

（四）观察者（他在表面）通过时空方格网跟实在论（它在深处）连接起来，并由此跟诠释论［它的演绎（interpretation）和分析（analysis）两部分却分别在深处和表面］连接起来。

回到你的构想。你可能没有想明白一个理论事实：基础存在论只指向一个行动者，因此跟空间没有关系。

11 月 24 日致宇凡：

我在上一封邮件勾画了有关观察者和参与者的时空的语意学系统。有了这个系统后，可以谈谈我的理论社会学如何覆盖城市社会学了。

我想，你之所以提出空间的问题，大概是曾经阅读卡斯特尔（Castells）和勒菲弗尔（Lefebvre）等社会理论家的作品，前者有 *The Urban Question*，后者有 *The Production of Space*。城市当然是一个空间，是随着经济发展而产生的一个空间。

不言而喻，城市社会学的焦点在于空间。但是，由于生活在城市里的人都是"行动—肉身—当下一刻"的三位一体（trinity），时间和空间必然交织在一起。因此，讨论应该由交互主体时空开始。

　　交互主体时空是狭义的主体性（奥古斯丁：在过去的现在里记忆，在现在的现在里注意，在将来的现在里期望）对自己身在的那个行动历程的一种经验（experience）（记住：行动历程是一个社会实在）。我说过：在空间方面，这种经验总是因人而异，无法指定。例如，勒菲弗尔在 *The Production of Space* 里说出了自己的或以为是一般城市人的经验。一旦说出，便成了一家之言，永远铭刻在索绪尔—布迪厄话说网络上。

　　三种可能的情况便会发生。其一，如果行动历程中的某些参与者把它据为己有，它便是他们的定义［汤马斯（W. I. Thomas）说的"处境之定义"］。其二，如他们仅仅是召唤它从外而来，不据为己有，它便是一个他性，即不属于任何参与者的一个定义或仅是把所有定义捆绑在一起的一个条款［留意：在这两个情况下的参与者都是能动性（拥有记忆、注意和期望以外的能力）］。其三，如果没有任何参与者据之为己有或召唤它从外而来，社会学理论家便可以用之为贝叶斯表示式里的参数。

　　这三种情况都容许实证研究，也就是说，有关的社会学理论都被我的理论社会学所覆盖。

11 月 27 日宇凡复：

　　The Production of Space 学生没读过，但对社会学理论的日常生活取向比较感兴趣。近日思考您说的索绪尔—布迪厄话说网络，这一话说网络内部既有对立又有互补，辐射力的确很强。我看到郭强的论文，他认为"说话是行动，而举止则可能是带（载）有说话的行为"。林安梧则将他提出的诠释方法论的五层级说（道、意、象、构、言）对应（但非一一对应）着"不可说、可说、说、说出对象"。您说的索绪尔—布迪厄话说网络如何涵盖"不可说"部分呢？

11 月 27 日复宇凡：

　　不可说便是不可说，索绪尔—布迪厄话说网络无法涵盖它。我在《混沌与奥秘》一文里提出的索绪尔说的思维和声音便是两团混沌（chaos），在没有动用差异原则之前所有事情都是不可说。

若是非要把一件原来不可说之事情转为可说，就得动用它。但是，不管你动用了差异原则多少次，总有些事情仍然是不可说的。

11 月 28 日致宇凡：

有了我已给出的关于交互主体时空的说明，便可以回头看看你提出的在场（替代了肉身）、在席（替代了当下一刻）、行动（视为在场和在席之间的关系）。

从布迪厄社会学的角度看，你的设想大概等于是先指定一个场域（field，我译为世局）和一个惯习（habitus），然后提出一个实践（practice）的类型学，即：身在（实践者在指定的场域？）又心在（他的惯习与场域匹配？）、身在却心不在、身不在却心在，身不在心也不在。不知我的猜想是否说中你的理论意图？

应该指出：

（一）场域跟物理空间不是没有关系，只是关系不太大。它主要是以物理空间为隐喻（metaphor）的社会学建构（sociological construction）。

它跟社会组织（social organization）、社会体制（social institution）、宗教体制（religious institution）、社会系统（social system）、政治系统（political system）、社会分层（social stratification）、阶级结构（class structure）、经济结构（economic structure）等依靠各种隐喻的社会建构是同类的。我提出的交互主体性便用了"网络"这个隐喻。确实，超乎个人（supra-individual）的社会建构难免依靠隐喻，特别是形态的隐喻，年青社会学家杰西·洛佩兹（Jose Lopez）便有一书名为 *Society and its Metaphors*（《社会及其隐喻》）（似是他的博士学位论文）。

（二）在我的理论社会学的视野中，场域大概可以很勉强比拟于社会结构和象征全域（分别是紧张起来和松弛下来的索绪尔—布迪厄话说网络）。

我在《凝视》一书里说过，如果场域指向一个语意学系统，惯习便是一个更为简陋的二乘二的语意学矩阵。在这两者狭缝中的实践者（不妨视之为行动者）大概只能是近乎在浑噩状态（我们信任）之中。

这意味着布迪厄社会学理论主要是聚焦在浑噩状态，跟我的理论社会学便大不同了。你或者注意到，我的理论焦点放在我思（自省状态）上，我们信任只是补白而已（行动者不可能是长久停留在单一的状态之中，他总在我思和我们信任之间往返）。

（三）在布迪厄的著作中，无论是场域、惯习和实践都是社会事实（social facts）（他不用社会实在一词），而且是可以比较容易地搜集它们的数据（data，作广义解）（我仅凭印象，实情待考）。他着重实证研究，他清楚说了："社会事实是建构出来和争取得来的。"（social facts are constructed and won）（他对方法学跟社会学理论的关系很有心得，见他的 *The Craft of Sociology*）因此，它们是可以直接地被实证研究的，而且大都可以被证实是对应的，这便是布迪厄喜欢使用的对应分析（correspondence analysis）（常用的统计学软件包 SPSS 已收录了它）。

与布迪厄社会学理论不一样，在我的理论社会学里的社会实在（韦伯和吉登斯二行动历程、社会结构、象征全域）的数据都不一定是可以轻易搜集的（原因是我从存在论出发建构实在论，没有预先考虑方法学）。我的分析集中在行动历程的参与者给出的定义（汤马斯说的"处境之定义"）和不属于参与者的他性和其他参数，而且总是贴近概率论中的贝叶斯表示式（参与者的叙事和划策只是不同的贝叶斯表示式）。参与者给出的定义是最重要的数据。

从分析焦点来看，布迪厄的（场域、惯习、实践）跟我的（众多参与者对自己的处境给出的定义、不属于他们的他性和其他参量、叙事和划策）比较，未免显得有点粗糙。从分析方法来看，对应分析（变量之间的关系）难以跟贝叶斯表示式（变量之间以至变量与参数之间的关系）平起平坐，因为在后者我们可以参数为尚待检验的假设，收集变量的数据以检验之（参数因果分析），亦可以反过来做，以变量为假设，收集参数的数据以检验之（士多噶因果分析）。

11 月 29 日拥华来邮，兼致宇凡：

我还没有完全跟上吕先生的思路，尤其是有些概念，比如贝叶斯、参数等，我还不太明白，原因在于我不够努力。但我大致知道吕先生要做什么，特别是这封邮件，使我知道，我和吕先生之间的共同之处，但我无法像吕先生般建构一套全新的理论体系，仅仅只能学习。

吕先生对布迪厄的解读是很到位的，尤其是对"信任""浑噩"的分析，确实指到了要害，这种批评也可以针对法兰克福学派以来的文化分析，认为人完全受制于文化工业（culture industry）的影响，而无法形成阶级意识或者反抗意识，只能是这个世界的"同谋者"。而现象学可能就与此不同了。因此，可以说，布迪厄走的是"左派"的路子，是文化权力的路子，而非现象学的路子，现象学至少不会走向对权力的粗暴批判。

布迪厄也不是走的结构主义路子，或者涂尔干式的结构功能主义路子，因为结构功能主义讲的更多是"社会事实"，即一个社会要存在，就必然有某些功能是需要满足的，布迪厄几乎不谈这个。布迪厄也不是走的冲突理论的路子，因为，他的理论体系中所有现实冲突都被消解了，存在的秩序是温情脉脉的"象征支配"，是在被支配者"同谋"的情况下才能实现的"支配"。更加突出的是，布迪厄对教育的分析、对性别的分析等都是在对上述的理论做出经验佐证，即是吕先生讲的"对应分析"。

这里需要指出来的是，布迪厄借用了现象学中的"doxa"（内地的翻译是"信念"）和"opinion"的概念，但他侧重的是前者，即吕先生讲的"我们信任"，而非后者，这种"我们信任"无法真正地开出行动者的"agency"来。如果我们无法从理论体系中开出"agency"来，这又是一种什么样的批判理论呢？所以，我才会说布迪厄在这里是"社会学的政治不成熟"，或许，你们才会理解，为什么在法国 1968 年的五月风暴中，布迪厄的《继承人》一书成为了大学生床头的圣经，而这也是雷蒙·阿隆（Raymond Aron）和科耶夫（Alexandre Kojève）极为不满的地方。

所以，我觉得我们更应该将"opinion"提炼出来作为建构"agency"的材料，这种"opinion"主要指的是行动者对行为的反思性监控以及对情境的自我定义，换句话说，行动者是可以从"field"以及"habitus"的一致性中脱身而出，即吕先生所讲的"身不在，心也不在"或者"身在，心不在"的状态，发表不同看法，做出不同的行动的能力以及这种可能性的存在。这样我们才能理解"人类创造了社会世界"的含义。

我和吕先生的看法在这一点是接近的，即社会学理论应该建基于行动者本身，自我提问，需要建构什么样的行动者形象才能使得我们勾画的社会秩序能够靠近启蒙运动以来的世界图景。但这样来说，似乎还是有点弱。我实在还没想太清楚。

12 月 2 日宇凡来邮，兼致拥华：

正如吕先生所说，我所谈的是身心关系。刘老师也谈到，这种身心关系的确涉及行动者之形象的问题。诚然，在吕先生的理论社会学中，行动者是奥秘，分析路径也是由行动者出发。但在整个社会学理论脉络中，行动者形象可能是犹如东方主义一样，往往是结构或社会对立、异质、分裂之产物。这可能首先因为对行动者的描述难以证成"是"行动者，而只能是无法逼近行动者本身，如一些概念：肉体、惯习。再者，从结构或社会凝视行动者来说，行动者的形象常作为对应分析的产物，再或附加对立性气质的属性，如"克理斯玛"或"行动的意外后果"。

学生认为，可能这种行动者形象除了因为"行动者是个奥秘"，也与社会学这门学科自身有关。社会学作为研究现代性的学科，势必与理性化纠缠在一起，从而使得这门知识更易从结构凝视行动者出发，而真正属于行动者的一些气质（如上述的意外后果）只能作为"剩余范畴"存在。

但是，时至后现代时代或个体化社会，这种社会学的"默会知识"（tacit knowledge）会不会被翻转呢？

12 月 3 日拥华来邮，兼致宇凡：

我最近在看吕先生的《行动历程中的叙事与筹划》一文，启发良多，等我写好读后感之后，再发给两位。[①]多谢！祝好！

12 月 3 日致拥华、宇凡：

在香港的家住了几天，今天下午从深圳飞石家庄。离家前偷空先解决一些比较简单的问题。

---

① 吕炳强：《行动历程中的叙事与筹划》，《社会》2011 年第 4 期。

我一直以为，在布迪厄的著作里，doxa 和 opinion 是同义的。前者是古希腊哲学的用词，后者是前者的英译。在布迪厄的词汇里，opinion（doxa）的对立面应是 scientific knowledge（古希腊哲学的用词应是 episteme）（他熟悉哲学，我们大概可以从哲学的词汇来理解他的用词吧）。请拥华在布迪厄的文本中证实一下。

在伽达默的大作 *Truth and Method* 里，他区分了三类知识：episteme、techne、phronesis。episteme 是可学可教的科学理论，像数学；techne 是技术知识，例如造船学；phronesis 是亲身感受，不能很清楚说出来的知识。在这个区分里，我提出的实在论中的韦伯和吉登斯的两个行动历程应是靠近 phronesis，社会结构和象征全域应是位于 phronesis、episteme 和 techne 三角地的中央。这是我把处境和它的定义分别安置在行动历程和索绪尔—布迪厄话说网络（社会结构和全局是它的不同形态）的底蕴。大概拥华关心的启蒙思想是发生在后者里。

我认为，宇凡说的东方主义仍然停留在拥华说的 doxa 和共谋之中。

12 月 3 日拥华复：

在布迪厄（Pierre Bourdieu）1977 年出版的 *Outline of a Theory of Practice*（Cambridge：Cambridge University Press）一书的第 168 页，他对"doxa"以及"opinion"有过清楚的区分，下述我的论述。

在布迪厄的信念（即 doxa）关系的状态之下，过往历史（布迪厄谓之为传统）的作用的表现方式是沉默的、含蓄的、未明言的，原因在于没有对之进行质疑。抑或说，对社会世界的信念关系超出了"言说"的范畴，也不需要任何的言说。在如此的情形之下，完全没有给"意见"（opinion）留下任何的余地[①]，"意见"与"信念"不同，前者是一个可予争辩的、可予质疑的话语空间，它能够对既定的秩序提出不同的、同样合法的回答和陈述，后者则与之相反。或者可以说，"意见"有多寡之分，而此一意谓对信念而言则不存在。因而，布迪厄说："在信念关系之

---

① Pierre Bourdiea, *Distinction：A Social Critique of Judgment of Taste*, Trans. by Richard Rice, Cambridge, Mass：Harvard University Press, 1984, p. 418.

中所予表达的对社会世界的依从是通过对任意性的误识（misrecognition）而形成的对合法性的绝对认知形式，因为这种依从状态无视合法性的问题，这一问题源出于对合法性的竞争，也就是源出于宣称拥有它的集团之间的冲突。"（Bourdieu，1977：168）其实，布迪厄的本意不是说在信念状态下没有合法性的问题，而是说合法性问题在信念状态下被不言而喻地达致了。

　　问题还不至于如此简单，复杂性还在于，社会世界并不完全处于信念关系状态，这个社会世界处处存在着对合法性的竞争，布迪厄称此状态为"意见的世界"（the universe of opinion）。"意见的世界"，部分上是源出于对社会世界依从状态的终止，或借用现象学的术语来表达就是"悬搁"（epoche），当然还不仅仅于此。当文化上的冲突，或政治、经济上的危机来临时，对信念关系的提问也就随之出现了。用布迪厄的话说，"这一批判试图将不容置疑处带向可质疑处，将未明言处带向可明言处，它伴随着客观危机的情形。在这一危机当中，主观结构和客观之间的一致性被割裂，实践上的对社会世界的自明性也被破坏了"（Bourdieu，1977：168 - 169）。所有这一切，布迪厄认为是对信念关系的提问所致，危机不是产生批判性话语的充分条件，但却是必要条件。他区分了两种场，一种是"意见的场"（the field of opinion），另一种是"信念的场"（the field of doxa），前者存在着提问行为，后者则超越了提问，行动者仅仅按照习惯行事，而这两个场之间界限的划分是阶级斗争当中攸关生死的地方。统治阶级和被统治阶级对于信念界限的争执成为阶级斗争的关键之处，其定义和划界直接决定着权力关系，试以图来说明：（Bourdieu，1977：168）

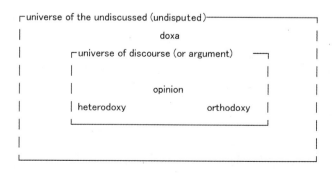

正是因为如此，我试图从 doxa 稍微地转向 opinion，或者将两者做一定程度的结合，即我们要意识到，行动者的行动历程不完全是受制于 doxa，而是完全有可能脱离这一"索绪尔—布迪厄话说网络"结构而自行 opinion，这才能够体现主体性和能动性，即我所谓的"社会学的政治成熟"。我是对布迪厄的"doxa"不满意，或者说对他的"行动者"不满意，才会有此一想，这一想法肯定不够完善，所以也特别希望能和两位交流，做些改进。

12 月 3 日复拥华：

我没有细读过 *Outline of a Theory of Practice*，但我读过 *The Logic of Practice*。据布迪厄自己说，后者是前者的修正版。是否在后者他删掉了这一区分？手边没书，若你有，请证实一下。

以"opinion"一词标示对"doxa"的异见，就英语而言，用词太轻了。待我有空时查证一下你的引文。

12 月 3 日致拥华：

我在深圳机场，刚把两本书寄给你。

12 月 4 日拥华复：

《凝视》和《我思》二书已经收到，十分感谢。有好几篇文章已经看过，但大部分没有看过，定当认真阅读。大体上，我比较认可您的理论社会学的努力，尤其是对贝叶斯公式的运用，我觉得大方向很正确，我十分希望能够通过与诸位的交流充实自己。多谢！祝好！

12 月 5 日复拥华：

很高兴你接受贝叶斯表示式，我碰见过一些同行，只看它一眼，便拒绝了。

贝叶斯主义（bayesianism）是一种认识论，着眼于研究者（我认为可以推广至所有主体，包括行动历程中的参与者）基于资料（来自某些变量）而对假设（来自某些参数）作出的判断（judgement）究竟有多大概率，并明确指定变量（提供数据）和参数（提供假设）之间的位置互易的概率公式（贝叶斯定理），其实是在欧陆哲学和分析哲学之外别树一帜。

它在概率理论里的盛名反而造成了它在哲学和社会学上被忽视，只在科学哲学里有些讨论，真是不幸。

12 月 5 日拥华复：

关于贝叶斯定理，我会慢慢向您学习，关键之处是它的解释力问题，如果它有解释力，就不愁没人认可。我也想尝试着运用您所定义的贝叶斯公式去做些经验研究，到时少不了还要请吕先生指教。

12 月 5 日致拥华：

按照你报告的布迪厄对 doxa 和 opinion 的区分，在舒茨的理论里有一个形象生动的说法：doxa 是 questionable but unquestioned，opinion 便是 stop and think，其实就是浑噩和自省的区分。布迪厄如此辩才无碍，居然说得不利索，令人诧异。

12 月 5 日拥华复：

吕先生，没错啊，舒茨的区分更清晰，布迪厄那里的行动者形象是"浑噩"的，缺乏"自省"，这就很难构成一种深刻的行动理论。

我的努力就是试图将"自省"的方面引入行动理论当中，而这种"自省"在我看来更多的不是对日常生活的"reflexivity"（吉登斯意义上的），而是对启蒙运动以来的价值的关注，也就是您所说的"索绪尔—布迪厄"环节中的"索"。我想将"索"单独提升出来作为一个因素来理解行动的底蕴。这是一个方面。

另一方面是，对此的理解需要借用贝叶斯公式进行，经由科学的方式去说明行动与价值之间的关联，这种科学的方式就是您提出来的贝叶斯公式，但是，我对贝叶斯公式的借用是既用在集体性方面，又用在个人性行动历程方面。我的理解很粗浅，这几天一直在看您的文章，觉得新意迭出，我是受益无穷。多谢！祝好！

12 月 5 日复宇凡：

我总结你 12 月 2 日邮件的说法为一句话，即：行动者的形象（或应英译为 image）是结构之对立、异质、分裂的产物，例如"克理斯玛"（charisma）或"行动的意外后果"（unintended consequences of action）。

我说过：intersubjectivity 得到 subjectivity（主体性，肉身）的帮忙而获得了它的基本意义（交互主体性，一群肉身），即它的第一重意义。intersubjectivity 又得到 in-between（间）或 metaxy（间性）的帮忙获得了它的第二重意义（主体间性）。

你说的"结构之对立、异质、分裂"应发生在 intersubjectivity 的第二重意义之中，但其产物"克理斯玛"和"行动的意外后果"却分别出现在行动者身上和演绎（叙事和划策）之中。

先说"克理斯玛"。你说它是行动者的形象，我却在讨论蔡华的《人思之人》一书说过克理斯玛是有别于群众的异端分子（不是党领导便是反动头子），行动者的一种。在韦伯原来的设想中，"克理斯玛"主要是用于形容一种正当性，即 charismatic legitimacy。若是形象，也应算是正当性的形象，不是行动者的形象。克理斯玛（作为肉身、行动者）便背负了一种正当性的形象（众所周知，韦伯界定的另二种正当性，即 traditional legitimacy 和 rational-legalistic legitimacy，都不带肉身）。

"行动的意外后果"是由吉登斯弄热闹的，它的前身是默顿（Robert Merton）在他年轻时一篇论文中提出的"行动的未预见后果"（unanticipated consequences of action）。放在我的理论社会学里，它俩并不是一回事。"意外后果"是在划策中想好却在叙事中得不到实现的事物，"未预见后果"是行动历程中的参与者在将来的现在（当下一刻的三个现在之一）没有期望到却在后来的现在的现在（也是当下一刻的三个现在之一）

注意到的事物。

应该注意到：从我的理论社会学看，如此的"克理斯玛"和"行动的意外（或未预见）后果"应该是发生在 intersubjectivity 的第一重意义之中，不是在第二重意义之中，因为它俩都发生在肉身之中。

12 月 6 日致拥华：

既然你关心启蒙运动以来的价值，卢梭的《社会契约论》应该是社会学分析的好对象。我写过一份文章是关于社会契约论的，手边没有，待我回到香港再寄给你。

12 月 6 日宇凡来邮，兼致拥华：

学生在布迪厄、夏蒂埃（Roger Chartie）著的《社会学家与历史学家》中的《对话二：幻觉与知识》看到："我（布迪厄）的所有研究都在反对那些'舆论术士'（doxosophes）。'舆论术士'一词是我从柏拉图那里借来的。这是个绝妙的名词：doxa 同时具有舆论、信仰、表象、外表和假象等意思；而 sophos 是指行家里手。'舆论术士'研究表面的专家，也是表面的专家。"①

接着，布迪厄自己也指出了如刘老师所说的那种追求 opinion 的后果：一种是民粹主义，另一种是清除性激进主义。

尽管布迪厄为自己的主张辩护，认为不会落入上述两种主张，但这种谨慎的"不失足"是在他指出以下观点的基础上："我认为社会学，至少是我心目中的社会学，能够生产出抵抗符号侵犯、符号操作，即抵抗职业的话语生产者的自卫工具。"

换言之，当布迪厄将社会学定位于"抵抗"与"自卫"，而非将 o-pinion 独成一体系，取代 doxa 为底蕴的、进攻性形象时，他才能避免上述两种不必要的政治麻烦。

回到吕先生的文章《社会世界的底蕴》一文，这种自卫性形象正如

---

① 布迪厄、夏蒂埃：《社会学家与历史学家》，马胜利译，北京大学出版社 2012 年版。

文章中说 1985 年访问布迪厄时，他在对理性已有的论证的基础上，又开始对理念（即创意）的承认。而这种"创意 + 理性"的局面，即落入了索绪尔—布迪厄话说网络。①

因此，我认为，至少从社会学的角度来看，与其将 opinion 单独拿出来以追求"社会学的政治成熟"，倒不如承认"社会学始终处于政治成熟化的历程"中，这可能是因为社会学理论来自于社会理论，而社会理论又根植于一定的政治哲学吧。

12 月 6 日拥华复：

多谢吕先生，我很感兴趣，不知您是否想过用贝叶斯定理来分析托克维尔关心的问题？不知可行否？

12 月 6 日复拥华：

我没有念过托克维尔，不敢说。

12 月 7 日致拥华、宇凡：

在你们提出"社会学的政治成熟"这个话题之前，我没有想过它。我还没有机会读到布迪厄直接有关的议论，只从我平日的一些观察说起，是否准确，有待证实。

布迪厄会认为他自己的社会学是科学知识，而且他不会回避科学知识带来的政治后果。这是法国学术界的传统，其实也是启蒙运动的遗风。我想不起哪一位法国社会学家是例外。

事实上，只有在法国，哲学家和社会学家才会走得这么近，而且是同样热心参与政治。对社会学这门学问而言，这意味着思辨和科学两课题并未在专业上清楚区分。后果是，对于社会学家而言，社会理论（哲学家和社会学家都可以参加）、社会学理论和理论社会学（哲学家不会参加，

---

① 吕炳强：《社会世界的底蕴》（下），《社会学研究》2001 年第 3 期。

只留给社会学家）三类理论虽仍可区分，三者之间的关系便复杂起来。对此，他必须具有自己的立场。这事无关对错，只是个人抉择。

我个人的抉择很明确：只干理论社会学，因而立足于社会学的科学课题之中。拥华的抉择比较复杂。他既然关心启蒙思想，便会戴上社会理论家的帽子。为此，他又会做些实证研究，因此他也戴上社会学理论家的帽子。一句话，他往返于思辨和科学两个课程之间，颇像布迪厄！这生涯也不赖。

宇凡的说法"社会学始终处于政治成熟化的历程中"应该是对的，正如他说，"因为社会学理论来自于社会理论，而社会理论又根植于一定的政治哲学"。

12 月 7 日拥华复，兼致宇凡：

"社会学的政治成熟"这个问题来自我的一些疑问，直到今年，我读到法国社会学家布东（Raymond Boudon）的《为何知识分子不热衷自由主义》以及美国思想史家赫希曼（Albert Otto Hirschman）的《反动的修辞》（讲保守主义如何对自由主义进行反动的），我才意识到这样一个问题，即社会学知识、立场和方法如何定位才有可能是自由主义式的？没有哪个领域会比社会学理论（我这里不做吕先生般的细致区分）更加多元和立场差异如此巨大，这是为什么？在如此多元的格局下，如何可能使得社会学理论更加接近自由主义的核心立场（个人自由、尊严、平等、正义等）？[1]

一个基本的方向是方法论的个人主义，但具体如何深入分析我依然犹豫不决，但我似乎觉得吕先生提出的行动历程中的划策以及贝叶斯定理可能为我的疑问提出一些方法论意义上的出路，所以我才会问吕先生，可否用贝叶斯定理来分析托克维尔的对象（托克维尔无疑是一个真正的自由主义者，如果我没记错，布东这个自由主义者是用贝叶斯定理这样做过的，布东是一个方法论个人主义者，但他试图用贝叶斯定理去分析集体现

---

① 布东：《为何知识分子不热衷自由主义》，周晖译，生活·读书·新知三联书店 2012 年版。赫希曼：《反动的修辞》，王敏译，江苏人民出版社 2012 年版。

象）。也因此，我才会对布迪厄的"浑噩"概念表示不满（因为"社会学的政治成熟"意味着行动者应该是有行动能力和权力的行动者，他能改变事情的走向），才会转向对 opinion 的关注。

我不知道我有无说清楚。特别感谢吕先生对贝叶斯定理的说明所带给我的震撼，因为我看到吕先生、布东和我自己之间可能的一致。我将布东的文章发给各位，尤其请吕先生看看，布东是否就是运用了贝叶斯定理来分析他的问题呢？

祝好！

12 月 7 日拥华来邮，兼致宇凡：

看得出来，宇凡认真读过吕先生的《社会世界的底蕴》，我的博士学位论文就是借用了吕先生的这个文章的标题，这篇文章对我的影响也是巨大的，读过之后我才知道自己是如何的孤陋寡闻（到今天还是如此）。现在，我是想带着自己的问题去读吕先生，不管最后是支持吕先生还是反对吕先生，都无关紧要了，紧要的是，我们在这个过程中长进了。

12 月 7 日复拥华：

你说得对，只要彼此都长进了便是令人愉快的事。

如果你能提出一个反例，令我不得不修改我的理论社会学，我会特别高兴。

12 月 8 日复拥华：

看了你附来的布东文章，很不错。我说说我的读后感。

（一）布东使用"范式"一词，不是库恩意义上的范式。

应记得：众多理论社会学（普遍理论）彼此竞争收编所有的社会学理论（特殊理论，在某些条件下能够承受实证研究），成功的便当上社会学的范式，这样的范式只会是独一无二的。布东意义上的一个范式或可视为一个理论社会学或一组彼此相近的理论社会学，更准确地说，理论社会学的诠释论那部分。这一点，稍后便可以看到。应记得：我的理论社会学分为三部分，即存在论、实在论、诠释论。诠释论又分为演绎（interpretation）和分析（analysis）两部分。

（二）我只谈布东主张的个人主义范式。

他说："假设 M 是有待解释的现象。在个人主义范式中，解释 M 就意味着使之成为一系列行动 m 的结果。用数学符号表达就是：M = M（m）；用文字表达就是：M 是诸行动 m 的函数。然后通过将它们联系于行动者所处的社会环境，即情境 S，它们就在韦伯的意义上变得可以理解了：m = m（S）。最后，情境本身必须被解释为宏观社会学变量的结果，或至少是比 S 位于更高层次的变量的结果。让我们称这些更高层次的变量为 P，那么 S = S（P）。总括起来：M = M {m [S（P）]}。用文字表达即是：M 是诸行动的结果，而诸行动是行动者的社会环境的结果，后者则是宏观社会学变量的结果。"

（三）小心看 M = M {m [S（P）]} 这条公式 [注意：这条方式是以一般数学函数标出，不是以概率（一种特殊的数学函数）标出]。布东假定了一连串的因果，即：P→S→m→M。它们是什么样的因果性呢？（应记得：我区分了至少两种因果性，即参数因果性和士多噶因果性。因果性是可以多式多样的）要回答这个问题，必须先弄明白 M、m、S、P 究竟是何事体？

（四）m 是一系列行动。放在士多噶学派的"深处—表面"区分里，在深处的是行动历程，在表面的便是一系列事件。前者是行动历程的参与者所见，后者是研究者的所见。记住：在我的理论社会学里，行动历程是每一位参与者在各自主体经验（subjective experience）里的客观实在化（objective realization）。

M 是有待解释的现象，显然是研究者（他不在有关的行动历程里）眼中的客观实在，只能是由众多行动历程中的参与者的眼中的客观实在（行动历程）或由研究者眼中的客观实在（一系列事件）来解释（记住：这里的解释已被布东指定是因果解释）。

S 是社会环境，又称情境（situation？若是，我翻译为处境）。是谁界定的处境？不清楚，可以是个别参与者，也可以是研究者。记住：在我的理论社会学里，由个别参与者给出的定义（处境本身终归是个奥秘）是概率理论里的变量，由某些参与者从外召唤来的定义是他性（就概率理论而言，他性也是一种参数），由研究者带入分析中的定义是参数。

P 是宏观社会学变量，就我的理论社会学而言，无论如何都只能是参数，因为它不会是个别参与者拥有的定义，而是由研究者带入分析之中。

（五）先看 P→S。如果 S 是研究者带入分析之中，这个因果性完全是在参数之间，是典型的涂尔干式。如果 S 是参与者自己给出的定义，这个因果性便是参数因果性。如果 S 是某些参与者从外召唤而来的定义，这个因果性在某个延伸的意义上仍然可以算是参数因果性。理由是："参与者为何召唤这个定义而不召唤其他定义？"这个问题仍然是需要解释的，而解释还是从 P 开始。布东大概没有（或者不需要？）想得这么细。

（六）S→m。我以前曾经说过如下的由存在论入实在论的论述途径：主体性→交互主体性＝社会过程→行动历程。交互主体性是一网络的主体性，是正在持续着的，而且是在沟通的网络甚至在交易的媒介之中。行动历程是交互主体性里的每一位成员的时间序列（time sequence）集合起来的总和（totality），它是无边无际的。如果 m 是行动历程，无论 S 是何事体，研究者都很难说清楚 S→m 这个因果性。正因为如此，我在诠释论只用处境（参与者凝视他身在行动历程的焦点所在）及其定义（他在索绪尔—布迪厄话说网络里的有关自己处境的话说），而且只容许定义进入贝叶斯表示式之中。同样，如果 m 是一系列事件，它也是无边无际的，研究者也很难说清楚 S→m 这个因果性。

（七）大概可以这样结论：只有当 S 是研究者给出的定义（参数）或某些参与者从外召唤而来的他性（也是一种参数），而且 m 只可是参与者给出的定义（变量），S→m 才能成立。显然，它是一个参数因果性。这个结论放在概率理论里便是条件概率，即 $Pr(x, y, \cdots \mid a, b, \cdots)$。

（八）m→M。M 是研究者眼中的客观实在，m 是行动历程中参与者眼中的客观实在。如果局限这些客观实在于处境之定义，M 和 m 便分别是参数和变量。因此，它是一个士多噶因果性！也就是 $Pr(a, b, \cdots \mid x, y, \cdots)$，刚好足够和 $Pr(x, y, \cdots \mid a, b, \cdots)$ 一起组成贝叶斯定理，即 S→m→M。经过如此转折的演绎，布东会认同自己运用过贝叶斯公式吗？

12 月 9 日致拥华：

我说过，因果性是可以多式多样的，涂尔干式因果性也是其中一种。

涂尔干只承认"社会事实"是数据，而且"社会事实必须由其他社会事实来解释"。（只凭记忆，待确认）所谓"社会事实"是由社会学家"建构出来和争取得来的"（布迪厄语）。这意味着"社会事实"不是数学（包括概率理论）里的变量，而是已被确认不移的事实（在数学方程里，只有参数是不移的事实）。因此，涂尔干式因果性只从一不移的事实（参数）到另一不移的事实（参数）。已发生的事件当然是不移的事实的一种。不过，如此一来，涂尔干因果性大概只好应用在历史研究上，这恐怕不是涂尔干的初衷。

试想他的"集体意识"一词。涂尔干说："它既在每个个人之外，也在所有个人之中。"从数学的角度看，如果个人被视为变量，这样的"集体意识"便跟参数相似了。这个模拟在二维空间里一条直线的方程式上很明显：$ax + by + c = 0$。参数（a，b，c）既在直线的每个点（x，y）之外，也在所有点（直线本身）之中。

如果这个模拟有道理，涂尔干式因果性（从参数到另一参数）是由尚未指定的个人（变量）承托起来的。换个说法，涂尔干式因果性便是摆脱了行动者（我说他是个奥秘）的纠缠的社会学考虑。这未免有点削足就履吧？

12 月 9 日拥华复：

吕先生，我在认真地读你的回复，您觉得布东的解释合理吗？

12 月 9 日复拥华：

从参数（研究者的所见、所说）到变量（行动历程的参与者的所见、所说）再回到参数，布东提出这个解释圈（explanatory circle）是合理的。从参数到变量是结构分析（structural analysis），从变量到参数是行动分析

（action analysis）。我在《社会学里的存在论、实在论和诠释论》一文说过，这两者是互为对方的似然函数（likelihood function），也就是说，结构和行动在实证研究里，其实是互相扶持的，谁也不可离开对方。布东的解释圈正暗合了这一点。

他没有带入他性（不是研究者也不是参与者的所见、所说，却是某些参与者从外召唤而来的），我当然认为是遗憾。没有他性的实证研究便是不让历史进场，因为无论是定义还是把所有定义捆绑在一起的条款，只要是从外召来，便是来自历史。

需要说明一下似然函数。就行动的结构分析而言，它是由条件概率 $Pr (x, y, \cdots \mid a, b, \cdots)$ 所规定的，其中 $x, y, \cdots$ 是变量（行动），$a, b, \cdots$ 是参数（结构）。由于数据是关于 $x, y, \cdots$，要计算 $a, b, \cdots$ 概率便要把另一条件概率 $Pr (a, b, \cdots \mid x, y, \cdots)$ 当作一数学公式，然后尽量简化之，所得便是结构分析所需的似然函数。同样，由 $Pr (a, b, \cdots \mid x, y, \cdots)$ 规定的对结构的行动分析所需的似然函数便是由 $Pr (x, y, \cdots \mid a, b, \cdots)$ 简化而来。

12 月 10 日致拥华：

我再次想这个问题后，改变了想法。我现在认为，我在《社会学里的存在论、实在论和诠释论》一文关于"似然函数"一词的使用太偏离该词在统计学的原意，应说是错误，必须重新设想。

在新设想出现之前，先避免使用该词。给你的说明也再修改如下：

从参数 S（研究者的所见、所说）到变量 m（行动历程的参与者的所见、所说）再回到参数 M，布东提出 S→m→M 这个解释圈是合理的。从参数到变量是对行动作出结构分析，从变量到参数是对结构作出行动分析，两者都牵涉行动历程的参与者。他没有像涂尔干那么避开这些参与者（他们都是奥秘），没有削足就履。

他没有带入他性（不是研究者也不是参与者的所见、所说，却是某些参与者从外召唤而来的），我当然认为是遗憾。没有他性的实证研究便是不让历史进场，因为无论是定义还是把所有定义捆绑在一起的条款，只要是从外召来，便是来自历史。

12 月 10 日拥华复:

吕先生, 多谢您的思考, 我还在慢慢消化, 我对统计学和数学实在是荒废太久了。

12 月 11 日致拥华、宇凡:

一方面, 从逻辑论述来说, 贝叶斯定理的起点应是两个随机事件 (random events) X 和 Y 的联合概率 Pr (X, Y)。这个概率有两个分拆方式: Pr (X, Y) = Pr (X | Y) Pr (Y) 或 Pr (X, Y) = Pr (Y | X) Pr (X), 其中 Pr (.) 是边际概率, Pr (. | .) 是条件概率。

另一方面, 贝叶斯表示式里的条件概率 Pr (X | Y) 也可以视为数理统计学 (mathematical statistics) 里的随机变量 (random variable) X 的带参数 Y 的概率分布函数。在此视野里, 参数 Y 是常数 (constant)。Pr (Y | X) 也可同样理解 (参数统计学是最靠近数学的统计学版本, "参数"一词便从数学方程引用过来。贝叶斯表示式属于基础概率理论, 跟数学方程的关系比较远)。

从概率分布函数的角度看, 贝叶斯表示式里的 Pr (Y) 便是把参数 Y 随机化了 (randomized)。如此, 概率分布函数 Pr (X | Y) 又随着 Pr (Y) 的出现而变回贝叶斯表示式里的条件概率。Pr (X) 和 Pr (Y | X) 的情况相同。

当 Pr (X | Y) 被理解为随机变量 X 的带参数 Y 的概率分布函数, 它又可进一步变为参数 Y 的似然函数。似然函数被视为一数学函数, 准确地说, X 被视为一数学变量 (mathematical variable), Y 被理解为 X 的数学函数, Y 也因而被视为一数学变量。因此, 不妨视似然函数为去随机化了 (de-randomized) 的概率分布函数。通过各种被接受的简化方法, 似然函数给出了 X 和 Y 之间的尽量简单的数学关系。

由于有此数学关系, 当数学变量 X 再次被随机化时, 数学变量 Y 也被随机化了, 即 Y 变为一随机变量, 具有自己的概率分布函数。由此, 被原来当作参数的 Y 便可当作统计学假设来检测了。

回想一下 Pr（X | Y），X，Y 的身份变化：

Pr(X | Y)：条件概率⟷概率分布函数——似然函数

X：　　　　随机事件⟷随机变量⟷数学变量⟷随机变量

Y：　　　　随机事件⟷参数——数学变量⟷随机变量

留意：

（一）既然条件概率和概率分布函数可以互换，X 和 Y 的有关变化便都可以退回去。这等于说，在这次互换中，Pr（X | Y），X，Y 都是一物二名。

（二）X 在每一次变化中都可退回去。

（三）Y 从参数到数学变量的变化却退不回去，因为它作为数学变量是一个函数。

（四）一旦 Pr（X | Y）变成似然函数之后，它自己固然不能退回去，Y 也不能退回去。这意味着 Y 作为贝叶斯表示式中的随机事件跟作为似然函数中的随机变量不是一回事。

（五）Pr（Y | X）亦可同样理解。

我在我的理论社会学中只用贝叶斯表示式，由于条件概率和概率分布函数是一物二名，我可以借用"随机变量"和"参数"二词。另一方面，当概率分布函数被应用于实证研究，似然函数便必须出现了。

12 月 12 日致拥华、宇凡：

再小心看看 Y 的身份变化：

Y：　　　　随机事件⟷参数——数学变量⟷随机变量

只有随机事件是在基础概率理论范围，参数、数学变量和随机变量都属于数理统计学范围。我只讨论后一范围。

数学变量 Y 是另一数学变量 X 的数学函数，不妨写为 Y = f（X）。当 X 再次通过随机化而变回随机变量时，Y 当然随之变为随机变量，X 和 Y 的联合概率分布函数便是 Pr（X, Y | Y = f（X））。其中的数学函数 Y = f（X）隐含一个数学方程或可指定却不一定能够指明的参数。

显然，这样的联合概率分布函数不会等于原来的 X 和 Y 的不带参数的联合概率分布函数 Pr（X，Y）。可以想象，条件概率 Pr（Y｜X）是很难从它推导出来的了。

结论：Pr（Y｜X）不是 Pr（X｜Y）的似然函数，我在《社会学里的存在论、实在论和诠释论》一文的说法是错的。

12 月 13 日宇凡来邮，兼致拥华：

之前刘老师 12 月 7 日邮件谈到"如何可能使得社会学理论更加接近自由主义的核心立场"，于是我想到了彼得·伯格（Peter Berger）在《与社会学同游》中谈道："如果我们想要把自己的论述严格限定在社会学的参考框架里，我们根本就无法探讨自由，因为社会学的参考框架是一个科学的框架。"[1]（原英文本："It follows that if our argument wanted to remain rigidly within the sociological frame of reference, which is a scientific one, we could not speak about freedom at all." pp. 144 – 145）

附件为蔡锦昌的学生的硕士学位论文。[2]因为伯格的汉译作品不够完整，学生阅读的时候只好参考这个了。从"貌合神离"四个字中，可能也看得到吕先生用"参数"一词的意义吧。

12 月 13 日复宇凡：

谢谢送来蔡锦昌的学生的论文。

我只细读过伯格和洛克曼（Thomas Luckmann）合写的 *The Social Construction of Reality*，也读过他和凯诺（Hansfried Kellner）合写的 *The Homeless Mind* 一书。他的 *The Precarious Vision* 这本很早期的书没有看过，我会找一本来看。

你说的《与社会学同游》是否即 *An Invitation to Sociology*?

---

① 彼得·伯格：《与社会学同游：人文主义视角》，何道宽译，北京大学出版社 2008 年版。

② 唐文书：《貌合神离的自由：彼得·伯格的人文主义社会学要义》，东吴大学硕士学位论文，2008 年。http: //ndltd. ncl. edu. tw/cgi-bin/gs32/gsweb. cgi? o = dnclcdr&s = id = % 22097 SCU05208004％22. &searchmode = basic（浏览时间：2013 年 8 月 13 日）。

你引用伯格的话："如果我们想要把自己的论述严格限定在社会学的参考框架里，我们根本就无法探讨自由，因为社会学的参考框架是一个科学的框架。"我会查查原文。若伯格真是如此说，我有异议。

我的理由很简单：当行动者和他性都是奥秘，社会学的科学课题便必须能够容纳奥秘。因有奥秘的参与者（少不了有革命分子、反动分子，群众），韦伯和吉登斯两个行动历程（都是社会实在）总会有出人意料的表现。因有奥秘的他性（少不了有看不透、说不清的从外应某些参与者之召而来的定义和捆绑所有定义在一起的条款），某些参与者总会有出人意料的叙事和划策。这都是新意（novelties）。新意来了，自由还会远吗？

12 月 13 日宇凡复：

学生手上的电子书《与社会学同游》确是您说的 *Invitation to Sociology*。

12 月 13 日再复宇凡：

我家应有 *Invitation to Sociology* 一书。大概在 1970 年我匆匆翻过，内容无复记忆。

我很早便知道伯格的大名，但我一直没有读过一遍他的一连串著作。他的书一般都颇薄，应是很快可以读完一本，但我就是读得很少，大概真有人缘、书缘这回事。到了 2010 年秋季，我才详细分析了他与别人的 *The Homeless Mind* 里的一章，在香港中文大学哲学硕士班上讨论。[①]

就我极有限所读，总觉伯格创意不多。他后期完全脱离了现象学的思路。

12 月 15 日致拥华：

我们或者可以做一次练习：

---

① Berger, Peter and Brigitte Berger and Hansfried Kellner, *The Homeless Mind*: *Modernization and Consciousness*, Vintage Books, 1974.

第一步，你提出一本政治哲学著作是你认为最代表自由主义的。我来勾画出它的政治哲学的语意学系统。

第二步，你从该系统挑选出一些名词（即符号），是你认为与"自由"一词最关切的。我来安置它们（包括"自由"）在我的理论社会学的语意学系统之中。

12 月 16 日致宇凡：

我想，伯格忽略了一个事实：科学课题（无论是自然科学还是社会科学）只是在奥秘之地当中的小小一片飞地，而奥秘之地又是在无边无际的混沌之海当中的小小一个孤岛。

作为一片飞地，科学课题不应也无法不接纳奥秘，而且应该是有意识和有策略地去吸纳。

12 月 21 日拥华复：

多谢吕先生，最近在忙着办理出国的手续，放寒假准备回去过年了。我大致明年 3 月份去美国，到时时间可能比较集中些，可以看点书。祝好！

12 月 21 日复拥华：

祝事事安顺，并祝圣诞快乐！

12 月 22 日宇凡复：

"科学课题不应也无法不接纳奥秘，而且应该是有意识和有策略地去吸纳。"学生是赞成这种说法的。在我看来，可能"有意识和有策略地去吸纳"便意味着创生概念或重构经典概念。伯格所谓的"貌合神离的自由"便意味着从行动者凝视社会时所面临的无可奈何的张力，此时他所说的"以喜剧面对悲剧"可谓一种重构自由概念的解释方法吧。

关于"自由"的难题不独伯格所指，可能是福柯提出的"生命政治"

不得不面对的难题。在生命政治中，行动者既不断获取主体性，又不断在臣属化（subjectivity 既有主体性之意，又有臣属性之意）。阿甘本（Giorgio Agamben）在承接福柯的"生命政治"问题时，其解决方法似乎与伯格类似。

于是，学生认为，"生命政治"是否是一个真问题？我的意思是，去主体性与主体性获取之间的张力或平衡如果是一个奥秘，诸多社会学理论家是否过于胆大涉足于此了？您指出他性与能动性相对，属于对象性，而他性作为参数渗入到行动者的行动过程中，这是否就是一种平衡之道？

另外，学生看到朱元鸿的文章《偶微偏：一个古老偶然的当代奔流》，他所说的偶微偏概念可能比您的他性概念较为简陋，但旨趣似乎相同，这尤为体现在他所说的"布迪厄及其批评者，以及大多数的社会科学，都还未接触到偶微偏，也未曾进入非线性动力的问题意识"。①

12 月 22 日复宇凡：

谢谢送来朱元鸿老师的《偶微偏》，我匆匆看过，写得不错。

不错之处是他引用了颇多近二三十年有关非线性动力学（non-linear dynamics）[混沌理论（chaos theory）、自我组织的复杂性（self-organized complexity）、时间的不可逆性（irreversibility of time）、非因果性（non-causality）等大体上都可归入非线性动力学]的科学论述，却没有明显的误读。十多二十年前，我有一段日子对此挺着迷，看过一些通俗介绍，朱文提及的一些书也读过。

确实，朱老师没说错，"大多数的社会科学，都还未接触到偶微偏，也未曾进入非线性动力的问题意识"。应该追问的是，我们该如何看待目前的社会科学？朱老师在文中好像没有谈及。

我的意见是，线性动力（linear dynamic）的问题意识（problematic？我翻译为"问题系"）是一个必经阶段，社会科学难免要长时间停留在其中，然后才能储足理论研究和实证研究的成果进入非线性动力（non-linear dynamic）的问题系。

---

① 朱元鸿：《偶微偏：一个古老偶然的当代奔流》，《文化研究》2007 年第 3 期。

　　若是如此，社会科学的普遍理论便应为"奥秘"（"偶微偏"应是奥秘在非线性动力学里的足迹）占位符。你是知道的了，我预留的位置就是"能动性"和"他性"，两者都是奥秘。

　　有一事实是朱元鸿老师没有提及的：像 Duffing equation 那样的非线性微分方程，尽管在特定的参数值下，当时间 t 很长，在一维空间 x 的曲线变化莫测，它代表的非线性动力学却始终是个决定论。

　　大概可以这样说吧，凡是由非线性微分方程表示的像奇异吸引子（strange attractor）等混沌现象的非线性动力学都是一个决定论。正因为如此，数学家才有可能找到入手破解之隙。就认识论而言，若是先否定决定论，知识恐怕难以成为可能。我个人认为，知识的极限恐怕是由决定论决定的。不知朱老师同意否。

12 月 23 日致宇凡：

　　奥秘当然是一个认识论事体。

12 月 23 日又致宇凡：

　　布迪厄好与人争论，福柯好捉弄人。福柯的一些著作，读者必须在字里行间猜度他的学术真诚（academic sincerity）究竟放在何处。

　　他有导演的狡猾，他的书带着电影剧本的味道，真诚不全面，不是没有，而是只在局部。就我个人极有限的所读，大概在他生命最后一两年在法兰西学院的讲课中才感觉到他的话里全面真诚，他不再作弄人了。他的 de-centering of the subject 一说应作如是观。

12 月 23 日三致宇凡：

　　自由与决定论的对立是个历史悠久的哲学论题。我个人的理解是这样的：自由是个社会学（狭义而言，是政治学）话题，决定论是个认识论话题。

　　自由作为社会学话题自然是由行动者的基础存在论（行动在肉身里，

肉身在当下一刻里，当下一刻在行动里）出发，经过存在论和实在论到达诠释论（记住：我的理论社会学有三部分，即存在论、实在论、诠释论）。自由在贝叶斯表示式里跟决定论碰头（诠释论又分为演绎和分析两部分，贝叶斯表示式首先在演绎出现）。自由是由能动性（在行动历程中参与者拥有的所有能力，记忆、注意和期望除外）携带的，决定论便是把所有关于处境的定义捆绑在一起的一种特殊条款，也就是说，它是能动性面对的一种他性。

显然，条款是一个认识论事体（epistemological entity），他性是一个存在论事体。也就是说，决定论一旦被某些参与者从外召入行动历程，它在社会学里便是一个双面体，既有认识论的一面，也有存在论的一面。

12 月 24 日宇凡来邮：

您说"就认识论而言，若是先否定决定论，知识恐怕是难以成为可能"。我的理解是这样的：若进一步追问以决定论为极限的认识论，那么它背后的存在论是怎样的架构？

沈清松指出的三种存在论：亚里士多德的实体（substance）存在论、海德格—巴迪欧（Alain Badiou）的事件存在论（ontology of event）以及中国哲学中的关系存在论。[①]他认为当代哲学已经摆脱了实体存在论，而事件存在论只是一种过渡阶段，今后要转向关系存在论。从这三种存在论来看，决定论是否均依附于这三者之中呢？

进一步讲，若考察决定论在诸种存在论传统中的重要性，可以从历史哲学角度考察。我在《"气"与"云南新娘"的人际交往》一文中谈到的"气势"的概念，是参考了法国哲学家余莲（也译为于连）的分析。他在《势——中国的效力观》中说："中国人的历史观是无终点的，不是由事件叙述构成的。"当然，由于余莲是古典学家出身，未对事件存在论评述，他只谈了希腊的实体存在论和中国的关系存在论上的因果观：西方思想从外面投身一种变化生成的秩序，所以用因果论的解释法（按照这

---

① 沈清松：《沈清松自选集》，山东教育出版社 2005 年版。

种解释方式，前因甲和后果乙之间是截然独立的）。[①] 中国人经常使用趋势解释法（按照这种诠释方法，前因甲和后果乙两者是同一个发展过程前后相连的两个阶段，事实上，每一个阶段都会变做下一个阶段）。

如果说，决定论的认识论是依附于实体存在论（以及事件存在论？），那从关系存在论来看是否能否定决定论呢？

再者，若决定论是为了解决知识何以可能的问题，那么，问题是否有必要进一步切换到在非决定论的情况下形成的理解与解释是否是知识？

12 月 24 日致宇凡：

决定论作为捆绑所有定义在一起的条款（他性），便只容许能动性（行动历程中的参与者）给出某些定义，同时又禁止他给出另一些定义。

只有当该条款只容许参与者给出一个而且只是一个定义时，它才是非线性方程意义上的决定论。在每一个参与者的眼中，如此的他性不再是一个奥秘，无可玩味。除非是赶尽杀绝（如焚书坑儒）或鱼死网破（"吾与汝俱亡！"）或心有所蔽（"永远正确！"），大概没有参与者会从外召入如此苛刻的条款。

被召入的决定论大概都只是禁止参与者给出某些定义，这意味着召唤它进入行动历程的那些参与者（能动性）承认其他参与者（也是能动性）在行动历程中终归是一群奥秘，难以全部全面掌控。如此的决定论（他性），因它的宽松，颇堪玩意，在参与者眼中反而是个奥妙。

12 月 24 日再致宇凡：

我只在几年前在政治大学哲学系的现象学研讨会上瞻仰过沈清松先辈的风采，却没看过他的大作，请送我一份你提及的沈老师的作品。又：也请送我一份余莲的《势》，我也没看过他的大作。待我看过二文后再说。

---

① 弗朗索瓦·余莲：《文化撞击与未来的哲学》，林志明译，《文化研究》2005 年第 1 期。弗朗索瓦·余莲：《势》，北京大学出版社 2009 年版。

12 月 24 日宇凡来邮：

沈清松先生明确指出三种存在论的划分是在《中西自然观的哲学省思——兼论科技所需的人文精神》一文中提到的，学生是从《沈清松自选集》（山东教育出版社 2005 年版，第 194—220 页）上看到，因为未找到此篇论文的电子版，所以未能上传给您。沈先生在其编著的《哲学概论》（贵州人民出版社 2004 年版，第 177—202 页）里也隐约有这种存在论类型学的探讨。

又附一篇余莲在台北访谈文章，刊于《文化研究》创刊号 2005 年 9 月，可大致了解他的学思历程。因《哲学概论》档体积较大，无法上传，附上三个文件的下载地址：

沈清松《哲学概论》：http：//ishare. iask. sina. com. cn/f/8016959. html；

余莲《势》：http：//ishare. iask. sina. com. cn/f/13163343. html；

余莲访谈：http：//ishare. iask. sina. com. cn/f/24020220. html。

12 月 24 日复宇凡：

你问："从这三种存在论来看，决定论是否均依附于这三者之中呢？"在我还未看到沈老师和余莲大师的文章之前，先给出对你的问题的一些观感。

沈老师应是从哲学发展史的角度提出实体、事件和关系三个存在论的阶段。不言而喻，历史上出现过的存在论多的是，岂止这三种。我个人的旨趣不在哲学史，而是在于：如何在我知道的多种存在论当中挑选出合用的配件，拼凑出一个适合理论社会学专用的存在论。

就科学课题而言，我以为无须考虑这些哲学配件是否过时、是否国产。就哲学资源而言，我相信已有的存在论群是个庞大的宝藏，足够我在其中寻寻觅觅。我或说过，我不是哲学家，只是哲学用家，无须在哲学上创新。但是，我是理论社会学家，在这个行当之中我便当仁不让了。

12 月 25 日致宇凡:

余莲在《势》的前言中说:

一方面, 我们思考现实的情势 (la disposition des choses), 条件、轮廓、结构; 另一方面, 我们思考所谓的力量和运动。换句话说, 一方是静止的 (statique), 另一方是活动的 (dynamique)。但是, 正如所有的二分法, 这种二元对立 (dichotomie) 是抽象的, 只是方便理性思维的一个手段, 是被用于识知现实的权宜之计, 很清楚但过于简单。我们应该质问, 那些遗留在二元之间的事实——即使我们很清楚它们才是唯一存在的事实, 它们却是理论无法证明而肯定的, 因而大部分是没被思考过的——这些事实会是什么样子?

这样的问题被我们的逻辑推理工具压抑了, 却不断回来扣问, 那就是如何经由现实本身的局势来思考它们的活动力? 或者说, 每一种情况如何能同时感知是为现实发展的过程 (comme cours des choses)?

这是余莲的问题系 (problematic), 他企图从汉语 (古汉语?) 哲学文本里寻找答案。这样做没有对错。但是, 不这样做, 也没有对错。我且借朱元鸿老师提到的 Duffing equation 为例, 算是从数理物理学文本里寻找答案。

我挑选了如下网址的说明: www. scholarpedia. org/article/Duffing_ oscillator, 特别是 Chaos 一段。这段有一个非常有趣的二维图像, 横轴是 x (位置), 直轴是 x 头上加一点 (位置的时间微分, 即速度), 叫作 Poincare section [庞加莱 (Poincare) 或可说是十九世纪末二十世纪初最伟大的数学家]。这个图像像一个不断转圈的橡皮图案, 每转一圈, 它的形状或拉长或压扁, 回到起点时又恢复原状。这个图案变形过程便不断如此重复, 可说是乱中有序。

撇开其他数学细节不谈, 只说这个图像。留意: 它是一个二维横切面, 描绘着一个正在运动中的质点 (mass point) 的位置和速度。这个质点遵从着某些特殊参数值规定下的 Duffing equation, 是个混沌, 就是有名的"上田混沌"（Ueda Chaos）。如果位置标志着静，速度便标志着动！这个图像岂不正是"经由现实本身的局势来思考它们的活动力"？

显然，余莲的问题系在汉语哲学里成立，在数理物理学里却不一定成立。数学是一个逻辑推理工具，却没有压抑我们不去思考"那些遗留在二元之间的事实"，在这里，它们是物理学事实。

在社会学里，余莲的问题系究竟又是何景况？耐人寻味。

12 月 26 日致宇凡：

"如何经由现实本身的局势来思考它们的活动力？或者说，每一种情况如何能同时感知是为现实发展的过程（comme cours des choses）？"

先说说翻译。我想，应找出原文看看这个翻译是否得当。"局势"是法语哪个字的汉译？法语的 cours 应等于英语的 course，我翻译后者为"历程"。《势》一书的汉译者把法语的 choses 译为"现实"。choses 一般英译为 things，后者我翻译为"事情"或"事物"。Comme cours des choses 或应英译为 as course of things，即"正如事物的历程"？

我的理论社会学的实在论（韦伯和吉登斯二行动历程、社会结构和象征全域）就是对余莲问题系的回答。无论是韦伯的还是吉登斯的行动历程都是动态的（dynamic，即 dynamique，《势》的译者翻为"活动的"），整个实在论便是动态，这是起点。

只有进入诠释论的演绎部分，静态的（static，statique）事物才出现，就是处境之定义。定义是由参与者提供的对他身中的行动历程的一个 snapshot（快照？就是对好焦，单击快门，得一硬照）。焦点的坐落处便是处境，处境或缓或急在变迁，是动态的，顶多是在快门一开一合那瞬间接近静态，归根究底只有定义才是瞬间静态的。这是终点（记住：定义来自索绪尔—布迪厄话说网络，该网络随着参与者是否正在注意而变化，注意时紧张，紧张起来便是社会结构，不注意时松弛，松弛下来便是象征全域）。

结论：静态只在瞬间，瞬间的静态因演绎的需要而出现。就逻辑推理工具而言，瞬间静态的（instantaneously static）事物（定义）与连续动态的（continuously dynamic）事物（行动历程）一轻一重，它们之间强弱悬殊，前者顶多只是干扰后者，恐怕说不上是二元对立。

2013 年

1 月 2 日拥华来邮：

二位朋友，大家好，新的一年到来了，很高兴在去年和大家结识，尤其是和二位的学术交流，使得我越发意识到自己的肤浅和懒惰，希望在新的一年里，能够和二位继续探讨，增进自己的认识、克服自己不良的学习习性。祝二位新年好！

1 月 7 日宇凡来邮：

记得之前向您请教过"自我"的问题，您接着让我思考"自我的超越"。后来谈到"self"一概念。您说此概念意义模糊。学生仍不明，想再请教。

1. *Mind，Self，and Society*（心灵、自我与社会）中用的是"self"，但此书亦有其特定的哲学脉络和时代背景，学生不能充分理解。您是怎么看待"self"在"mind"和"society"中间的位置的？米德谈社会化的时候，我注意其中有个行动历程问题，他谈到对外反应的延迟对自我的反思之形成有影响，您是怎么看待这个行动历程与 self 之形象的。

2. 费孝通说，self 不是 I 也不是 me，他承接潘光旦的说法用"己"（推己及人）来对应。那么您认为"自我"与"己"哪个语意更合适？我的想法是"我"的关联词是"你"或"他/她/它"。"己"的关联词是"人"，似有区别。

1 月 7 日复宇凡：

我刚从北京回到邢台。简单回答如下：

首先，society 也是意义模糊的概念。我是用我的理论社会学里的实在论（韦伯和吉登斯二行动历程、社会结构、象征全域）取代之。其次，我已明确地以存在论（主观性、交互主体性、能动性、对象性、交互对象性、他性）替代了 mind。

米德把 self 区分为 I 和 me 两个状态。在行动历程中，每一位参与者的 I 和 me 不断相互交替着，构成了"···—I—me—I—me—···"的序列。我指定它是"······—我思—我们信任—我思—我们信任—······"（即："······—自省—浑噩—自省—浑噩—······"）这个序列的另一个表示，也就是说，I 是我思、自省，me 是我们信任、浑噩。

我说过，米德的社会过程（social process）就是一持续着的交互主体性，它是在沟通的媒介甚或交易的媒介之中。行动历程就是在社会过程里的每一位主体性的时间序列（即行动序列）集合起来的总体（totality）。米德在 *Mind, Self, and Society* 里只说到社会过程，没有提出行动历程。从这个角度看，他没有从存在论跨进实在论。

另外，他却说了 self 是从 society 冒出来的。这样的 self 是 me 多于是 I，即是浑噩（我们信任）多于是自省（我思）。也就是说，米德的焦点放在浑噩状态上。我的理论社会学反其道而行，焦点放在自省状态上，自省表示为主体性（记忆、注意、期望）和能动性（所有的能力，记忆、注意、期望除外）。行动历程的参与者的能动性让我的理论社会学得以从实在论跨进诠释论（贝叶斯表示式），带入了他性。

潘光旦的"己"既然是源自"推己及人"，我想或可这样诘问：谁在推己？答：当然是我在推己。如此说来，"己"便是 me 多于是 I。另外，这个推己的我不单可以推己，还可以直接推人！也就是说，光说"推己"便是太过狭义了，而且只有在如此的狭义中，我（I）和己（me）才有可能如费孝通所说，"self 不是 I 也不是 me"。费的说法其实也等于说"self 是 I 也是 me"。费老未免失察了。

1月9日复宇凡：

我没有读过潘光旦有关"推己及人"的文章，倒是念过他关于浙江（嘉兴？）士族的人口学分析，很有趣味。不过，这也是许多年前的事了。费孝通关于"差序格局"的文章没有仔细读过，只算是翻过而已。

潘的"推己及人"与费的"差序格局"恐怕都源出儒家一脉。我的诘问是：儒家究竟是如何安置第一身、第二身、第三身和第四身的？我对儒家思想，尤其是宋明理学，没有认识，只能给出一些浮光掠影的观察。请你评论。

先说现代西方社会或政治思想里的有关安置，我心中的典范是卢梭的契约论。第一身是被容许直接与单独的第二身、第三身或第四身发生关系的。[①]第一身"我"固然可以直接与第二身"你"或"你们"发生关系，无须通过第三身或第四身。第一身"我"也可直接与第三身"他"或"他们"发生关系，无须通过第二身或第四身。同样，第一身"我"也可直接与第四身"他性"发生关系，无须通过第二身和第三身。卢梭说的第三身是 government（政府？），第四身是 state（国家？），他严格区分了二者。前者是具体的一堆人，是他们。后者不是一堆人，而是抽象的事体，即我说的"他性"。

回想儒家学说的"修身、齐家、治国、平天下"，仿佛是阶段论（stage theory），前一阶段的完成是完成后一阶段的必需基础，但实质上仍然是关于各身的一种安置。"修身"是第一身跟自己的关系，"齐家"是第一身跟第二身或第三身的关系，在其中第二身和第三身混为一谈。"治国"和"平天下"都是第一身跟第三身的关系。第四身好像缺席了，如有也只会是在"平天下"的阶段。

费的"差序格局"一说应是在"齐家"的阶段，顶多是贴近"治国"。该说或可有两种理解：一是保留第二身，第一身跟第三身的关系必须通过第二身才能发生，没有第四身。一是放弃第二身，没有第四身，第三身再细分，第一身跟细分后的第三身的关系按"差序格局"安置。

潘的"推己及人"一说应是在"修身"和"齐家"之间，是第一身跟自己、跟第二身或第三身的关系，在其中第二身和第三身混为一谈，第四身没有出现。

从理论社会学的角度看，这三个本土理论在社会学的科学课题里顶多可以充当社会学理论。

1 月 9 日致宇凡：

昨晚给你的回答中，没有说及"我—你"这一组对立（索绪尔意义

---

① Lui Ping-keung, "The Second Phenomenological Turn in Sociology—Or the first Return of Otherness, after Rousseau's Idea of the General Will", presented at The Third P. E. A. CE Conference, Seoul National University, Seoul, Korea, pp. 18 – 21, September 2009. (Unpublished)

上的 opposition），今午偷空一说。

马丁·布伯（Martin Buber）的 I-Thou 一说自有其宗教哲学上的渊源，我不打算讨论。不过，它肯定是一个社会理论。我提出的问题是：若是如此，它又能否充当理论社会学呢？显然，这只是我个人的关注，布伯是不会对此感兴趣的。

在我的理论社会学里，我—你关系是以在行动历程中的第一身"我"和第二身"你"对各自处境给出的定义出现于贝叶斯表示式之中（记住：贝叶斯表示式只适用于正在划策和叙事的"我"）。此外，第三身"他"的定义会出现，第四身"他性"（行动历程中某些参与者从外召来的定义或把所有定义捆绑在一起的条款）也会出现［我的理论社会学不承认集体行动者，但是有时出于某些技术考虑（例如为了简化贝叶斯表示式），"你们""他们"和"我们"的定义也被容许出现在贝叶斯表示式中］。也就是说，把我—你关系局限在贝叶斯表示式中固然是一个限制，不过也换来了第三身"他"和第四身"他性"得以顺利进场。

为什么要这样做呢？我的回答是：一个理论社会学必须做到同时容纳第一身、第二身、第三身和第四身，否则无法收编所有的社会学理论。

1 月 10 日致宇凡：

古代汉语里有没有第四身的代名词？

我对古代汉语认识不多，但我知道第一身的代名词是"吾"，第二身是"汝"，第三身是"彼"（"彼可取而代之"）或"此"（"此，真天人也"），第四身便想不起来了。我怀疑古代汉语是没有第四身的代名词的。

例如，"未知生，焉知死"、"敬神如神在"、"天地不仁，以万物为刍狗"。在这些例子中，如果"生"、"神"（"在的神"）、"万物"可以确认为第三身"此"，那么"死"、"神"（受敬的神）、"天地"便是第三身"彼"。三句话所涉及的事体始终停留在第三身的代名词之中，非"此"即"彼"。在现代西方哲学里，death 和 God 却是第四身。如果把"天地"翻译为 Heaven（"天"），也是第四身。在英语里，Otherness 或可算是第四身的代名词。

或者，因为"彼此"这一惯用语把"彼"和"此"紧紧捆绑在一起，"彼"便无法摆脱"此"，无法变身为第四身的代名词。"彼—此"这组对立是第三身对第三身，"吾—汝"却是第一身对第二身。

1 月 10 日宇凡来邮：

我认为古代汉语中有第四身的代名词，不是宗教性的 God 之类，而是道德性的，如德性之知。学生举三个人，以尽量说明德性之知与他性作为第四身的相似性以及德性之知不同于 God 等的道德性。

程颐与牟宗三对德性之知的阐释（此概念对应于见闻之知）可见于 http://philosophyol.com/pol/html/29/t – 27329.html。学生摘录三句原文如下：

1. "闻见之知，非德性之知。物交物则知之，非内也，今之所谓博物多能者是也。德性之知，不假闻见。"（见《二程遗书》卷二十五 伊川先生语十一）

2. "由不囿于闻见之知识意义之心灵之知用，反显道德心灵之为体，虽说是知识意义之知用，而实在极成德性心灵之无外，故曰德性之知。德性之知实无今日所说之知识意义也。是以见闻之知与德性之知对扬，虽说是知用，仍是指向道德心灵之呈现，而不在纯认知活动之探究也。"（见《心体与性体》上册，第 466 页）①

3. 杜维明进一步阐释了这一概念："闻见之知是经验知识，而德性之知是一种体验，一种体知，不能离开经验知识，但也不能等同于经验知识。"他用"知道"对应"见闻之知"，用"会"对应"体知"。他性出现在行动历程中，体知也是。体知也可证成行动者的道德主体性，学生并未深究过此点。②

梁漱溟先生说中国是伦理代替宗教，我想您说的他性可能溯源于从宗教意义上召唤来的定义，以及是由宗教至上的崩溃、国家—社会的兴起而带来的定义，道德常是绑定在宗教或国家—社会上，如公民教育、

---

① 牟宗三：《心性与性体》，上海古籍出版社 1999 年版。
② 杜维明著，郭齐勇、郑文龙编：《杜维明文集》（第 5 卷），武汉出版社 2002 年版。

生命政治。那中国古代汉语中有无第四身的代名词，可能要从道德上找吧。[①]

另外，我找到了一例证明您说的"费的说法其实也等于说'self 是 I 也是 me'"。在《费孝通全集》第17卷（第519页），他说"己一人的自由度"。正是这个自由度让他说明了既是 I 又是 me 吧?![②]

1月11日复宇凡：

先厘清"代名词"（pronoun）一词的所指。例如，在话说（parole, speech）当中，吕向孙说及刘，吕会这样说："我告诉你，他快要出国游学了。""我""你""他"这三个代名词分别替代了"吕""孙""刘"那三个名词（noun）。无论是另有三位姓什么，若说同样的事，也是同样被第一身"我"、第二身"你"、第三身"他"所替代。这是从语言的文法学（grammar）的角度来说。

但是，我们也可以改从事体（entity）的类型学的角度来说，代名词（"我""你""他"）是一些类型（第一身、第二身、第三身），有关的事体（"吕""孙""刘"三名词指向的吕、孙、刘三人）被分别纳入适当的类型里。就我的理论社会学而言，事体的类型学主要是应用于诠释论那部分。

由于社会学里有些事体（各式各样的他性）无法纳入第一身、第二身和第三身这三个类型，当我问"古代汉语里有没有第四身的代名词？"时，我其实是在问：在关于古代社会（有关行动历程中的参与者的沟通媒介是古代汉语）的社会学理论里，有没有第四身这个类型，是用来容纳不属于第一身、第二身和第三身类型的事体的？我认为，你说的"德性之知"是一个可以归类为第四身的事体，但它本身不是第四身这个类型。我说过，在现代西方哲学里，"他性"是第四身的代名词。"德性之知"显然不是。

---

① 杜小真：《远去与归来：希腊与中国对话》，中国人民大学出版社2004年版。
② 费孝通：《费孝通全集》（第17卷），内蒙古人民出版社2009年版。乔治·米德：《心灵、自我与社会》，赵月瑟译，上海译文出版社2005年版。

　　我翻过《论语》《道德经》《庄子》《史记》，这些应算是先秦、秦汉著作吧。汉以后的文章只在《古文观止》等通俗读本中看过。《二十四史》算是翻过，谈不上认识。宋明理学是绝对陌生。我对程颐和牟宗三的理论一无所知，不敢乱说。

　　我也没有读过杜维明先生的著作，因此，只能从字面上理解你引的杜先生那句话"闻见之知是经验知识，而德性之知是一种体验，一种体知，不能离开经验知识，但也不能等同于经验知识"。

　　杜先生的话其实是描述了如下的语意学系统：

　　如此界定"闻见之知"恐怕仍然是停留在休姆（David Hume）的 sensory data（可否翻译为"见闻"？）之中，也就是说，与之相等的经验知识（可以视为一种实在论）便是坐落在休姆式实证主义（Humean positivism）之内，哲学上颇为滞后。"德性之知"一词是依靠"闻见之知"一词的帮助而获得它自己的意义（语言值）。

　　若是把休姆式实在论（经验知识）改换为舒茨式实在论（Schutzian realism），所得的"经验"（experience）一词的意义恐怕便截然不同了。舒茨的经验一概念紧扣在象征（symbol）一概念上，休姆的经验一概念却是紧扣在见闻（sensory data）一概念上（我有一篇文章讨论舒茨的实在论，待我回香港后寄给你）。紧扣在象征上的经验，恐怕是十分接近体验了。如此，杜先生的"德性之知"便有可能在舒茨式实在论里找到栖身之所。

　　舒茨的实在论不是源自宗教，这一点是确实不移之论。德性之知若是栖身其中，只能是源自其中的伦理（ethic）。但是，此乃源自现代西方的伦理，恐怕与梁漱溟说的伦理不是一回事。他口中的"伦理"，恐怕是指他想象中明清两朝的伦理。那么，你说的"道德"又来自何处？来自新儒家正在努力建造的伦理学？它只是皇朝消失一世纪后出现的本土理论，能贯穿一世纪的动乱历史通到当今正在"崛起的中国"吗？我不知道。

还有一点。如果道德是属于第四身，它便是一个他性。我这样说不是没有道理的，因为道德恐怕只是一个传统，传统是一种他性，道德也就顺理成章是一个他性。如此说来，你提出"道德主体性"便是以道德（他性）为对象性的能动性了。

1月11日致宇凡：

刚翻开你说的网址，发现"德性之知"被翻译为 gnosis（诺斯替）。你看过约纳斯（Hans Jonas）关于诺斯替宗教的大作，应知道"诺斯替"一词跟古代宗教的关系千丝万缕。佛教的唯识宗便是 Gnostic Buddhism。"德性之知"既然与宗教无关，这个英译欠妥。

"闻见之知"翻译为 episteme 算是比较妥当，可是 episteme 的典范却是数学，远离经验知识。在亚理士多德哲学里，episteme、techne、phronesis 是知识的三个类型，gnosis 无栖身之地。gnosis 应是来自另一个知识类型学，也就是说，要建立 gnosis 和 episteme 这组对立便先要把两个知识类型学合并。在我的有限所读，还没有遇见。

1月11日致宇凡：

在你说的网站上，有一条评论说 gnosis 就是"实践知识"。后一词应是 phronesis。如此说来，gnosis 便是亚里士多德的一个知识类型。待考。

1月12日致宇凡：

张载说的"德性之知"究竟是什么事体？我且从字面上理解你说的网址所引的张载一段话：

> 大其心则能体天下之物，物有未体，则心为有外。
> 世人之心，止于闻见之狭。
> 圣人尽性，不以见闻桔其心，其视天下无一物非我，孟子谓尽心

则知性知天以此。

　　天大无外，故有外之心不足以合天心。

　　见闻之知，乃物交而知，非德性所知；德性所知，不萌于见闻。

先列出这段话内的四组认识论上的对立：

认识主体：　　　圣人——世人
认识能力：　　　德性——闻见
认识形式：　　　体知——物交
认识极限：　　　天下之物——物有未体

形而上的前设是：

（1）天大无外。

（2）天人有别（心为有外）。

（3）心在人，性在天（天性应即是天心，亦应即是德性）。

（4）尽心（即大其心）即知性（应等于尽性），亦即知天。

　　涂尔干和纳维勒斯对张载的理学会有何意见呢？先说涂尔干。他的"集体意识"一词原本便带有伦理的味道，因"意识"的法语原字是 conscience，可英译为 conscience 或 consciousness，两者的汉译便是"良知"和"意识"。这一点跟张载的伦理学上的意图应是接近的。但是，他不会同意世人之外有圣人，不会接受张载的认识论区分。没有了"圣人"，便不再需要"天"这个事体，因而涂尔干也不会接受张载的形而上学前设。他不承认社会之外有上帝，这是众所周知的，因此他大概也不会承认世人（不就是社会吗？）之外有天。他设定"集体良知"完全在社会之内。

　　纳维勒斯会同意"物有未体，心为有外"，因为他本来便认为诸如死亡和上帝是他性，都是奥秘，是世人和圣人都参不透的事体。但是，参不透是参不透的了，还是要不停地参。他大概会承认有些世人可以具有圣人般的认识能力（德性）和形式（体知），但是他不会认为有世人"能体天下之物"。对于他来说，"天大无外"大概只可理解为"混沌是无限地庞大"，因为混沌是无限，所以无外。混沌是广义的天。狭义的天只能理解为他性（奥秘），因为他性（第四身）不会是人（第一身、第二身、第三身）。在这个类型学区分上，纳维勒斯大概会承认"天人有别"和"心在人，性在天"。但他应该不相信"尽心即知性，亦即知天"，因他性始终是参不透的奥秘。

我们或者可以这样总结：

（1）张载对圣人充满信心，纳维勒斯不是。张载对于天的构想相当简单［或借用福格林（Eric Voegelin）的说法，"朴实"（compact）］，纳维勒斯对他性的构想远为细致［福格林会说"已区分"（differentiated）］。

（2）涂尔干对集体意识的构想比张载对德性之知的构想更简单。

1 月 15 日致宇凡：

我从邢台回深圳，现在高铁车上，有空想想张载的那段话。

毋待多言，横渠先生的理学是个社会理论，是在社会学的思辨课题之中。它不可能是理论社会学，因为它的"天"（我稍后证明它是个他性）无力收编诸如涂尔干的"集体意识"和纳维勒斯的"上帝"等他性。但是，它有可能是个社会学理论，因为在某些条件下它或可承受实证研究。

首先是要找到一个理论社会学有本事收编它，我尝试证明我的理论社会学能够办到。且从"圣人"一词说起。应该注意到：横渠先生把"圣人"视为一个认识主体（knowing subject），是一个认识论事体（epistemological entity）（我以为，认识主体也是一个存在论事体）。这一点跟笛卡尔在《沉思录》中说的主体和康德在《纯粹理性批判》中说的主体虽不同却是一类，都是认识主体。张载的构想比笛卡尔的早了四五百年。前者还是跟"天"挂钩，后者却摆脱了"上帝"，正因如此，笛卡尔哲学被视为现代哲学的起点。由于宋明理学从来没有西方那样的上帝概念，或者它更容易与现代世界接轨？若是，这可是历史的吊诡。

"圣人"这个认识主体在行动历程中算是哪一类型的参与者？他的行动显然是韦伯说的价值理性行动（value-rational action），而且是价值理性行动这个类型里的其中一个小类型，不妨称为"圣人行动"。应该注意到：行动的类型学主要是在行动者的叙事和划策之中呈现出来，也就是说，出现在诠释论的演绎部分（贝叶斯表示式）。对于一个特定的行动者来说，他的行动可以时而是圣人行动，时而不是。大概没有行动者可以时刻都是圣人。

　　圣人的价值观来自张载说的"天"。圣人尽性知天，凭着德性（也就是与人心不同的天心）这个认识能力，以"体知"这个认识形式，能够认识到大至无外的天所覆盖的万物，这可不是世人以"物交"的形式认识到的"物有未体"的"见闻"。这就是"天人有别"，是圣人自己相信的一套。从我的理论社会学看，张载的形而上学前设是否真有其事其实是无关宏旨的，只要他相信便成了，这是价值理性行动的界定特征。文天祥的《正气歌》"天地有正气，杂然赋流形，下则为河岳，上则为日星。于人曰浩然，沛然塞苍冥"便是一例。

　　"天"这样的概念显然是栖身在索绪尔—布迪厄话说网络的价值话说面上。环绕着它而得出的话说（也就是张载的形而上学前设及其引申）扎堆，成为价值话说面上的一个参考位置（reference position）（此词源自韦伯），既与在同一面上的其他参考位置（例如衍生自涂尔干的"集体意识"或纳维勒斯的"上帝"的话说）互相排斥，也与资本话说面（索绪尔—布迪厄话说网络是双面的，这是它的另一面）上的所有参考位置互相排斥。

　　显然，衍生自"天"这概念的参考位置在圣人的叙事和划策当中便是一种他性，因为他不会认为这个来自"天性"的参考位置给出的处境之定义是他个人拥有，他反而会认为它是"放诸四海皆准"，也就是说，它是把所有定义捆绑在一起的条款。

　　论证至此，张载的理学便被我的理论社会学收编了。简言之，"圣人"的行动是价值理性行动这类型里的其中一个小类型，关于"天"的话说是索绪尔—布迪厄话说网络的价值话说面上的一个参考位置，也是"圣人"的叙事和划策中的一个他性。看来，行动类型、参考位置和他性恐怕是一个社会理论不可缺少的构成元素。

　　至于把张载的社会理论转变为社会学理论，便不是我这个理论社会学家的活了。可能是你的吧？

1 月 15 日宇凡来邮：

　　学生从合肥搬到上海，刚安顿下来，接下来至五六月都要在这边实习。很荣幸看到您将学生感兴趣的一些中国哲学问题加以社会学转述，这对我是莫大的点拨。当然，您建构的理论社会学是个庞大的棋盘及棋谱，其三个关键点我认为是索绪尔—布迪厄、他性、贝叶斯（对于索绪尔—布迪厄，学生略有质疑，待我过些日子对日常语言学派有些了解再向您请教吧）。问题可能是在于，您若收编一个社会学理论，犹如棋子落定那般，要将之定义为"马""士"或"将"，除了理论社会学自身建构之功夫，这种对诸社会学理论棋子命名之功夫可能更为关键，这也是我不敢轻易说将"天""德性之知"收编于您的理论社会学是否合理之原因。

如您所说，张载之社会理论转化成社会学理论学生虽感兴趣，但我认为前提功夫可能是要确立此类儒学说法在社会学传统中之合法性，这也正是之前和您说的我的毕业论文之志趣。

赖先生提醒，我大致认为要先将本土社会学作为背景，将现代新儒学作为焦点，然后像布迪厄一样将焦点与背景翻转过来。因此，我意将之命名为《迈向新儒学的本土社会学：一个导论》。您说要从小处着眼，以小见大，可学生总是想趁年轻、青春，做一些"明知不可为而为之"的尝试。失败了，也甘心，不尝试总觉得憋着股气。

我的思路大致是建立"费孝通—叶启政"连续统作为本土社会学之典范，再将梁漱溟、牟宗三、杜维明之学说放置其中以定位，可以说是借鉴您的《社会世界的底蕴》与《现象学在社会学里的百年沧桑》二文。

由于近来阅读叶启政的作品，不得不为当初说"您的学说和叶启政的多有对立"而感抱歉。我的意思更应当是，你俩在立说著书之基本主张（社会学之科学性）上是对立的，而您和叶先生对行动者凝视社会结构（以及您所说的象征全域）之研究路径以及主体能动性之关注甚是相近。

学生曾有机会向叶先生请教过对您的学说之看法（学生不清楚这样是不是显得不太礼貌），他的看法是这样的：

> 当年与吕炳强老师对话有时空的背景，也关涉到吕老师的专业问题，所以，所言的无法完全合乎你对知识上的需要。何以需要"本土化"，我说过太多了，已无新论。底下，也仅能以旧菜重炒的方式简单地提一下：基本上，我不认为有放诸四海普遍皆准的社会理论，任何有关社会的理论都有特定的时空条件做后盾，受到特定的（惯性）感知模式制约着，当然，也因此形成一套惯性的思维与认知模

式。在这样的情形，居优势的文化体影响着劣势者，产生扩散作用，终至产生主流意识，这就是今天称之"现代化"或"科学理性"的社会来源。正因为如此。

所以，无论就西方的社会理论、认识论、方法论，尤其哲学人类学的存有预设等等，我们都需要予以了解，而这是"本土化"的起点。对社会现象，相信可以获致超越时空的普遍理论，是一种呓言，诠释学的论点早已有所说明了，实不用我在此多有赘言了。掌握一个特定时空的历史—文化质性，才是从事社会理论建构的重点，而这也正是"本土化"的关键所在。

在学生看来，叶启政可能对您的主张有所误解。而误解之源正如"全球化"这一语辞类似：大家都习惯说"全球化"，殊不知会有人有勇气地将"化"字去掉。

另外，我以我的论文方向为指导，将读完费老全集后的感触写了下来，很散文似的，以便您了解我的说法。

1 月 16 日复宇凡：

我晚上八时才回到香港的家。吃过饭，清理一下家中计算机里积压下来的邮件，自 12 月初我去了邢台后便没有清理过。看到你刚发出的邮件，内容复杂，先说一些我觉得比较容易回答的或是最有兴趣的部分。

（一）我作出的收编，若你认为有可商榷之处，请提出。这是科学工作的常规，他山之石可以攻错也。

（二）儒家说法，正如其他古老的伦理思想、宗教思想或哲学思想，都是社会理论。就社会学的思辨课题而言，我以为无须确立其在社会学传统中之合法性。事实上，它比社会学更早出现，它的传统比社会学的更悠长。

只有是关涉到社会学的科学课题时，才有必要看清楚它究竟可否成为理论社会学或社会学理论。然而，这个"看究竟"仍然是与社会学的传统关系不大，因为它可否成为理论社会学或社会学理论只取决于对"何谓社会学的科学课题？"这个问题的答案。若是根本不承认社会学可以有科学课题，连这个"看究竟"恐怕也成为不必要的了。

（三）我想，叶老师对我的学说不甚了了，他大概始终没有看过我的《凝视》一书。你向他提问，确实是有点强人所难。

我想，他大概是认定了社会学永不可能有范式（paradigm）。叶老师的定见或然是对的（probably right），不过这个"或然是对"终归只是个可能性（possibility），谁也没法对只是"或然是不可能"（probably impossible）之事一口咬定是永不可能（never possible）。职是之故，各人便随着自己的定见各自修行。这是个人抉择，无关对错。

（四）叶老师说："任何有关社会的理论都有特定的时空条件做后盾，受到特定的（惯性）感知模式制约着。"这可是社会学常识。

我想起最近去世的劳思光先生在课堂上说的话。当认为某一说法被高估，劳先生便会说："这可是常识呀！"相反，当他认为某一说法被低估，他会说："这可不是常识呀！"大师说话，思之令人莞然。

我个人认为，正因为是如此，在社会学的科学课题里既有理论社会学，也有社会学理论。社会学理论是特殊理论，理论社会学是普遍理论。由于"特定的时空条件"和"特定的（惯性）感知模式"（不就是特殊性吗？）在社会学理论里得到充分的承认和尊重，理论社会学才得以借机摆脱了特殊性，专心思考社会学的普遍性。我们没有理由认定：既然已有特殊理论，便不会有普遍理论。相反，特殊理论（本土理论？）和普遍理论（全球理论？）在社会学的科学课题里各有各的角色。

（五）叶老师说："对社会现象，相信可以获致超越时空的普遍理论，是一种呓言，诠释学的论点早已有所说明了，实不用我在此多有赘言了。"我不敢苟同。

就我的有限所读，我还没有看到哪一派的诠释论能够说明"相信可以获致对社会现象的普遍理论，是一种呓言"。我真的想知道哪一派诠释论已得到如此坚实的结论。如果叶老师所说的"早已有所说明"是指我在香港理工大学的旧同事阮新邦教授提出的"强烈价值介入"这个说法，我便会莞然一笑了。

1 月 20 日致拥华，兼致宇凡：

你和我去年 12 月 3 日的往来邮件留下"doxa"和"opinion"二词异

同的问题，尚待澄明。今天我趁空在家把布迪厄的 *Outline of a Theory of Practice* 和 *The Logic of Practice* 找出来看，发现如下：

我的记忆还算不太坏，"opinion" 一词并不出现在 *The Logic of Practice* 的索引。但是，我的记忆肯定不好，多年前我曾细心读过你指出的 *Outline of a Theory of Practice* 有关 doxa 与 opinion 之别的那几页（164—171），只是纸上留痕，脑里无踪。

"doxa" 一词出现在 *Outline of a Theory of Practice* 和 *The Logic of a Theory of Practice* 二书的索引，这意味着布迪厄在他的著作里继续使用该词。至于 "opinion" 一词，法语和英语同一，应是英语从法语借来。该词不是哲学专用词，只算是英语中的泛用词，在哲学词典里却被用来解释 "doxa" 这个哲学专用词，这恐怕是我把 doxa 和 opinion 混为一谈的原因。例如，布宁（Nicholas Bunnin，牛津哲学家）和余纪元编著的《西方哲学英汉对照辞典》有 Doxa 一条目如下：

> **Doxa**　［Greek, usually translated as belief or opinion, from the verb *dokein* or *doxazein*, to appear, to believe or to seem］A term used in connection with seeming, the immediate awareness of or direct acquaintance with objects in contrast with *episteme*（knowledge）. For Plato, *doxa* is not only opinion, but also the faculty or capacity to produce opinion. It is the state of mind of the non-philosopher（the lover of opinion, *philo-doxos*）, and its object is the perceptible world of becoming, which is both to be and not to be, and things that are copies of the Forms. In contrast, *episteme* is not only knowledge as a consequence of cognition, but also the faculty to produce knowledge. It is a state of mind of the philosopher（the lover of wisdom, *philo-sophos*）, and its object is the world of the Forms itself, which really is.

在此条目里，英语 "opinion" 一词是希腊语 "doxa" 一词的同义词。"doxa" 的意义（语言值）来自该条目的语意学系统，如下：

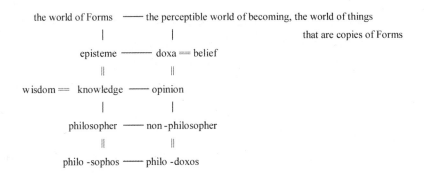

布迪厄在 *Outline of a Theory of Practice* 里的"opinion"和"doxa"却不是这样子的，其意义并不遵从上面那个语意学系统。

为了凸显布迪厄提出的与众不同的区分，"opinion"和"doxa"或应分别翻译为"有识之说"和"无识之说"（为避免混乱，doxa 或可索性音译为"多萨"。如此 opinion 便可模拟"识见"而翻译为"识说"。识说与多萨对立）。布迪厄指定，后者的意义是得到前者的帮助而获得的，也就是说，前者是主，后者是次。但是，他也指定，前者的全局（universe）只是后者的全局之内的一片飞地。

换成我的理论社会学的词汇，有识之说（opinion）是自省之说（reflexive speech），无识之说（doxa）是浑噩之说（mundane speech）。我还要证明索绪尔—布迪厄话说网络就是有识之说的全局（universe of opinion）。证明如下：

（一）在我的理论社会学里，诸社会实在（韦伯和吉登斯二行动历程、社会结构、象征全域）正是行动历程中那些在自省状态里的参与者的所见和所说。那些正在浑噩状态里的参与者的所见和所说又是何物？只是诸社会实在的背景！

（二）由于每一位参与者总是在自省和浑噩二状态之间往返，他其实是时而看到和说及诸社会实在，时而是看不到也说不及它们。

（三）每一位在自省状态里的参与者都是一个主体性（他在过去的现在中记忆，在现在的现在中注意，在将来的现在中期望）。只要他在自省状态中，他至少是在记忆或期望，但他不一定是在注意。当他注意时，他看到韦伯行动历程、说及社会结构。当他不注意时，他看到吉登斯行动历程、说及象征全域。

（四）当参与者注意时，他紧张，紧张起来的索绪尔—布迪厄话说网络就是社会结构。当他不注意时，他松弛，松弛下来的索绪尔—布迪厄话说网络就是象征全域。

（五）索绪尔—布迪厄话说网络（不是社会结构，便是象征全域）就是自省之说的全局。

既然有识之说是自省之说，索绪尔—布迪厄话说网络便是有识之说的全局。不过，我的索绪尔—布迪厄话说网络和布迪厄的有识之说的全局并不完全一致：

（一）布迪厄把有识之说划分为正统之说（orthodoxy）和异端之说（heterodoxy）两端（或两类？）。这个划分显然只适用于社会学理论（特殊理论、在某些特定条件能够承受实证探究的社会理论），我的理论社会学（普遍理论、具有野心收编所有社会学理论为它的案例的社会理论）没有此必要。

（二）索绪尔—布迪厄话说网络分为价值话说和资本话说两面，因为我认为价值和资本（权力之类）之间的紧张关系是普遍存在的，应比正统和异端之争（布迪厄视之为阶级斗争）更根本。

（三）每一个自省之说（我依从韦伯的用词，称为"参考位置"）都跟所有其他自省之说互相排斥，所以它们栖身在其中的全域只能是一网络的参考位置。应该指出：网络是区分（distinction）的一个形态，而且是区分可能有的最尖端的形态，即所有其他的区分都可以被视为网络这个形态的一个特例。因此，网络这个形态应该是最适合普遍理论采用的。

1 月 22 日致宇凡：

你 1 月 15 日来邮说你的毕业论文题目修定为《迈向新儒学的本土社会学：一个导论》。翻看你去年 11 月来邮，原定题目是《殊途同归：中国社会学与现代新儒学》，你还说了："我认为中国社会学似乎经历了从身到心，而新儒家似乎经历了从心到身的相反历程，但二者最终落脚点实际上都意欲身与心均出场，以实现身心一体的学术观照。"

为了弄明白"身心一体"一词系何所指，加以我对儒家学说一窍不通，只好在网上挑选一个我算是看得明白的说明为讨论起点。我挑中了西北大学（现在中国人民大学？）韩星教授如下一段话，不知优劣。

> 身心一体而两面。阳明在《大学问》中对于"身"与"心"的解释最为正确，他说："何谓身心之形体？运用之谓也。何谓心身之灵明？主宰之谓也。何谓修身？为善而去恶之谓也。吾身自能为善而去恶乎？其必灵明主宰者欲为善而去恶，然后体形运用者始能为善而去恶也。故欲修身者，必在于先正其心也。"这里强调形体心灵不分，主宰运用不离，修身是身心一体，灵明主宰最为关键。当然，这种不分不离不能绝对化理解，而应该是浑然一体而又有分别。正如梁漱溟说的："身心浑然一体相连通，而察其性向则互异耳。"钱穆亦云："惟中国人之视心身则有别，……中国人乃于和合中见分别，亦即于分别中见和合。虽有分别，仍浑然和合为一体。西方人天与人别，内与外别，仅主分别，不复和合。但谓中国人有和合，不再有分别，则亦失之。"这就是说，中国人的身心观与西方二元分立不同，是在身心和合中讲分别，合中有分，分则仍合。

王阳明"身心一体"论当然是一个社会理论，我先动手厘清它的语意学系统，所得加下：

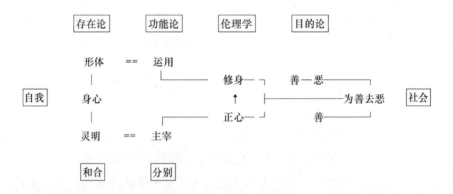

这个语意学系统倒是简单。若是放在西方的社会学和哲学范畴丛中，王阳明的社会理论就是从社会学的"自我"（self）范畴起步，顺序通过哲学的"存在论"、"功能论"（functionalism）、"伦理学"（ethics）、"目的论"（teleology）四个范畴，到达社会学的"社会"（society）范畴。

"身心"属于自我,"为善去恶"是道德理想,也就是西方哲学说的 summum bonum(至善),属于社会,不属于自我。若是模拟米德的《心灵、自我和社会》,中途通过的四个哲学范畴就统一为"心灵"(mind)。

应该注意到:"正心→修身"这个功能论其实也是一个诠释论,面对存在论,其中的功能次序(→)就是诠释次序。"善—恶"这个伦理学范畴同样可以视为一个诠释论,面对目的论。也就是说,功能论和伦理学一起组成了王阳明的诠释论。

从我的理论社会学的视野看,一方面,王阳明的社会理论缺少了一个实在论,恐怕无法承受任何实证探究,不可能成为一个社会学理论。另一方面,由于它包含了一个目的论,恐怕根本上不能归入社会学的科学课题!

有没有补救的办法?

1 月 23 日拥华复:

多谢吕老师 20 日细致的分析。布迪厄想要说的是,opinion 依然处于 doxa 当中,他那里的 doxa 是十分强大的,强大到行动者无法真正脱身而出,因此,在这个意义上,habitus、boby 以及 doxa 就联系在一起了,doxa 是一种身体意识、一种身体意向。如果是这样,行动者的形象未免过于狭隘,所以,很有必要将 opinion 从 doxa 中抽取出来,成为建构行动者的基本元素。我觉得,吕老师所做的就是这个努力,即将 opinion 建构成主体性,但这种主体性还是受到了索绪尔—布迪厄话语网络的限制。吕老师理论"索绪尔—布迪厄"当中的"布"是指"资本",但问题还是,如何突破这种"资本"的"唯物主义"立场?是否有可能"索"(价值)是与"布"背道而驰的呢?如果不能突破"布",行动者形象又会陷入"doxa"状态中?这里如何理解?可否有经验上的事件来分析吕老师建构的行动者的形象呢?

1 月 23 日致宇凡:

你昨天的来邮乱码,请再发。先发给你我昨天写好的邮件,如下。
若按照我的理论社会学来补救,或者可以这样办。

第一步，把伦理学上的"善—恶"视为一个价值话说，置诸索绪尔—布迪厄话说网络的价值话说面之上。然后，把目的论上的"为善去恶"和功能论上的"正心→修身"视为一种价值理性行动，不妨称为"正心行动"。如此处理下，王阳明理论的终点便不再是"社会"，而是"行动"的一个类型。由此回溯，它的起点也不再是"自我"，而是"行动者"的一个类型，不妨称之为"正心行动者"。

按照韦伯关于价值理性行动的诠释论规定，正心行动者在吉登斯行动历程中无策可划（记住：行动类型学是一个诠释论规定）。他只能在韦伯行动历程中叙事（也记住：在诠释论上，划策和叙事是不同的贝叶斯表示式）。不过，严格按照韦伯的诠释论规定来演绎正心行动者，恐怕有违阳明先生的深意，或该稍稍拓宽有关演绎，方是合理。如此说来，我便有需要回到基础存在论去。

我的理论社会学的基础存在论，你是知道的：行动、肉身和当下一刻被现象学地等同起来。我且从"肉身"一词入手来安置阳明先生的正心行动者。众所周知，"肉身"一词来自梅洛—庞蒂的形而上学名言："肉身在世界里，世界在肉身里"，即世界和肉身被现象学地等同起来。

第二步，回到阳明先生"正心→修身"的功能论次序。或者，我们可以这样理解梅洛—庞蒂的名言："世界在肉身里"就是肉身"主宰"（"灵明""正心"）着世界（横渠先生："圣人尽性，不以见闻梏其心，其视天下无一非我。"）。"肉身在世界里"就是肉身正在世界里"修身"（"形体""运用"）。经过这样深度演绎的"肉身"跟阳明先生的"身心"（也就是孟子的"仁"？你说过"仁"就是愳）庶几近乎？

第三步，回到我的基础存在论。如果我们同意"身心"就是经过深度演绎的肉身，身心一体论便是在肉身这一维度上发展了我的基础存在论，也就是说，我的理论社会学没有像阳明先生那样深度地发展肉身这一维度。但是，深度发展不一定是好事。仅就理论社会学而言，这个深度发展不但没有必要，而且有碍收编古今中外的所有社会学理论。然而，若仅就社会理论而言，正心行动者在基础存在论上得到凸显，或可方便建构本土理论，无疑是本土社会学迈向新儒学的一步。如此的社会理论肯定不会是理论社会学。可否是社会学理论？这是后话了。

另外，当下一刻这一维度在身心一体论里明显缺席，十分碍眼。应该记住：没有当下一刻，便没有一连串的当下一刻，也就没有社会实在（韦伯和吉登斯二行动历程、社会结构、象征全域）。我个人认为，这恐怕是阳明先生的一个形而上学缺失！其他大儒是否有同样的缺失？不得而知。

1 月 23 日宇凡复：

按您的补救方法，学生找了二手文献参照，认为有欠妥之处，也有妥当之处。

首先，既承认"正心→修身"的功能论次序，那"身"如何能安放在基础存在论中呢？庞蒂说"肉身在世界里，世界在肉身里"，说明肉身与世界是互摄关系吧？但王阳明说的是"心外无物"，陆九渊谈的是"宇宙即吾心，吾心即宇宙"。那么"即"与"在……里"是否同义？

在我看来，"即"是等价，因为等价才会谈"感应万物"（进一步如"天人合一"）。"在……里"不可避免设置优先性之问题，进一步产生像您说的浑噩与反思两种状态。

王阳明说："心不是一块血肉，凡知觉处便是心。""盖天地万物，与人原是一体，其发窍之最精处，是人心一点灵明。"那么，如果梅洛—庞蒂的"肉身"也有"觉知"，它与王阳明的"心"有何异同，学生便无力理解了。

当然，您对王阳明补救的路径学生是认同的，即让"身"浮现出来。这也是现代新儒学的努力之在。附件中林安梧的说法便是一解。当然，这并不意味着儒家中没有实在论，张君劢的《新儒家思想史》中便说明了王船山的实在论。[①]

附件《感应与心物》中说："爱昨晓思，格物的'物'字，即是'事'字。皆从心上说。先生曰：然。身之主宰便是心。心之所发便是意。意之本体便是知。意之所在便是物。如意在于事亲，即事亲便是一物。意在于事君，即事君便是一物。意在于仁民爱物，即仁民爱物便是一物。意

---

① 张君劢：《新儒家思想史》，中国人民大学出版社 2006 年版。

在于视听言动，即视听言动便是一物。所以某说无心外之事，无心外之物。"① 如此说来，用诠释论来说可能便说得通，而且吉登斯的行动历程可能也出现于此。

最后，您说："'当下一刻'这一维度在身心一体论里明显缺席，十分碍眼。"这个问题学生也曾想过，有本书可能涉及于此，但我未找到全文。附件《论时间——一种生活哲学的要素》是杜小真对余莲作品的简介，谈的便是中国哲学中的时间，他引用了蒙田的话：活着不是在当下（等于当下一刻吗?），而是"及时"。可能，中国哲学谈时间时，重在谈时机了吧?!

1 月 24 日宇凡重发 22 日乱码邮件：

学生的意图实在拓展本土社会学之界限，把费孝通—叶启政纳入"现代性→本土化"一路，即由现代性走向本土"化"，除了费孝通早年与晚年之学思变化，叶启政更是由宏大而长远的西方社会学理论之背景铺陈到中国哲学中的"修养"（他最后也不得不承认这实质上是为了表达中国哲学中"气"的概念）。这种本土社会学离不开社会学之舶来品性质与后发现代化之普遍论说。

所以，学生才旨在探求"本土化→现代性"一路的"另类"本土化社会学（而非社会学本土化）。当然，这一探索能否顺利进行也是个问题，我只是担心时间不够，还有四五个月。所以若时间来不及便只确立费孝通—叶启政这一路的本土社会学性格。

其实，本土化如何与现代性区别，我仍不是很清楚。

另外，学生认为单论现代性或单论本土化都无法蕴含本土社会学。

近日看到武汉大学的郭齐勇谈现当代新儒学，说"中西之别是古今之别，那古今之别是不是中西之别?"他意指新儒学其实是想指出中国会有"内在的现代化"之路数吧。②

---

①　赵晓芳、陈迎年：《感应与心物——王阳明"心外无物"思想的生存论分析》，《复旦学报》（社会科学版）2003 年第 2 期。

②　郭齐勇："现当代新儒家"（视频）：http：//video. chaoxing. com/serie_ 400000699. shtml。（浏览时间：2013 年 8 月 19 日）

1 月 24 日复宇凡：

我想，"本土化"与"现代性"的区分应是在如下的语意学循环（semiotic circularity）出现：

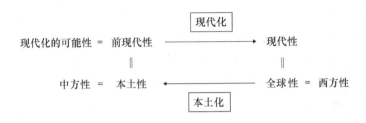

你说的费孝通—叶启政一系的"现代性→本土化"必须假定有"全球性"与"本土性"这组对立，还必须假定"全球性"等同"现代性"。"本土性"和"全球性"亦可分别称为"中方性"和"西方性"。我猜测："全球性"与"现代性"等同恐怕是叶启政老师的情意结（"居优势的文化体影响着劣势者，产生扩散作用，终至产生主流意识，这就是今天称为'现代化'或'科学理性'的社会来源。"）所在。这个情意结大概在汉语社会学界广泛流行吧？

我想，你说的"本土化→现代性"一路是否应更正为"本土性→现代化"？只有如此才能完成这个语意学循环。留意：这个循环是关于性质的，分为现代化（前现代性→现代性）和本土化（全球性→本土性）两部分。

"本土性→现代化"必须假定"本土性"等同"前现代性"，还必须假定"前现代性"与"现代性"对立。"前现代性"一词并无贬义，仅指现代化的可能性（possibility）。另外，全球任何一个尚未现代化的地方都有现代化的可能性，只是这个可能性的或然性（probability）差距可以很大。

我个人认为郭齐勇老师"中西之别是古今之别"这个说法没有根据，你想想约纳斯的《诺斯替宗教》的内容便明白了，诺斯替主义源自中东（虽在欧洲的东方，却在中国的西方），绝对是古物。

1 月 27 日宇凡复：

从语意学系统上来，本土化与现代化的区分的确更合适，但学生之所以用本土化与现代性的区分是因为在阅读叶启政作品时，认为虽然他试图通过知识社会学的方式，以历史性笔触阐释"结构"等概念的西方语境的内涵。但总的来说，仍有将之静态化处理之嫌。由此，现代化变成了现代性。这可能也是致力本土化学者的通病吧。

反过来，本土资源作为社会学视野下未开发的处女地，常被当作有深耕之潜质，被看作一个"化"的动态过程，而非"性"的静态判断。

新儒学也是，牟宗三力图证明中国文化可生出民主，只是与上述过程反过来操作。先深耕本土以拓展论述空间，再将对西方之判断作为一种性质嵌入其整个"化"的过程。

学生中西学功夫都如蜻蜓点水一样轻浮，才往往有不着边际的臆想。虽然由此常迸生一些古怪的想法，但终归还需沉淀与精进。当然，这篇文章，我的大致方向是明确的，是将社会学本土化往中国哲学上引导，至于引到哪个点，我仍未敢及早定论。

今日阅读陈寅恪为冯友兰《中国哲学史》（上册）所作的《审查报告》中说：

> 凡着中国古代哲学史者，其对于古人之学说，应具了解之同情，方可下笔。盖古人著书立说，皆有所为而发。故其所处之环境，所受之背景，非完全明了，则其学说不易评论，而古代哲学家去今数千年，其时代之真相，极难推知。吾人今日可依据之材料，仅为当时所遗存最小之一部，欲藉此残余断片，以窥测其全部结构，必须备艺术家欣赏古代绘画雕刻之眼光及精神，然后古人立说之用意与对象，始可以真了解。所谓真了解者，必神游冥想，与立说之古人，处于同一境界，而对于其持论所以不得不如是之苦心孤诣，表一种之同情，始能批评其学说之是非得失，而无隔阂肤廓之论。否则数千年前之陈言旧说，与今日之情势迥殊，何一不可以可笑可怪目之乎？

陈寅恪先生所说的"了解之同情"似与诠释学方法论极为亲近，但学生困惑于他谈到阅读时的审美判断："必须备艺术家欣赏古代绘画雕刻之眼光及精神"、"所谓真了解者，必神游冥想"。[①]艺术家之眼光及精神与神游冥想的旨趣究竟是怎么样的阅读体验呢？

吕老师您阅读先人作品无数，想听听您的体会与看法。

1 月 27 日复宇凡：

刚从澳门回来。先答了你这封邮件。

我认为，即使以静态的字眼（"性"）说出动态的对象，只要听者明白其为动态之事物，便可。事实上，我在"现代性"（modernity）（状态）一词之外添加"现代化"（modernization）（变化）一词，是为了引入"前现代性"（pre-modernity）（另一状态）一词，从而界定"现代化"为"前现代性→现代性"这一特殊的状态变化（change of state）。若是删掉"现代性"一词，只剩"现代化"一词，我想不出如何标出这一状态变化的变化。"现代化化"？同理，我在"本土化"（localization）一词之外添加"本土性"（localness）和"全球性"（global-ness）两个词。

注意：

（一）英语"local"这一形容词有"locality"和"localness"两个名词，前者专指本土事物之所在处，后者泛指本土事物之特别处（particularity），却没有另一名词专指本土事物之特别状态（particular state）。"特别状态"可算是一种"特别处"吧？

（二）"global"既没有"globality"也没有"globalness"。幸好，英语容许以绌词创字，"globality"和"globalness"虽是未有字，不至于欠解。为了保持对称，我用后者，不用前者。

（三）"modern"有"modernity"却没有"modernness"，前者泛指现代事物之特别处，后者也便不必有了。

（四）我认为"modernity"和"localness"两个词应该汉译为"现代

---

①　刘梦溪：《"了解之同情"：陈寅恪〈冯友兰中国哲学史上册审查报告〉简释》，《江西社会科学》2004 年第 4 期。

态”和“本土态”。“态”是事物流动不居的特别状态，“性”是事物相对稳定的特别处。

我是殖民地教育的产物，汉语不规范，跟叶启政老师的水平相差太远了。我是说事实，不带自贬之意。我个人认为，殖民地教育有其优越一面，其缺失一面其实也没有什么大不了的，自己补回便是了。

1月30日致宇凡：

回答你23日邮件。先说“即”和“在……里”这两种关系结构。

从汉语本身看，“即”应是“即是”一词的缩语，就是“是”之义，例如：色即是空，空即是色。你认为“即”是等价。“等价”应是“equivalent”这个英语字的汉译。与“equivalent”同义的字，在数学上有“equal”，通常汉译为“等于”，应是“是”或“即是”之义，我认为亦可译为“等同”。

与“equal”邻近的字还有“identical”和“same”，应分别翻译为“同一”和“同样”。如此，我们便有了“同一”“同样”“等同”这一序列的邻近字，范围（scope）从狭到广。或可以等号（＝）标出如下：

同一（identity）： $x = x$，只有 x 一事物。
同样（sameness）： $x_1 = x_2 = \cdots = x_n = \cdots$，都是同一事物 x 的拷贝。
等同（equality）： $x = y$，不同事物 x 和 y 各一。

按照上面的区分，陆九渊的“宇宙即吾心，吾心即宇宙”中的“即”应是等同之义。理由明显，宇宙和吾心本来是不同的事物，不是同一，也不是同样。

相类似于宇宙和吾心，肉身和世界也是不同的事物。两者之间的“在……里”这种关系结构又该如何理解？你应记得，我通常用一句更短的话来总结“肉身在行动里，行动在当下一刻里，当下一刻在肉身里”这个基础存在论，就是：“肉身、行动和当下一刻被现象学地等同起来”。由此类推，梅洛—庞蒂的“肉身在世界里，世界在肉身里”亦可总结为“肉身和世界被现象学地等同起来”。

"现象学"一词在此处是指"一种关于意识（consciousness）的哲学，涉及贴身经验（immediate experience）的真理（truth）和道理（rationale）"，见布宁和余纪元《西方哲学英汉对照辞典》Phenomenology 条目。注意：肉身和世界都可以发生在贴身经验之外，两者的等同（等同本身也是一事物）却被现象学硬性规定只能是发生在贴身经验之中。

现象学的等同虽特殊，毕竟是一种等同。因此，梅洛—庞蒂的名言也可以理解为"世界即肉身，肉身即世界"，即跟陆九渊的"宇宙即吾心，吾心即宇宙"是同构的（homologous）。

我这样解说"在……里"的关系结构，合理吗？你不妨试试从逻辑学的集论（set theory）出发去理解。首先，"在……里"即"x is in y"。转换为集论的语言来说，即"y includes x"（y 包含 x）。在集论里，不同事物 x 和 y 各一、互相包含就是 x 和 y 等同。仅就关系结构而言，"即"和"在……里"也是等同的。

回头再看宇宙和吾心的等同。我个人相信，王阳明（我是说王阳明，不是说陆九渊）会同意这个等同也是发生在贴身经验之中，因为他说了："盖天地万物，与人原是一体，其发窍之最精处，是人心一点灵明。"

（一）"天地万物"不就是宇宙吗？

（二）"天地万物与人一体"不就是"宇宙在吾心里，吾心在宇宙里"吗？

（三）"发窍"不就是发生吗？

（四）"人心一点灵明"不就是意识吗？

如此说来，"其发窍处"恐怕便是非贴身经验莫属了。结论：相类似于世界和肉身，宇宙和吾心也是被现象学地等同起来。

现在可以回答你的质疑了。我把你的质疑理解为如下一个问题：

王阳明说："凡知觉处便是心。"梅洛—庞蒂的"肉身"也应有"知觉"，该"知觉"与王阳明的"心"有何异同？

我的理解容或有误，先姑且就此回答。我在网上找到香港中文大学哲学系黎桂标老师对王阳明关于"心"的一段解说①：

———————

① 香港人文哲学会网页，http://www.hkshp.org。

　　阳明虽仍称"心"是"那能视听言动的"，但他却同时指出，心"便是性，便是天理"、"便谓之仁"、"便是汝之真己。这个真己，是躯壳的主宰"。很明显，心并非一般的经验的意识或知觉机能，而是道德的机能或即道德的主体。因此，主宰义可说是心的本质意义。

　　从上一段引文中，我们亦可见心不但是道德的机能，它更是一切道德的根源，是善与恶产生的源头，或者更恰当地说，它就是道德法则本身，这就阳明所说的"心即理"义。

　　黎老师的解说应属正统一路：王阳明的"心"是以"性""天理""仁"等道德法则为主义，以"视""听""言""动"等意识或知觉机能为次义。

　　你是知道的，我的理论社会学指定了"主体性"（记忆、注意、期望三种能力）和"能动性"（记忆、注意、期望以外的所有能力），应可算是黎老师说的"意识或知觉机能"，都在王阳明的"心"的次义的范围之内。与"主体性"对立的是"对象性"，与"能动性"对立的是"他性"。显然，"对象性"和"他性"不但只可以容纳王阳明的"心"的主义，还可以容纳所有其他的 cogito-cogitatum（我思—所思物?）。简言之，就存在论事体的范围而言，我的"主体性"和"能动性"或与王阳明的"心"的次义相若，我的"对象性"和"他性"却比他的"心"的主义广阔。

　　作为所思物，王阳明的"心"的主义还出现在索绪尔—布迪厄话说网络的价值话说面上。它是该面上的一个参考位置，不妨称为"王阳明参考位置"，不断与同一面上的其他参考位置争吵，也不断指骂反面（资本话说面）上的所有参考位置。

　　余下一个小问题：梅洛—庞蒂的"肉身"有"知觉"吗？有的。你应记得，在我理论社会学的基础存在论（"行动在肉身里，肉身在当下一刻里，当下一刻在行动里"）里，"当下一刻"开出一个特定的时间结构让行动者（"行动中的肉身"）得以启动他的"意识或知觉机能"（"在过去的现在里记忆，在现在的现在里注意，在将来的现在里期望"）。

　　至于杜小真引用蒙田的话："活着不是在当下而是'及时'。"我没有读过蒙田的书，不敢说。

1 月 30 日复拥华，兼致宇凡：

你 23 日的来邮，我今天才回复，抱歉。我现在香港的家中休息。

首先，我个人认为，布迪厄夸大了 doxa（无识之说、浑噩之说）（不妨音译为"多萨"）对行动者的影响。他不一定是有意的，我倾向于相信他是误会了。

事情可能是这样的：就一个行动者而言，他当然有浑噩的一刻，在其中他被多萨牵着走。但是，当他在自省的一刻，他是可以划策和叙事的（记住：划策和叙事是不同的贝叶斯表示式）。他若是划策，他可以有不止一个选择。即使多萨是他考虑的其中一个选择，如此的多萨肯定不是身体意识（或身体意向），也就不再是多萨，而是摇身一变成为 opinion（有识之说、自省之说）（不妨缩称为"识说"），跟 habitus 和 body 脱了钩。只有是情况太紧急了，他无暇划策，他在叙事当中便有可能不得不跟着身体意识走，多萨才又会再起作用。

另外，你对索绪尔—布迪厄话说网络的命名误会了。我在去年 9 月 4 日给宇凡的邮件中说明了为何命名为"索绪尔—布迪厄"：（一）索绪尔的语言（langue，language）和话说（parole，speech）的区分至为重要。网络是话说，不是语言。（二）我重视布迪厄的资本（capital）这一概念，有此一面，价值（value）那一面便有所对立。

索绪尔—布迪厄话说网络是一双面网络，一面是资本话说面，另一面是价值话说面。资本（权力之类）与价值之间的紧张关系是最根本的，因此，资本话说面与价值话说面肯定是背道而驰的。我个人认为，这样根本的紧张关系不可能是让强势一方全面杀光弱势一方，若是，这关系便不会是最根本的了。永远（我相信是永远）处于弱势的价值一方至少一小撮成员总会找到一条事前无人知晓的逃生途径，躲过强势的资本一方每一次的天罗地网式追杀。

行动者是一个奥秘，弱者不例外，哪位强人有本领参透奥秘，永远全面掌控弱者？这就是历史的狡猾（the cunningness of history）。你读读约纳斯的《诺斯替宗教》，便了然了。你想找的历史例子（即你说的"经验上的事件"）或可在该书见到。

1月31日致宇凡、拥华：

约纳斯的《诺斯替宗教》是一本很有趣的书，我多次提及。附上我的一篇相关文章。又：我11日邮件提到我的另一篇有关舒茨实在论的文章，曾答应寄给你们，现一并附上。

1月31日致拥华、宇凡：

我理论社会学的四个社会实在之一的"社会结构"（social structure），其命名我一直感到不满，却又苦于找不到更恰当的名称。该词在社会学文献中已是一头背负过多意义的骆驼，势难再多承担一新意义。

这几天在看伯格（Peter Berger）的 *Invitation to Sociology*（Harmonsworth, Middlesex, England：Penguin Books, 1976），在第一章"Sociology as an Individual Pastime"看到如下一段话：

> The good spy reports what is there. … The sociologist is a spy in very much the same way. His job is to report as accurately as he can about a social terrain.（p. 16）

我不喜欢话里的间谍比喻，但是"social terrain"一词引起了我的注意。跟 social structure 比较，social terrain 好多了，"结构"的味道消减了许多，这正是我想见到的。《朗文当代高级英语辞典》的 terrain 条目："terrain an area of land, esp. when considered with regard to whether it is rough, smooth, easy or difficult to cross, etc."只是 social terrain 还有不足之处，若跟 symbolic universe（象征全域）比较，它缺少"幅员"的味道。

这样考虑之下，social territory（社会领地）便更佳，"幅员"的味道浓得多（留意：terrain and territory 都源自同一拉丁字，terra，意思是"地"）。况且，比较之下，social territory 带着"实"的味道，symbolic universe 带着"虚"的味道。实则紧张，虚则松弛。正好合用，一是紧张起来的索绪尔—布迪厄话说网络，另一是松弛下来的索绪尔—布迪厄话说网络。

　　我打算取消"社会结构"一词，以后只用"社会领地"一词。新词载新义，应可减少不少误会。

2 月 1 日致宇凡：

　　我还没有回答你上月 27 日邮件提到陈寅恪先生所说的"对于古人之学说，应具了解之同情"。

　　寅恪先生（1890—1969）在 20 世纪一二十年代曾两度在德国柏林洪堡大学学习古文字学。文字学和历史学都跟诠释论关系密切，他认识西方诠释论是应该的。

　　他跟海德格（1889—1976）是同代人。海德格早期的诠释论现象学可以上溯至狄尔泰（Dilthey，1833—1911）、德罗伊森（Droysen，1808—1884）、兰克（Ranke，1795—1886）、施莱尔马赫（Schleiermacher，1768—1834）之间的承传和争议，这些人都是诠释论大户。海德格 1927年初版的《存在与时间》便提到狄尔泰和兰克，当时德国学者对诠释论的兴趣可以想见。

　　我不是艺术学家，也不是历史学家，真的未曾有过寅恪先生所说"神游冥想"的阅读经验。我的朋友洪清田博士说我的学术关怀只限于近一二百年的理论（而且是只有理论，没有其他，但是不囿于社会学，范围遍及哲学、历史、社会科学、自然科学、方法学），他所说不算太离谱，我也不以为不然。我只专注理论社会学，社会学这门学问也只不过是到了 20 世纪初才稍具雏形而已，理该如此吧？

　　你研究新儒学和本土社会学，大体上只关注近百年出现的社会理论以及宋明理学近百年的演绎和发展便可。至于诠释论，我想你日后有空若能细读伽达默（1900—2002）1960 年初版的《真理与方法》一书便足够了，他是海德格的弟子。

　　学海无涯，人生有涯。刚开始的十年漫无目的，东翻西看是应该的，也是必要的。十年以后，写作应囿于本科，有所专注，同时阅读却绝不囿于本科，而应是立足于写作专注点，做到"视野开阔，精挑细选"，奉行"范围无限，数量有限"的挑选原则。

2 月 8 日致 Ben，抄送拥华、宇凡：

　　4 日下午在众志堂畅谈三小时，十分愉快。你提到，"能动性"（a-gency）与"结构"（structure）的对立仍然是社会学里有待解决的最关键的理论难题，我同意。你问我，在我的理论社会学里究竟是如何解决这个难题的？你还问道，微观—宏观联系（micro-macro link）这个构想是否一个解决方案？

　　我想，你之所以提问，是因为你从未听过我正面说明如何在我的理论社会学里解决这个难题。确实，我从未在课堂上说明过，而我其实是应该说明的，4 日下午你给了我一个机会向你说明。我想书面记录我的口头说明，顺便作出一些修正、整理和补充，方便我日后向同行解释，方便你重温我所说的，也让当时不在场的朋友有机会读到。

　　我先厘清社会学界目前对"能动性"（agency）和"结构"（structure）二词的大概理解。先说能动性。

　　能动性是一个存在论事体（ontological entity）。布宁和余纪元《西方哲学英汉对照辞典》的"agent"条目：

> **Agent** ［from Latin：*agens*，what is acting，referring to a rational human being who is the subject of action］An agent can decide to act or not. Having decided to act, an agent can deliberate how to act. Once the means of acting are chosen, an agent can apply the means to bring about certain changes. The kind of capacity intrinsic to an agent is called agency. The change caused by an agent is called agent-causation, in contrast to event-causation in which one thing is caused externally by another. In ethics, only agents are members of a moral community and bearers of moral responsibility. … "The way a cause operates is often compared to the operation of an agent, which is held responsible for what he does."
>
> —von Wright, *Explanation and Understanding*，1971，p. 64

这词典说的 agency 类似我理论社会学说的能动性，差别有三：

（一）我把主体性（记忆、注意、期望三种能力）从能动性（除记忆、注意和期望以外的行动者的所有能力）区分出来。这样做是为了标明行动者能够营造诸社会实在［韦伯和吉登斯二行动历程、社会领地（前称社会结构）、象征全域］的那些能力（主体性）。

（二）我不规定"决定是否行动"（decide to act or not）先于"考虑如何行动"（deliberate to act），我容许二者在划策中代迭地出现（iteratively occur），直至行动者进入叙事（大约等于词典说的行动）。

（三）我以"处境之定义"替代了"行动"。"处境"是行动者眼中的自己身在处境，其定义就是关于他行动的主观意义（the subjective meaning of action）的一个自定版本。该词是芝加哥学派的前辈汤马斯（William I. Thomas）首先提出的。

Gordon Marshall 编著的 1996 年版的 *The Concise Oxford Dictionary of Sociology* 也有"agency"条目：

> The term agency is usually juxtaposed to structure and is often no more than a synonym for action, emphasizing implicitly the undetermined nature of human action, as opposed to the alleged determinism of structural theories. If it has a wider meaning, it is to draw attention to the psychological and social psychological make-up of the actor, and to imply the capacity for willed (voluntary) action. ··· Sociological theories are often characterized according to the relative emphasis they place on agency or structure—and in terms, therefore, of an agency versus structure debate.

约翰·斯科特（John Scott）和戈登·马歇尔（Gordon Marshall）编著的 2005 年版 *A Dictionary of Sociology*（仍是由牛津大学出版，应是取代前一词典）给出跟上述一样的解说。手边没有更新近的版本，大概可以这样说吧，到 2005 年为止英国社会学界对"agency"一词的理解没有改变。十多年来，我一直十分惊讶英国社会学界竟然接受这样子的解说。

这个解说令人遗憾之处就是不提行动的主观意义。能动性正是赋行动以主观意义的能力，主体性也是。不提行动的主观意义，也就是放弃能动性和主体性，等于是切断了社会学跟哲学的关系。这岂是可以轻率作出的决定，梅洛—庞蒂曾对此严厉批评：

> Philosophy and sociology have long lived under a segregated system which has succeeded in concealing their rivalry only by refusing them any meeting-ground, impeding their growth, making them incomprehensible to one another, and thus placing culture in a situation of permanent crisis.

此处"哲学"一词应是指存在论，因为梅洛—庞蒂的哲学关怀主要是在于存在论。他也曾说过："Every science secretes an ontology; every ontology anticipates a body of knowledge."他认为科学与存在论关系密不可分。在他眼中，社会学当然是一种科学。

应该指出：这两本牛津词典都说"能动性"不过是"行动"一词的同义词，却没有为"action"（行动）另立条目，代之出现的是"action theory, action frame of reference"条目，在其中列出行动理论（action theory）有三：

（一）韦伯社会学。有关条目是"Weber, Max"，是对韦伯生平、学术、著作的简介。行动的主观意义仅是以韦伯社会学中众多概念之一的身份出现，也就是说，其被埋没在概念丛中。

（二）现象学和诠释论社会学。有关条目是"phenomenology, phenomenological sociology"，干脆宣称社会学里已没有现象学一派。

（三）吉登斯的结构化理论。有关条目是"structuration"，只是对吉登斯有关理论的简介以及社会学界的意见。

"行动参考框架"（action frame of reference）是帕森斯提出的，跟此处的讨论无关，不赘。从这些条目得出的整体印象是，编者大概认为大部分的行动理论都已成历史，其中的概念（能动性是其一）不是被湮没，就是被排除在核心之外。至于把能动性跟心理学和社会心理学扯上关系，恐怕是扯远了，不赘。

结构（structure）不是一个哲学概念，却是一个社会学概念。《西方哲学英汉对照辞典》没有相关条目。两本牛津社会学词典的"structure, social structure"条目不一样，2005年的版本对1996年的版本作了重大的修改，但其基调仍然是一样的：

A term loosely applied to any recurring pattern of social behaviour; or, more specifically, to the ordered interrelationships between the different elements of a social system or society. … Structure is generally agreed to be one of the most important but also most elusive concepts in the social sciences …

"结构"既然被承认是社会学的最重要概念之一，为何至今仍然无法梳理清楚和安置妥当？我个人臆测是："结构"根本不是一个完整的单一事体（unitary entity），而是一个独特的二段蜕变（two-stage metamorphosis），它在基础存在论里得到孕育，在实在论里发生第一段蜕变，在诠释论里发生第二段蜕变。每段蜕变都产生一些事体。

与此同时，陪伴着"结构"在实在论和诠释论里的蜕变，存在论里也产生一些事体，它们就是"能动性"（泛指行动者的所有能力）的蜕变。换言之，"能动性"自己在存在论（也就是狭义的哲学）里蜕变，同时也支持着"结构"在实在论和诠释论（虽属广义的哲学，也可说属社会学）里蜕变［注意：是支持，不是对抗。若真如我所说，所谓"能动性对结构之争辩"（the agency-structure debate），是一个错误的命题］。显然，若不从蜕变的角度去理解，"能动性"和"结构"这两个蜕变在存在论、实在论和诠释论里产生的众多事体之间的密切关系真的是万分难以捉摸（elusive）！

现在我可以说明在我的理论社会学里"结构"这个难题如何得到解决。你是知道的，我的理论社会学分为三部分，即存在论、实在论、诠释论，起点是我的基础存在论，即"行动在当下一刻里，当下一刻在肉身里，肉身在行动里"。奥古斯丁指定：当下一刻共有三个现在，即过去的现在、现在的现在、将来的现在。他也指定：行动者（行动中的肉身）在过去的现在里记忆，在现在的现在里注意，在将来的现在里期望。

如果我们理解广义的"能动性"为行动者的所有能力，它便等于主体性（记忆、注意、期望）和狭义的能动性（除记忆、注意、期望以外所有的其他能力）的和（sum）。主体性（广义的能动性的一部分）已经在基础存在论里出现了。结构还没有，它其实在当下一刻里孕育着。

肉身总是在物理世界里，它被物理钟牵着走，拉出一连串的当下一刻。（真的？真的，因为当下一刻在肉身里！）如此一来，事情便会是这样的：

（一）如果行动者在这一连串的当下一刻里同时在过去的现在里记忆、在现在的现在里注意和在将来的现在里期望，这样的一连串当下一刻［经行动者主动地加权（weighting），即每一刻都由他权衡轻重］就是韦伯历时性（Weberian diachrony），他从韦伯历时性看出去的所见就是韦伯行动历程。

（二）韦伯历时性在每一刻都可以像地毯那样向前滚动卷起来，所得的时间结构就是韦伯共时性（Weberian synchrony）（以前只称"共时性"），他从韦伯共时性看出去的所见就是社会领地（social territory）。

（三）如果他在一连串的当下一刻只是记忆和期望，没有注意，也就是说，这样的一连串的当下一刻（也是经行动者加权的）不是韦伯历时性（因为每一刻都缺少了现在的现在），而是吉登斯历时性，他看到了吉登斯行动历程。

（四）吉登斯历时性在每一刻都可以像地毯那样向前滚动卷起来，所得的时间结构就是吉登斯共时性（Giddensian synchrony）（前称"玄思时间"），他从吉登斯共时性看出去的所见就是象征全域。

我们其实已从当下一刻开始，分别在存在论和实在论里开拓出"能动性"和"结构"：

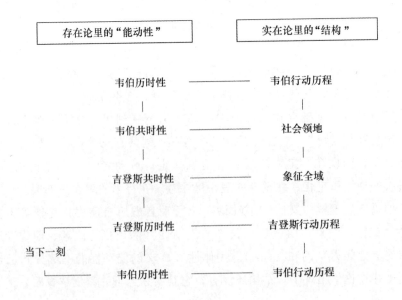

　　上面的语意学系统里的"结构"是一个实在论事体,是由四个社会实在(韦伯行动历程、社会领地、象征全域、吉登斯行动历程)组成的环形事体,就是"结构"作为二段蜕变的第一段。同一系统里的"能动性"是一个存在论事体,也是环形的,是由四个时间结构(韦伯历时性、韦伯共时性、吉登斯共时性、吉登斯历时性)组成的。原来在基础存在论里的主体性也可归入存在论里(留意:只有历时性是从主体性衍生出来的,共时性只能从历时性衍生出来)。通过这四个时间结构,行动者(行动中的肉身)从存在论进入了实在论。

　　除了环形事体,"结构"的蜕变第一段还有一个双面事体,就是索绪尔—布迪厄话说网络,它的一面是价值话说面,另一面是资本话说面。索绪尔—布迪厄话说网络又是如何从主体性开拓出来的呢?事情是这样的:

　　(一)在任何一个当下一刻里,每一个主体性(行动中的肉身)在自己看见的行动历程(可以是韦伯的或吉登斯的)之中都会碰上别的主体性,这样相逢的主体性都可说是在行动历程之中的参与者。这些参与者组成一个沟通(communication)的甚至是交易(exchange)的网络,并且沿着一连串的当下一刻(无论有关的参与者是否在注意中)持续下去。这个由众多主体性组成的沟通和交易的网络就是交互主体性,米德(George H. Mead)在《心灵、自我和社会》里称之为"social process"(社会过程)或"social institution"(社会体制)。

　　(二)与交互主体性对立的交互对象性又是何物?我认为,它就是所有主体性在所有沟通和交易当中幸而得以保存下来的所有话说,即"交互对象知识之库存"(stock of interobjective knowledge)。我称为"索绪尔—布迪厄话说网络"。

　　(三)为何索绪尔—布迪厄话说网络分为资本话说面和价值话说面?因为我认为 might(不就是资本吗?)与 right(不就是价值吗?)之间的冲突是根本的,化解不了的。

　　(四)我们已经知道,行动者(主体性)分别从韦伯共时性和吉登斯共时性看出去的所见是社会领地和象征全域。我们也已经知道,这个区分源自他是否在注意中。他若是在注意中,他紧张起来。他若不是在注意中,他松弛下来。社会领地和象征全域便分别是紧张起来和松弛下来的索绪尔—布迪厄话说网络。

如此，我们又从主体性分别在存在论和实在论里开拓出来"能动性"和"结构"：

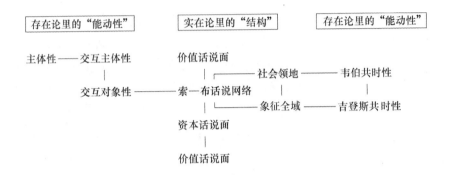

参与者当然可以漫无专注地看吉登斯行动历程，如果他刚好身在其中。但是，如果他是身在韦伯行动历程里，他可没有这份闲情逸致了，他必须目光集中地看他最关心的那部分历程，这就是他目光的焦点所在，也就是汤马斯说的"处境"。处境一旦形成，他便要描述它，把它说出来，这就是汤马斯说的"处境之定义"。但是，他只有从韦伯行动历程（他在注意中）退入吉登斯行动历程（他不再注意）才能从容地在象征全域（松弛下来的索绪尔—布迪厄话说网络）里整理他的定义。

这个参与者当然是一个主体性，处境和定义便分别是在韦伯行动历程（一种社会实在）和象征全域（另一种社会实在）里跟这个主体性对立的对象性。这是主体性—对象性普遍关系的一个特殊表现。留意：处境（在韦伯行动历程里的对象性）虽是衍生自主体性（参与者），定义（在象征全域里的对象性）却是从交互对象性（索绪尔—布迪厄话说网络）抽取出来的。在普遍层面上，由于交互主体性衍生自主体性，交互对象性其实是衍生自对象性，毋庸多说了。

"结构"还未完成蜕变的第一段，还有一些实在论事体要出现：

留意：韦伯行动历程中的每个参与者（主体性）各有自己的处境。即使只说单独一个参与者，他的处境也是一个移动不居的对象性，他可以给出不只一个定义。

"结构"蜕变第一段已完成，要进入第二段了。除了参与者自己的定义之外，还有别的参与者的定义，两个定义之间的诠释论关系究竟是何模

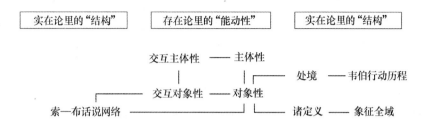

样？共有两个可能有的关系，可以分别由两个表示式（representations）标出。这两个表示式都是源自概率理论（probability theory）里的贝叶斯定理（Bayesian theorem），如下：

$$\Pr(x\,|\,y)\ \Pr(y)\ =\Pr(x,\,y)\ =\Pr(y\,|\,x)\ \Pr(x)$$

其中，x 和 y 都是随机变量（random variables），$\Pr(x,\,y)$ 是 x 和 y 的联合概率，$\Pr(x)$ 和 $\Pr(y)$ 都是边际概率（marginal probabilities），$\Pr(x\,|\,y)$ 是 x 带着给定的 y 的条件概率（conditional probability of x given y），$\Pr(y\,|\,x)$ 是 y 带着给定的 x 的条件概率。这两个条件概率便是上面说到的那两个表示式。

如果随机变量 x 和 y 分别是参与者 A 和 B 的定义，贝叶斯表示式 $\Pr(x\,|\,y)$ 便是参与者 A 在韦伯行动历程中针对参与者 B 的叙事（narrative），贝叶斯表示式 $\Pr(y\,|\,x)$ 便是参与者 A 在吉登斯行动历程中针对参与者 B 的划策（strategy）。叙事中的定义（即 x 和 y）都是在社会领地（紧张起来的索绪尔—布迪厄话说网络）里，划策中的定义（也是 x 和 y）都是在象征全域（松弛下来的索绪尔—布迪厄话说网络）里。

在叙事中的参与者 A 不单是主体性（记忆、注意、期望），同时也是能动性（除了记忆、注意、期望以外所有的其他能力）。在划策中的他也是如此，只是少了注意而已。参与者 A 凭着他的能动性游走在叙事和划策之间，也凭着他在划策中代迭地找出最适当的定义 x 引导参与者 B 采取他（参与者 A）最乐于见到的定义 y。

更要紧的是，他凭着他从行动历程（无论是韦伯的或是吉登斯的）之外召来不属于任何参与者的处境定义或捆绑条款（binding clause）（把定义 x 和 y 捆绑在一起的条款），我以 θ 表之。这样从外而来的处境定义

或捆绑条款 θ 也是一个存在论事体，我称为他性（otherness），它是对立于能动性，模拟于跟主体性对立着的对象性。

作为从外而来的处境定义或捆绑条款的他性以参数（parameter）这个统计学事体（statistical entity）的身份进入贝叶斯定理，也就是进入了两个贝叶斯表示式（叙事和划策）之中，如下：

$$Pr (x \mid y, \theta) \; Pr (y \mid \theta) = Pr (x, y \mid \theta) = Pr (y \mid x, \theta) \; Pr (x \mid \theta)$$

至此，"结构"的蜕变第二段产生了一些诠释论事体：

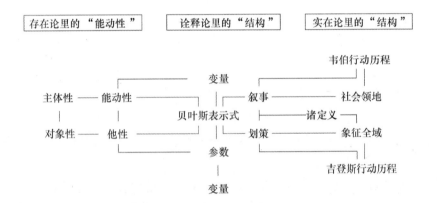

只要把参数 θ 随机化，即视为一个变量，贝叶斯定义还可进一步拓展，如下：

$$Pr (x, y \mid \theta) \; Pr (\theta) = Pr (x, y, \theta) = Pr (\theta \mid x, y) \; Pr (x, y)$$

其中，$Pr (\theta)$ 是参数 θ 的边际概率，$Pr (x, y)$ 是二维变量 (x, y) 的联合概率，$Pr (x, y, \theta)$ 是三维变量 (x, y, θ) 的联合概率，$Pr (x, y \mid \theta)$ 是 (x, y) 带着给定 θ 的条件概率，$Pr (\theta \mid x, y)$ 是 θ 带着 (x, y) 的条件概率。这两个条件概率便是另一对贝叶斯表示式。

贝叶斯表示式 $Pr (x, y \mid \theta)$ 标出一个因果性，参数 θ（外来的处境定义或捆绑条款，不属于任何参与者）是因，变量 (x, y) 是果，我称为"参数因果性"（parametric causality）。如果研究者能够获得有关 (x, y) 的数据（data），θ 便是有待检验的假设。

贝叶斯表示式 $Pr (\theta \mid x, y)$ 标出另一个因果性，变量 (x, y) 是因，

参数 θ 是果，我称之为"士多噶因果性"（Stoic Causality）。如果研究者能够获得有关 θ 的数据，（x，y）便是有待检验的假设。

如此，我们完成了"结构"蜕变的第二段，再得出一些诠释论事体：

上面所有的语意学系统拼接起来，会得到完整的语意学系统（见下图）。

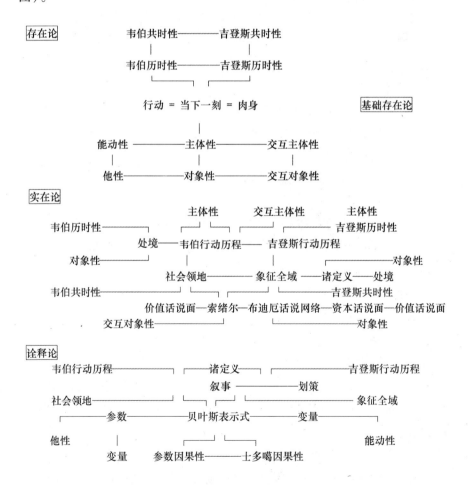

应该注意到：

（一）"能动性"的蜕变只发生在存在论里，而且无需"结构"的支持。

（二）"结构"在实在论里的蜕变得到"能动性"的支持。

（三）"结构"在诠释论里的蜕变得到"能动性"的支持，也得到已出现在实在论里的"结构"的支持。

（四）从语意学系统的结构形象（structural image）来看，它像一个中式谜球（Chinese Puzzle Ball），分为外、中、内三层，顺序是存在论、实在论、诠释论。外层支撑着中和内二层，中层支撑着内层。

（五）存在论（狭义的哲学）里的"能动性"与实在论和诠释论（也就是社会学）里的"结构"互相缠绕，可说是血肉相连，无法分离。梅洛—庞蒂没有说错。

请你对着这个大系统思索一下，我想你也许同意我的理论社会学提出了一个方案解决"结构"这个理论难题，即：

（一）"结构"是在实在论和诠释论里发生的蜕变，是由主体性启动的。

（二）支持着它蜕变的是"能动性"在存在论里的蜕变，也就是由主体性启动的。

两点观察：

（一）由我的方案看出去，"能动性"与"结构"之争辩是一个错误的命题。

（二）微观—宏观联系（micro-macro link）恐怕被我的方案比下来了。我不认为它能解决"能动性"和"结构"的对立这个难题，不赘。

又：拥华、宇凡，你二位或者对"能动性"和"结构"的关系也感兴趣，抄送给你们。

李越民（Benjamen Li）去年从香港中文大学社会学系硕士毕业，现在该系当助教。他是研究组织理论（organization theory）的。他在2010年和2011年两年秋季都来旁听我在哲学系硕士班开的两门功课，"哲学家与社会学"和"社会学的科学课题"。

众志堂是香港中文大学的一个食堂，前临一湖，后靠一山，景致不俗。

2 月 8 日宇凡来邮：

学生以为，"能动性"与"结构"之争辩已经成为社会学的传统，是社会学研究者心中的默会知识（tacit knowledge）。出于对传统之尊重，重点不再是其对错。况且，这种尊重应不会妨碍对其解答。

若将"能动性"与"结构"之争辩的默会知识放在波兰尼（Michael Polanyi）的认识论中，便是以"from-to"方式从"辅助意识"（subsidiary awareness）到焦点意识（focal awareness）的论证。如此一来，便难逃其固有的争辩。[①]

学生以为，若以波兰尼的默会知识的两种意识为参照，那么您便是将社会学阐释传统中的焦点意识（如结构）再分裂为辅助意识与焦点意识，并将之以时间序列呈现。例如，结构便有社会领地与象征全域，二者从行动者的角度来看，便是以"辅助—焦点—辅助"的意识形式呈现。

我想，这样的好处便是逃出了线性分析的难题，因为并非 from 辅助 to 焦点，而是 from 辅助/焦点 to 辅助/焦点。这也并不是布迪厄所用的二乘二矩阵，因为这一结构是动态过程，即 from-to，与布迪厄的有别。当这一辅助/焦点在动态过程中，其复杂性便需要引入贝叶斯表示式、参数等数理形式解释。

但是，如此一来，社会学的理论体系过于复杂，在接受度上会受阻吧？！

祝春节快乐。

2 月 9 日复宇凡：

理论社会学复杂的语意学系统在接受度上当然受阻，比不上简洁的裸奔主义。但是，在社会学的科学课题里，理论必须遵从"简约原则"。简约（parsimony）跟简洁（neatness）不是同一回事。

---

① 迈克尔·波兰尼：《个人知识：迈向后批判哲学》，许泽民译，贵州人民出版社 2000 年版。

　　简约就是为了话说清楚而提出的必要的语意学系统，一分不多，一分不少，没有多余的符号（sign），也没有缺少符号。这样简约的系统在行外人的眼中固然十分复杂，即使在行内人的眼中也可能十分复杂。这就是社会学的科学课题的简约。你想想数学这门学问便明白了。

　　社会学的思辨课题无须讲究简约原则，有时为了吸引观众，语言需要保持简洁，方便话说直接有力，好让观众（外行人？）容易接受。然而，这意味着有关的语意学系统（即语言）有可能流于简陋（scantiness），以至话说容易导致布迪厄所说的"误认"（misrecognition）。对于社会理论的作者来说，话说被误认不一定是坏事，有时甚至是得其所哉，行外人以为他的理论含义高深。一笑。

2月10日 Ben复：

　　收到8日来邮。这几天身体有点不适，所以未能尽快回应，今日才有精神阅读和回复。

　　粗读之下，大概了解吕先生的要点，但亦有细节尚未想明白，可能需要一点时间消化。总体而言，相对微观—宏观联系（micro-macro link）的解决方法，吕先生这套回应从本体论出发，无疑是另一种回答。

　　近日重读您那本论文集，您声称希望为社会学的科学课题在现象学中找一些合适的东西，我的理解就是吕先生您希望以现象学出发，以本体论作为起点开始思考，重建一个理论社会学，一个范式。

　　诚如吕先生在交谈中说，这套理论社会学不需要考虑向一些不相干的观众推广。但是即使在社会学这个领域，亦未必所有人同意社会学要从本体论出发去思考，所以在读你上一个电邮时，我心中有一个疑惑：

　　1. 你处理微观—宏观联系时，是以这套解决方案没有本体论与实在论基础为由，根本就不视之为对手。换言之，你有一个判准，就是任何在那个争论中的理论社会学都必须提出本体论与实在论，否则就可以置之不理。

　　在这处，我不禁问一个非常幼稚的问题：若不考虑本体论或实在论，对理论社会学的建立会产生什么关键的缺漏？我相信很多有志于社会理论的人都会有此疑问。这是现象学家不需要处理的问题，但是一个希望为理论社会学明确提出一个本体论（存在论）并以此作为判准的人，有责任解释的问题。

换言之，需要一个解释，解释本体论对理论社会学至为重要。而这个解释可以建基于现象学，或来自其他哲学理论。可能吕先生其他文章中已解释了这个重要性，而我看书太"水过鸭背"，没有留意。但正可能因为欠缺这一块，大家未必明白你的答案的价值，以及你凭什么可以撤掉微观—宏观联系。

2. 另一个处理方法就是考虑微观—宏观联系是一个理论社会学——虽然它没有本体论与实在论。但本体论与实在论之有无，不是理论社会学竞争的重要判准，而理论社会学亦有其他竞争标准，例如可以收纳最多的案例（exemplars）。

你的理论不过是一套有本体论与实在论的理论。但如果考虑不同理论社会学的优劣是只考虑收纳经验研究的多少就可以，可能微观—宏观联系比你的理论收纳更多经验研究，那微观—宏观联系即使没有本体论与实在论，它还是胜出者。虽然后者应该不是实际情况，在我印象中，微观—宏观联系的理论家如兰德尔·柯林斯（Randall Collins）或者詹姆斯·科尔曼（James Coleman），他们都没有考虑加芬尔克序列中的浑噩状态。但如果采用后者的应对方法，就不是纯粹解释说明这个范式如何应付这个问题，而是比较每一个范式，考虑哪个更优劣才决定。

3. 最后，正如吕先生在上一电邮运用的方法，解释结构—能动性（structure-agency）问题其实不是一个重要问题。所以可能即使微观—宏观联系有所解答，但由于问题不重要，可以忽略。但即使如此，我觉得第一点仍是关键。要先厘定本体论重要性，我觉得不可以单循"西方哲学一直如此作"去解释，应该要有一篇文章先指出没有本体论，社会学理论会变成如何的怪模样，对理论社会学又有什么不良影响？

2 月 12 日复 Ben：

我把你的提问分为两部分，一是我自定义的关于理论社会学（theoretical sociology）的判准，一是我对微观—宏观联系作为理论社会学的意见。我在这封邮件中只讨论前一部分，后一部分稍后才说。

你正确地指出，我其实定下了两个判准：

（一）任何理论社会学［它们首先都是社会理论（social theory）］必

须提出存在论（我不用"本体论"一词）和实在论（其实还有诠释论，我们那天谈话却没有提及）。

（二）所有理论社会学必须彼此竞争着收编所有的社会学理论（sociological theory）（它们也首先都是社会理论）。〔竞争成功者便当上社会学的范式（paradigm of sociology）〕

我把你的疑问梳理和补充为如下两个提问：

（一）如果有自称是"理论社会学"的社会理论不符合判准一，它会有严重缺漏吗？又是些什么缺漏呢？

（二）既然有了判准二，判准一是否必要？

顺便指出，你对判准二的理解不大对。正确的理解是"只要收编不了一个社会学理论，便被淘汰"，不是"收编最多社会学理论者，胜"。库恩式的范式，必须是能够收编所有已知的社会学理论。因此，判准二是绝对的（absolute），不是相对的（relative）。

可以开始讨论了。你说："在社会学理论这个领域，未必所有人同意社会学要从本体论出发去思考。"你说得太客气了。真实情况是，根本上没有哪几位社会学家曾经想过这个问题，更说不上曾经考虑过是否同意。我个人认为，只有理论社会学家才有责任去考虑这样的基础问题，社会学理论家（即实验社会学家）可以免责。你我的分歧在于：你认为理论社会学家也可以免责。

我的看法是：任何一个社会理论（我已说过，理论社会学首先是一个社会理论）都藏有存在论、实在论和诠释论，毫无例外。即使有人否认它们的事实存在（factual existence），有人根本不知道有它们的存在，事实终归是事实，不是否认或无知便可以抹杀的。

仅就存在论而言，理由便极为明显：没有社会理论能够从它的诸前设（presuppositions）中切除"能动性"（"能动性"只可能存身在存在论之中，它存身其中的那个前设便是存在论）。态度强横如涂尔干，在 *The Rules of Sociological Method* 中也只能说：

> Now, once the individual is ruled out, only society remains. It is therefore in the nature of society itself that we must seek the explanation of social life. We can conceive that, since it transcends infinitely the individual both in

time and space, it is capable of imposing upon him the ways of acting and thinking that it has consecrated by its authority. This pressure, which is the distinctive sign of social facts, is that which all exert upon each individual. (p. 25)

观乎上面引文，在实在论层面上"社会"被指为分量远比"个人"（the individual）（广义的"能动性"不就是在其中吗？）重，在诠释论层面上"社会"把"个人"压得抬不起头，因而在方法学层面上"个人"被认为是可以排除的。但是，在存在论（不就是前设之一吗？）的层面上，"个人"却仍然是无法抹杀的。

如果一位理论社会家不主动提出他理论里的存在论和诠释论（稍后可以看到，他是无法不主动提出实在论的），他便只好让别人代劳了。不让别人代劳，成吗？恐怕不成。原因是：他若是用他的理论收编一个社会学理论，他不得不从这个有待收编的理论的实在论出发，上溯它的存在论，下达它的诠释论。

这便牵涉到收编了。究竟何谓"收编"？也因而牵涉到社会理论。究竟社会理论是如何构成的？先说社会理论的构成。我的想法你是知道的，就是一个社会理论必须同时具备存在论、实在论和诠释论，缺一不可（我在课堂上确实没有正面说过我所持的理由）。理由有三，如下：

（一）不谈社会实在的理论不是社会理论。我想，没有人会反对吧？因此，一个社会理论首先必须是一个实在论。

（二）要谈社会实在便要讲究如何谈，这不就是诠释论吗？

（三）没有能动性（作广义解，不就是存身在"个人"里吗？）便没有诸社会实在（不就是"社会"吗？）。能动性只可能是存身在存在论里，因此，没有存在论便没有实在论。

你可能是没有想过这些理由吧，才会问："若不考虑本体论或实在论，对理论社会学的建立会产生什么关键的缺漏？"只要想起"社会理论即实在论"，这些理由其实是很明显的。

何谓"收编"？我的定义是这样的：当一个理论社会学（它首先是一个社会理论）无论在存在论、实在论抑或诠释论都被证实是能够覆盖一个社会学理论（它也首先是一个社会理论），我们便说前者收编了后者。

根据我给出的"收编"一词的定义,一个自称是"理论社会学"的理论,只要还未清楚提出(无论是由谁动手)它的存在论、实在论和诠释论,它便没有资格收编任何社会学理论(这就是不符合判准一带来的关键缺漏)。也就是说,判准一是判准二的先决条件(这就是为什么判准一是必要的)。

如此,我便回答了你的两个提问,请细心想想我的回答是否合理。

2 月 15 日再复 Ben:

今天我谈谈我对微观—宏观联系作为理论社会学的意见。

首先是,我在 8 日邮件只说了一句话:"微观—宏观联系恐怕被我的方案比下来了。我不认为它能解决"能动性"和"结构"的对立这个难题,不赘。"这个印象来自我对亚历山大(Jeffrey Alexander)、纪深(Bernhard Giesen)、芝奇(Richard Munch)、斯梅尔瑟(Neil Smelser)合编的研讨会论文集 *The Micro-Macro Link*(文章来自 1984 年美德两国学者合办的一个社会学研讨会,1987 年出版)的阅读(我记得,我在 4 日的谈话中曾提及亚历山大的名字)。无论如何,我的回答确是太轻率了,我在此邮件中稍作补救。

我的讨论集中于两篇文章,一是亚历山大和纪深合写的 *The Micro-Macro Link* 的导言 "From Reduction to Linkage: The Long View of the Micro-Macro Link"(《从约简到联系:微观—宏观联系的长远观》),另一是科连斯(Randall Collins)1981 年发表于 *American Journal of Sociology* 的 "On the Microfoundations of Macrosociology"(《论宏观社会学的微观基础》),相信你都读过了。本邮件只谈前一篇,后一篇留待下一邮件才说。

先抄录《从约简到联系》的几段文字:

> We will argue that the micro-macro dichotomy should be viewed as an analytic distinction and that all attempts to link it to concrete dichotomies—such as "individual versus society" or "action versus order" —are fundamentally misplaced. Only if it is viewed analytically, moreover, can the linkage between micro and macro be achieved.
>
> The effort to constitute sociology as a scientific discipline helped to

close the border to ontological and metaphysical issues. The result was that for the first time the problem could be treated in a distinctly sociological rather than philosophical … manner.

Rather than confronting incompatible conceptions about the constitution of social reality, the theoretical arguments presented in this volume seek to discover empirical relations among different levels of social reality. This analytical differentiation of the micro-macro relation has generated a new level of interparadigmatic discourse and a new statement of the problem: The conflict over reduction is replaced by the search for linkage. (pp. 1 –3)

短短几段文字透露了好几个消息:

(一) 有关学者不接受库恩的范式论。众多的理论社会学不是彼此竞争当社会学的唯一范式,而是它们每一个都可称为"范式"(paradigm)。

(二) 他们承认社会学是一门科学,却认定科学是跟哲学互不相容的。

(三) 他们肯定不会接受社会学必然就是"存在论—实在论—诠释论"三位一体,因为他们会认为这个想法只属于哲学,不属于科学。

(四) 他们拒绝梅洛—庞蒂"社会学和哲学应该紧密合作"的呼吁,反而提议社会学把哲学摒诸门外。

(五) 他们承认"社会实在"确有其事,认定它可以清晰地区分为"微观—宏观"二层,并且认定两者之间是一些尚待发现的经验关系(empirical relations)。

首四点刚好是跟我的理论社会学对着干。无论微观—宏观联系是否理论社会学,最后一点肯定是它的出发点。

毫无疑问,这个出发点是一个实在论!可惜,从《从约简到联系》一文的文本却无法找出这个实在论的细节。我们不知道一些我们想知道的细节,譬如说:

(一) 谁看到和说及社会实在?行动者?研究者?两者都看见?

(二) 微观和宏观二层面都是社会实在吗?

(三) 如果只有一个层面是社会实在,两个层面之间的经验关系究竟是什么?

（四）既然两个层面之间是一些经验关系，这个实在论是否有两个版本，一个是只带概念性（ideality）的纯粹理论（pure theory），另一个是兼带经验性（reality）的应用理论（applied theory）呢？（记住："概念性"和"经验性"这组对立来自康德认识论，"纯粹理论"和"应用理论"那组对立却来自数学）

对于第一个问题，如下三个可能答案都是可以接受的：

（一）行动者和研究者都看到和说及社会实在。

（二）只有行动者看见。

（三）只有研究者看见。

对于第二个问题，如下三个可能答案都是可以接受的：

（一）微观和宏观二层面都是社会实在。

（二）只有微观层面是社会实在。

（三）只有宏观层面是社会实在。

为避免繁复，方便以后的讨论，对于这两个问题，我只设定第二个答案。如此设定之下，数据（data）便只可以是来自微观层面（记住：行动者只能是在微观层面上）。因此，有待数据检验的假设（hypothesis）便是来自宏观层面。如此说来，第三个问题的唯一答案便是：这两个层面的经验关系是统计学上的数据与假设的关系。

根据第三个问题的答案，第四个问题的答案恐怕只能是：既有应用理论（真的搜集数据，并据此检验假设），也有脱胎自应用理论的纯粹理论［抽空真实数据，只留下数据与假设的形式关系（formal relations）］。注意：每一个应用理论都带来一个纯粹理论（脱胎！），不同的应用理论却可能会带来同一个纯粹理论。从分类学（taxonomy）来说，这个纯粹理论是属（genus），那些应用理论便是这个属之下的一些种（species），即一些例子（example）。

显然，此处的所谓"纯粹理论"（数据与假设的形式关系）不就是我说的"参数因果性"（parametric causality）吗？记住：参数因果性就是贝叶斯表示式之一的 $Pr(x, y \mid \theta)$，见我 8 日邮件。(x, y) 是二维变量（注意：其实可以很轻易地增加更多维），θ 是参数。我的理论社会学硬性规定：前者是诸行动者的处境之定义，后者是不属于任何行动者的处境定义或捆绑条款。有待数据检验的假设是关于参数的，用于检验假设的数据是来自变量的。在此处，参数和变量都不妨作最大限度放宽，即作广义解。

参数因果性是一种分析方法，属于诠释论的分析（analysis）部分。（亚历山大和纪深大概不反对诠释论吧？）分析的结果需要演绎（interpretation）吗？当然需要！没有演绎的分析结果算是哪门子学问？我相信亚历山大和纪深不会这般糊涂，只是《从约简到联系》一文没有说及而已。如同分析那样，演绎也是诠释论的一个部分。但是演绎的根据何来？《从约简到联系》一文也没有说及。我个人以为，存在论（能动性在其中）不就是诠释论（演绎在其中）的根据吗？排除了能动性之后，演绎恐怕便成了无根之说。

如果我所说不是完全无理，从实在论出发，转了一个大圈，诠释论和存在论又要回来了。显然，光从分析（它在诠释论之中）强调微观和宏观的区分，摆脱不了存在论的纠缠。这才是《从约简到联系》一文的致命缺失。

亚历山大和纪深承认社会学是一门科学，但是，他们会接受我提出的社会理论（它属于社会学的思辨课题）、社会学理论和理论社会学（它俩属于科学课题）的区分吗？我想，社会学理论（在一些特定条件下能够承受实证探究的社会理论）应是他俩目光的焦点所在，理论社会学（具有巨大野心的社会理论，力图收编所有的已知社会学理论为自己的案例）应是在他俩的焦点以外，而且是他俩予以否认的事体（entity）（记住：他俩不接受库恩的范式论）。

对于他俩来说，社会学理论就是应用理论，联系着微观层面（数据来自此处）和宏观层面（假设来自此处）（留意：因为有数据，这个联系便兼带着经验性）。与之对应的纯粹理论就是前头说过的那个分析方法，即参数因果性（数据与假设的形式关系）。这样的纯粹理论是不会被应用理论推翻的！原因简单：它只是一个分析方法。

这意味着如下的分类学景象（scenario）便会出现：既然分析方法（纯粹理论）是属，应用理论是种，每次遇上一个种（应用理论）是所有已知的属（分析方法）都无法收容的，它自己带来的分析方法便成为一个新属，反过来收容了它。也就是说，随着种（应用理论）不断地繁衍，属（纯粹理论＝分析方法）也不断地（相对缓慢地）繁衍，保证不会出现反例（counter-example）！

在这样的一门科学里，任何一个纯粹理论（属）都不会因为遇上一个应用理论（种）是它的反例而遭淘汰。换言之，众多的纯粹理论都无须为生存而彼此竞争。毫无疑问，这样的科学不会在纯粹理论的数目上有所减少，更不会有库恩意义上的范式。亚历山大和纪深真的愿意见到社会学是这样的科学吗？我怀疑。他俩大概只是没有想到这样"以分析方法为纯粹理论"所带来的不良后果而已。

如此的景象跟库恩范式论带来的分类学景象迥异。在亚历山大—纪深分类学里，诸属（分析方法）和平共存。在库恩分类学里，诸属（理论社会学）彼此竞争收编所有已知的种，胜出者当上最高属（genus summum），落败者淘汰出局。亚历山大—纪深意义上的范式等于纯粹理论，因此可以多个范式并存。库恩意义上的范式是唯一的，是最高属。

且以如下两个语意学系统标出二者的差别：

2 月 16 日 Ben 来邮：

你好，我已经写好我的第一份"功课"。我尝试分析洛根（John R. Logan）与摩洛奇（Harvey L. Molotch）的 *Urban Fortunes*（《都市财富》）里的实在论。

我不太懂得如何解释你的理论社会学能够收纳一套指导经验研究的案例（exemplar），退而求其次，我只找出洛根和摩洛奇都市社会学的实在论。记得吕先生有一年在哲学系的 MA 课程给学生们的习作，即：在经验研究的作品中，梳理出它的本体论。我希望我大概可以真的梳理出洛根和摩洛奇的实在论吧。

事实上，我的信心来源于吕先生《我思、我们信任，社会之奥秘》第一章，连吕先生都承认自己曾有"错漏"，我这般小角色错漏连连，可算不上什么，我已经尽量避免错误了。

这是我第一次看洛根和摩洛奇的书。我并不熟悉都市社会学，但今年要作这科的助教，工作需要我看一遍。既然我要看这本书，就不如因利成便，先用这本书作为练习。我还未掌握到如何建构符号学系统，但我已尽力梳理这本书的实在论出来。

洛根和摩洛奇这本书，现在已经成为美国都市社会学的经典之一，（Google Scholar Citation：3123）一般都市社会学的文集中，都会收录这本书的章节。我以为，这本书已经成为都市社会学不可忽视的社会学理论文本之一，这亦是理论社会学要收纳的对象，我就试一下，看看吕先生的理论社会学能否收编它。

附件就是我的结果。望吕先生指教。

2 月 17 日复 Ben：

我替你作了一些文字修饰，见附件。我只修改了开头一小部分便停下来，原因是发现你还没有理清 capitalist, rentier, place entrepreneur, active entrepreneur, structural speculator 等词之间的差别。

我还未看洛根和摩洛奇原文，不过从你的习作看，capitalist 和其余各词的差别似在于：相对于 place 一词而言，前者是外来人，后者是当地人。我的理解是否对？请回答。

若是，符号学系统（semiotic system，我以前翻译为符号学系统，现在翻译为语意学系统）便容易画出了。画出了符号学系统之后，实在论便会自然而然地出现，事半功倍。我提议，你先做好上面提及的 capitalist 与其他各词的区分，我再帮着你修饰文字和绘画符号学系统。

这几天，我在家，但要出门办些事。坐车出门时总会路过香港中文大学，如你想和我在中大校园见面，欢迎。

2 月 17 日 Ben 复：

有关我习作的几个缺失：

1. 你说得对，相对于地方（place）而言，资本家（capitalist）是外来人，与地方相关的行动者［其他的食租者（rentier），地方创业者（place entrepreneur）……］都是当地人。另外，在这本书中，"capitalist"与"capital investor"互用，亦有时与"corporate capitalist"互用。

2. 有关其他的词语，其划分如下：所有与"地方（place）"相关的行动者，首先出现的是"地方创业者（place entrepreneur）"与"市区居民（urban residents）"这一对。原文：

> We emphasize the ongoing effort of place entrepreneurs to increase local rents by attracting investment to their sites, regardless of the effects this may have on urban residents. We argue that these strivings for exchange value create a competition among place entrepreneurs to meet the preferences of capital investors. （p. 13，在第一章）

"地方创业者（Place entrepreneur）"与"市区居民（urban residents）"这组对立亦应该与第二章讨论"地方（place）"的"交换价值（exchange value）"与"使用价值（use value）"那组对立同构。

第二章讨论"交换价值（exchange value）"一节出现了"租（rent）"（不是"rentier"）一词："Exchange values from place appear as 'rent'."（p. 23，在第二章）其后，作者清楚指出"食租者（rentier）"等于"地方创业者（place entrepreneur）"：

> Place entrepreneurs, the people directly involved in the exchange of places and collection of rents, have the job of trapping human activity at the sites of their pecuniary interests. The special qualities of the real estate commodity distinguish their activities from those of other business operators. Place entrepreneurs are a special group among the privileged: modern urban rentiers, somewhat analogous to their feudal landholding predecessors. Not merely a residue of a disappearing social group, as the classic Marxian position would imply, rentiers persist as a dynamic social force. （p. 29）

　　然后，作者作了一个分类。"地方创业者（place entrepreneur）"有三类，这三类的人都拥有物业（property），所以他们都可以获得称为"租（rent）"的收入。第一类叫"碰巧创业者（serendipitous entrepreneurs）"，该物业主要来自继承土地，他们会因为物业市场的起落而获利。第二类叫"主动创业者（active entrepreneurs）"，就是指一些人因为预见某些物业地段有升值潜力，所以就先买下来，待价而沽。第三类叫"结构投机者（structural speculators）"，作者给出的定义是：

　　　　Some place entrepreneurs do not rely solely on their capacity to esti-mate future locational trends; they supplement such intelligence by inter-vening in the future. These entrepreneurs speculate on their ability to change the relationships of a given place to other places—that is, they at-tempt to determine the patterns through which others will seek use val-ues from place. ··· Their strategy is to create differential rents by influen-cing the larger arena of decision making that will determine locational ad-vantages. They may attempt, for example, to influence the location of a defense plant, to alter a freeway route, or to encourage government sub-sidizing of a private business that is likely to move to their property.
（pp. 30 – 31）

　　主动创业者依靠预算升值的地值，通过买卖差价获利；结构投机者通过积极干预地方政策，使他们所在的城市／小区，比起其他城市／小区更具吸引力（原文"change the relationships of a given place to other place"指：使自己所在的城市／小区能够更吸引外来的资本）。除此分野之外，还有另一分野：主动创业者进行物业市场的估算，寻找一些有升值潜力的地段，其实以"使用价值（use value）"为依归（原文："These enrepre-neurs, who anticipate changing use values from place, speculate on the future of particular spots."）。结构投机者却是通过改变地方政策，与其他地方竞争"资本"，与"使用价值（use value）"完全无干。

　　然后，这本书指出："Among the entrepreneurial types, the structural speculators are the most important, their behaviors reverberate through every aspect of the urban scene." （p. 31）

　　作者绝对有理由作出这个判断。他们认为"都市"社会化过程的关键就是使用价值和交换价值（use value—exchange value）的冲突。结构投机者就是众多地方创业者中唯一一种完全无视地方使用价值而能够获利的行动者，因为他们是通过吸引外来资本而获利。可以说，结构投机者是唯一一种当地人完全将他们的焦点放在交换价值的地方创业者。

　　该书没有正面说明整本书的讨论其实就是关于结构投机者的。问题是，该词在后面的讨论消失了，后来的食租者和地方创业者都狭指结构投机者。

2 月 17 日再复 Ben：

　　按你所说，我绘出如下的语意学系统：

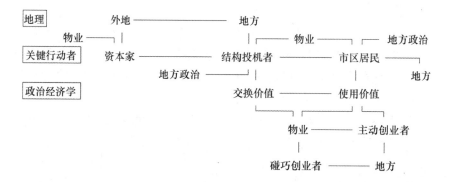

　　这个系统有两个二乘二矩阵，是以"结构投机者"一词为枢纽的，即：

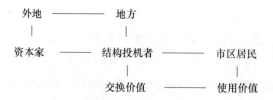

　　"物业""地方""地方政治"三词按需要挂在有关行动者（资本家、结构投机者、市区居民、主动创业者、碰巧创业者）的身上。我取消"租""食租者"和"地方创业者"三词。

　　有了这个核心系统，你不妨尝试绘出 *Urban Fortunes* 整本书的语意学系统。我等你的结果。

2 月 17 日 Ben 再复：

收到你的回应，有两点不明白。

在政治经济学（交换价值—使用价值）下面连接了"物业—主动创业者"，又连接了"碰巧创业者—地方"，我不太明白这个二乘二矩阵指什么。

另外，"市区居民"同时连接到"物业"与"地方"。按理，关心"使用价值"的"市区居民"未必拥有"物业"，但他们必然关注"地方"。所以会不会"市区居民"其实不应该连接到"物业"去？

明天我会整理好洛根和摩洛奇的语意学系统。

2 月 18 日复 Ben：

先回答你的第二个问题。请留意："物业"同时具备"交换价值"和"使用价值"，正是在后者"市区居民"（其实"主动创业者"也是一样）跟"物业"扯上关系。

我给出的语意学系统可以有另一种读法，我示范一下。留意："物业""地方"和"地方政治"是彼此分隔的，并无连接。如果你保持"关键行动者"这一轴，分别考虑这三词，你得出三个副系统，如下：

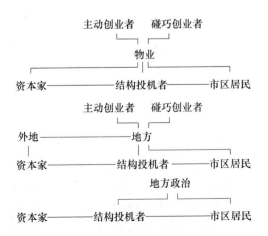

应该注意到："物业"一词其实是比"地方"和"地方政治"二词更基础的。若是没有物业，便不会有地方和地方政治，其道理显浅，不赘。但是，你似乎没有注意到：物业不就是市区财富（Urban Fortunes）吗？

这样一转焦点，你便会明白"物业—主动创业者—地方—碰巧创业者—物业"这一圈只是看似矩阵，其实并无深意。这是我没有特别点出它的原因。

这个示范指出了如何阅读语意学系统：读者必须尽量从不同的焦点重组这个系统，方能读出其中的多重意义。

2月18日 Ben 复：

附件是我尝试描写 *Urban Fortunes* 的语意学系统，我相信至少已将首五章的语意学系统描述下来。但我遇到一个困难，在我写我的困难前，我先说明一下我的改动。

1. 资本家并不是关键行动者，而是由结构投机者组成联盟，并与地方政府构成"成长机器"时，借改变地方政策而冀待资本家进入。可以说，结构投机者虽不是"守株"，却在"待兔"，那只兔就是"资本家"，结构投机者为了获兔而发起了一系列的行动就是"都市"过程。

2. 资本家本来连接上"物业"，我同意吕先生所说"物业"是关键。但是，在资本家的眼中，他看不到"物业"，他看到的只是生产因素"土地"，只有拥有"土地"他才能够进行生产。所以，我改为"物业/土地"。

3. 我描绘这个系统时，觉得好像将该书本来复杂深奥的分析简单化了。例如（A）该书在讨论意识形态时，说20世纪70年代行之有效的"价值自由的发展（value-free development）"与"成长机器（growth machine）"想法，与统治架构（成长机器）一致，甚至地方找不到其他意识形态去对抗它们。到80年代资本改变时，才有新的意识形态出现。又例如（B）结构投机者与市区居民的关系是冲突，但是不对等的。因为市区居民要保护他们的使用价值，只能回应结构投机者的行动：

> Because use values rather than exchange values guide most urban residents' actions, they are "naturally disorganized"; only extraordinary circumstances bring them into effective play against business elites〔Li: that is structural spectators〕, who are, are they tend their speculations, "naturally organized". (p. 134)

是不是我的功力问题，产生这问题？还是这是正常的？

我的困难是，我不懂如何将这部分画进这个系统，那就是这本书同时处理"城市间对资本的竞争（intercity competition for capital）"的后果问题，简单来说：

这本书说城市间互相争夺外来资本投资，这构成一个"诸地方的系统"（system of places），而这个系统会带来诸多后果。美国战后至 20 世纪 70 年代，地方与地方之间的差异源自它们对资本的吸引力（吸金力）的差异，这个地方差异又导致严重的社会不平等问题：

> It is a system, we indicate, that stratifies places according to the ease with which they can attract capital—a stratification that then alters the life chances of local individuals and groups. (p. 13)

这个不平等有自制倾向。（第二章"Conclusions: The Social Place"一节，pp. 48—49；第五章"Fateful Differences: Suburban Stratification"一节，pp. 195—199）

地方系统对"资本"的需求导致不同的城市出现城市分工（specialized role for city），而城市分工固然又有别的后果，不赘。（详见第七章）

我不懂如何将上述的这一点变成语意学系统的一部分。

另：在原初给吕先生的文件中，第 9 页开始我尝试用吕先生的框架去看待 Urban Fortunes，望吕先生给一点意见。

伫候示复，并颂商祺。

P. S. 吕先生星期四若能忙里抽闲又不嫌弃，下午可以在中大一聚。

2 月 19 日复 Ben：

刚起床。稍后才回答你的邮件。先定会面。

星期四我有一个饭局在尖沙咀美丽华酒店，晚七时前到达便可，之前我有空，可以早点出门，路过中大，刚好一聚。你定时间吧。

2 月 19 日再复 Ben：

我就你提出的困难和观感，修改了你的语言学系统，如下：

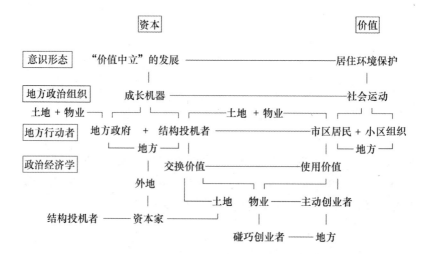

整个系统的核心是下面的副系统：

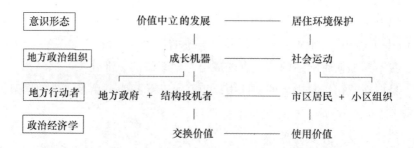

　　它其实是通过"＋"连接起来的两个矩阵，分别是关于"结构投机者—市区居民"和"地方政府—社区组织"，如下：

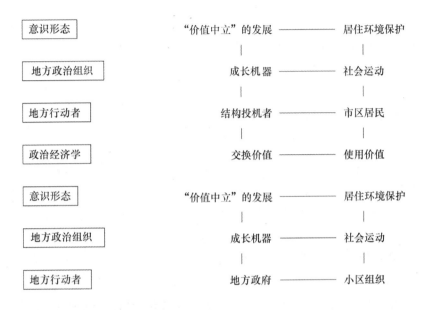

　　你先看看这个修改过的语意学系统是否符合 *Urban Fortunes* 的原文，然后从它再看你原来的困难和观感。我等你的回答。

2 月 19 日 Ben 复：

　　我同意你的语意学系统，只有两点我觉得与书中原意有出入。

　　Urban Fortunes 非常重视"结构投机者"因为利益关系而组成一个"有组织性的力量"（organized force）。连地方政府都发觉不能忽视这个组织。因此，我的语意学系统有一个"投机者联结"，就是这个意思。"地方政府"不是直接与个别结构投机者联结，而是在组织的层次与他们联结。

　　与"投机者联结"相对的，是"社区组织"。*Urban Fortunes* 指出，面对结构投机者联结引入资本，牺牲物业的使用价值，市区居民有两个回应：一是个别的对应，通常是离开这个地方去他地居住；另一个是这些市区居民自发按自身利益组成"社区组织"，挑战"投机者联结"。居民的组织抑或投机者的联结都是牵涉到多于一个行动者组成的联手行动，所以应该要有一个

"组织层次","地方政府"是在这个层次才与"投机者联结"有交集。

另外就是"资本家"与"结构投机者"相连。按 *Urban Fortunes* 所说,是"投机者联结"与"地方政府"联结成为"成长机器",借此提高这个城市对"资本(家)"的吸引力,吸引资本进来。所以,"资本家"应与"成长机器"联结而非与"结构投机者"联结。

另:星期四下午在众志堂行吗?我当天六时正要回学系上导修。

2月19日三复 Ben:

这也不难,你改改语言学系统,在适当位置加入"投机者联结"一词便可。你试试办。

星期四下午众志堂见,具体时间通电。

2月20日致 Ben:

我在 15 日给你的邮件中答应过写一个有关科连斯(Randall Collins)的微观—宏观联系(micro-macro link)的分析,今天写好了,寄给你,见下。明天见面时可以讨论。

《论宏观社会学的微观基础》1981 年发表在《美国社会学学报》,三十多年前的旧作,科连斯后来著作 [例如 *Interactional Ritual Chains*(《互动仪式链》)] 里的许多创意在该文里已见端倪。对我来说,该文看点在于:他把物理时间当作一个微观—宏观连续统(micro-macro continuum),然后把众多的社会学分析(是分析,不是理论,分析和理论不是同一回事)安置在这个连续统上的不同位置。这样的安置等于是社会学分析的一个微观—宏观分类学(micro-macro taxonomy)。基于连续统和分类学,科连斯得出他的微观—宏观联系,跟亚历山大和纪深的不大相同。

其实他不光提及物理时间,他在该文里是物理空间和物理时间并提的。不过,我对物理空间不感兴趣,下面的引文都随着删掉物理空间而修改。已修改好的微观—宏观连续统(time scale)和微观—宏观分类学(sociological analyses)见后。

科连斯是这样解说连续统和分类学的:

（一）连续统顶端（秒）是最微观的，顺序而下，越来越宏观，底端（世纪）是最宏观的。

The distinction between micro and macro is one of degree … All levels of analysis in this table are more micro than those … below … of them.（p. 987）

科连斯其实是定下了一个十分简单的时间结构，即：分析地说，"秒"（10^{0-1} sec）被指定是最小的时间单位（time unit），不妨想象它是一颗无料（unsubstantiated）珍珠，科连斯没有命名它，我称为微观时间（micro-time）。如此一来，"分／小时"（10^{2-4} sec）、"天"（10^5 sec）、"星期／月"（10^6 sec）、"年"（10^{7-8} sec）、"世纪"（10^9 sec）都是一串珍珠链（chain），都是无料的，只是顺序由短到长按"秒"的数目命名而已（科连斯在此处还没有用到"链"这个比喻，稍后才用到。他用的词是 aggregation，即"集结"之意，我以为并不准确。）为行文方便，我称这个时间结构为"宏观时间"（macro-time）。简单说，微观是一颗，宏观是一串。

Time scale	Sociological Analyses
Seconds (10^{0-1} sec)	Cognitive/emotional processes；Eye-contact studies；Micro conversational analysis
Minutes/Hours (10^{2-4} sec)	Meaningful events；Work；Repetitive and intermittent behaviors；Rituals；Group dynamics；Exchanges；Bargaining；Crowd behavior
Days (10^5 sec)	…
Weeks/Months (10^6 sec)	Formal organizations；Social movements
Years (10^{7-8} sec)	Careers, life histories；Organizational histories；Communities；Political, economic, demographic and stratification patterns（mobility, rates, etc.）；"cultures"
Centuries (10^9 sec)	Genealogies；Long-term social changes

（二）"经验的"（empirical）一词的严格意义应是指分类学顶端（认知／情绪过程；目光接触研究；微观谈话分析），它就是微观经验（micro-experience），其余都是由微观经验集结而得的宏观证据（macro-evidence）。顺序而下，到了底端（族谱；长期社会变迁）便肯定是分析者的建构（analyst's constructs）了。

The strict meaning of "empirical" refers to the … [far top end] of the table. … It is impossible for anyone ever to be in any empirical situation other than that sort. All macro-evidence, then, is aggregated from such micro-experiences. Moreover, although one can say that … the far [top end is] empirical in the (slightly different) sense that … [it] … exist [s] in the physical world of the present, … the [bottom end] must be regarded as analysts' constructs. (p. 987)

这个分类学之所以成立，科连斯其实作了一个并未言明的最小单位前设（smallest unit presupposition），即："秒"（"微观时间"）隐指着"微观处境"（micro situation）（见后），"微观经验"便是在"微观处境"之中的经验。由于"秒"是一颗珍珠（最小的时间单位），"微观处境"也只能是大小如珍珠（即是说，它是最小的处境单位）。同样，"微观经验"也只能是大小如珍珠（它是最小的经验单位）。

科连斯没有指明，但我们可以肯定，微观经验应是指行动者的经验。对于行动者而言，经验就是在他的主体性（subjectivity，作广义解）里的材料（substance）。因此，由微观时间、微观处境、微观经验一起构成的那颗珍珠在行动者的眼中是有料（substantiated）的。

或者可以这样说，经验是存在（being），处境便是存在的载体（carrier），载体由时间规定。如此说来，科连斯的最小单位前设便是一个存在论前设（微观时间规定微观处境，微观处境承载微观经验），它就是一颗有料珍珠。这个存在论前设在科连斯的微观—宏观联系里的地位（status）大概可以比拟于我理论社会学里的基础存在论（"行动在当下一刻里，当下一刻在肉身里，肉身在行动里"）。

有了存在论前设了，存在论和实在论呢？这得由如下的提问出发：是谁把众多有料珍珠串成链？科连斯肯定"世纪"（最长的珍珠串）是由分析者（他不是行动者）串起来的。那么，"分／小时""天""星期／月""年"又是由谁串起来的？科连斯似乎是认为，越长的越有可能是由分析者串起来的，越短的越有可能是由行动者串起来的。

应该注意到：一颗有料珍珠毫无疑问是一个存在论事体（ontological entity）。由众多有料珍珠链串成的链又是什么事体？《论宏观社会学的微观基础》没有讨论。由于它可以是由行动者或分析者串成的，它在存在论、实在论和认识论上的地位便要辨别了。

科连斯称这些珍珠链为"宏观证据"。他不无道理，因为只有由行动者自己串起来的珍珠链才算完全是主体经验（subjective experience）里的一个客观实在化（objective realization），才配称"宏观经验"（macro-experience）。它是一串有料珍珠有料链。但是，即使是只称为"宏观证据"，它仍然不可算是一个认识论事体（epistemological entity），尽管科连斯可能算它是。为方便以后的讨论，我这样区分"宏观经验"和"宏观证据"：行动者从宏观时间（"分／小时""天""星期／月""年"）看出去的所见就是"宏观经验"（有料珍珠有料链），分析者从宏观时间看出去的所见就是"宏观证据"（有料珍珠无料链）。

也就是说，从宏观时间看出去的所见（有料珍珠，链却可以是有料或无料），由于观察者的身份不确定，只能是宏观经验和宏观证据的一团混乱（confusion）。这就是由科连斯的微观—宏观联系（连续统和分类学一起）直接得出的实在（reality）。很快可以看到，这样的实在太令人难堪了，科连斯不得不另想办法。

（三）每个人的一生，经验地说，就是一序列的微观处境，所有这些个人在世界里的经验的序列的和（sum）便构成了所有的可能的社会学数据（data）。

> Everyone's life, experientially, is a sequence of microsituations, and the sum of all sequences of individual experience in the world would constitute all the possible sociological data. (p. 987)

应无疑问，引文中的"一序列的微观处境"和"个人在世界里的经验的序列"就是我说的"一串珍珠链"（有料珍珠，有料的或无料的链）。但是，只有当宏观时间是行动者和分析者可用的唯一的时间结构，行动者得到的宏观经验和分析者得到的宏观证据才会是唯一的社会学数据，整个命题"每个人的一生，……社会学数据"才会是真的。科连斯的宏观时间真的是行动者和分析者可用的唯一的时间结构吗？你是知道我的答案的：当然不是。翻翻我本月 8 日的邮件便一目了然，不赘。

回到那不知是由何人串起来的珍珠链，那令人难堪的实在（"宏观实在"是宏观经验和宏观证据的一团混乱），科连斯明白它的细节太丰富了，因为它每一"秒"都充满细节（材料、微观经验），行动者和分析者同样吃不消，他俩都要想办法躲懒。光说分析者吧，他的"宏观简报"（macro summary）便派上用场了。科连斯说了：社会学没法不用这类宏观简报。"It is strategically impossible for sociology to do without this kind of macro summary."（p. 988）

他举研究者（即分析者）的办法为例。

（四）看看研究者如何推敲诸宏观题目（macrosubjects）便明白了。研究者从不离开自己的微观处境，他们所做之事就是利用一系列的编码（coding）和转译（translation）程序来汇编诸简报，直至得出一个文本（text）是可以当作代表一个宏观实在（macroreality），而这个宏观实在却站在那些产生它的微观处境之上。

> This can easily be seen if one examines empirically how researchers go about studying macrosubjects. Researchers themselves never leave their own microsituations; what they do is compile summaries by a series of coding and translating procedures until a text is produced which is taken as representing a macroreality, standing above all the microsituations that produced it . (p. 988)

留意：这个"宏观实在"（科连斯的，不是我的）取代了那一串有料珍珠无料链（产生这个"宏观实在"的那些微观处境）。"诸简报"之外，这个"宏观实在"还有其他称号，例如"诸简略"（glosses）、"诸类型化"（typifications）、"诸实物化"（reifications）、"诸实体化"（hypostatizations），视乎褒贬，视乎门派，视乎文本。

　　科连斯能够以平常心待之。他在另一篇文章"Micro-translation as a theory-building strategy"（《微观转译作为理论建设的策略》）（收入 *Advances in Social Theory and Methodology Toward an Integration of Micro-and Macro-Sociologies*，由 K. Knorr-Cetina 和 A. V. Cicourel 编辑的多人论文集，1981 年出版）中有如下一段公平话：

　　　　微观社会学指控：诸宏观概念（macro-concepts）都是一些实物化。〔这没说错，〕实物化是社会学理论家（sociological theorists）的所为（practice），但也是人们在日常谈话里的所为，而后者的效应（effects）远为要紧。(Micro-sociology charges that macro-concepts are reifications. …[I] t is not only the practice of sociological theorists that may contribute to reifying the social world, but the practice of people in everyday conversations, and the effects of the latter are by far the more important.)（p. 90）

　　这段话很有力，无疑为分析者的"诸简报"和行动者的"诸简略"在实在论甚至存在论里找到栖身之所。换言之，宏观实在（特别是行动者的"诸简略"）既可以是社会实在，也可以是存在论事体。

　　如果一个简略（行动者的）可以分拆为它的组件（constituent parts）（串成有料链的那些有料珍珠），即科连斯说的"微观转译"（micro-translation），它便是社会实在，如果它不可以微观转译，它便是一个纳维勒斯奥秘（Levinasian enigma），说不定还可以是我理论社会学所说的他性（otherness）。

　　简报又如何？恐怕是很难微观转译了，因为它不是由行动者提出的。可幸的是，若是换个角度看，它刚巧如我理论社会学所说，可以是由分析者引入行动者的叙事和划策（不同的贝叶斯表示式）之中的参数，是连行动者自己都不知道的！显然，在我的理论社会学里，诸简报可以无条件地安置在存在论（作为分析者眼中的他性）和诠释论（作为贝叶斯表示式里的参数）里，这恐怕是连科连斯也没有想到的。不过，它们不可以出现在我理论社会学的实在论（在行动者的主体经验里的客观实在化）里。现在，你不妨看看科连斯的微观—宏观分类学，由"星期／月"以下的社会学分析（诸形式组织、诸社会运动……族谱、诸长期社会变迁），有关的诸简报（分析者的）恐怕都是以他性（分析者眼中的）和参数（贝叶斯表示式里的）的面目分别出现在存在论和诠释论之中。

在某些条件下，诸简略（作为行动历程的参与者眼中的他性，是某些参与者从行动历程外召来的处境定义或捆绑条款，见我本月 8 日邮件）也可以安置在存在论和诠释论里。但是那些无法如此安置的诸简略又该怎么办？我认为，它们的出路只有实在论一途。但是，它们肯定不是那些有料珍珠有料链，从科连斯的宏观时间看出去是见不到它们的。那么，什么模样的时间结构才能让行动者看见他自己制造的诸简略？

不妨以宏观时间作起步点，想办法修改它得出一个能够让行动者看到他自己的诸简略的时间结构。为了令有关讨论显得更确凿，不妨选 "年"（10^{7-8} sec）那串无料珍珠无料链，即由大概一百万颗到一千万颗无料珍珠（"秒"，最小的时间单位）串成的物理时间长链，分析对象是诸组织历史（organizational histories）。

这位行动者不可能逐 "秒" 作记录，他不得不作简略。他只挑一些他认为是要紧的 "秒" 考虑。换成统计学的词汇来说，他必须在这串无料珍珠无料链上加权（weighting），只有在那些他认为是要紧的无料珍珠上他才给予大于零的权值（weight），其余的无料珍珠的权值都是零。这样加权便是大规模的简略，行动者自然是可以看到自己制造的诸简略了。

你应该马上察觉到，这样配上加权系统的宏观时间不是很像我理论社会学所说的历时性（diachrony）吗？（见我本月 8 日邮件）只是我的珍珠不是科连斯的微观时间（"秒"），而是奥古斯丁的当下一刻（它有三种现在，即现在的过去、现在的现在、现在的将来）。他的有料珍珠（由微观时间规定的微观处境承载着的微观经验）沾上了客观事实（objective fact）（其中的微观时间是物理时间），我的却完全保持在主体经验（subjective experience）（行动、当下一刻、肉身）里。注意：我的理论社会学只有到了诠释论的演绎部分（贝叶斯表示式）才容许行动者的主体经验以外的事体（分析者添进去的参数）加入。科连斯却相反，从存在论前设开始便让物理时间（微观时间）当主导。

应该指出，为宏观时间配上加权系统（weighting system）其实是为了让行动者的自主性（autonomy）（有了自主性不就有了能动性吗？）发挥出来：是他自己决定每一 "秒" 的权值。原来由科连斯界定的那个宏观时间不就是等于每一 "秒" 的权值都先天地被指定等于 1 吗？但是，有需要剥夺行动者的自主性吗？我的理论社会学始终保证行动者得到最大限度的自主性，因为我认为他是一个奥秘。

行动者从这个配上了加权系统的宏观时间看出去的所见包括了他从原来没有配上加权系统的宏观时间看到的宏观经验，而且大大超过它。这个扩大了的宏观经验也包括了行动者自己制造的诸简略。事实上，对于他来说，就是这些简略令他见到至少是由"天"（10^5 sec）以下的所有宏观实在！

可以作结论了。

（一）科连斯设定了"秒"（10^{0-1} sec）是物理时间的最小单位，称为"微观时间"。由"秒"所规定的行动者的处境便是"微观处境"，由他的"微观处境"承载的他的经验便是"微观经验"。这三个构成了有关行动者的存在论前设（微观时间规定微观处境，微观处境承载微观经验），大概可以比拟于我理论社会学的基础存在论（行动在当下一刻里，当下一刻在肉身里，肉身在行动里）。

（二）科连斯把"秒"（10^{0-1} sec）不断延长，得出"分／小时"（10^{2-4} sec）、"天"（10^5 sec）、"星期／月"（10^6 sec）、"年"（10^{7-8} sec）、"世纪"（10^9 sec）。这些从"秒"延长得出的一串"秒"链，都可算是宏观时间。相对而言，越长的越宏观，越短的越微观。"秒""分／小时""天""星期／月""年""世纪"这一系列时间便是科连斯的微观—宏观连续统。勉强说，这个连续统可算是科连斯的存在论。

（三）从微观时间（"秒"）看出去的所见是微观实在，从宏观时间（"分／小时""天""星期／月""年""世纪"）看出去的所见是宏观实在。这就是科连斯的实在论。

（四）但是这些宏观时间既可以由行动者操作，也可以由分析者操作。由行动者操作而得出的宏观实在称为"宏观经验"，由分析者操作而得出的则称为"宏观证据"。由于有此两类操作者，科连斯的宏观实在是宏观经验和宏观证据的一团混乱。

（五）宏观经验（有料珍珠，有料链）可以顺理成章地拆散为众多的微观经验（有料珍珠），因为它们都是行动者自己得出的。宏观证据（有料珍珠，无料链）却不可以，因为微观经验和宏观证据是分别由行动者和分析者得出的。后一情况便是微观—宏观联系（连续统和分类学一起）的难题。科连斯的办法相当温和，一个宏观概念（在宏观时间里的社会学分析都肯定带着一些宏观概念）若是能微观转译便转译，若是不能便作罢。

（六）不能微观转译的宏观概念如何处理？我的办法是把它当作分析者在诠释论的演绎部分（贝叶斯表示式）给出的参数，是连行动者也不知道的。如此一来，便可删除宏观证据，只有宏观经验是宏观实在。

（七）宏观经验虽然原则上可以拆散为众多的微观经验，实际上却是很难执行的。试想想："年"共有大概一百万至一千万个"秒"，行动者自己也无法记得每一"秒"的微观经验。科连斯指出，行动者面对这个难题会提出一些"简略"来应付，他却没有说明这些"简略"可否算是宏观经验。

（八）我却证明这些"简略"可以算是宏观经验，办法是为宏观时间配上加权系统。行动者提出一个"简略"便是把那些不要紧的"秒"的权值指定为零，由于绝大多数的"秒"在他眼中都是不要紧的，因此绝大多数的权值都是零，他只需考虑那些极少数的权值大于零的"秒"便成了，考虑所得便是宏观经验，也就是宏观实在。

（九）配上加权系统便是扩大了原来的宏观时间，也就是扩大了原来的存在论。扩大了原来的宏观时间，便连带扩大了宏观经验，也就是扩大了原来的宏观实在。

至此，我证明了科连斯有关微观—宏观联系的理论是拥有存在论和实在论的，只是不周全而已。因此，你不能把它当作没有存在论和实在论的理论社会学。

2 月 27 日 Ben 来邮：

因为要带学生的导修课，经常要看一些无关我研究兴趣的文章，其中大都可以算是社会学理论（当然亦有部分只能算是实证研究而已）。现在养成了一个习惯，就是尽量将这些文章的语意学系统绘画出来。有些比较成功，有些则比较失败，唯一相同的就是都花费了大量时间。

这几天为一篇我觉得是社会学理论的文章绘画语意学系统，头痛了几天。现在语意学系统我觉得已经初成形，尚欠一些描述文字就完工，这星期的导修课便带领学生阅读这篇文章了。

我要略略耽搁上星期四相聚时的对话撮要，还有 *Urban Fortunes* 的语意学系统，请见谅。

3 月 5 日宇凡来邮：

您在《哲学家与社会学》的第 11 讲谈了诺斯替宗教，而且是用您的理论社会学对此诺斯替宗教教义创造性诠释，而我的看法是这样：在此文，您是否因论述焦点置于"他性"，而在主体性的理解上有所忽视。进言之，您开篇谈"诺斯"（知识），结尾谈"外地他性"，从而形成了连贯的论证，但行文间知者、无知者本身可能论述少了些，使主体性问题被简单化处理了。

诺斯替宗教中的主体性是如何界定的？您认为是由外地他性给予的，即使本地他性也最终由外地他性作为归宿。我的理解是这样的：在您的理论中，I—me 的区分可能是索绪尔—布迪厄等对立性论述之基础，您也说了您对 self 的模糊性不喜好。但是，在《诺斯替宗教》一书的第 115 页谈"超越的自我"时却说了 self："正如我们所见，双重的救世主只是一个关于总体的人的教义理念之具体神学表达，并且得到了自我（self）这个概念的表征。……列出了它（即 self）的如下含义：……2. 内在本质，灵性自我，个人；……"又：第 116 页，"这是因为暂时模糊的自我是一个极其广泛地传播的象征性表达，它对于诺斯替主义而言乃是一个至关重要的教义。人们可以毫不夸张地说，在人里面的这种内在的超越原则的发现，以及对它的命运的至高关注，乃是诺斯替宗教的核心所在"①。

由此，学生以为，本是作为独立概念可能的 self 被您以他性作为手术刀分割成 I—me 是必经之路吗？换言之，在西方社会学理论的论述中，以外地他性而证成的，若称为外在主体性，那内在他性证成的是否即内在主体性？self 能否作为一个独立概念在您的理论社会学中出场？

敬祝春安。

3 月 5 日复宇凡，抄送 Ben：

这篇文章是好几年前写的了，有些构想如"外地他性"与"本地他

---

① 汉斯·约纳斯：《诺斯替宗教》，张新樟译，上海三联书店 2006 年版。

性"的区分已取消了。在我现在的理论社会学里，他性只以对象性的面目出现，与能动性对立，并只在贝叶斯表示式中才出现。

你说得对，论述焦点置于"他性"。但是，主体性并未因此被忽略。原因是，正因他性的影响，主体性便形态怪异了。这样怪异的主体性又反过来令我们注意到这样的他性的怪异。这是相辅相成的关系。所以，主体性问题不会也不能简单化处理，你试试从这个理解来重读这篇文章，或会改观。

约纳斯是海德格的学生，但是他本行是宗教或思想史学家，哲学对他来说是个工具，你看看该书的跋便知道，我在《我思》一书最后一章谈过该跋。作为哲学用家，往往不会发展自己的哲学，只是个拿来主义者。在他的大作里，约纳斯借用海德格现象学便足够了。我个人认为，正因为如此，他只从主体性（能动性）出发去想，不从对象性（他性）出发去想。

你应该留意到贝叶斯表示式只容纳对象性（定义、他性）。在诠释论的演绎部分，主体性（能动性）只决定用哪一个表示式（叙事或划策）。分析部分关乎因果性，只牵涉到对象性。这是按社会学理论的要求而定的，无论是假设抑或数据只能牵涉对象性，这属于社会学的科学课题的要求，约纳斯不一定想过。

3月6日再复宇凡：

昨天只回应了你关于我那篇文章的意见。今天说说 self 的问题。

在社会理论（宗教思想当然是一种社会理论）里，自我这个概念正因其含义模糊而另有妙处。有了含义模糊的核心概念之后，这个社会理论便可以拒绝承受实证探究，名正言顺地不会成为社会学理论。

如果它想收编所有已知的社会学理论，名正言顺地成为理论社会学，可能吗？不是不可能，只是它的诠释论必须容许所有已知的社会学理论（作为它的收编对象）能够承受实证探究。如果我的理论社会学能办到，它也可能办到。

单就我的理论社会学而言，一个含义模糊的自我意味着没有了基础存在论（行动＝当下一刻＝肉身），也就没法展开当下一刻为历时性，从而也没法得到共时性。像我理论社会学里的实在论也就没法建立，没有了这样的实在论，有关的诠释论又是何模样？你不妨思索一下。

3 月 6 日宇凡复：

从您的理论社会学角度来看，self 是不是一种退后？退后到奥秘或混沌之中去了？我认为，您把 I 与 me 作为主体的两个面孔以时间序列方式呈现是"故意"以时间方式不给 self 余地。

虽然《诺斯替宗教》中用的是 self，但是这种介于 I 与 me 之间的是 ego 还是 self 更合适，学生也无法拿捏。姑且以 self 说，self 不是就只能停留在社会理论？甚至在社会学理论也难以站住脚？

若将 self 说清楚，可能涉及价值判断，这是一种将 I 与 me 混于一身而产生的纠结，这种纠结涂尔干在谈"人性二元论"时也说过。我将中国哲学中 self、诺斯替宗教中 self，以及西方社会（学）理论中 self 放在一起来看，是不是您的理论社会学对于这三种 self 都视为社会理论呢？

类型 1：中国哲学中的 self，参见《〈中庸〉洞见》（杜维明）。

类型 2：诺斯替宗教中的 self，参见《诺斯替宗教》（约纳斯）。

类型 3：西方社会（学）理论中 self，参见《象征交换与"正负情愫并存"现象》（叶启政），见附件。①

类型 1："极高明而道中庸"，在日常生活中实现其超越意义。

类型 2："异乡人"，拒斥现世而又在与现世共谋中等待启示。

类型 3：在现世的个体与社会的相互引诱中不能自拔，没有超越。

对现世的接受程度：类型 1 ＞ 类型 3 ＞ 类型 2

对超越的接受程度：类型 2 ＞ 类型 1 ＞ 类型 3

这三种 self 中若有社会学理论的话，理论社会学能收编吗？

注：杜维明在《〈中庸〉洞见》中用了 self 一词译为"自我"，约纳斯也是用 self 说自我，但是叶启政在其论文中没有说他所说的自我是 ego 还是 self 或其他。

---

① 杜维明：《〈中庸〉洞见》，段德智译，人民出版社 2008 年版。叶启政：《象征交换与"正负情愫并存"现象》，载应星、李猛编《社会理论：现代性与本土化》，生活·读书·新知三联书店 2012 年版。

敬祝春安。

3月7日复宇凡:

　　我没看过你提到的杜维明的文章。你附来的叶启政的文章刚翻了翻,今晚先不讨论,我在此只回答你提出的问题。

　　首先,主体性(行动者、能动者)就是一个奥秘。理论社会学不可低估它,也不容低估它,而是设法适当地容纳它。我的主体性(记忆、注意、期望)与能动性(其他能力)的区分,以至只容许后者到了诠释论(贝叶斯表示式)才出现,就是在这样的考虑下作出的决定。

　　自我不是一种退后,我认为是没有在理论社会学的层面上考虑过如何容纳它,只是粗放地让它出现。

　　时间序列其实关涉另一个考虑。海德格的一个重要洞见是:存在不是一种本质(essence),而是一种时间。整本《存在与时间》可以说是为反驳本质主义(essentialism)而写的。在大部分用"self"一词的人的眼中,它恐怕是一种本质,不是一种时间。即使在米德的《心灵、自我与社会》里,社会才是过程(process),自我只是在这个过程中呈现出来的一种本质。诺斯替教义中的 self 当然是一种本质,中国哲学中的 self 恐怕也难免不是。你应注意到,在我的理论社会学里,历时性是由当下一刻展开的,当下一刻却现象学地等于行动和肉身。也就是说,从基础存在论(行动、当下一刻、肉身)至实在论(韦伯行动历程、吉登斯行动历程、社会领地、象征全域),时间序列一以贯之。这个统一性恐怕在众多社会理论当中也不多见。

　　若是有社会学理论能从中国哲学、诺斯替教义和叶老师的 self 中脱颖而出,我的理论社会学当然有责任收编它。若是失败,理应被淘汰。这是科学。

3月8日再复宇凡:

　　先稍补充一下我昨天的邮件,共两点。

　　(一)I 与 me 的区分是米德提出的,我个人认为他只当是本质结构。我多走一步,把这个区分当作时间序列,也就是时间结构了。

（二）从哲学用词来说，ego 应是与 cogito 一起出现的。你判断叶老师所说的自我是 ego 还是 self，可由此入手。我个人以为应是 self 的机会大。

时间不容许我细读叶老师的全文，我先挑"暂结语"来说。撇开枝节，叶老师其实是提出了一个参考位置（reference position），是在索绪尔—布迪厄话说网络的价值话说面上的。这个参考位置是由"自我""修养""诚服""责任"等词（它们组成一个语意学系统）支撑起来的一些话说。你找出这个语意学系统，列出叶老师凭它说出的话，这便是他提出的参考位置。

有了这个准备，你重读"暂结语"，应可看明白那些被撇开的枝节到底有何意义。这时候，你可以细想叶老师的"自我"究竟是属于存在论还是属于实在论里的索绪尔—布迪厄话说网络。

3 月 8 日三复宇凡：

根据你作出的比较，无论是在对现世或超越的接受程度上，儒家哲学都比叶老师修养论高，你如何理解？

3 月 10 日 Ben 来邮：

我最近阅读了见田宗介《目光的地狱》一文，见后。①在画出那篇文章的语意学系统后，产生了两个问题：

1. 我不知我的语意学系统正确与否，希望吕先生有时间拨冗修改。

2. 在画了那文章的语意学系统后，我发觉我不懂如何以吕先生的理论去收编该社会学理论，总觉得格格不入。祈望吕先生能够稍作指点，以该文作范例，示范一下"收编"之道。

见田宗介（1937—）是日本得享盛名的社会学家。据我的一位日本

---

① Mita, Munnesuke, "Hells of Eyes—A Case Study of an Alienated Youth", in *Social Psychology of Modern Japan* (translated and edited by Stephen Suloway), London：Routledge, 2011, pp. 426 – 458.

研究的师兄所言，见田宗介现在是日本社会学的霸主。日本的社会学从来只有进口，不太着重外销，这大概与日本的大学制度有关，这亦是见田宗介没有在海外知名的原因，倒转头来说，在海外有名的日本社会学家大概在日本亦未必有名。对这位社会学家，有几点值得留意：

（1）见田宗介是做实证研究出身的社会学家，他早年成名的两本著作都是定量研究。但他后来的几本著作转做历史社会学及社会理论（还是社会学理论？），但据我的师兄所言，他其实一直都有定量研究的论文著世。换言之，见田宗介是一个实证社会学家。

（2）日本社会学有一个特色，就是学科意识不强。好听一点就是不太画地为牢，不好听一点就是龙蛇混杂，没有严格的学科判准。所以即使是社会学家的著作，都可能会被一个文学家当作一个文学作品写一篇文学批评（一笑）。这个情况最近开始有所改善。但了解这个背景，就可以体谅为什么见田有时结论好像变成在写诗或俳句多于严格的学术写作。

见田宗介因为其学术地位，已经在 2011 年出了"定本"（全集），有一本英文文集翻译其早期著作 *The Social Psychology of Modern Japan*。虽然引用率不高，但也印了两版。但这本书大概是作为日本研究的读物多于作为社会学的读物去处理。可能吕先生你有兴趣的是，见田宗介曾著一本讨论时间的著作《时间的比较社会学》（1981 年出版），那本书未有中文或英文版。

下面讨论的文章，是见田宗介一篇 1973 年所写的《地狱之眼——一个异化青年的个案研究》。据我的师兄表示，这篇文章是日本社会学的经典必读文章，自面世以来是几代日本社会学人都要阅读的文章。2008 年见田宗介的学生出版他的重刊文集，这篇文章成为文集标题，并且是压卷篇。这篇文章原文是日文，我参考的是英文翻译，配合阅读网上有人私自从日文直接翻译的中文版本。但中间有些段落却有点难以理解，幸好指定我要在学生导修课领读这篇文章的上司懂得日文，我将那些段落集录下来，向他询问。

见田宗介《地狱之眼》一文，日文版的副题为"现代社会之实存构造"，英文版的副题为"一个异化青年的个案研究"，英文版的更动不明。日文副题"实存构造"为日文汉字，大约是指行动者的实际体验与感受如何被构造，换言之，即现代社会的"人间条件"（human condition）。这篇文章是对日本 20 世纪 60 年代一个年轻的无差别杀人犯永山则夫（文中简称 NN）的成魔经历作个案分析。见田宗介的撰文目的是透过 NN 的经历，尤其他的城市经历，"反映在现代日本社会中，都市对一个人的意义为何"（网络中文译本，同段见英文版第 426 页，中文译本较接近日文原文意义）。而从日文副题看来，了解都市对行动者的意义，就可以了解现代社会的人间条件。

这篇文章分为三部分：

（一）风与影迹——空白的身份；①

（二）精神之鲸——阶级的实存构造；②

（三）原罪之链——现代社会与人。

第一部分说明 NN 在自身处于"空白的身份"（blank identity）的情况下，即 NN 与所有的来自乡下的城市年青人口一样，无法在乡下与城市两个地方产生"整合的自我"，以致生活没有寄托，亦难以找寻意义。这部分与社会学里"社教化"讨论非常相似，但这篇文章的"社教化"理论是怎样，就视乎下文所刻画的语意学系统才可断定。第二部分与第三部分开首部分是讨论这些来自乡下的城市年青人既然因为社教化失败而无法形成的"整合的自我"，这些年青人在城市会有什么景况？这部分的关键概念是"地狱之眼"，亦即是本文标题，可想这部分是这篇文章的核心。第三部分集中讨论 NN 的成魔之路，前半指出 NN 最终走上杀人一途都是源自城市"地狱之眼"的机制，后半却讨论 NN 成魔责任谁属。

这篇文章选取 NN 作为分析个案，因为 NN 在芸芸众多的乡村流入城市的年青人口中，对家乡特别排斥：

> 这种社会结构（按：指日本现代化过程中，乡村崩溃，在这个架构下乡村居民由之产生的厌恶乡村与自我厌恶），在 NN 的情况中不只是在平均值内，而且是该意义中的极限值表现……NN 对家乡极端的排斥力就像石蕊试纸一样，从他那特别敏感的感受主体当中，可以显示出他所进入的都市运作原则为何。

---

①　分为四节：a. 幻影之都——都市的对他存在；b. 黄金之卵——劳动力商品的矛盾；c. 幽灵人口——流入青少年的存在；d. 风与影迹——空白的身份。

②　分为四节：a. 目光的地狱——他者中的自我；b. 打扮与身份——表象的演技；c. 精神之鲸——阶级的实存构造 I；d. 看不见的隔离区——阶级的实存构造 II。

这处值得留意的是 NN 对家乡极端排斥，所以他应该是对"家乡议题"、"逃避家乡"之类的事物"特别敏感"，而未必对所有事物都"特别敏感"。而以 NN 为个案去反映"都市运作原则"，可以想象"都市运作原则"与"家乡议题"、"逃避家乡"有关。

但无论如何，我们明白 NN 是代表这班由乡村流入城市、又对家乡特别排斥的年青人口，下文称这班年青人为"年青移民"。

除了"年青移民"外，都市仍有其他居民，其他居民包括雇佣年青移民的雇主、在都市出生的成年人（英文版第 435 页所提到的"adult as a class"），甚至包括各式的人，但他们的共同点都是会以"带有歧视性的框架"（framework of discrimination）与"年青移民"接触，下文称这班人为"其他居民"。

但"其他居民"其实对这班年青移民没有多大的兴趣。作者在第三部找寻谁要为 NN 成魔负上责任时，最终认为"我们所有人"都应该负上责任，"我们所有人"当指当时东京的所有居民（包括作者），作者的想法是，将 NN 推上绝路的是"带有歧视性的框架"与"地狱之眼"（下文会详述之），但谁用这些东西与 NN 接触呢？就是"其他居民"，其他居民对"年青移民"没兴趣，所以不知道以这些东西与年青移民接触，会为他们带来灾难性的后果。见田说：

> "世间"以冷漠惩罚家庭的冷漠。[按："家庭的冷漠"当指 NN 的家庭背景，NN 曾经有因为家庭太贫困而被母亲抛弃的经验。"世间"的冷漠当指对 NN 家庭因为贫困而被迫弃子的无动于衷。] 这是"抛弃别人者"的因果地狱。我们属于世间的一部分，但我们身处的世间以外的世间是什么呢？那自然是世间以外的世间——亚世间。亚世间虽然由我们组成，但那里充满"次等人"（NN 的自称）、被压抑、被舍弃的人的怨恨。（主要参考网上中文翻译，但有改动翻译，在英文版第 456 页）

这段文字诘屈，但总算提出了"世间"与"亚世间"这对概念。"亚世间"当指上文提出来的怨恨，当其他居民与年青移民接触时，其他居民会以带有歧视性的框架与移民互动，所以对移民来说会产生怨恨。但

"世间"指什么呢?"我们属于世间的一部分"一句,指的是世间同样是由都市其他居民组成,但世间的特色是对 NN 贫困家庭的苦况冷漠、无动于衷。在这处当指其他居民根本对移民没有兴趣,所以没有考虑救治这班悲惨的移民,又没有发现带有歧视性的框架会为移民带来灾难性的后果。

基于以上的讨论,我们得出以下的语意学系统:

根据以上系统,对于其他居民来说,他们对待年青移民只有两个方法,一者是对年青移民漠不关心,即不把注意力放在年青移民身上,对年青移民发生任何事都不过问的态度,即"世间"的态度。一者是当其他居民要与年青移民接触时,不得不把注意力放在年青移民身上,就会用"带有歧视性的框架"与年青移民沟通,即"亚世间"的态度,后者会使年青移民有"怨恨"的感觉。可以想象,其他居民在面对年青移民时,他们的态度会形成"世间—亚世间—世间—亚世间……"的时间序列。

而年青移民面对其他居民用亚世间的态度与他们接触时,他们会感到怨恨。实际上整篇文章讨论年青移民的社会心理状态,就是指年青移民面对其他居民采用亚世间态度对待他们时的心理状态。

见田宗介的社教化理论

文章第一部分是讨论 NN 以及 NN 个案身处的年青移民群体(Population)的心理状态。讨论主要分为两个部分:

(1)年青移民有相似的乡村经验,所以他们同样都有排斥、否定家乡的倾向;

(2)这班排斥、否定家乡的年青移民来到城市,遇到城市人采用"带有歧视性的框架"与他们接触,使他们亦未能产生对城市人的认同。

见田宗介的小结为:这些年青移民处于"空白的认同"(blank identity),他们无法认同任何一个社会群体。同时,这些年青移民由于无法认同任何社会群体,所以这些年青移民无法产生整合的自我(self-integration），见田宗介称他们的状态是"稀薄的存在"（diluted existence）。因为年青移民无法产生整合的自我，所以这些年青移民其实无法为自己的所作所为负上责任。

　　上一段我对见田宗介小结撮要，看上去术语处处，不太好理解。为了方便理解，下文会将见田宗介有关自我整合与身份的社会学理论语意学系统整理出来。但问题是文本没有刻意将他的理论清楚描绘，而是在诠释资料时间接提及。见田宗介这样做的原因，可能由于他撰此文的目标在于刻画"都市的运作原则"，而不是讨论年青移民的心理状态。[①]他在第一部分尝试描述年青移民的心理状态，其实是希望论证这班年青移民的经验（比起其他的群体）最能够刻画"都市的运作原则"。我们可以不同意他的论证，但首先我们应该先明白他的推论再决定。

　　见田宗介此文所反映有关年青移民自我整合与身份的理论，我称为"社教化理论"，意思是我认为这不过是社会学流行的"社教化理论"的其中一个版本。见田讨论的核心是"自我整合"，而年青移民都处于未能"自我整合"的情况："在 NN 的体验中，心理学者的'自我的统一'确实是崩溃了。"

　　见田宗介在文中讨论了年青移民的两种心理状态：

　　（1）在乡村时他们排斥乡村生活的心态；

　　（2）城市中他们被城市人排斥后的心态。

　　我们先循第二个心理状态分析，因为作者在讨论他们到城市的心态时，明确地说明他们是自我崩溃的。我将讨论年青移民在城市时的心态相关段落先揭示出来：

　　　　他们［按：即年青移民］成了被家乡及都市两边拒诸门外的存在，与其说他们是被边缘化的人，不如说他们是活在两个社会间的裂缝之中。在尝试过渡到任一个参考团体中间存在空白，在空白的位置中，他们的社会存在充满深层的不确定的感觉……

　　　　人的存在可以说大部分是那人的社会关系总体，所以当这些关系解体，相应地那人的存在也会解体。在 NN 的体验中，心理学者的

---

① 所以我认为英文版的副题"一个异化青年的个案研究"反映了英文译者其实是误解了文章要旨。

"自我的统一"确实是崩溃了。

　　但是对当事人而言，这种存在的感觉怎么稀薄也好，自己的行为结果也在现实中侵害了他人；但实际上 NN 的未来，却是受到他人对自己的看法与反应所决定。

　　然而社会既认为那是 NN 的责任，同时也是 NN 不能控制的事端，对 NN 自己来说那是无意义的"影迹"。

我们以"自我的统一"与"稀薄的（社会）存在"这对概念出发，为了方便行为，"稀薄的存在"改为"自我的解体"，之后就很容易联系上其他的概念，语意学系统如下：

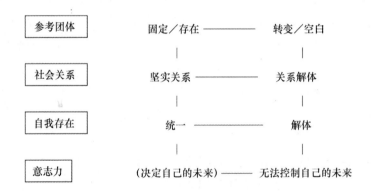

以上语意学系统有两点值得留意：

语意学系统中"决定自己的未来"与"无法控制自己的未来"一组对立概念，实际上文中没有提及"决定自己的未来"这个符号，不过在同构原则与对比原则下，需要有一个符号放在那一位置中。由于文本没有此符号，所以特别用括号显示。换言之，文中没有说明统一的自我存在能够决定自己的未来，不过说解体的自我存在的命运却被决定。我作这对划分，有文本的支持。在第三部分讨论 NN 踏上无差别杀人之路时，说道："'目光的地狱'则以他者的视线，将成长中少年们的精神定型……'目光的地狱'定型的是少年们的内部，所以他们的意志也不得不受到侵蚀。"

　　第三部分首先就清楚指出，NN 与年青移民一样，避不开"目光的地狱"。尤有甚之，"目光的地狱"完全决定了 NN 的行动，NN 似是随波逐流的人。NN 的整个故事似乎只是个人在社会力量（目光的地狱）的指挥棒下舞动。见田将 NN 描述成一个无法在社会力量下基于自身意愿作出行动的个人。相对地，统一的自我能够基于自身意愿作出个人行动，这个自身意愿相对于社会环境（如目光的地狱），所以他们可以为自己的行动负责任。

在讨论年青移民在城市的心理状态后，我们才讨论年青移民的乡村心态。首先，我们现在知道年青移民在乡村实际上都处于"自我解体"状态，原因是乡村的社会关系已经解体：

> NN 非常厌恶的那个家乡，已经不是原本乡村那样的共同体，而是已在近代资本制原理下，被风化与解体，可说是受"都会"的远距离影响，成为已被破坏的共同体……
>
> 在日本的近代化当中，为了"都会"——正确而言是为了都市的资本——提供廉价而稳定的劳动力，乡村被视为"潜在过剩人口"的来源，变相成为都会的国内殖民地。在此过程中，乡村的共同体性质解体、分离，改变了乡村的社会风土。村民长期生活在贫困之中，生活的根源也受到破坏，以致产生自我厌恶的意识，并让这种存在嫌恶的品性刻印在自己身上。

这处讨论明显说明近代化过程使乡村共同体性质解体，其中关键就是"贫困"。在文章后部分亦描述贫困如何使关系解体的机制，与本文旨趣无关，从略。

所以理论上，还在乡村的 NN 已处于自我存在解体的情况，理应属于自我解体状态，我先将乡村状态的 NN（代表未到城市的年青移民）的心理状态，与身处城市的 NN（代表在城市的年青移民）分开。我认为只有将乡村状态与城市状态的 NN 分开，才能明白见田如何处理城市对年青移民心理状态的做法，以及这种做法衍生的难题。

通过引入乡村的对比，我们加入了两个维度："行动方向"及"对现实的主导感觉"。因为这个矩阵加入了"乡村"这直栏，它介于自我存在统一与解体之间，暧昧无明。我们面对的第一个问题是：在乡村，这些青年人的自我存在究竟是怎样的？因为乡村的情况，社会关系已经解体，但自我存在究竟如何呢？文中提出，乡村青年因为自己对乡村现实的厌恶内在化，从而自我厌恶。但这不是自我解体的状态，因为在乡村，年青人有明确的意愿：年青人希望从乡村解放出来。但这种意愿与自我统一时又不同，自我统一的状态往往是指行动者能够追求自己的价值与理想，所以他们能够决定自己的未来。而在乡村状态的行动者，他们往往只能负面地决定自己的行动。最富征候的是，当 NN 在城市生活，失去了对城市的希望，却未变成解体的个人时，他将希望放在美国，所以尝试偷渡到美国失败，海上保安部抓住他的问案记录写道，NN 当时的说法是"哪里也好，只要不是日本的国家就没有所谓"。

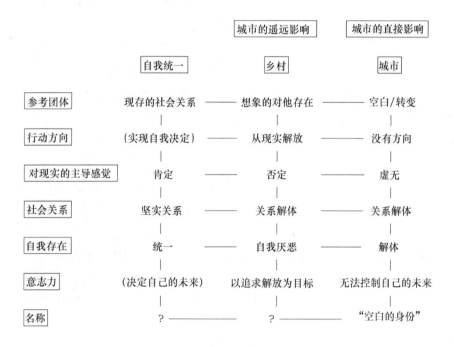

还处于乡村的年青移民与已经在城市的年青移民，有一个维度的分别，就是参考团体。还处于乡村的年青移民，在乡村时虽然经历社会关系解体与自我存在解体，但他们并没有失去参考团体，他们由于对现实感到厌恶，有一种想否定现实的倾向，所以他们会想象一个"对他存在"①。所谓"对他存在"就是由于欲在现况中解放出来而想象出来的参考团体；

---

① "对他存在"虽然在中文和英文两版都不被视为专用概念，我是在日文版中发觉这个词（日文汉字）不断出现，特别在小标题以及带有一些日文着重号的句子都经常出现，才意识到这在日文版中应该是一个专用概念。

　　NN 对东京有过高的期待，与其说是建基于东京的实际情况，不如说是他对家乡极度厌恶的对比想象。东京成为他从家乡贫穷及生活停滞中脱离的方向性指标，想象"那里应该有的东西"，其实不过将外面的地方都想象成"对他存在"。

　　这种幻想的"对他存在"一直存在，例如 NN 在城市中屡遇挫折，但这种幻想的"对他存在"仍在他心中，不过将他的"对他存在"由城市变成美国，所以他才有偷渡到美国的念头：

　　　　NN 以后［注：指 NN 经历中的户籍事件，详见下文］执拗地以"偷渡"作为逃离日本的手段。例如他在第二次尝试偷渡失败后，企图割腕自杀。海上保安部的调查显示，当时他说"哪里也好，只要不是日本的国家就没有所谓"……换句话来说在众多事件后，对 NN 而言解放的具体象征由"上京"开始，到达了"我已经不行了，要去死了"那样绝望的转折点后，转变为希望从家乡与都会的总体，即国家中逃离，以"偷渡"作为具体象征。

　　但到城市状态的年青移民，这种"想象的对他希望"已经消失，这就是见田宗介"空白的身份"指涉的状态。至于新加入的两个维度"行动方向"与"对现实的主导态度"，可以在下列的一段文字中清楚看到：

　　　　以"新鲜的劳动力"身份流入都市的，正在做梦的亡灵……他们隐蔽而数目庞大，而且都失去了他们的目标，只能够在大都市中虚空地踱步。要么就在路上被人流淹没，要么就回到低价公寓寂寞地看电视。

　　最后要讨论的，就是在上述的矩形中，"乡村"联系上"城市的遥远影响"，"城市"联系上"城市的直接影响"。因为文中特别指出，即使未到城市，这些在乡村的年青人之所以有该种的心理状态，是因为"城市的遥远影响"。影响方法有两种：

　（1）城市破坏了乡村的关系，主要的机制是"贫困"；

（2）城市成为年青人"想象的对他存在"。前者与本文题旨无关，不赘。

后者指年青人有排斥故乡的倾向，所以想象了一个"城市"，作为希望的投射，于是他们会按这种他们想象的"希望"，而作出行动。所以他们的参考团体就是"城市"。

至于"城市的直接影响"，指城市有一种机制，使年青移民的心理状态，由乡村那种"自我厌恶、追求解放"的情况，变成"空白的身份、解体的存在"。

顺便一提，我称见田的想法是社教化理论，是我的判断。见田文中没有自称自己的想法是来自社教化理论，原因未明。我的判断，建基于两个原因：

（1）文中的心理机制，就建基于将行动者身处的社会关系转化成为自己心理的一部分，例如被贫困破坏的家庭关系，变成乡村青年对乡村的厌恶感觉；又例如因为城市交往只看表面，青年经常有"无人明白我的感觉"，而构成无法由理智驾驭的愤怒。当这种社会关系转译为个人心理后，会持续一段时间。这些讨论，都使我联想起社教化理论。

（2）见田在讨论文中的其他解释方法（alterative explanation）的不足时，显然作出以下判断：只有能够把行动者的心理状态与其促成的社会条件联系起来，才可以算上一个充分的解释，换言之，无法说明行动者的心理状态的背后社会构成机制，都只是浅薄的解释。例如他指出，当时部分的社会舆论，已经指出都市年青移民解体存在的事实，但他们没有指出这种心理状态背后的社会机构制度，所以不算是一个充分解释，换言之，即一个充分解释，就是要将怎么样的社会关系转译成怎么样的心理状态描述出来，而这个机制，就是"城市的直接影响"。

城市的直接影响：空白的身份

见田宗介显然不满足只停留在上述的矩阵。因为这些矩阵只能说明"空白的身份"（即年青移民在城市的心理状态），但没有说明机制（即城市如何影响年青人，由乡村的心理状态变成空白身份的状态）。我们重温见田"空白的身份"的描述：

> 他们成了被家乡及都市两边拒诸门外的存在，与其说他们是被边

缘化的人，不如说他们活在两个社会间的裂缝之中。他们与参考团体之间存在空白，因此他们的社会存在基础充满不确定的因素。

所谓"空白的身份"，就是他们没有"参考团体"，因而使"社会存在基础"不确定，前面已经提及，"社会存在基础不确定"等于"自我存在解体"。与上一节讨论见田宗介的社教化理论矩阵比较，这些受困于"空白的身份"的年青移民必然属于社教化失效的那一边，但这班年青移民比起上一节的矩阵，又有不同，受困于"空白的身份"的年青移民失去"参考团体"，因为连作为想象他者的"都市"都拒绝了他。

但"都市拒绝了他"是什么意思呢？根据文本，其实是倒转头讲：他觉得作为想象他者的都市拒绝了他。文本是以 NN 的户籍事件讨论这个问题，原文如下：

> 在翌年［注：NN 来到东京后第二年，即 1966 年］NN 在大阪的米店任职店员，在勤奋工作半年后辞职的事件中，却可以找到一些有用的启示。
>
> 当时米店一方的记忆是，NN 因为不小心将荧光灯打破，碎片掉进米里，在被店长责骂后，立即请辞。但 NN 的母亲却有这样的忆述：
>
> "那时 NN 写信来说要户籍纪录的副本，所以就寄了给他。之后在回信中，他问'老妈，我是网走的监狱犯吗？'他说他因为出生地在监狱附近，而身上又有因为三岁时因火伤留下的疤痕而被取笑。在信末一行他写着'我已经不行了，要去死了'。我即找民生委员，请他把'没有那样一回事'的信寄给他。但是，那封信在收信人行踪不明的情况下退了回来，之后有一阵子都失去 NN 的消息。"
>
> ……取笑 NN 的人大概是不太在意说过了什么，而且很快就忘记了。但对少年而言，这就如同突如其来的绝望一样。
>
> 关于这件事件的冲击，有两点我们是不得不注意的。第一：NN 在此之后（虽然说不定是无意识的）只限定于在不需要户籍副本的工作就职。第二，NN 以后执拗地以"偷渡"作为逃离日本的手段。例如第二次尝试偷渡失败以后，企图割腕自杀。海上保安部的调查显示，当时他说"哪里也好，只要不是日本的国家就没有所谓"……

　　"出身"的问题成为 NN 都市生活的转折点，这是"过去的束缚"所表现的典型例子。不论怎样也好，过去都会束缚着一个人的现在，以至未来。

　　所谓"户籍"，其实只是一张无力的纸而已。但这无力的纸张为什么拥有扰乱一个人一生的巨大力量呢？

　　那就是给予过去各种意义，对他嘲笑、不断他就职的机会、限制他未来的其他人的行动。

　　即使说"过去将现在束缚"，这里的"过去"并不是活着的东西直接阻碍本人的人生。束缚现在与未来的，是这样的过去在现在、在未来不断地令本人受到他者的目光、他者的行动影响。

　　将 NN 逼向绝望的并不是"户籍"，而是由"户籍"带来有差别的社会结构。

　　在 NN 的个案，所谓"都市拒绝了他"，是指都市的其他居民取笑他的外貌与出生地。但有两点值得留意：

　　（一）取笑 NN 户籍的人只是随便说说，只是言者无心、听者有意，换言之，取笑的人往往无法得知对 NN 心理产生的后果；

　　（二）并不是所有的取笑都有同样的效果，而因为这个笑话，否定 NN 的努力，即离开故乡的意图；

　　（三）最要命的是，对 NN 而说，不是纯粹一个无关痛痒的人否定他的努力，都市其他居民的随意举动，被他诠释为"想象的对他存在"否定他的努力。

　　到现在，我们可以获得以下的语意学系统：

　　这里只加上两个概念，在世间，即其他居民与年青移民不用互相接触，互相对望对方，其他居民对年青移民不感兴趣，但其他居民对年青移民来说却是"对他存在"，换言之，年青移民即使不用其他接触也会不断观察其他居民。

但到亚世间时，其他居民会用"带有歧视性的框架"与年青移民互动，那时候年青移民就会受到"过去的束缚"困扰。

这过程要到何时才会完结？直至年青移民心灰意冷，年青移民对其他居民的希望幻灭，换言之，在世间时，其他移民亦不再是年青移民的"对他存在"。那个时候，年青移民就不再是乡村时的心理状态，而变成"空白的身份"了。

空白身份的影响

当年青移民在城市处于空白身份的状态，会有什么的后果呢？年青移民在进入空白身份后，可以想象，因为生活需要，他们还需要在城市与其他居民接触。这会导致特殊的心理状态，即"表象演技"。这个讨论出发点仍是要由作为"对他存在"的"其他居民"接触开始说起。我们不妨先提出这部分的语意学系统：

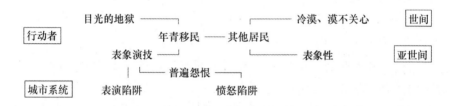

一方面，因为其他居民对年青移民来说非常重要，但当年青移民不想视其他居民为对他存在后，年青移民对其他居民的看法变成"目光的地狱"，年青移民仍要不断在意其他居民的目光，至于"地狱"是指他们的心理状态，是指他们的心情。另一方面年青移民与他们互动很快就知道，他们其实不会与他们有深度的交流，只会注意他们一些表面的东西，例如户籍、学历，甚至外表打扮。所以与他们接触，只需要预先估计他们会留意你的哪一面，然后就扮演给他们看。

见田宗介下一步就指当年青移民与其他居民互相接触，中间各自大家都会留意那些"表象性"（superficiality），并以"表象性"组成关系网络。在这个网络下，大家都是以"表象性"互相沟通。某个意义下，上文指的"歧视框架"不过是这些"表象性"（看你的户籍，预想你大概是怎么样的人，然后就与你互动）的一种。

年青移民遇到的情况，就是在都市只会产生这种以"表象性"作为沟通媒介的网络。他们生活在其中，大概会觉得痛苦。（1）对年青移民来说，他们不断觉得自己处在"他人目光"下，按表象性行动；（2）对年青移民来说，因为人们只会按他的"表象性"认识他们，无意深交，所以他们经常有被误解、被误会、觉得无人明白我的感觉，因而有受挫折的感觉；（3）以上原因，年青移民会有普遍怨言，但部分的年青移民因而会愤世嫉俗，这被称为"普遍怨恨"。但这种"普遍怨恨"并不是出现在所有活在表象性目光下的空白身份的年青移民身上，作者认为只有极少部分的年青移民会产生"普遍怨恨"。

"普遍怨恨"有以下的特色：

（1）拥有"普遍怨恨"的人，是真正的愤世嫉俗，因为他不是怨恨某一特定的对象，所以往往倾向对自己身处的一切都感到怨恨；

（2）究竟哪一位年青移民会有"普遍怨恨"，不是由年青移民决定的，是随机的；

（3）一旦年青移民产生了"普遍怨恨"，这股"普遍怨恨"并不是年青移民可以用他的意志驾驭的，作者的描述，使人联想起癌细胞："我的忧郁很沉重，即使我知道那是什么，〔但忧郁也〕不能与自己精神进行内部对话。就算是以亲切的语意说话，忧郁也没有回应什么。"

语意学系统最难理解的是城市系统下的两个符号。这是因为作者在文章开始曾插入一个看似与年青移民心理状态无关的观察：城市系统其实只渴求年青移民的劳动力，但不会理会这些年青移民不纯是劳动力的载体，而同时带有从乡村现实解放出来的倾向。"城市系统"可以理解为城市的实业家。这个观察的潜在问题是，放任这些在做梦的年青移民的话，他们到城市发觉"货不到办"，而这班年青移民人数众多，很容易就令人觉得这是暴动的温床。但为什么似乎又没有这回事呢？在文章结尾讨论表象演技与普遍怨恨，作者又突然翻那个问题出来解答。他的解释很简单：

（1）大部分的年青移民，处于空白的身份，就会因为目光的地狱，在与其他居民交往时，扮演其他居民期待的角色。这不代表他们只是被动地扮演角色，他们会借扮演的角色获得利益与他人的尊重。年青移民大部分的精力就是放在磨炼这些演技上。但由于他们即使扮演得再好，也都是

按 "表象性" 的指挥棒舞动，难道他们真的解放出来了吗？这使行动者失去了自己来城市的初衷，这就中了城市系统的 "表演陷阱"。

（2）少部分年青移民以 "表象性" 去磨耗他们的意志，但 "表象性" 的推重会使他们产生普遍怨恨，一旦产生这愤怒，这班人最终无法驾驭自己的愤怒，最终必然会做出越轨行为。城市不需要预计谁最终做出越轨行为，只需要建立完备的监狱系统，一发现这些人就立即隔离即可。这就中了城市系统的 "愤怒陷阱"。

换言之，两个陷阱都联上了 "表象性"，这解释了城市不需要真的实现年青移民的愿望，但也可以使年青移民继续供应劳动力而又不会作犯。

综合与评价

最后，我们应该要为见田这篇文章作一个综合。上文讨论了见田宗介的社教化理论，见田的社教化理论可以分为两个部分，第一部分是有关未到城市（即在乡村中形成）时与在城市生活后的年青移民心理状态，见田没有为前者命名，而后者则称为 "空白的身份" 状态。第二部分讨论两个问题：

1. 城市有什么机制让年青移民由在乡村的心理状态变成 "空白的身份"？要解答这个问题，见田认为其解释形式必然要经过 "社会关系→心理过程→心理状态"（→读转译），否则算不上是充分的解释。

2. 当年青移民变成 "空白的身份" 的心理状态，他们的心理过程会怎样呢？同样地，其解释形式必然是 "社会关系→心理过程"。

注意我在这处引入新词 "心理过程"，与 "心理状态" 相对。心理状态只有三个： "自我统一"（在文中没有实例，只作为 "自我解体" 的对立） "自我厌恶" 与 "自我解体"，而 "自我解体" 状态即 "空白的身份"。心理状态是将行动者分解成几组构成单位（constitute element，我使用此词时心中是在想帕森斯的能动行动理论 theory of voluntaristic action），而不同的构成单位可以构成不同的心理状态，见田此文只是提出了两个，并为其中一个状态提出名称。但 "心理过程" 则与 "心理状态" 不同，是指称在具体行动者行动时，在互动过程中所产生的种种心理情况，例如 "过去的束缚" 的沮丧，以及面对其他居民用 "表象性" 沟通所导致的理性干预意图及愤怒。这些心理情况都会在城市中与其他居民接触的背景下被引起。

　　但"心理过程"与"心理状态"的关系是怎样的呢？这个问题关系到本文最后一步，如何将全文的语意学系统勾画出来。我先将语意学系统写出来：

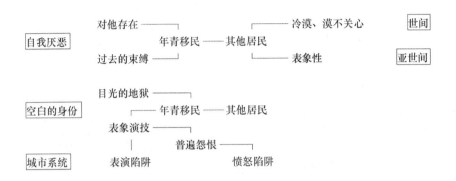

　　先说其他居民一方，实际上其他居民从来都没有变：他们在不需要与年青移民接触时处于世间的态度，即漠不关心；在需要与年青移民接触时会以亚世间的态度，即以表象性与年青移民接触，注意的是带有歧视性的框架都是表象性的一种。复杂的是年青移民那一边。

　　由于年青移民的心理状态实际有两个："自我厌恶"和"空白的身份"。但问题是年青移民是不是都经历由"自我厌恶"状态，转变为"空白的身份"，而且一旦这个转变是不可逆的，一旦状态改变就无法变回原来的状态？还是实际上心理状态其实在不同的交互情况下，以"自我厌恶—空白的身份—自我厌恶……"交替呢？在文章中，我们可以同时发现支持截然二分与反对二分的论点。我怀疑见田没有认真想过这个问题，但我亦有理由相信见田会比较支持截然二分。我先讨论反对截然二分的证据。

　　见田以 NN 的个案作为例子说明年青移民的心理状态，在上述引文中都知道见田这篇文章的写作风格是夹叙夹议。NN 的经历：上京、户籍事件、学习、偷渡，NN 的心理状态究竟是否有明确由"自我厌恶"变成"空白的身份"的转折点？见田认为户籍事件的确对 NN 的人生经历来说是转折点，但见田未必认同那是 NN 由"自我厌恶"变成"空白的身份"的转折点，实际上见田认为那是 NN 想象他者的内容改变，但其心理状态仍是自我厌恶状态，而不似"空白的身份"状态般失去自我，否则 NN 就无法策划偷渡的计划。换言之，NN 的个案本身就难以将两个状态截然二分。

　　另一个反对的证据在于，见田在文章中讨论 NN 个案，虽然讨论次序为先讨论年青移民心理状态改变（由自我厌恶变成空白的身份），然后讨论空白的身份下的心理过程。但在讨论空白的身份下的心理过程时，却花时间讨论阶级的问题。我认为该部分属于次要讨论，故上文不赘。上文因为该部分与心理过程关系在于，当年青移民还处于自我厌恶状态时，年青移民还会视其他居民为对他存在，所以当其他居民以表象性与年青移民交往时，年青移民会按表象性进行表象演技，希望最后变成其他居民一分子，就可以由其乡村解放出来。但见田讨论这个愿望往往是假象，因为表象性本身有阶级性，年青移民往往无法变成其他居民。① 见田将阶级放在年青移民的表象演技讨论，而表象演技是属于空白的身份心理状态下的心理过程。换言之，即使心理状态可以截然二分（将自我厌恶与空白的身份变成两个完全不同的心理状态类型），见田将心理状态变成理论的首要概念：在某一个心理状态下，年青移民就会有若干的心理过程，即使其他居民的互动不变，心理过程是派生于心理状态的东西。所以某一心理过程（即表象演技）同时假设两个心理状态类型，只可能在心理状态互相交替的情况下，而不是心理状态的转变是不可逆的，才可以达到。

　　虽然有以上反对将"自我厌恶"与"空白的存在"截然二分的证据，但实际上我认为见田会将两个心理状态分开。我最大的证据就是见田第一节的标题"风与影迹"。那是见田讨论年青移民由自我厌恶状态变成空白的存在状态的机制。"风与影迹"是什么呢？见田没有直接说明这两个隐喻是指什么，但他在那一节末提到"影迹"一词。原文太长，而且已经在上文征引。"影迹"是指 NN 无法控制的行为结果，既指他的杀人事件，也实际上泛指他自我解体后的所有行为（包括下文所讨论的表象演技），这些行为都不是因为自我（因为自我已经解体）而产生，而因为是外于自我的种种社会力量（即目光的地狱及普遍怨恨）。那"风"就明显了，"风"就是指"空白的存在"心理状态，自我解体了，所以用虚无的风象征之。"风与影迹"就是指"空白的存在"心理状态下的心理过程。而在第二节及第三节就是整个"影迹"的心

---

① 这个论点之所以被我认为是次要，是因为文章重点在于年青移民的心理状态与心理过程。所以表象性富有阶级意味的讨论，不过是年青移民还处于自我厌恶的心理状态时，其他居民与年青移民的交往情况。但文章的重点在于：a. 年青移民如何由自我厌恶变成空白的身份。b. 空白的身份后的心理过程；而表象性富有阶级性的想法，不过会影响年青移民在还未进入空白的身份时的心理过程（不属于重点 b），而这个过程又与心理状态转变无关（不符合重点 a）。

理过程，对第二节与第三节来说，"风"即"空白的存在"是心理过程必然的前提。"自我厌恶"只是年青移民初来城市时的过渡心理状态。

那怎样理解上文所列，两个反对截然二分的理由？我倾向于认为那是因为见田的理论立场导致他的不连贯。见田认为"心理状态"作为因，决定"心理过程"作为果。所以即使其他居民没有改变，年青移民心理状态一变，就会产生不同的心理过程。但心理状态是什么呢？见田就将行动者的"行动"分解成不同的构成的元素（如参考团体、行动倾向……），细心一想，那非常接近帕森斯在《社会行动的结构》的能动行动理论的处理：将行动分解为元素！那是将社会学理论前提由行动论变为社会心理论的做法。基于这个原因，见田不得不大刀阔斧地将心理状态与心理过程分开，又规定心理过程从属于心理状态。

但"心理状态"是行动者过往交往关系的历史构成，而不是由当下的社会交往产生的。见田的想法是，年青移民在乡村体验相似的互动关系，所以他们有相似的自我厌恶心理状态；而年青移民在城市又体验相似的、与其他居民的互动，所以他们在城市住得久，交往得够多，其心理状态就会转变为空白的身份。

但当下如何与他人交往互动呢？见田就认为需要依靠由个别心理状态衍生的心理过程了，见田的想法就是年青移民在原本的自我厌恶心态下，与其他居民交往，长久之下就会衍生一种过去的束缚机制，当与其他居民交往得长了，就会构成最新心理状态。

问题是，我们未必一定要将心理状态与心理过程截然二分，甚至未必要保留心理状态层面。

3 月 10 日复 Ben：

我正在石家庄机场准备回香港。很高兴看到你动手分析别人著作的语意学系统。我回到香港会仔细看你的分析。

3 月 11 日复宇凡：

我看过叶老师大作的第五大段落"个体化社会中的道德伦理意识的

式微和转化",谈谈我一些看法。

叶老师的讨论其实是关于人之景况(human condition)。这是社会学家常用的也是合适的理论出发点。从人之景况出发,大概可以发展为社会理论或社会学理论。为何如此?这得由"人之景况"究竟是何事体说起。

首先,能够把自己当前的人之景况说清楚的人总是极少数,恐怕不是哲学家便是社会学家。换言之,"人之景况"就是社会理论的关注点,从它出发得出的理论自然是一种社会理论。

为了说清楚他眼中的人之景况,社会理论家大概免不了要描画在此景况中的一些典型的处境,这不就是处境之定义吗?不过,它们不是由身在其中的行动者给出的,而是由越俎代庖的社会理论家构想出来的。这是进入实证探究的关口,社会理论家在此止步,社会学理论家进关。进关就要拿出证据(evidence)来说明进关者构想出来的处境之定义恰恰是行动者自己给出的定义!

人类学家斯科特(James C. Scott)就是一位进关者,他的成名作《东南亚农民的道德经济学》(*The Moral Economy of the Peasant in South-East Asia*)便是社会学理论的例子。我曾尝试绘画该书的语意学系统,尚待核实,但不妨挪过来说明我的想法。该系统见信末。

第三标点横行是过去一二百年东南亚农民的"人之景况"。左边二词"仅足糊口的收入"(subsistence income)和"仅足糊口的诸风险"(subsistence risks)是一般(ordinary)日子里的景况,右边二词"无以糊口的诸危机"(subsistence crises)和"造反"(rebellion)则是非常(extraordinary)时期中的景况。对一个仅足糊口的农业经济(agricultural economy)来说,风调雨顺只是令农民仅足糊口的一般日子,稍有差池便是非常时期了。这两种日子其实是一个不断互相交替的时间序列,即:

……——一般日子——非常时期——一般日子——非常时期——……

图上的第二标点横行从左到右是"诸技术安排"(technical arrangements)、"诸社会和道德安排"(social and moral arrangements)和"家庭行动"(family action),都是农村[农民聚居处,社会学意义上的小区(community)]应付如此"人之景况"的集体安排和行动。它们通过一些具体细节(以较小字体标出)如"公共土地和劳务分担"(communal land

and work-sharing)、"互惠和被迫慷慨"（reciprocity and forced generosity）、"出卖土地和牲口"（sale of land and livestock）来实现。这些细节其实就是斯科特从历史文献中发掘出来的证据。

第四标点横行从左到右是"剥削"（exploitation）与"维稳和让步"（security and concessions），不过是统治（the ruling）和被统治（the ruled）二阶层的政治和经济互动（political and economic interaction），也是按着"人之景况"而调整。统治阶层包括殖民官员和农村以外的地主（land owner）以及放贷人（money lender）。"剥削"和"维稳和让步"通过一些具体细节（较小字体）如"诸税"（taxes）与"诸租和诸利息"（rents and interests）来实现。这些细节也是从历史文献中发掘出来的证据。

注意：第二和第四标点横行组成了包围着"人之景况"的"社会、道德、政治和经济环境"（social, moral, political and economic millieu）。我们不妨这样想象："人之景况"是轴心，"社会等环境"是包裹着轴心的一表层。轴心和表层都是斯科特的构想，具体细节是他收罗回来支持自己构想的证据。斯科特应是认为农民自己的"处境"（situation）藏身在他构想的"社会等环境"之中。

第一和第五标点横行组成了包裹着"人之景况"（轴心）和"社会等环境"（内表层）的外表层。"'安全第一'原则"（"safety-first" principle）、"糊口伦理、社会维稳、糊口的诸权利"（subsistence ethic, social security and rights to subsistence）和"经济公正"（economic justice）乃是挣扎求活（survival）的意识（consciousness）或意识形态（ideology），不妨称这外表层为"求活意识"（survival consciousness）。我没有把斯科特从历史文献发掘出来的证据列在图上。

注意："求活意识"虽名为意识，其实是一些话说（speech），因而应是在索绪尔—布迪厄话说网络之中，"'安全第一'原则"应是在资本话说面上，"糊口伦理等"和"经济公正"则应是在价值话说面上。如此说来，农民自己的"处境之定义"应是在"求活意识"之中，也就是在索绪尔—布迪厄话说网络之内。

先整理一下，撇掉具体细节，整个语意学系统便是如下：

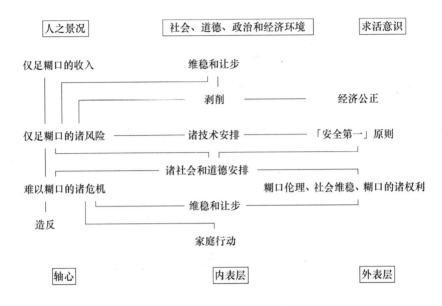

我已说了，农民自己的处境应是藏身在社会等环境之中，他们对自己身在的处境给出的定义应是在求活意识之中，也是在索绪尔—布迪厄话说网络之内。你应该记得我 2 月 8 日邮件给出我理论社会学的语意学系统，在其中的诠释论部分，行动者给出的定义是贝叶斯表示式的不可缺少的配件（component）。斯科特为已逝去的农民提供了他们可能给出的定义，实证研究的可能性便勉强算是初步有了。

农民是被统治阶层，他们的定义有了，统治阶级的处境及其定义呢？"剥削"与"维稳和让步"当然也指向统治阶级，因而他们的处境也藏身在社会等环境之内。他们的定义呢？这可不太清楚了，他们的统治意识是跟农民的求活意识对着干。如果求活意识是索绪尔—布迪厄话说网络里的一个参考位置，他们的统治意识便是与它不断争吵的另一个参考位置了。它没有出现在上面的语意学系统里，不过也是一个大概可以想象出来的参考位置。

他性呢？它是从外应召进入贝叶斯表示式的定义或捆绑所有定义的条款，不属于任何参与者。在求活意识中的"经济公正""糊口伦理等"都可以是他性，只要没有参与者把它们据为己有。在社会等环境中的技术安排也可以是他性，因为它与技术有关。技术犹如知识，可以是他性。另外，斯科特作为研究者当然可以把他性引入贝叶斯表示式之中。至此，实证研究的可能性便极大了。

斯科特的社会学理论（暂且算它是吧）有行动历程吗？我在前头已指出，"人之景况"就是一个时间序列。显然，在一般日子中，斯科特设想的行动历程应是藏身在如下的副系统之中：

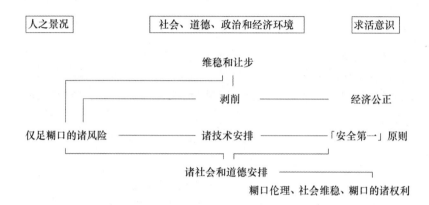

在非常时期中，行动历程则应是藏身在如下的副系统之中：

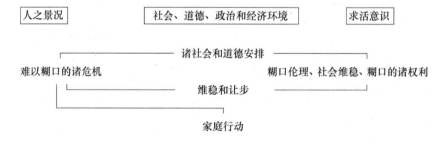

这两个副系统之间的差别自然会反映在藏身其中的行动历程中，不赘。另外，由于整个实在论被置于已逝去的岁月里，这个完全依靠历史文献支持的社会学理论不可能让我们充分确认其中的社会实在（韦伯和吉登斯二行动历程、社会领地、象征全域），只能是得其非常大概而已。基于行动者是否正在注意而作出诸区分，如韦伯与吉登斯二行动历程之间的区分、社会领地与象征全域之间的区分、叙事与划策之间的区分，是办不到的。唯一算是足够清楚的仅有索绪尔—布迪厄话说网络，准确地说，至少是源自有关"人之景况"那部分应是足够清楚的。

　　怎么办？我是这样想的：首先，整个存在论（包括两个历时性和两个共时性）就是一个前设（presupposition），实在论是存在论的伸延。我们索性把历史文献无法为其提供证据的那部分实在论拨入前设之中，这样扩大了的前设便是解释分析（参数因果性、士多噶因果性）所得的假设了。在这样的特殊条件下，斯科特的理论仍然有可能承受实证探究。结论：它可以是一个社会学理论。

　　现在可以回过头来看叶老师的文本了。他关注的"人之景况"是现时还在的，如果他愿意由此出发，像斯科特那样进关，应是可以办到的。另外，如果我的理论社会学能够收编斯科特的社会学理论，它也应能够收编叶老师的。

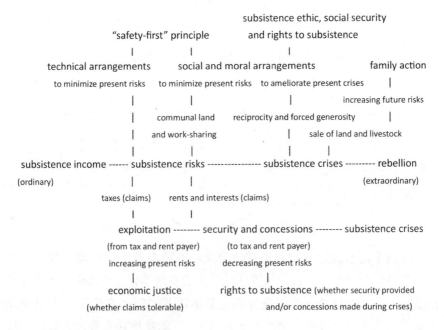

The moral economy of the peasant

3 月 12 日宇凡来邮：

　　抱歉，拖着好久，未来得及回您的邮件。我过几天回合肥，再把费孝通、叶启政、张载的文献整理一下，梳理毕业论文的思路，届时答复您所说的叶启政文献中的问题。

3 月 18 日致 Ben：

我昨天傍晚从澳门回来，今晨有空完成了过去一星期断断续续写着的对见田宗介《目光的地狱》的分析，作为回答你本月 8 日的提问：如何收编见田的社会学理论？分析见下。

我还没有读完见田宗介的文章，未知你画出的语意学系统是否符合他的原意。我暂且算它符合，先讨论如何收编见田的社会学理论（我认为它是，理由稍后讨论）为我理论社会学的一个案例。先抄下你的语意学系统，方便阅读。

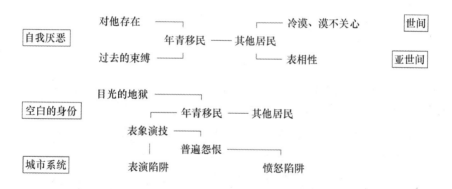

毫无疑问，见田关心的是年青移民的 human condition（此词汉译为"人之景况"比"人间条件"恰当）。见田是直接从行动历程（即图中的"年青移民—其他居民"一轴）入手的。

比较一下我本月 11 日邮件讨论的《东南亚农民的道德经济学》，斯科特关心的也是"人之景况"，不同的是有关行动者是东南亚农民而已。由于他只能从历史文献搜集证据，无法对个别行动者的内心世界细致描述，只好从社会、道德、政治和经济环境（social, moral, political and economic millieu）入手。由这两例可见，数据（data，若作广义解，等同证据）之有无及其形式，对社会学理论的影响至为要紧。这自是理所当然之事。

见田既从行动历程入手，又能得到研究对象（杀人犯 NN）的内心描述为证据，自然是顺着韦伯一路走，即：

> 社会学旨在理解地领会社会行动，因果地解释其历程与后果。所谓"行动"，乃牵涉到行动中的个人给予自身行为的主观意义。行动之所以成为"社会"行动，乃牵涉到其主观意义往往顾及他人的行为，并由其自身行动的历程中得到引导。（Weber, *Economy and Society*, p. 4）

"亚世间"和"世间"二词，按照其他居民是否正在与年青移民面对面互动，把年青移民身在东京这个大城市的行动历程一分为二。在年青移民的眼中，自己是在如下的时间序列之中：

……——世间——亚世间——世间——亚世间—— ……

在其他居民那一方，见田只给出行为（behaviour），即在世间（不是正在与年青移民面对面互动）的"冷漠、漠不关心"和在亚世间（正在互动）的"表象性"。所谓"表象性"不妨理解为"礼貌地敷衍"。

在年青移民这一方，见田才给出主体经验（subjective experience），即在世间的"对他存在"和在亚世间的"过去的束缚"。"existence-for-others"一词汉译为"为他人存在"比"对他存在"恰当。该词应是来自萨特的《存在与虚无》（*Being and Nothingness*）第三部分"Being-for-Others"。因此，对该词的理解可以参考该书。显然，"对他存在"是一种主体经验。"过去的束缚"应牵涉到奥古斯丁的"在过去的现在里记忆"，属于狭义的主体性（记忆、注意、期望）。由此回头看"对他存在"，它应是牵涉到"在现在的现在里注意"，也属于狭义的主体性。留意："在将来的现在里期望"并未出现，此点至为关键，应在见田的文本中好好寻找是否有它。

年青移民的主体性也是随着行动历程而不断交替：

你的 自我厌恶 和 空白的身份 二段是分开的，我怀疑有误，待我读过见田文本方可定夺。我修改了你的图得出下面的图。

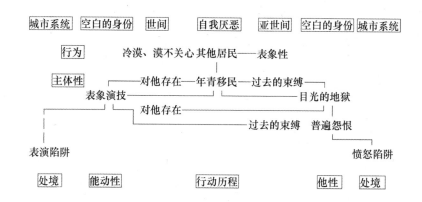

（一）"目光的地狱"和"表象演技"（都在 空白的身份 里）各自分别连接到"对他存在"（在 世间 里）和"过去的束缚"（在 亚世间 里）。

（二）我把整个系统重新安排，按直行区分。自我厌恶（"其他居民——年青移民"）即交互主体性（一正在持续着的网络的主体性，是在沟通甚至交易的媒介之中的），连同 世间 和 亚世间，便是行动历程了。另外，我分别为包括"其他居民"和包括"年青移民"的二横行标上 行为 和 主体性，理由在前面说过了。

（三） 空白的身份 共有三词，你认为"普遍怨恨"只与"表象演技"有关，我怀疑有误。"目光的地狱"能不惹起"普遍怨恨"？单是"表象演技"能惹起吗？请你复查一下。我按我的猜想把"表象演技"和"目光的地狱"对调，然后把"表象演技"和"表演陷阱"连接起来。

这三词也性质各异。"目光的地狱"应是蜕变自萨特《呕吐》一书的名句："他人是地狱。"同时，该词或可视为赤裸事实（bare fact）。布宁和余纪元编著的《西方哲学英汉对照辞典》Brute fact 条目如下：

天然事实〔（brute fact）〕也称"赤裸事实"。它有绝对的意义和相对的意义。它的绝对意义是指不是通过其他事实而是通过自身而获取或者得到解释的事实。这样的事实是一解释系列的根本或基础。

年青移民眼中的"目光的地狱"恐怕符合上述条目的说明。我在《赤裸事实与奥秘：如何安置无可解释之事？》一文认定赤裸事实是一种他性。如此说来，"目光的地狱"便可以他性的身份进入贝叶斯表示式。

"表象演技"应是来自戈夫曼，见他的成名作《在日常生活中的自我表象》（The presentations of self in daily life）。若是如此，它属于能动性（记忆、注意、期望以外的所有能力）。如此说来，"表象演技"带来的他性是否就是"目光的地狱"？请你在见田的文本中找找。毋庸多说，"表象演技"当然是与叙事和划策（不同的贝叶斯表示式）有关。

"普遍怨恨"呢？它应与韦伯所说的"情绪行动"（affectuel action）有关。韦伯把"情绪行动"定性为"不理性的"（irrational），那么说，"普遍怨恨"便成了理性行动的障碍。叙事（在韦伯行动历程里）和划策（在吉登斯行动历程里）都是理性行动，是在行动历程的自省状态（reflexive state）（即"我思"）之中的。因此，"普遍怨恨"应会导致他身在的自省状态失去应有的劲力，却又不至令他堕入浑噩状态（mundane state）（即"我们信任"）里。原因是：年青移民在"世间"里注意（"对他存在"），在"亚世间"里记忆（"过去的束缚"），他没有把主体性（记忆、注意、期望）降至最低极限（浑噩状态）。这显然是一种亚自省状态（sub-reflexive state）。

那么，在亚自省状态中的年青移民究竟能作出什么模样的叙事和划策呢？这得由 城市系统 里的"表演陷阱"和"愤怒陷阱"说起。年青移民应是身在东京大都市的这两个陷阱之中，也就是说，它俩便是他们在东京的处境！这是研究者见田的见解，不过，既然年青移民已经动用了"表象演技"，我们或不妨假定他们也认定这就是自己身在的处境（这一点你应在见田文本中确认一下）。记住：当参与者看着他身在的行动历程，他目光的所在处便是他的处境。

随之而来的提问是：他们如何界定自己身在的处境呢？这得从其他居

民（年青移民的互动对手）的"处境之定义"说起。在"亚世间"的时段里，其他居民的行为是"表象性"，即使是他们真的对自己身在的处境（与年青移民互动的处境）给出了定义，年青移民恐怕也无法因应他们的定义在互动中作出划策和叙事，只有强烈感到"目光的地狱"。说白了，就是老鼠拉龟，无处着手。套用奥古斯丁的词汇，他就是无法"在将来的现在里期望"。在"世间"的时段里，其他居民的行为只有"冷漠、漠不关心"，根本不给出定义，连"目光的地狱"都说不上。年青移民更是如老鼠拉龟了，只剩下无效的"表象演技"，这个无效（inefficacy）便是"表演陷阱"了。记住：年青移民跟其他居民都是行动历程的参与者。但是在这个行动历程当中，无论年青移民有无定义或如何界定，他们都没有从索绪尔—布迪厄话说网络获得他们自己的处境可以有的意义。［这事确实是相当吊诡，是否与日本的文化传统（索绪尔—布迪厄话说网络就是一个文化传统）有关？］他们眼中的社会领地和象征全域（分别是紧张起来和松弛下来的索绪尔—布迪厄话说网络）恐怕也残缺不全了。

让我们总结一下所得：

（一）见田的理论里出现了主体性（"对他存在""过去的束缚"）、交互主体性（"表象性""目光的地狱"）、能动性（表象演技）、他性（"目光的地狱"）。只有能动性与他性或可成对，对象性和交互对象性却以十分模糊的面目出现，甚或缺席。这就是文本里可以确认的存在论，带有残缺。这不是对见田理论的批评，反而是它的特色，这个特色来自见田的研究对象，即年青移民。

（二）见田文本的实在论也带有残缺。行动历程（ 自我厌恶 、 世间 、 亚世间 ）出现了，处境（"表演陷阱""愤怒陷阱"，即 城市系统 ）也出现了，但韦伯和吉登斯两种行动历程却未有区分。至于社会领地和象征全域，或可说是缺席了，定义不存，至少是面目模糊。事实极可能就是这样子，因为年青移民就是在亚自省状态（"普遍怨恨"，英译是否 generalized anguish？）之中。

（三）见田文本里的诠释论（ 空白的身份 ）算是完备的了，即使年青移民无法划策和叙事，见田至少交代清楚了。

从上面的分析总结来看，见田的社会学理论触及存在论、实在论和诠释论，大体上应可算是被我的理论社会学收编了。

3 月 18 日 Ben 复：

收到你的回邮。你的回答总是这么快，我会尽快就你对我原本的语意学系统提出的问题，在文本中尝试找到答案。

另，我正在勾画另一个政治社会学家的社会学理论的语意学系统，一直未满意。直至昨天才找到合适的文本，整个语意学系统就"通顺"得多了。这令我意识到文本选取的重要性。

3 月 18 日复 Ben：

说得对，文本选取很重要。

3 月 19 日致 Ben：

我的理论社会学不过是由存在论、实在论和诠释论组成，看似跟实证研究（positive research）风马牛不相及。你最想知道究竟它能否容纳（支持？）实证研究，我却一直没有解答，我现在试试解答。

我先从我理论社会学的语意学系统（见我上月 8 日邮件）中抽出有关的副系统，如下：

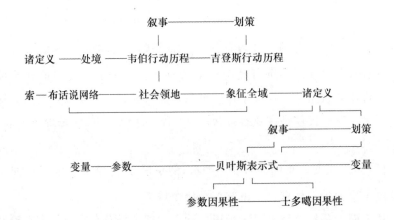

先看贝叶斯表示式。假定一个比较接近流行的实证研究的实际情况，如下：

研究者设计了一个访问调查，S_1，S_2，$\cdots$，S_n 是 n 位被访人。对于由研究者指定的一段韦伯行动历程，他们向访问员描述自己作为参与者在其中的处境。他们各自的描述便是他们各自的处境之定义（x_1，x_2，$\cdots$，x_n）。在这些被访人当中，有人提及影响他们定义的三个外在因素（θ_1，θ_2，θ_3）（既然称为"外在因素"，便不是提出人自己的处境之定义）。研究者又添加了两个外在因素（φ_1，φ_2），是他认识为会影响被访人的定义的。

这些定义和外在因素的联合概率分布是 $\Pr$（x_1，x_2，$\cdots$，x_n，θ_1，θ_2，θ_3，φ_1，φ_2）。由于被访人已向访问者说出了自己的定义，（x_1，x_2，$\cdots$，x_n）便是已有数据的变量，剩下的参数（θ_1，θ_2，θ_3，φ_1，φ_2）既然没有数据，便充当假设。数据和假设的关系便是 $\Pr$（x_1，x_2，$\cdots$，x_n | θ_1，θ_2，θ_3，φ_1，φ_2）这个条件概率分布，也就是参数因果性。

再看士多噶因果性。假定一个有关典章制度的历史研究，如下：

研究对象是典章制度（θ_1，θ_2，θ_3）。研究者在清朝的档案中找到有关的文献，典章制度（θ_1，θ_2，θ_3）便是已有数据的变量。当时一些人群 S_1，S_2，$\cdots$，S_n 的处境之定义（x_1，x_2，$\cdots$，x_n）若是没有数据，便充当假设。研究者对（x_1，x_2，$\cdots$，x_n）另有猜想（φ_1，φ_2），也归入假设。

有关的联合概率分布也是 $\Pr$（x_1，x_2，$\cdots$，x_n，θ_1，θ_2，θ_3，φ_1，φ_2）。数据与假设的关系便是 $\Pr$（θ_1，θ_2，θ_3 | x_1，x_2，$\cdots$，x_n，φ_1，φ_2）这个条件概率分布，也就是士多噶因果性。

你是知道的，我只是借用概率理论的术语，遵从它的解释逻辑（explanatory logic），有关的分析无须是真统计学。不过，有关分析仍然跟统计学的一样，把焦点放在假设上。先看士多噶因果性的假设，即它的因。研究者可以在假设身上恣意发挥他的想象力，反正他找不到因（x_1，x_2，$\cdots$，x_n，φ_1，φ_2）的直接证据（evidence），有的只是间接证据，就是果（θ_1，θ_2，θ_3），即数据。统计学分析是由果及因的解释逻辑，这才是实证研究的趣味所在。原因是，如果真的找到了因的直接证据，还需要任何解释吗？

若是从"行动—结构"这组对立来考虑，（x_1，x_2，$\cdots$，x_n）这组变量只能归入行动一方，因为它源自人群 S_1，S_2，$\cdots$，S_n。余下的（θ_1，θ_2，θ_3，φ_1，φ_2）那组参数便只能归入结构那一方了。这样说来，选定了参数因果性

（一种分析方法）的社会学理论（在某些特定条件下能够承受实证探究的社会理论）便是"结构理论"（structural theory）了，因为它的假设（因）是关于"结构"的。我个人认为，这才是所谓"结构理论"一词的正解。那么说，选定了士多噶因果性（另一种分析方法）的社会学理论就是"行动理论"（action theory）了。显然，同一个社会学理论既可以是结构理论也可以是行动理论，只视乎所能获得的数据究竟为何而已。

若是撇开数据不论，光以社会理论而论，我个人认为，没有社会理论是可以剔除行动者来立论的。从这个角度看，没有社会理论可以不是行动理论，无论帕森斯（Talcott Parsons）抑或卢曼（Niklas Luhmann）的系统理论（systems theory）都不会是例外。我的说法只是猜想，有待证实。

回到社会学理论。由于它必须承受实证探究，极度倚赖数据（作广义解），往往令它的理论面目扭曲，甚或残缺。现在可以看看我在前头从我理论社会学中抽出来的语意学副系统了。我利用了普遍的贝叶斯表示式作为接口（interface），让社会理论（它没有数据）跟实证探究（它有数据）碰头。社会理论通过叙事和划策进入界面，实证探究通过参数因果性和士多噶因果性进入界面。叙事、划策、参数因果性、士多噶因果性都不过是特殊的贝叶斯表示式而已。

这样的安排之所以成为可能，关键在于我规定了只有对象性和他性（处境之定义可以是对象性或他性，把所有定义捆绑在一起的条款只能是他性）才可以出现在贝叶斯表示式［此时，贝叶斯表示式是载体（carrier）多于是界面］。原因明显，只有对象性和他性才有可能是数据，与对象性对立的主体性（记忆、注意、期望）和与他性对立的能动性（记忆、注意、期望以外的所有能力）都不可能是数据。处境定义和捆绑条款都是来自象征全域，它是松弛下来的索绪尔—布迪厄话说网络。

索绪尔—布迪厄话说网络就是交互对象性，是与交互主体性（米德所说的"社会过程"或"社会制度"，我把它归入存在论，不属于实在论）对立的，它是所有行动者分享的知识库（stock of knowledge），研究者通常会被容许从中分一羹。它是所有对象性和他性的源头。

在我的理论社会学里，只有源自索绪尔—布迪厄话说网络的符号（社会领地、象征全域、处境定义）才会支持实证探究，其余的（韦伯和吉登斯二行动历程、叙事、划策、处境）都不会。毋庸说，这只是我个人之见，而且是老派见识。相反之见、新派见识，自 20 世纪 70 年代起便不乏多见，我在《民族志作者性的一人独白传统》中曾经讨论克利福德（James Clifford）的大文"On Ethnographic Authority"。① 克利福德是新派的先锋人物，历史学家，美国加州大学圣他告鲁兹（Santa Cruz）大学分校的意识历史（history of consciousness）学系教授，1967—1977 年在哈佛大学念博士。

简言之，老派是"演绎作者性"（interpretive authority），新派是"对话作者性"（dialogical authority）。前者是研究者自说自话，后者是研究者（作为行动历程的参与者之一）与参与者（非研究者）对话。我对新派见识的批评见未刊稿，不赘。

仅就我在此处的讨论，新派大概就是要在老派认为难以获得证据的符号（韦伯和吉登斯二行动历程、叙事、划策、处境）身上获得他们想要的证据（且不论他们究竟想要什么样子的证据）。我的直觉是：他们只是要从另一侧面来获得证据，但是从这个侧面入手恐怕有点缘木求鱼，不好弄。不过，世上总有力图与众不同的人，不管众人（老派）走的路是否已被过往的实证研究证明是坦途。我且随便一问：从"处境"本身获得数据是否比从"处境之定义"身上来得容易？

撇开数据的难题，我个人的看法是：只要新派的理论可以被证明是社会学理论，我的理论社会学便有责任收编它。若是失败，理应被淘汰。至今，我还未有空动手找一个合适的新派理论来试试收编。希望你能来动手做第一遭。

3 月 20 日 Ben 复：

吕先生的最后一问，我打算接受这个挑战。

我看过一些新派理论，可算是社会学理论的不多。很多新派理论给人的感觉似是社会理论多于社会学理论。但我心目中有一个人选：在组织学里，以故事分析与叙事分析而异军突出的查尔尼娅维斯卡（Barbara Czarniawska）。

---

① 吕炳强：《民族志作者性的一人独白传统》，宣读于香港中文大学郑承隆基金亚洲现象学中心、现象学与当代哲学数据中心、中国哲学与文化研究中心合办的"诠释论东与西—伽达默《真理与方法》出版五十周年学术会议"，2010 年 11 月 4—7 日。

她仍做实证研究，还出了一本方法论的书，但我没有看过，应该是讨论她的那种极端建构主义（constructivism）的研究方法。我在约一年前看过她在英语学术圈的成名著 *Narrating the Organization：Dramas of Institutional Identity*①，这还是我第一次在社会科学实证研究著作的参考文献中看到有作者把一系列的社会学家与文学家［例如乔伊斯（James Joyce）］放在一起。她认为某些文学作品的意念有助于建构她的实证社会学。她是瑞典学者，出生于波兰，在瑞典很早已成名，但在英美世界却到 20 世纪 90 年代末才闻名。

她的作品我看得少，*Narrating the Organization* 只看了一半，另外看过她几篇文章。我当时认为她的理论对我的论文没有用处，就没有再看了。

我会先看看她的著作是否适合用作收编对象。

3 月 21 日 Ben 来邮：

附上我对博任纳（Neil Brenner）名著 *New State Spaces* 的分析。②

我看这本书时，觉得这本书异常关注行动理论的社会学理论，尤其他具体分析的是宏观的社会现象。我起初认为它与 *Urban Fortunes* 的主题相似（均属于政治经济学），想建议吕先生你用博任纳代替 *Urban Fortunes* 作为你的"人的景况"文本。但写至最后，发觉它与 *Urban Fortunes* 不同，博任纳明显不是关心人的景况，而是关心行动历程的其中一个他性（"国家组织和功能"）的演变，并指出他性（的演变）作为具体经验研究对象，要配合合适的空间尺度研究。

附件还有博任纳文本，我只传了第一章与第三章（我只是用了此二章分析）。

与上一封 Email 一样，希望吕先生对我的语意学分析作出指点，并考虑他的理论可否为你大理论收编。这次我猜能够收编的可能性极大。我的分析如下：

博任纳（Neil Brenner）现任哈佛大学的都市理论教授，曾任纽约大

---

① Czarniawska-Joerges, Barbara, *Narrating the Organization：Dramas of Institutional Identity*, Chicago：University of Chicago Press, 1997.

② Brenner, Neil, *New State Spaces：Urban Governance and the Rescaling of Statehood*, Oxford：Oxford University Press, 2004.

学社会学系教授。他的著作 *New State Spaces*，2004 年出版，曾获得美国社会学会政治社会学组的年度奖项。

先说明博任纳这本书的大旨。这本书是博任纳对战后 19 世纪 60 年代到 21 世纪西欧国家政策的实证研究。最简单地说，他发觉西欧不同的国家自 20 世纪 60 年代开始都出现国策改变。60—70 年代西欧的国家倾向于把它所管理的不同地区尽量均一化（equalization），办法就是按地区发展进行财富再分配（redistribution）。80 年代西欧的国策改变，国家尽量发展优势地区，把很多国家资源放在优势地区来吸引外国资本。地区发展政策由再分配转变为增长驱动（growth driven），博任纳的研究就是希望分析这个转变的原因。

博任纳的研究一般会被归类为宏观历史社会学的研究，因为他的研究对象单位是民族国家（nation-state），研究的领域大，时间相对长。这样幅度的研究，通常都不太看到行动者出现。但是，博任纳却不走这条路。他清楚意识到，宏观国家层面的改变也是源于行动者的互动过程，所以他花了很多篇幅说明这部分。博任纳的理论触觉似乎高出其他有名的都市社会学理论学者，当然这只是就我个人阅读所及的感觉。顺带一提，博任纳其中一个进行中的研究议程就是将法国社会理论家列斐伏尔（Henri Lefe-bvre）的理论部分抽出来，成为一套可以指导经验研究的社会学理论。

我的分析所用文本就是他的大作 *New State Spaces*，主要是第一章（部分）及第三章[①]，该书的副题为"Urban Governance and the Rescaling of Statehood"，全书分六章：

（1）Introduction: Cities, States, and the "Explosion of Spaces"

（2）The Globalization Debates: Opening up to New Spaces?

（3）The State Spatial Process under Capitalism: A Framework for Analysis

---

① 另外，因为他曾在 2004 年（即其大作出版当年）在 *Review of International Political Economy* 期刊发表题为"Urban Governance and the Production of New State Spaces in Western Europe, 1960—2000"的文章，实际上是 *New State Spaces* 的撮写版，因为该文在 2010 年被翻译为中文《都市管治和西欧新国家空间的生产，1960—2000》。有关引文若是中文，便是引自撮写版而非原文。Brenner, Neil, "Urban Governance and the Production of New State Spaces in Western Europe, 1960—2000", in *Review of International Political Economy*, 11（3），2004，pp. 447–488. 博任纳:《都市管治和西欧新国家空间的生产，1960—2000》，张城国译，《地理学报》2010 年第 60 期，第 153—185 页。

（4）Urban Governance and the Nationalization of State Space：Political Geographies of Spatial Keynesianism

（5）Interlocality Competition as a State Project：Urban Locational Policy and the Rescaling of State Space

（6）Alternative Rescaling Strategies and the Future of New State Spaces。

第一章是导论，实际上却已经在回顾文献了。第二章是关于全球化（当代的主要论题之一）争论的文献，就全书布局来看，不过是虚应故事。较为要紧的文献讨论出现在第一章与第三章。第三章是他的社会学的理论营造（theoretical construction），只要细读此章，大体上便可以得出他社会学理论的整个语意学系统了。后三章是实证研究。

我先点出第一章几个重点。第一章分五节，如下：

（1）From the Scale Question to the New Political Economy of Scale

（2）Rescaled States，Polarized Territories：Reworking uneven Spatial Development

（3）Between Generality and Diversity：Levels of Abstraction and Empirical Focus

（4）Towards a Post Disciplinary Approach to the Study of New State Spaces

（5）Structure of the Book。

比较重要的是第三节，作者意识到自己的研究对象是国家厘定政策方针。国家的政策必定有空间面向，所以每一项国家政策都会有不同的利益群体的不断争夺。但是，他希望研究的，并不是具体的每一个国家政策如何在利益群体争夺下产生。他发觉1960—1970年代国家政策有"不同地区平均化"的倾向（propensity），1970年后国家政策却有"任由地方发展自己不同的特色"的倾向。用他的词汇来说，就是国家组织与功能本身有空间偏好（spatial preference），他想解释的就是国家组织与功能空间选择性（spatial selectivity）为何改变。换言之，他想解释"国家组织与功能"的改变。

第一章第三节就是在这个背景下讨论三个"国家空间"的分析层次（注：第一章实际没有为"国家空间"给出定义，定义要到第三章才给出，我查过索引，"State Space"的定义讨论的确在第三章才出现，可以简单地理解为国家组织与功能的空间偏好或空间选择性）：抽象层次（abstract level）、中间层次（meso level）及具体层次（concrete level）。

什么是具体层次？具体层次就是研究每一个国家政策是如何在不同利益群体互动下产生的，而每一个国家政策一旦产生，往往有改变现存国家组织与功能空间选择性的可能性。但实际上空间选择性大变的机会不高，第三章指出其实没有可能大变，只可能逐渐变迁（gradual change）。

中间层次就是研究"国家组织与功能"的空间偏好或空间选择性的变化。这种变化不会因为一个政策而出现，而是经过轮番出现的国家政策不断构造与更迁而成。要研究中间层次的变化，所需要研究的时间尺度要比具体层次长。

抽象层次，简单而言，就是资本主义限定的社会互动形式，例如，资本主义限定国家对边界内领域有管治的权力与责任。即使个别国家政策的空间选择性改变了，国家能够厘定政策的权力却没有变，所以，抽象层次在具体经验研究中是作为预设（presupposition）而出现。若真的想研究抽象层次的形式，所需要的研究尺度是长时段的诸时间性（*longue duree* temporalities，原文就用这个法国年鉴学派的用字）。

这个三个层次模型对了解博任纳的社会学理论非常重要，我撮写了博任纳的原表（p. 19；Figure 1.1）如下：

Abstract Level emphasizes theoretical generality；focuses on *longue duree* temporalities：
　　·General Features of Capitalism as a Mode of Production and Social System.

其他例子略去，只需要留意这些例子在作者的研究时间尺度上，即1960—2000 年代中，这些特色仍是常数（constant），没有变化。

Meso Level emphasizes historically specific dimensions of general processes and generalized aspects of concrete，empirical developments；focuses on secular trends within medium-term time scales：

例子略去，作者的例子是三个时段的国家空间选择性的变化。

Concrete Level   Emphasizes empirical diversity; focuses on relatively short-term short scales, conjunctures and events:

· Nationally, regionally, and locally specific pathways of industrial restructuring and urban-regional change; production of new geographies of uneven geographical development.

其他例子略去，它们都是指出具体的不同地方的个别发展。

· Empirical Foundations: Case Study Material on State Spatial Restructuring, Institutional Change, and Regulatory Experimentation in Western European Cities and States.

有关以上的层次分类，有以下两点值得留意：

（一）这个分类只是为分析方便而定下。第三章指出，这三个层次其实不过指称同一个行动历程：

The abstract level, the meso level, and the concrete level are not to be conceived as ontologically separate spheres of social life. Rather, they represent three analytically distinct, if dialectically intertwined, epistemological vantage points for social theory and research. (p. 21)

（二）虽然作者作出这个分类，但是他明白所有的数据（data）都是要在行动历程中产生的。对作者来说，所有数据都要在具体层次中才可以获得。在上面分类的具体层次中有"Empirical Foundations"这一小标题，即这个具体层次才是所有数据的来源，即使研究者有兴趣的是中间层次的现象。作者在第三章花了很多篇幅讨论如何从具体层次的数据营造中间层次的变量。文本支持：

[T] he meso-level analysis elaborated in this book is grounded upon extensive empirical case studies of such trajectories, both in my own research

and in the vast scholarly literatures on, among other topics, state spatial poli-
cy, intergovernmental relations, urban infrastructural systems, urban govern-
ance, and urban policy. However, in drawing upon such concrete research,
my concern is not to explain the nuances of particular cases, or to engage in
a systematic comparative analysis of different national, regional, or local out-
comes. Instead, I deploy such research as an empirical foundation on which
to articulate broader, meso-level generalizations regarding the new state
spaces that have been crystallizing across Western Europe. (p.22)

　　第一章的讨论告一段落，我们进入第三章。第三章题为"The State
Spatial Process under Capitalism：A Framework for Analysis"，这章是全书的
理论框架。第三章小节划分如下（原书小节没有数字与英文字，为了方
便行文，我为每一小节加上数字与英文字以资识别，而本文的语意学系
统，是基于 2A，2B，3A，3B，4C 而画的）：

　　1. State Theory Beyond the Territorial Trap?

　　2. Methodology Preliminaries：Spatial Process, Spatial Form, and
Spatial Scale

　　A. The State Spatial Process：a First Cut

　　B. Polymorphic Political Geographies

　　C. State Scalar Configurations

　　3. State Space as Political Strategy：a Strategic-Relational Approach

　　A. The Strategic-Relational Approach to State Theory：An Overview

　　B. Spatializing Strategic-Relational State Theory：Towards State Spatial Se-
lectivity

　　4. Extending State Spatial Selectivity：Parameters, Evolution, Transformation

　　A. Parameters of State Spatial Selectivity Under Modern Capitalism

　　B. Towards an Investigation of State Spatial Restructuring：A Research Hy-
pothesis

　　C. Path-Dependency and "Layered" Regulation：Conceptualizing State
Spatial Restructuring

　　5. Summary and Conclusion

　　首先要解释书名内 "State Space" 一词的概念，作者定义如下：

　　"I argue that state space is best conceptualized as an arena, medium and outcome of spatially selective political strategies. "

　　作者在 2A 立即引用哈维（David Harvey）的观点，指出 State Space 是一个过程，不是一个状态，所以 State Space 就等于 State Spatial Process。这处需要一点背景说明，作者指出在现代资本主义下，民族国家有权力与义务去管理其边界以内所有的东西，这些行动就称为管理活动（Regulatory Activity）。而作者认为民族国家很多管理活动是有空间面向的，这是因为现代民族国家与前现代国家不同，边界是其界定特征，前现代国家的管理范围就等于国家军队与官僚科层可以到达的地方，但现代民族国家却要特意设计一些管理方法，使自己的管理活动可以涵盖整个边界。因此，可以想象，大部分的国家管理活动都有空间面向。作者在第一章与后三章不断以欧洲例子说明这个道理，用我们熟悉的中国例子，例如毛泽东的"上山下乡（由城市到农村）"、邓小平的"让一部分人（即中国沿海）先富起来"等的管理活动也是这个道理。这是博任纳的出发点：国家管理活动必然涉及空间面向。

　　由这个出发点进发，博任纳首先提问，这些带有空间面向的管理活动是如何产生的？这就等于提问，State Space 或 State Spatial Process 实际是如何被生成出来呢？博任纳顺从哈维的想法，他觉得每一项国家空间管理活动是由社会冲突创造的，不同的群体在不断的社会冲突之中。但不同群体在冲突之余，必然同时考虑两个条件：

　　（一）国家空间形式（spatial form）。这个形式在资本主义的情景下限定民族国家必须以边界为空间单位。这是被给予的条件（given condition）。

　　（二）国家空间的"国家空间选择性"，即国家组织与功能原有的空间偏好。这个倾向源于以前的国家管理活动，而这些选择性体现于国家的建构与组织之中。博任纳将国家的建构与组织分为两个部分："狭义的国家"与"整合的国家"。狭义的国家就是国家的组织（可以简单想象为中央机关与地方政府的上下组织制度），整合的国家就是指国家组织介入经济活动与公民社会活动的方法，例如税收活动、征兵活动等，即国家对其他制度间的角色与功能。这亦是被给予的条件。

　　换言之，不同的社会群体就是在这两个条件下互相冲突，然后产生新的国家管治活动。新的管治活动可以有两种：State Project 与 State Strategy，一个管治活动可以是为了单独改变国家的空间组织（举一个例子：区议会因为出现一个新屋苑而将旧的区分整合，就是纯粹改变空间组织），又可以是为了改变国家空间的干预（举一个例子：政府给区议会经费去做文娱活动，就是一个空间政策，让某一个地区层级有权力干预公民社会，但空间组织没有改变）。最终这会变成新的"空间选择性"。

这个管治活动改变了国家的组织或功能，但不会大变，因为这不过在原来的组织或功能中做上一次修改。对作者来说，这个过程的结果（国家空间选择性），实际上是一个新规划的国家空间安排，以一个迭加过程加入成为下一轮过程的国家空间。有关迭加的过程，可以从以下的引文佐证：

> 它（国家空间性的再结构）最好被想象为一种迭加的过程（a layering process），于其间，新规划的空间安排加诸于国家空间组织的固有形态之上。任何历史节点上的国家空间组织都呈现为一种多层迭加的领域马赛克（territorial mosaic）于不同历史时刻被确立的政治地理在此紧密交织。（p. 159）

谨记：任何一项国家空间管理活动是在"先在的国家空间选择性与国家空间形式的条件下，由不同群体冲突之中"生产出来。即使一个地方产生出一项与原本国家空间安排不同的管理活动，这项管理活动（即 State Project 与 State Strategy）好比一块透明的投影胶片，在原来的很多投影胶片上重叠。所以作者这样说：

> 国家空间性的再结构很少牵涉到固有政治地理的全盘解组……确实，就像许多其他的社会历史过程，如技术变迁和制度再结构（North 1990；Pierson 2000），国家空间性的演变显现出强烈的路径依赖，它的许多特征可以通过历史发展的过程被再生、强化及至锁定。国家空间性的系统转型要等到它的选择性（selectivities）被修正到相当的程度才会发生，这种修正即是要创本质上新型之国家领域组织和/或国家管理活动的地理。（pp. 159 – 160）

按以上讨论，我们获得了以下的语意学系统。

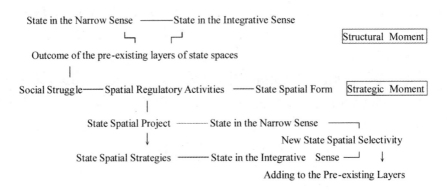

虽然作者建立了以上有关国家空间过程的理论，但作者醉翁之意不在酒，他的目标是研究"迭加的国家空间（国家选择性）"。以上的国家空间生产与再结构的过程概念化，对作者来说只不过是具体层次（concrete level）的东西！

一方面，第三章 2A 及第 4 节均申述中间层次（meso level）的景况。有趣的是，中间层次的语意学系统非常简陋。原因很简单：作者的理论意图是建立一个过程的概念化（processual conceptualization）。但从中间层次的视野（vantage point）看，只会看到不同的国家选择性，按时序排列出来。而这个国家选择性连续不断，不断再制，但因为再制的过程实际上是在具体层次中解决的，所以在中间层次看，我们看不到再制过程，因为每一个再制过程，就是国家空间过程，必然要跌落具体层次里进行。总言之，在中间层次，只会看到一系列的国家空间。

另一方面，在中间层次去看国家选择性，与具体层次的国家选择性的生产不尽相同。因为作者在 2C 一节提出多尺度再制的概念。在具体层次的研究中，研究者选取特定一个尺度（国家尺度、地区尺度、都市尺度……），研究该尺度的国家组织如何厘定一个国家管理政策，而国家选择性就是一个被给予的条件。

在中间层次的研究中，国家选择性其实同一个时间是不同尺度与政府组织位置的条件，换言之，在同一个时间，不同尺度与不同政府组织位置都可以同时厘定自己的管理活动。在中间层次的研究，每一刻的国家空间/国家选择性，其实是指称一个系统不同尺度与位置的管理政策，即中间层次每一刻的国家空间其实是同时有几个不同的国家空间在其中生产。

　　这个概念保证了不同尺度与制度位置可能会产生不协调的管理政策，而这就是国家空间选择性变动的可能性。

　　中间层次的过程如下：

State Spatial Process (Meso Level)

<pre>
··· Scalar Reproduction —————— Scalar Reproduction —————— ···

··· State Spaces —————— State Spaces —————— State Spaces —————— ···

     Reproduction at Institutional Sites   Reproduction at Institutional Sites
</pre>

　　尽管在过程上简陋，作者却非不着力于中间层面的理论建构，但是，中间层面却是他的关怀所在。实际上，作者对中间层面是方法学上的讨论：如何从具体层面获得的数据，营造中间层面上的变量？他提出两个向度：领域向度与尺度向度。这部分非常详细，但与本书无关，不赘。为得一大概，重画作者营造中间层面变量的图（原书第 106 页），如下：

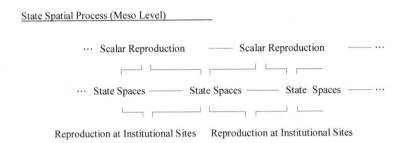

From
KEYNESIAN WELFARE　　　　**Centralizing**
NATIONAL STATES …　　　　(state spatial projects)
　　　　　　　　　　　　　　　Scalar singularity
　　　　　　　　　　　　　　　(state spatial strategies)

Administrative uniformity　　　　↑　　　　**Administrative customization**
(state spatial projects)　　**… to**　　　(state spatial projects)
Equalizing/balancing　←　NEW STATE SPACE?　→　**Differentiating/concentrating**
(state spatial strategies)　　　　　↓　　　　(state spatial strategies)

　　　　　　　　　　　　　　Decentralizing
　　　　　　　　　　　　　　(state spatial projects)
　　　　　　　　　　　　　　Scalar multiplicity
　　　　　　　　　　　　　　(state spatial strategies)

　　以上是作者把他的经验研究，放在图上表示的情况。横、纵轴是领域向度与尺度向度。实际上每一个地方尺度、每一个管理政策，都会是这个平面上的一点：该政策究竟是较为中央集权或是较分权？该政策究竟是较为希望地方平均化还是希望让地方发展自己优势？

博任纳发觉60—70年代的西欧国家的政策，大多分布在表上横轴左端和纵轴上端的范围，他称为"福特主义—凯恩斯国家体制"（Fordism-Keynes State Regimes，不妨缩写为FKSRs）。到70年代后的管理政策的点大概落在中间，即"New State Spaces"的地方，即作者称为"全球化竞争国家体制"（Globalizing Competition State Regimes，缩写为GCSRs）。博任纳的中间层次理论，因而是一个方法论！

但这个方法论有社会行动的前提（即具体层次）。有几点值得留意。博任纳真正希望解释的，其实是60—70年代的管治政策大约都在左上方，到1970年代政策在中间，这个国家管治政策倾向改变的原因与过程为何？他的确不在解释个别地方政策，或者比较不同国家的差异，他只是发觉了几乎所有西欧国家及其地方政府，在某个时间，似乎没有真的预先演习，大家都自动地聚集在平面上的某些地方。由于每一点都是来自具体层面的数据，解释却是平面上的聚离集散的模式，这就是博任纳所说的"中间层面仍需要具体层面的经验基础"的原因。

另外，作者在第一章指出，他不相信其中一派全球化理论。这派理论认为全球化带来的是趋同模型（convergent model），就是说，不同地方模仿这个趋同模型，所以全球就会有趋同的趋势〔我相信，他指控的是经济学家中提倡The Best Model的学派，但该指控亦可以适用于社会学里少数实证地研究全球化现象的社会学理论，例如梅雅（John W. Meyer）的国家政体理论（World Polity Theory）〕。他的方法论体现了他的立场，每一个地方都因为自己的空间构造过程而产生新的管治政策，而且这个管治政策都是受限于该地方的先在空间选择性，所以每个地方都是由于路径依赖性（path dependency）产生这个新的管理活动。他漂亮地解决了第一章所讨论的，看似是诡辩的说法。他研究的是中间层面（即平面上有新的集合模式）的集合，但不否定个别地方路径依赖的现实。

最后，博任纳的社会学理论，提供了研究他性的一个可行的方法。他的理论不是讨论人之景况，而是讨论他性的演变。这可能只是我个人的过度延伸？

3 月 22 日复 Ben：

先就一些表面观察说说。

"*longue duree* temporalities" 一词应是 *longue duree*（长时段）和 temporalities 二词合并，后者仍然是名词，前者便再不是名词，而是相对于后者的形容词。*longue duree* 一词在社会学里广为人知，恐怕是因为吉登斯的推广。在哲学里，大概是因柏格森（Henri Bergson）的使用令它流传起来，在历史学里也许是因为布罗代尔（Fernand Braudel）的推广。留意：temporalities（诸时间性）是复数词，博任纳应是很仔细地区分了各种长时段，这样做可能是与分析层次有关。

"利益群体"（interest group）是研究者所用的概念，算是行动者的一个类型。在 *New State Spaces* 里有哪几个类型的行动者？你没有指出。若是只使用行动者的类型，不涉及个别行动者，所谓"数据"大概只能是统计列表（statistical tabulation）的所得。不知博任纳的文本是否如此？

你说"从具体层次的数据营造中间层次的变量"。不知博任纳使用了哪些统计学方法？

你写的"改变""变迁"等汉语词应是同一英词"change"的翻译。"change"一词的意义不一，可宽可紧，或正面或负面，或动词或名词，应就你的理解来翻译。我认为至少还可以汉译为"变化""变更"。或请你就 change 一词修改汉译。

另一翻译问题，我想"regulatory activity"汉译为"规管活动"或许更合适。"规管"就是以"规"（regulation）为手段得到"管"的效应。你另有"管治活动"和"管理活动"二词，英语原文为何？"空间面向"是"spatial aspect"吧？

3 月 22 日 Ben 复：

你提出的疑问都点出我写作时的疏忽。首先，"利益群体"是我误用。我在梳理作者的语意学系统后，再用文字描述语意学系统时，随意地将"social struggle"写成利益群体的斗争。实际上作者只是用"social forces"作为"social struggles"的载体，而且只是过场用字，作者没有将之变成明确的概念，仅举一例：

> For Jessop, therefore, the functional unity and organizational coherence of the state are never pregiven, but must be viewed as emergent, contingent, contested, and potentially unstable outcomes of ongoing sociopolitical struggles between opposed social forces. (p. 85)

至于作者的实证研究，并无用任何统计学的方法。他的做法是收集西欧不同层级政府（包括国家、地方、都市等）在不同时间作出的政策，按照他的概念类型学（typology）将这些政策分类，于是产生了在60年代国家尺度政府的政策都是"集中（centralized）而均分（equalize）"，70年代国家尺度政策仍是"集中和均分（centralized and equalize）"但都市却是开始由均分（equalize）变成地方化（locational）之类。作者在讨论每段时期每段尺度的政策时，有些时间会以一些详细的个案进行申述，在这些个案中时时会讨论到地区不同的群体如何互动，最后构成政策。例如讨论70年代都市尺度的政策，会讨论到"新型政治联合"的互动。

但在理论上，没有对这些互动作出任何限定，反而用以下的做法讨论所谓"社会竞争"：

> 因袭（inherited）的国家空间地理分割与意图工具化、再结构或是转变这种状况的适时（emergent）政治策略之间存在着冲突性互动，如此看来，国家权力的空间性既是这种互动的前提和提介，亦是其产物。随之而生的辩证关系是，既定的国家空间结构被多种社会力量的争斗所修正，而其意图正是要根据特定目的重制国家主体性（statehood）之地理。这些争斗把具备特定形式的空间选择性赋予国家机构及其政策，在这种空间的选择性当中，各国领域内的某些空间、地方和尺度从中获益，而余者则被忽视、边缘化或排除（p. 159）

作者提出斗争参与群体只有两种："因袭国家空间地理分割"的群体

与为了"意图工具化、再结构或是转变状况"提出"适时政治策略"的群体，即"不变"与"求变"的群体。

文中"管理活动"英文都是 regulatory activity。

很遗憾，博任纳没有说清楚"State space is an arena, medium and outcome of spatially selective political strategies"这一句话说，而且这句话说在文中并不一致。例如在上述的引文变成了"前提和媒介，亦是其产物（presupposition, medium and outcome）"，在别的地方又变成了"sites, generators, product"（p. 87）。又例如他的实证研究，其中一个论点是希望说明"new state spaces"的产生来自都市尺度，但该节的题目是"Urban governance as an arena and medium of state spatial restructuring"。我在描画他的语意学系统时，曾想以这些"arena, medium and outcome"去组织他的语意学系统，但因为用字不一，而且有点乱来，所以就放弃以此作为主轴。state activities 就是由那个活动所组成。

对于博任纳的理论是否国家理论的延伸，我想先弄清楚吕先生你心目中的国家理论是指哪些社会学理论？是列宁那一种，以指导国家为目标，还是实证的国家理论，例如安德林（Benedict Anderson）的想象的共同体（imagined communities）或者蒂利（Charles Tilly）的西方民族国家建立过程研究？

我会修改"改变"、以"规管活动"改"管理活动"等用字。亦会试画博任纳的国家理论的语意学系统。

3 月 22 日再复 Ben：

I have revised your semiotic system at the concrete level. It is attached.

Look carefully for the changes I have made. I can now speculate where the semiotic system at the meso level can fit into that at the concrete level. See if you can see what I am speculating.

3 月 23 日 Ben 复：

Is the meso level the event sequences, which consist of various "consequences of state spatial processes" of different scales and institution sites?

3 月 23 日复 Ben：

You are right. Look at the following semiotic system, which is a further revision of the earlier one I attached to you in my last email, to make it more apparent where the meso level fits in.

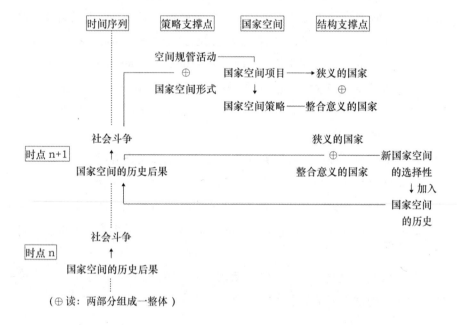

（⊕ 读：两部分组成一整体）

Notice the State Space heading. I think what state space means is no more than that state space projects and strategies. This guess is supported by the diagram you took from Brenner. The so-called "Keyesian Welfare National States" is no more than projects and strategies.

The scalar production and reproduction at institutional sites are probably respectively identical to the strategic moment and the structural moment. Please check this against Brenner's text. I think I am likely to be correct.

In other words, the three headings, namely, Strategic Moment, State Space, Structural Moment, comprise the meso level. They are of course time sequences, because each of them is the consequences of the Time Sequence at the concrete level.

We have probably broken the Da Vinci code of Brenner.

3 月 23 日再复 Ben：

Notice the following causal loop at the meso level：

时间序列→策略支撑点→国家空间→结构支撑点→时间序列

I have changed your "pre-exisitng layers of state spaces" to "history". At each time point n, the empirical content is the causal link between Historical consequences of state spaces as the cause and Social struggles as its effect.

I suppose that Strategic Moment = Reproduction at Institutional Sites, and Structural Moment = Scalar Reproduction. The use of the word "Scale" by Brenner is not clear from your analysis. What does it mean exactly？

3 月 23 日 Ben 来邮：

读了你 19 日邮件附来的《民族志作者性的一人独白传统》一文。这篇文章为人类学固有传统作出的辩护，精彩异常。

但我有一个疑问，可能是偏离文章主题的：我一直以为，70 年代以后以克利福德（James Clifford）为首的那种研究取向主要是挑战固有人类学的方法论传统。这个传统忽略了人类学家在进入田野后与当地人建立了某种关系，把人类学家站在完全外围的作者角度得出的田野的描述视为当然的描述。虽是声称客观，其实不过是基于研究者与被研究者的关系上的观察而已。

吕先生回应了：人类学家并不需要描述真确（民族志只是社会理论），只需要对人类学传统负责。吕先生也分析了"参与式观察"的行动历程，已考虑到研究者与被研究者的互动。但是，我看此文时，总觉得你没有明确地（explicitly）说出来，有点怪异。我认为是应该明确说出的，因为像我那样误解克利福德对固有人类学的批评的人大概不是少数。

3 月 23 日又复 Ben：

我个人认为，问题的症结在于：格尔兹和克利福德都没有对人类学（作为一门学问）必须具备的学术传统重视，反而是忽视了。正因为如此，格尔兹以为人类学的知识（记住：是概念知识）只来自人类学家自己的思考，克利福德以为只来自人类学家和当地人的互动。

他俩都对，也都错。对的是，人类学知识若是没有人类学家自己的思考和他跟当地人的互动的联合支持，根本是不可能的。错的是，若是没有人类学的固有传统（记住：依照伽达默（Hans-Georg Gadamar）在《真理与方法》里的说法，传统是一种他性，同时独立于人类学家和当地人之外），人类学家（他知道而且是必须知道有此传统）便跟当地人（他不知道也无须知道有此传统）无异，他的思考不再与科学课题有关。

还有一个误会，我是指对人类学本质的误会，几乎是无人不犯的：人类学的田野工作（field work）不是实证研究（positive research），所以，从田野工作直接得出的理论只是一个社会理论，本身只在思辨课题之内，不在科学课题之内。若是要把它转变成为社会学理论，社会学家（人类学家也可以充当的）还要做一些实证研究（参数因果性和士多噶因果性二分析必在其中，见我 2 月 8 日邮件），证明在某些特定条件下它能够承受实证探究。如此，它才是在科学课题之内。

人类学的固有传统之所以要紧，正是在于这样的一个学术事实：遵从传统得出的社会理论是最有可能转变成为社会学理论的，忽视传统恐怕是死路一条。这就是席尔斯（Edward Shils）在《论传统》一书里留给我们的忠告。

3 月 23 日致 Ben：

我就 23 日给你的复邮里的语意学系统作一些臆测，帮助你在博任纳的文本中改善和审查它。

你应该注意到，我没有为"新国家空间的选择性→国家空间的历史"给出标题。我写那封复邮时已是凌晨，太晚（应说太早？）了。现在是午后，我告诉你我的想法。

　　首先，从我的理论社会学看，"新国家空间的选择性"只可能出现在奥古斯丁说的"将来的现在"里，"国家空间的历史"则肯定是出现在"过去的现在"里了。随之而来的提问当然是：是谁"在将来的现在里期望"和"在过去的现在里记忆"？研究者博任纳肯定是其中一位。还有谁？那些要明白"国家空间"这个复杂的社会实在（social reality）的人，包括一小撮政府官员、一小撮资本家及其随从，一小撮社会活动家及其追随者，一小撮社会学家。上述人等便是有关行动历程的积极参与者，一般老百姓无涉焉。

　　"现在的现在"又在哪里？就是在标题"国家空间"下的"国家空间项目→国家空间策略"！它是"在现在的现在里注意"的对象（object）。我们可以更准确地标之为"注意中的国家空间"。如此一来，"新国家空间的选择性→国家空间的历史"便可以标作"期望和记忆中的国家空间"了。我认为，当"时间序列"在任何时点（例如时点 n + 1）上，它都应是同时在期望、注意和记忆中，"策略支撑点"和"结构支撑点"亦应如是，请你在博任纳的文本中查证一下。

　　撇开枝节，在"时间序列"的任何时点上，整个语意学系统在中间层次上便是在"当下一刻"（它拥有过去的现在、现在的现在、将来的现在）里的一个因果圈（causal circle）：

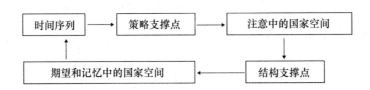

在具体层次上，对在当下一刻里的同一因果圈更仔细的描写便是：

这是在当下一刻的快照（snapshot）。下一个提问是：研究者博任纳如何把它展开成为历时性？表面看来很简单，他在每个当下一刻都快拍，把众多快照连接起来便是历时性了。但是，那些积极的参与者之间如何在历时性中互动？

我先在这里打住，你来想想该怎么办？

3 月 23 日 Ben 又复：

谢谢你回答了我的疑问。

你说："若是要把它转变成为社会学理论，社会学家（人类学家也可以充当的）还要做一些实证研究（参数因果性和士多噶因果性二分析必在其中，见我 2 月 8 日邮件），证明在某些特定条件下它能够承受实证探究。如此，它才是在科学课题之内。"

我好奇想询问一下：现存有没有社会学理论是将民族志进行实证研究的范例？

我一时想不太起真的利用人类学民族志所得进行实证研究的个案。我想大约连涂尔干的《宗教的基本形式》也算不上是将民族志变成社会学理论的范例吧？

3 月 23 日 Ben 又又复：

有关尺度的讨论，主要是在第一章第一节"From the scale question to the new political economy of scale"中提及。（尤其是第 8—12 页的讨论）

以下是我分给同学的导修简介（我这个年度要为都市社会学带导修），是博任纳那几页的撮要。我重看之后，仍觉得我对他尺度概念的理解没有错误，现将之附录如下：

·讨论的关键是在于尺度问题（scale question）：全球层面、国家层面、城市层面、个人层面……还有很多"层面"……

·问题是这些"层面"是如何定出来的？

·华勒斯坦（Wallerstein）（1991，转引自 Brenner, p. 11）：这个问题自社会科学创立以来，每隔十几年就会拿出来讨论，但讨论往往失焦成为"哪一个层面才是社会科学研究合适的出发点"，把问题变成知识论、方法学的问题。

· "尺度"是社会过程的（副）产物，所以"尺度"是本体论的（作者的用字）问题：

· Geographical Scales are not static, fixed, or permanent properties of the social world or of social spatiality as such. They are best understood as socially produced, and therefore malleable, dimensions of particular social processes – such as capitalist production, social reproduction, state regulation, and sociopolitical struggle. Insofar as any social, political, or economic process is internally differentiated into a vertical hierarchy of distinct spatial units, the problem of its scalar organization arises. As Smith (1993: 101) indicates, geographical scales provide a "partitioned geography" within which diverse forms of social interaction unfold. At the same time, the differentiation of social processes into determinate scalar hierarchies is never accomplished once and for all, but is continually forged through everyday practices, conflicts, and struggles (Swynagedouw 1997; Joas 1994). The scalar organization of a social process or institutional form may thus become an object of direct sociopolitical contestation and may, by consequence, be recalibrated. (Brenner, pp. 9 – 10)

· Geography scale is socially produced as simultaneously a platform and container of certain kinds of social activity. (Smith 1995: 60 – 1, quoted in Brenner, p. 8)

· 每一个社会过程/社会活动（例如资本主义生产、社会再制、国家管理、社政斗争）都会涉及一个有限范围的物理空间，例如国家提出政策，该政策的影响就在该国家的国界内。

· 而同一类型的社会活动，在短时间内涉及的物理空间大概不会有大变动。

· 所以我们每一次社会活动时，会倾向认为该种社会活动的施行，就必然在该幅员的物理空间，所以我们会把某类型的社会过程，与某种物理空间连在一起。例如国家活动，我们就会立即觉得是国家层面（国界以内）的社会过程。所以尺度就是由社会活动所产生的。

·但很多社会活动非常复杂，牵涉多个层面的社会互动。例如国家活动对我们个人的影响，国家下达命令，要通过很多不同的互动（例如国家元首要通过中央官僚、中央官僚又要通过地方官僚），每一个社会互动都会在一个垂直阶序中获得位置，以上文为例，即国家层面、地方层面、个人层面。这就是史密斯所论述的"分隔地理"（partitioned geography），亦是作者经常论及"nested hierarchical structure of organization"的意思。而这个垂直阶序往往同时伴随一个按这个互动而编组的"尺度组织"（scalar organization）。作者文本是"该社会过程（如国家再制过程）是内部分殊化，成为一系列垂直阶序的地方单位"。

·当某一个社会活动被重复施行，该尺度就会不断被再制，而这个由社会过程界定的尺度，会相对比较稳定，所以成为"固定尺度"（scalar fixes）。

3 月 23 日 Ben 又来邮：

我重看了 Urban Fortunes，将语意学系统重画。先附上以前对《都市财富》（Urban Fortunes）的语意学系统，方便分析，见后页。

我重读洛根（John Logan）和摩洛奇（Harvey Molotch）《都市财富》的章节，发觉我前一个语意学系统忽略了他们对"政治经济学"那一轴丰富的语意学系统，以致上一个语意学系统在"地方过程"与"意识形态"一轴有错误，我以前误将这个问题视为"语意学系统牺牲了理论的复杂性（complexity）"，甚至误判了洛根和摩洛奇社会学理论的价值。

首先，洛根和摩洛奇已经清楚指出，他们认为研究都市现象，就是研究都市的地产市场（第一章，pp. 1 - 4）与其衍生现象。洛根和摩洛奇的说法，其实与当时都市社会学讨论有关，据华生（John Watson）在 1993年《社会学年鉴》中对都市社会学中政治经济学派回顾式的评论①指出，

---

① Watson, John, "Urban Sociology: The Contribution and Limits of Political Economy", *Annual Review of Sociology*, 19, 1993, pp. 301 - 320.

都市社会学有一个难以疏解的难题，就是如何界定都市社会学研究对象。洛根和摩洛奇属于自 20 世纪 80 年代兴起，由一班英、美、法国学者组成的"新都市社会学"的一员，实际上"新都市社会学"就是用政治经济学研究都市现象。洛根和摩洛奇就是为这派社会学理论对都市社会学长久的难题提出解答：都市社会学就是地产市场的研究。

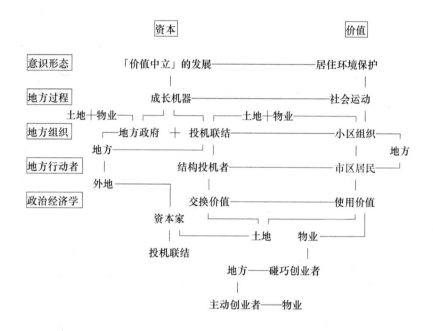

洛根和摩洛奇如何讨论地产市场呢？首先，地产市场中的商品就是"地方"（Place）。既然"地方"可以买卖，就会有"价格"（Price）。直至这一点，这与经济学讨论地产市场没有不同。

洛根和摩洛奇与经济学分道扬镳的地方，是他们否定了"地方作为商品"的"价格"是由市场供求机制决定的，原因来自"地方"作为商品，与其他商品不同的独特性（pp. 17 - 20；23 - 27）。详情不赘，但总体而言，就是无论对出售地方的人（对他们来说，地方不过是赚取"租金"的"土地"，他们只会关注地方的"交换价值"，注意"租金""土地"及"交换价值"均是马克思理论的术语）或者是消费地方的人（对他们来说，地方是用来居住的"物业"，所以他们关注"使用价值"，注意"使用价值"是马克思理论术语，但"物业"并不是），地方的价值均取于地方身处的位置（location），简单来说，若该地方（无论是土地或者是物业）地段好，它的使用价值与交换价值都会高，反之亦然。

我将洛根和摩洛奇的政治经济学分析的语意学矩阵写出：

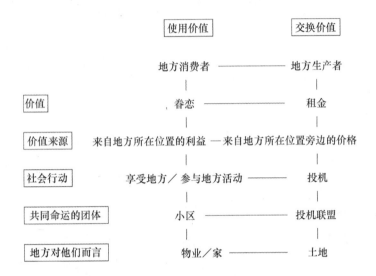

首先，地方消费者享用使用价值，地方生产者享用交换价值。这是作者们借用吉登斯的说法："Giddens（1973：108 – 10）notes the importance of spatial segretation as a 'proximate factor of class structuration … an aspect of consumption rather than production which acts to reinforce the separations' produced by unequal market capacity". （p. 19）先将使用价值连上消费地方，再将交换价值连上生产地方（p. 28）。

对地方消费者来说，一处地方的价值完全取决于眷恋（sentiment）。对地方消费者来说，一个地方的价值，取决于地方所在位置的环境，包括邻舍环境、地方附近的公共设施、该地方与其他地方相较有什么优势（例如该地是政客选举必争之地，则该地较其他地方有更多的议价能力），这些都不是物业本身的价值，而是物业所在地方为地方消费者带来的价值。而且这些价值既有物质性，又有心理健康性。作者将这些由物业所在地方为物业带来的价值称为"眷恋"。（p. 20）

而对地方生产者来说，他们将地方视为"土地"，仅仅为了"土地"衍生的"租金"（rent）而活。"租金"这处包括了出售转卖所得与将之租出所得（p. 23）。但这些"租金"是如何而来的呢？租金并不是地方本身的价值，而是由地方附近的土地利用决定的，例如身处交通要道的地方就自然租金较高。

对地方消费者而言，他们不过是消费地方为他们带来的价值而已，所以他们一旦长住下来，可能仅仅是享受地方，不作任何事［充当奥尔森（Mancur Olson）1932 年提出的所谓搭便车的人（free-rider）］，但他们亦可能会参与地方事务，协助提供劳力使地方的位置价值提高。（p. 20）

对地方生产者而言，他们的目的是赚取"租金"，所以他们所做的是"投机"。地方的价值，不是取决于任何的生产活动，而取决于低买高卖的策略，这是"地方"被称为"虚假的商品"（fictitious commodities，马克思语）的原因。（p. 27）

对地方消费者而言，以一地为家的住客，因为自己的物业身处的位置对自己有利，他们有利益立场会捍卫自己身处的位置利益。作者认为因此地方会产生一个"命运的团体"。［Like class and status groupings, and even more than many other associations, places create "communities of fate". (Stinchcombe, 1965：81)］"命运的团体"的概念来自社会学家斯廷奇科姆（Arthur Stinchcombe，1933 –），而我怀疑斯廷奇科姆是借用韦伯《经济与社会》对阶级、地方与生命机遇（life chance）的讨论，洛奇和摩洛奇也借用之，界定"地方消费者"们的"集体利益立场"，即若一个区域的位置利益上升，对该区域的地方消费者都有利（但要小心，有集体利益立场不代表所有地方消费者都会被动员去争取与捍卫这些利益），这样才能够理解作者抛下一句"The community in itself can be a local force"（p. 19）所说的为何事：为什么在个别地方消费者以外，团体本身都可以成为一股地方力量。

对地方生产者而言，作者指出，有一班"死硬派"的、只会考虑地方交易价值的人，他们就是"结构投机者"，他们亦会组成一个"命运的团体"，作者称为"投机联盟"（pp. 31 – 32），同样地，这个联盟是高于个别的结构投机者的存在。（pp. 32 – 33）

问题来了，"社群"与"投机联盟"分别有哪些社会群体？例如买楼自住的人，他们是消费者，但当楼价趋升时，他们就会卖楼套现，他们又是生产者。作者注意到这个问题，他们讨论"资本家"（进行资本生产，而不是以租金过活的人）究竟是社群或投机联盟时，不禁叹道："At that point their interest shifts from the use value of a place to its exchange value, once again blurring the neatness of our distinctions."（p. 21）实际上他们的分类中，永远都只是"地方消费者"的群体只有一个："租客"；永远都只是"地方生产者"的群体亦只有一个："结构投资者"。其他的群体都可能在不同的时点，转投在任一个阵营处。所以"社群"与"投机联盟"不过是两套不同的"利益图式"，他们可能在不同的时间，召集到不同的社会群体！反之"租客"与"结构投资者"反而奇怪，他们是永远地死忠于某一个利益阵营的群体。

在讨论完政治经济学一轴的细致内容后，我们获得两个"利益图式"："小区"，由地方消费者组成；"投机联盟"，由地方生产者组成。然而两个利益集团有各自的利益，而且他们会为自己的利益而活，但他们的利益依赖于地方所在的位置，而无关各自阵营本身。他们清楚地方的所在位置会受到"政府"政策影响，所以两个阵营都希望影响政府的政策，包括税务政策、交通基建政策、都市化政策等，通过这些政策改变地方所在位置，从而使自己拥有的地方的价值上升。我们可以获得另一个语意学系统，见后页。

无论投机联盟或者小区，他们会尝试影响政府的政策，希望政府的政策倾向他们，他们是走向政府规管的一边，最后政府政策改变地方的所在位置，从而带来使用价值与交换价值的改变，其中交换价值的改变会从市场中的"价格"反映出来。"市场"与"规管"在地产市场的个案是互相依赖的。所以作者引用波兰尼《大转变》（*Great Transformation*）著名的结论："事实上规管和市场一起成长起来。"（Regulation and markets, in effect, grew up together）（p. 28）

但作者在以上的语意学系统中，提出几个论点：

第一，这个语意学系统重申了，市场机制在地产市场不生效，因为地产市场的价格不是由需求、供应构成的均衡点组成，而是通过"超市场力量"（extramarket forces），即政府决定地方的价格，而且消费者与生产者都明白这个机制，他们都是通过超市场的机制（即与政府联盟、与社会运动方式）去追求与保卫自己的利益。

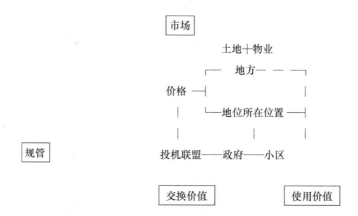

注：十 指从投机联盟的角度，他们只会从价格衡量一个地方，所以他们将地方看成土地，但从小区的角度，他们从使用价值衡量一个地方，他们看到一块地方的物业。

第二，虽然投机联盟与小区都连上政府，但作者限定了投机联盟是采取攻势，他们每时每刻地观察着地产市场的价格，考虑每一个影响政府政策的行动，思虑着对地方价格的影响（丝毫不会理会地方的使用价值）。而小区往往只是消极回应投机联盟带来的改变。这种消极性源于作者的论点：都市社会学的研究现象必然是由地产市场及其带来的衍生现象。所以作者在讨论小区的那一边时，定义地把只是维系小区情谊的街坊组织剔除了。这是否为作者的偏见？但作者在文中似乎暗示，这些追求使用价值增加的街坊组织，其实不太会生事，他们只是有兴趣自己的小区事务，由使用价值引起的行动，不算是都市现象，是基于小区情谊而生的活动。

最后，我要反省一下我之前一个对语意学系统的想法，在画第一个语意学系统时，资本那一行"成长机器"与价格一行"社会运动"，其实在作者的描述中分别指两个不同时段，使用价值与交换价值的斗争，我觉得将所有这些东西画在一个语意学系统，实际上是差劣的化约法。

但我在这一刻发觉只是我错误理解了作者的意图，在提出上述语意学系统后，作者提出在美国的不同阶段，"投机联盟"这个利益图式如何召集不同的群体进行斗争，而"小区"又如何召集不同群体进行保卫战。

直至 1970 年，美国地方的"投机联盟"的威力强大，一方面召集了众多的群体加入这个联盟，构成了"成长机器"。"成长机器"成员包括了政治家（pp. 66 - 69）、地方媒体（pp. 70 - 73）、公共事业（pp. 73 -

74)、大学（pp. 75 – 76）、文化人（pp. 76 – 79）、专业运动组织（pp. 79 – 81）、工会（pp. 81 – 82）、专家与小零售商（pp. 82 – 84）及资本家（pp. 84 – 85），另一方面他们还衍生一套意识形态："价值中立"的发展（value-free development）。相对而言，小区既无有力成员，而且无法建立一套意识形态与之对抗，所以小区几乎每仗皆输。而小区（作为一个集体利益图式）的无力带来的后果，是要每一个小区消费者个别面对投机联盟为他们限定的"处境的定义"（第四章有很多个案）。

到 1970 年后的美国，"投机联盟"的力量减弱，一方面很多群体因为各种原因发觉支持成长机器对自己利益没有好处，纷纷退盟，尤其是资本家的退盟影响深远（pp. 236 – 242），而且小区那一面又有一套与"价值中立"的发展对抗式意识形态（环境保护），"投机联盟"力量减弱了。

3 月 24 日 Ben 来邮：

就你昨天来邮提出的问题："下一个提问是：研究者博任纳如何把当下一刻展开成为历时性？表面看来很简单，他在每个当下一刻都快拍，把众多快照连接起来便是历时性了。但是，那些积极的参与者之间如何在历时性中互动？"我想象不到博任纳会如何回答，因为博任纳往往以一句"ongoing social struggle"打发掉。

吕先生你把焦点放在行动者身上，每一个行动者都会在"社会斗争"/"时间序列"里，记忆着原来的国家空间的选择性、注意（思索）着当下的国家空间的项目/策略、期望着国家空间的选择性的新变化。只要把焦点放在个别行动者身上，便要面对你的诘难：参与者之间如何互动？

我重读博任纳的文本，看看他怎样说。重读的部分是第三章第三节，我先节录两段文字：

> State Projects aim to provide state institutions with some measure of functional unity, operational coordination, and organizational coherence. State projects are endowed with strategic selectivity insofar as **particular social forces** are privileged in the struggle to influence the evolving institu-

tional structure of state power. When successful, state projects generate "state effects" that endow the state apparatus with the appearance of unity, functional coherence, and organizational integration (Jessop 1990a; 6 - 9). By contrast, state strategies represent initiatives to mobilize state institutions towards particular forms of socioeconomic intervention (Jessop 1990a; 260 - 261). State strategies are endowed with strategic selectivity insofar as **particular social forces** are privileged in the struggle to influence the state's evolving role in regulating the circuit of capital and in the establishment of hegemony. When successful, state strategies result in the mobilization of relatively coherent accumulation strategies and hegemonic projects. (Jessop 1990a; 196 - 219) (pp. 87 - 88)

In sum, Jessop's strategic-relation conceptualization of capitalist states may be expanded to provide the foundations for a "strategic-relational-spatial" framework for state theory. In this conception, the geographies of statehood under modern capitalism represent expressions of a dialectical interplay between inherited partitionings/scaling of political space and emergent state spatial projects/strategies that aim to reshape the latter. State spatiality can be conceived as a contested, multiscalar politico-institutional terrain on which **diverse social forces** attempt to influence the geographies of state territorial organization and state regulatory activity. (pp. 93 - 94)（注：粗线与打底线是我加的）

第一段文字：

（一）说明了博任纳的国家理论来自政治社会学家雅索普（Bob Jessop, 1946 - ）的"策略—关系"国家理论（strategic-relation state theory）。

（二）解释了"state projects"与"state strategies"分别指什么。我在之前都曾解释过，不赘。

（三）他指出是"特殊的社会力量"（particular social forces）赋予国家空间项目/策略的策略选择性（strategic selectivity）。

注意这段文字是说明雅索普的理论，所以"选择性"不是指国家空间的选择性，而是指国家规管政策会有阶级倾斜。该要怎样理解这段话呢？我没有引述该段文字之前一大段雅索普批评马克思主义理论家奥菲（Claus Offe，1940 – ）的国家论。他对奥菲的批评在于：奥菲认为国家建制本身必定有资产阶级偏向，但雅索普不同意。国家本身就是一个社会斗争的场所，国家的阶级偏向是社会斗争的后果。社会斗争为什么会倾向某些群体呢？原因就是：当时的社会环境令某些群体的议价能力较强，国家政策便会偏向这些因社会环境得以成功的群体。例如，70 年代因为经济环境恶劣，负责福利的都会机关的议价能力大减。换言之，雅索普的想法不考虑积极参与者之间的互动（博任纳也是），只假定那些得到社会环境助力的积极参与者会胜利。

第二段文字是博任纳讨论积极参与者之间的互动的另一个说法。他的做法十分粗糙，将积极参与者分为两方：支持"因袭"国家空间项目/策略和支持"适时"国家空间项目/策略，两者是"辩证地互动"。

换言之，博任纳没有考虑积极参与者在奥古斯丁时间中的"过去、现在与将来"，他的做法是按当时的社会环境，给予某些积极参与者"策略选择性"，而他们选择的国家空间的项目便被赋予选择性了。这不知可否用吕先生的语言解释：环境给予某些积极参与者能动性（决定国家空间项目的能力）？（注：博任纳所说的社会环境，通常都是指经济环境）

其他有关博任纳的问题，我想我先按吕先生你在日前的建议，先厘清博任纳国家理论再一并思考，否则有种头绪太多，茫然不知所措的感觉。

3 月 24 日 Ben 再来邮：

我想基于我上一封邮件的讨论再提出一个意见。这个意见来自阅读地理学家哈维（David Harvey，1935 – ）1989 年一篇期刊文章所得。该文章为"From Managerialism to Entrepreneurialism: The Transformation in Urban Governance in Late Capitalism"（《从管理主义到创业主义：晚期资本主义都市管治的转变》），后收入哈维的文集《资本的空间》（*Spaces of Capital*，2001）。[①] 博任纳在第三章罗列他的社会学理论建构时，指出哈维的理论是他建构理论的重

---

① Harvey, David, "From Managerialism to Entrepreneurialism: The Transformation in Urban Governance in Late Capitalism", in *Geografiska Annaler*, Series B, *Human Geography*, 1989, 71 (1), pp. 3 – 17.

要材料。实际上哈维在 1989 年这篇文章中似乎已经预测了博任纳经济研究的所有发现。

我提出这篇文章的原因有二：

（一）博任纳的"因果环"（causal loop）所描述的"国家空间建构"过程，明确指出是借用哈维的"都市化"过程（注：哈维的"都市化"用法不同于一般社会学家，指的是资本生产如何在原来的都市空间实践，而资本生产实践又会再制约都市空间），稍作修正后就套用为他的国家空间建构的过程。我在阅读这篇文章时，发觉哈维的"都市化"过程的语意学系统与博任纳的国家空间过程是一样的。

（二）哈维这篇文章，可以视为他在著名的马克思主义转向后的一篇综合回顾，他简单地勾画了他的"都市化"过程的几个重要面向，是一个很好的入手点。

可以说，与哈维的文章比较，博任纳的社会学理论几乎无什么新意。哈维自己也意识到自己的资本主义理论与雅索普的国家理论亲和，似乎可以借用雅索普的国家理论讨论国家政策。哈维的不同之处是，若是面对吕先生你的疑问，他似乎能够提出一个更直接的答案，这在博任纳的文本反而没有。

我先将文本引入：

It is likewise important to specify who is being entrepreneurial and about what. I want here to insist that urban "governance" means much more than urban "government". It is unfortunate that much of the literature (particularly in Britain) concentrates so much on the latter when the real power to reorganise urban life so often lies elsewhere or at least within a broader coalition of forces within which urban government and administration have only a facilitative and coordinating role to play. The power to organise space derives from a whole complex of forces mobilised by diverse social agents. It is a conflictual process, the more so in the ecological spaces of highly variegated social density. Within a metropolitan region as a whole, we have to look to the formation of coalition politics, to class alliance formation as the basis for any kind of urban entrepreneurialism at all. Civic boosterism has, of course, often been the prerogative of the local chamber of commerce, some cabal of local financiers, industrialists and merchants, or some "roundtable" of business leaders and real estate and property developers. The latter frequently coalesce to form the guiding power in "growth machine" politics (Molotch, 1976). Educational and religious institutions, different arms of government (varying from the military to research or administrative establishments), local labour organisations (the building and construction trades in particular) as well as political parties, social movements, and the local state apparatuses (which are multiple and often quite heterogeneous), can also play the game of local boosterism though often with quite different goals.

Coalition and alliance formation is so delicate and difficult a task that the way is open here for a person of vision, tenacity, and skill (such as a charismatic mayor, a clever city administrator, or a wealthy business leader) to put a particular stamp upon the nature and direction of urban entrepreneurialism, perhaps to shape it, even, to particular political ends. Whereas it was a public figure like Mayor Schaeffer who played the central role in Baltimore, in cities like Halifax or Gateshead it has been private entrepreneurs who have taken the lead. In other instances it has been a more intricate mix of personalities and institutions that have put a particular project together. (pp. 6 – 7)

文本提出:

(一) "重组都市生活的真实力量",并不是政府,而是来自"他处",而这是一个联盟。

(二) 不同的积极行动者,是通过组成联盟去获得组织空间的权力。

(三) 联盟包含不同的社会群体 [他引用摩洛奇 (Harvey Molotch) 的研究,摩洛奇是《都市财富》的作者之一],而各群体可以基于不同的目标加入这个联盟。

(四) 每个群体甚至个人都可以尝试影响联盟的性质、方向。

换言之,积极的行动者的互动,是基于自身的利益,加入"联盟"

而尝试使联盟生出的政策结果与自己的目标一致。

由于不同的行动者先在联盟互动，最后大家会以"联盟"的名义提出一项政策，难怪博任纳可以忽略互动这一部分，因为哈维和他都实际上看不到积极的行动者的互动，他们的理论看到的是那些群体会加入联盟（某些社会经济环境会促使某些群体加入或退出联盟），以及看到联盟的结果（"联盟"最后生出的政策）。

注：博任纳在他大作后半部的个案研究中可以看到他是完全套用哈维"联盟"的概念。不过，与哈维不同，博任纳不认为这个概念需要在理论部分厘清。哈维却在理论部分已经注意到互动的问题，并提出一些补救。虽然未必满意，但有此意图总比没有好。

3 月 24 日复 Ben：

你在 23 日其中一封邮件中简单介绍了博任纳的尺度概念，我把你的简介梳理、厘清和修改为如下关于尺度的说明，跟你原本的简介不尽相同，请审查是否准确。

（一）每一个社会过程（或社会活动）都涉及一个有限范围的物理空间。

（二）被不同的社会过程涉及的众多物理空间可以按它们的有限范围大小来安置。情况便类似数学上的众多数字可以按它们的绝对值（absolute value）大小安置在不同的数量级（order of magnitude）（例如 10^0，10^1，10^2，…，10^n，…）上。应用于有限范围的物理空间的"数量级"便是"尺度"，更准确地说，是"地理尺度"（geographical scale）。

（三）尺度是社会过程的副产物。因此，尺度是社会学事体（sociological entity）（注：我不认为尺度是个"存在论的问题"）。

（四）某一尺度是某一类社会活动的平台（platform），也是它的盛器（container）。

（五）某一类社会活动（例如资本主义生产）只在某一尺度内进行。

（六）同一类的社会活动身在的尺度在短时间内不会有大变动。

（七）各类社会活动的组织（organization）可以是按其尺度建立的，所得的结构便是该组织（organization）的"嵌套阶序结构"（nested hierarchical structure）。

（八）在不同尺度上的社会活动也可以视为同一个庞大又复杂的社会活动的内部区分（internal differentiation）。从这个角度看到的诸"分隔了的地理"（partitioned geographies）的组织便是"尺度组织"（scalar organization）。

从上面的说明看，博任纳引入"地理尺度"概念只是为了分析特定的研究对象，即涉及"资本线路的国家规管"（state regulation of the circuit of capital）和"国家霸权的建立"［establishment of（state）hegemony］（博任纳的用词，见你今天来邮的引文）的社会过程或行动历程（两者不是同一回事），不妨称为"国家的社会过程"或"国家的行动历程"。因此，他得到的社会理论不会是理论社会学，顶多是社会学理论。它若是社会学理论，我的理论社会学便有责任收编它为案例。

我们先看看"地理尺度"这个概念在我的理论社会学里应该如何理解。这令我想起科连斯在处理微观—宏观联系时引入的"时间尺度"（time scale）［"秒"（10^{0-1} sec）、"分／小时"（10^{2-4} sec）、"天"（10^5 sec）、"星期／月"（10^6 sec）、"年"（10^{7-8} sec）、"世纪"（10^9 sec）］，见我 2 月 20 日给你的邮件，他用来区分各类社会学分析。

"地理尺度"应是用来处理国家的社会过程或行动历程。毋庸多说，这样子的社会过程或行动历程许多时候都是在闭门会议或不对外公开的情况下进行的。研究者究竟能够得到什么模样的数据？恐怕绝大部分只是明文法律、明文规章、公开公文、会议记录、个别参与者的访问记录或私人笔记等而已，大体上都算是历史文献。你不妨想想博任纳理论的语意学系统中的因果圈（见我昨天给你的邮件），便不难想象数据的可能模样了。如此说来，尺度组织（"分隔了的地理学"的组织）至少可以用于数据的分类（按"分隔了的地理学"分类）和组织（把已分类的数据组织起来）。

尺度组织也用于已经内部区分了（internally differentiated）的国家的社会过程或行动历程的安置。上面的说明（八）保证了内部区分，说明（三）至（七）保证了安置。这些说明仅仅是一些前设而已。现在，请你从我的理论社会学的角度再度说明（三）至（八）。

我想你会发现：如此界定的尺度组织就是一种他性！理由明显，它肯定是把所有在行动历程中出现的"处境之定义"捆绑在一起的一个条款，而且应该至少是一些官员（都是能动性）认识的捆绑条款（它是能动性的"对象性"，即他性）。尺度组织能不或明或暗地出现在明文法律、明文规章、公开公文、会议记录上吗？官员能不认识它吗？

我们同时还可以肯定，既然尺度组织（作为这样的条款）是以数据的面目出现在贝叶斯表示式里，它不会属于假设。这也意味着，在诠释论（分为演绎和分析两部分）里可用的分析的模样接近士多噶因果性多于参数因果性，行动历程的参与者的定义大概都会出现于假设里（在统计学理论里，没有数据的变量只能是归入假设）。

现在回过头来看说明（一）和（二）。国家的社会过程或行动历程确实无法不涉及地理尺度，而地理又确实涉及物理空间的有限范围。但是，研究的焦点归根究底是社会地理学（social geography）［相等于人文地理学（human geography）?］意义上的尺度，不是物理地理学（physical geography）意义上的空间。如此说来，在社会学里跟"时间"一词对立的不是"空间"一词，而是"地理"一词（*New State Spaces* 或应改称 *New State Geographies*?）。

好了，我们承认尺度组织是国家的社会过程或行动历程的一个特征。我进一步指明：尺度组织首先是国家社会过程的特征，然后顺带是国家行动历程的特征。原因是：行动历程衍生自社会过程。你是知道的，社会过程即交互主体性，就是网络的主体性，是在沟通和交易的媒介之中，而且是正在持续着的。行动历程就是社会过程中所有主体性的各自时间（行动）序列的集合（collectivity）。这样的主体性便是行动历程的参与者。

我是这样界定"国家社会过程"和"国家行动历程"的：国家社会过程是网络的主体性，是在沟通和交易的媒介中，同时是在一个带着尺度组织的地理里，而且是正在持续着的。国家行动历程就是国家社会过程中所有主体性的各自时间序列的集合。这样定义下的社会过程和行动历程显然是特殊的。毋庸说，我理论社会学原来定义下的社会过程和行动历程是普遍的。

安顿了"尺度组织"一词后，我们转去"联盟"（coalition）一词。恐怕只是在资本主义国家的一小部分明文法律里，个人或有可能跟国家平起平坐。从来都是"店大欺客"，何况国家？博任纳说的"国家社会过程"和"国家行动历程"就是涉及"资本线路的国家规管"和"国家霸权的建立"的社会过程和行动历程。这样的社会过程和行动历程就是为了"欺客"而立的。

正因如此，在绝大部分的情况下，与国家较量的不是个人，而是联盟。哈维认为，国家不一定是一味跟民间（只用作"国家"的对立面）联盟较量，也可以跟它协作（alliance，不也是一种 coalition 吗？），只要达到"欺客"（不就是规管资本线路、建立国家霸权吗？）的国家目的（state purpose）便是了。在国家这一方看，这就是哈维说的"都市管治"（urban governance），在民间联盟那一方看，国家是打不倒的，也不必打倒，能骗倒便成了。一言以蔽之，联盟就像各怀鬼胎的"乌合之众"，除了各自利益，再没有其他的目的。

我这番瞎猜出自你今天第二封邮件引用的哈维两句话："［T］he real power to reorganize urban life［'欺客'？］… lies … at least within a broader coalition of forces［协作？］within which urban government and administration have only a facilitative and coordinating role to play［骗倒它便成了？］. The power to organize space derives from a whole complex of forces mobilized by diverse social agents［乌合之众？］."请看看是否与哈维的文本相符。

如果我的瞎猜不太离谱，"联盟"便是一种行动历程，它直接与个别参加者（作为能动性）有关，说白了，就是个别能动者之间的划策和叙事，尽管只在闭门会议或不公开的情况下发生（你记得我对《水浒传》"林冲刺配沧州道"一节的分析吗？滕知府和高太尉之间的各自划策和叙事便有点像哈维说的"联盟"，不是各怀鬼胎，但肯定是各有心事）。它是一种特殊的行动历程，而且可以是衍生自国家社会过程的一个行动历程片段。

3 月 27 日 Ben 复：

收到你的回应。

有关尺度概念的想法，你怀疑"与时间概念对立的，会不会不是空间，而是地理？"这个怀疑十分有趣。我想请教吕先生，若要好好地思考这个问题，有没有一些可用的入手点？

　　至于"联盟",哈维文本我看得不够多。但我的感觉是,哈维那一节指称地方政府(博任纳把国家看成一个尺度组织,可以想象到"国家"中不同尺度的政府都是一个群体)与其他群体进行联盟,大家的确是各怀鬼胎,他们的联结只不过是利益一致而已。利益不一致时,联盟就会散掉。所以,在其中并不一定需要"欺骗国家"。

　　这可以想象为洛根和摩洛奇《都市财富》中讨论的"成长联盟"(见我上一个电邮《都市财富》分析末三节)。我用《都市财富》去解说哈维是因为以下原因可以是相通的:哈维在讨论联盟时,引用摩洛奇 1976 年的文章,该文是洛根和摩洛奇《都市财富》大作的前奏。另外,洛根与摩洛奇又在《都市财富》中大量引用哈维,并盛赞哈维的理论——这又难怪,在当代政治经济学中,谁人能够不提哈维?

3 月 28 日宇凡来邮:

　　今天重读叶启政先生的《象征交换与"正负情愫并存"现象》的第五、六两段,勾出附件中的语意系统,挺粗糙。期盼先生指正。在我看来,叶启政在论证上最模糊的地方可能就在于他将后现代社会背景作为他的支持意识,在这一意识中如何突生本土的修养论述却是值得商榷的。

　　学生以为,这种突生的写作手法,其实是叶启政自己反对的"非此即彼"的思路的实现。他将个体化的两个阶段,即现代化与后现代化,在某种程度上对立起来。这一对立的分工即《进出"结构—行动"困境:与当代西方社会学理论论述对话》对应现代化,《迈向修养社会学》对应后现代化。[①]叶先生将现代化中的"社会的""关系的"相互主体性以价值判断的方式呈现,从而使现代社会中的人以否定形式呈现。以此为基础,后现代的社会理论便隐秘地以正面形式呈现,从而接上他的本土化修养一说。但后现代社会情景下的主体性所具有的诱惑等特征,毕竟是否定与肯定混杂的(尽管他也承认这种混杂,但他更多地是强调西方新左派的诸种后现代努力之失败来陪衬中国哲学的可能成功),如何从中分离出

---

　　① 叶启政:《进出"结构—行动"困境:与当代西方社会学理论论述对话》,(台北)三民书局 2004 年版。叶启政:《迈向修养社会学》,(台北)三民书局 2008 年版。

正面论述呢？我认为，叶氏在此所下的工夫不够。

您问我：叶氏所说的"自我"究竟是在存在论中还是在实在论的索绪尔—布迪厄话说网络之中？叶氏认为它是在存在论中，因为他的终生问题是"人如何存在""人为何存在"，但是，他所说的"自我"，不管是现代中的平庸化还是本土中的修养化，都落在索绪尔—布迪厄话说网络的"理性"或"理性 + 创意"身上，尽管叶氏本人认为实在全然是建构的，没有客观实在。

另外，您问：在入世程度与超越程度两方面，中国哲学中的修养论是否比叶氏的更高？我想，您是误会我的意思了。叶氏的修养论，我做了引文考证，它的来源有三：生活常识、杨儒宾、余莲。生活常识不论，后二者均是气学哲学的代表人物。因此，叶氏的修养论本身就是气学哲学的社会学化罢了，只不过多了现代社会与后现代社会的背景铺陈，以及社会学的中"自我"（self）如何合适地化解"结构—行动"困境的问题意识。可能是我在邮件中未表述清楚。我曾提出三种自我观：诺斯替的、社会学理论中的、中国哲学的。其中第二、第三两个接在一起便是叶氏著作的常用手法。

您的提问可能是：中国哲学的自我论比社会学理论中的自我论在入世程度与超越程度上更高？！

3 月 28 日复宇凡：

昨晚回到邢台。待稍有空看看叶老师的大作，再说你勾出的语意学系统。

我先说些我个人的泛泛之论。我认为：在逻辑上，"实在是建构的"跟"实在是客观的"并不一定矛盾。

理由是，"客观"若是指"不以人之意志为转移"，只不过是说"有些事物不以人之意志为转移"。我们能否认"有些事物不以人之意志为转移"吗？我想，稍有自知之人都不敢否认。"客观"若是指向 objectivity，我们便可理解为"跟主体性对立的对象性"。即使是"不以人意志为转移"的事物也可以是人（主体性）的对象，也就可以是"由人建构出来的"。

实在论本身既不否认实在是"建构的"，也不否认是"客观的"。实在，只是我相信它是"真有其事"的事，我可以因某些我相信的证据而不再相信它真有其事。"无的也，无莫也，义之与比"就是这个意思吗？

3 月 28 日宇凡又来邮：

您的"理论社会学"一词被误用了吧?！

今天看到中国人民大学社会学系新办的期刊《社会学评论》创刊号的第一栏目便是"理论社会学及其应用"。第一篇文章自然是郑杭生的。[①]

人大这样起专栏名，的确是有些草率了吧。

3 月 29 日复宇凡：

郑老前辈一言九鼎，说这是"理论社会学"便是"理论社会学"。这是国情。

出现在该栏目的第二篇文章的作者没有拒绝才令人意外。他反对实证研究，不至于把"社会理论"误作"理论社会学"吧？

3 月 29 日再复宇凡：

我刚看过郑前辈的鸿文，最有趣的是他反对美国学术界奉行的禁止近亲繁殖的半潜规则。他没有说明这规则是怎么一回事，我且说说自己的意见。

"禁止近亲繁殖"一般是指某校某系教出来的博士毕业生，应尽量避免在毕业后立即或三五年内留系任教，他应先到别校或别系任教。这个做法最明显的好处是，他念博士时紧跟老师的套路，念过博士便应是很熟悉老师的套路了，是时候以此套路下山与天下英雄比拼了。这是博士后的学习，是博士学习的延续，有此机会方有可能成大器。

我看不出一位人民大学社会学系毕业的博士，若不离开老师，如何有博士后的良好学习机会。郑前辈或有我不知道的好办法。

---

① 郑杭生：《中国社会研究与中国社会学学派——以社会运行学派为例》，《社会学评论》2013 年第 1 期。

我个人认为，一个学派的良好发展不必靠近亲繁殖。学派的核心是独有的理论，不是那些靠它吃饭的人。

郑前辈虽没有说明何谓"近亲繁殖"，却清楚说出利害："在反对'近亲繁殖'的借口下，不许学派带头人留自己培养出来的学生。"

"学派带头人"这头衔，具中国特色。

3 月 30 日宇凡来邮：

学生曾跟您说过我的毕业论文，谈中国哲学与社会学的本土化。现在，具体提纲已成稿，见附件。

相信您也能从提纲中看出，通过与您的邮件来往，我学到了很多很多，不管是思维方式还是具体材料。谢谢！更相信您能就我的提纲提出意见，尤其是对我提出的"气学社会学"概念及其框架。

与初稿相比，这个论文的框架基本上不会再有多大变动，只会添一些论证材料，所以冒昧地将提纲发给您，望见谅。

3 月 31 日复宇凡：

我稍看了提纲一遍。作为学士毕业论文，内容很丰富了，这是正面。反面是，由于内容很丰富，对个别部分又会不够仔细。这个"丰富—仔细"的平衡，你不妨想想。

3 月 31 日再复宇凡：

你是知道的，若是从我的理论社会学看你的提纲，可以改善（只是改变？）之处当然不少。但是，就一个学士毕业论文而言，而且是交给你学校老师的，你便无须理会我的理论社会学（一个几乎不为社会学界知道的理论社会学）了，否则徒添麻烦，所以我不从这个角度评论你的提纲。

顺着提纲的思路来说，叶老师的修养论是拿来面对后现代的人之景况，张载（以至余英时）的论述是宋代士人拿来面对当时他们自己的人之景况。后者恐怕只是前者的远亲（借用约纳斯说现代虚无主义和古代诺斯替教义的关系）。这一点你或需化解，否则后现代人都成了士人了。

从这一点看，叶老师关怀的可能只是后现代的知识分子而已，不是普罗大众。无论在哪个年代，知识分子总是芸芸众生里的少数。

4 月 2 日宇凡复：

您的意见是一针见血的，怪学生阅读时光顾焦点，忘记其依托的时代背景了。这份提纲里内在冲突重重，学生当尽力化解或摒弃。其实我这份文章是准备投给哈尔滨工程大学社会学系举办的"社会理论与中国研究讲习班暨第二届社会理论工作坊"的，是苏国勋等人召集的。

我个人认为，我只是尽量比叶启政更明显地推出"内在性"，但又含蓄地表达其"超越性"问题。社会学，作为宗教与形而上学之后的学科，仅靠社会这一巨灵难免悲观化了。

4 月 2 日复宇凡：

我个人认为，社会学家应该不时抛开社会学的文献、摘下社会学的眼镜、放下社会学的词汇，抬起头来游目四骋，看看数学、物理学、哲学和历史等的文献，戴上别家的眼镜、用上别家的词汇。如此，便不用老是担心"社会"这一巨灵了。

这其实是不必有的"实物化"（reification），因为"社会"只是某一语意学系统里的一个符号而已，它的意义只是在该系统中诞生。你不妨想想，"社会"的巨灵的形象（意义）究竟是从什么样子的语意学系统出来的？

我个人一直对这个吓人的形象感到不安，因为它的确吓人，十分震慑，它若是仅限于社会理论也便算了，可惜它难免波及社会学理论。叶老师却经常提起它，不免令人遗憾。

4 月 2 日再复宇凡：

多说两句，是关于你最后一句话，"社会学，作为宗教与形而上学之后的学科，仅靠社会这一巨灵难免悲观化了"。

作为宗教与形而上学之后的学科，是社会理论。社会学理论无须靠"社会"这一巨灵，所以不必悲观。

4月2日致宇凡：

我刚开始读阿伦特（Hannah Arendt）的 *The Human Condition*。她是海德格的学生，她这本书其中一章从古希腊时代起在文本上梳理"社会"一词之源革，实际上等于是对该词的含义及其身在的语意学系统的源革作一纵观，对目前社会学界对该词的理解应有所裨益。

4月3日致宇凡：

人是靠什么安身立命的？历史有许多例子，也有许多悲惨的个案。诺斯替教义便是一例。

我以为，仅以"社会—修养"一线立论不足以概括个中的复杂。要理论化"安身立命"这一主题便要从个案入手，逐一分析，个案累积，主题便会逐渐显露细节。我想，这大概是理论化的正途，无论是社会理论或社会学理论都应如此。

"以史为鉴"也许可以这样理解吧？

我7日至10日会路过上海，不知你在否？

4月3日宇凡复：

我届时在上海，先生若得暇，可告诉我具体时间，再向您请教。

4月4日致 Ben：

我翻了阿伦特（Hannah Arendt）的 *The Human Condition*，确实无法在一两课内说清楚。为此，我改动了今年秋季开课的大纲。发给你看。

4 月 4 日 Ben 复：

收到您新的大纲，冒昧一问：阿伦特应该属哲学家一类，她的理论是否如奥古斯丁、现象学家或古典社会学家们的理论，通过分析，被收纳其中的合适部分，充实您的理论社会学？还是会如您在《凝视》一书最后结论中指出，把社会理论变成一个行动者的类型，好像你对萨特的"革命者"的分析那样？

阿伦特一般被当作政治哲学家，我猜想大部分政治哲学家的理论都会被您视为社会理论。

另：有关"社会理论"的问题，我一直有一个疑问。是不是所有位处索绪尔—布迪厄话说网络的价值话说面上的参考位置都是一个社会理论？

4 月 5 日复 Ben：

阿伦特认为现代哲学家只谈 Man，她谈 men，自称政治理论家。所以，把她视为社会理论家是适当的。

一方面，她的理论是一个普遍理论，若是有人愿意把它当作理论社会学，与其他理论社会学竞争当社会学的范式，亦无不可。另一方面，我的理论社会学已经相当完备了，恐怕从她的理论吸收不到太多的东西。

阿伦特既然提出"public realm"一词，便有可能引出新的行动类型。你这猜想应是对的，但有待证实。

应该这样说吧，一个社会理论当然是在索绪尔—布迪厄话说网络之中，但它既可以有价值话说，也可以有资本话说。你想想马基雅维里（Machiavelli）的 *The Prince* 便明白了。整个索绪尔—布迪厄话说网络中最触目的，就是那些为人熟悉的社会理论以及它们之间的争吵。它们或可称为"超级参考位置"，在它们的光芒之下其他的参考位置便会黯然失色。这些考虑将会是对索绪尔—布迪厄话说网络的进一步深入讨论，我还没有时间做。你有兴趣可以一试。

4 月 6 日 Ben 来邮：

最近因工作关系，要看马歇尔·麦鲁恒（Marshall McLuhan，1911 –

1980）的著作。我今天翻了翻他的 *The Gutenberg Galaxy*，还未翻完便已经觉得他提出的理论可能使您的理论社会学更为完备。[①]

麦鲁恒是一个大学英语老师，后来成为西方媒体理论之父。该书关心的理所当然是"媒体"，他对媒体的定义之广，大概包括所有延续人与人交往的东西，包括金钱与文字。他在"Understanding Media"一章有一张很长的清单，不赘。[②] 理所当然，麦鲁恒的切入点是交互主体性，因为交互主体性是一网络的主体性，是在沟通和交易的媒介之中，而且是正在持续的。

麦鲁恒研究那些利用不同媒体维持交往的交互主体性。如果用社会研究术语来说，他的讨论主题就是：如果不同媒体是自变量，那么因变量是什么？麦鲁恒最有趣的观点是认为因变量是行动者的不同感官触觉（例如视觉、听觉、触觉）的协调。*The Gutenberg Galaxy* 其中的一个主要论点就是讨论表音文字、印刷文字等对行动者的感官触觉协调的影响，特别是文字令他的视觉压倒了他的其他感觉。麦鲁恒甚至认为可以有纯粹视觉（视觉可以与其他五觉无关，独立存在与运作）。

媒体（谨记：McLuhan 关心的是"一网络的主体性，是使用特定媒体延续交往的"，不是该媒体本身）导致不同感官触觉协调又会怎样呢？麦鲁恒认为不同感官触觉协调决定了行动者的不同能力，包括——但不止于——"记忆、注意、期望"，换言之，他会认为您基础存在论中的"在当下一刻里的行动"其实不过是某个感官触觉协调组合的后果（即视觉完全压倒其他感官），是一种特定的交互主体性下的产物。

您的基础存在论不限定行动者必须同时有"记忆、注意、期望"。例如，在吉登斯共时性之中，行动者去掉了他的"注意"。麦鲁恒的理论有趣的地方就是指出决定行动者当下一刻状态（与其他能动性），就是交互主体性的媒介。

另外值得一说，麦鲁恒在讨论他的理论时，尤其讨论在文字出现之前的情况，引用了宗教学家伊利亚德（Eliade），你在《凝视》一书中亦同

---

① McLuhan, Marshall, *The Gutenberg Galaxy*: *The Making of Typographic Man*, New York: New American Library, 1969. 麦克鲁汉：《古腾堡星系：活版印刷人的造成》，赖盈满译，（台北）猫头鹰出版社 2008 年版。

② McLuhan, Marshall, *Understanding Media*: *The Extensions of Man*, New York: McGraw-Hill, 1965.

样用他的研究。在你的理论社会学中，先民的行动历程，与现代人相比是有"残缺"（此词无贬义）的，麦鲁恒同样引用伊利亚德，但他是讨论先民独特的感官触觉协调。对麦鲁恒来说，你刻画的先民行动历程，正反映了先民所谓"非识字"、口述而导致听觉主导的行动者的特殊情况。

我想听听吕先生您的看法。

又：麦鲁恒大概没有想到使用现象学角度去看待他的媒体理论，虽然他尝试引用海德格。

4 月 6 日 Ben 再来邮：

顺带一提，我之所以对麦鲁恒理论感到有趣，还有一个应是无关紧要的原因，即：美国社会学界最近的潮流时尚是 sociology of object，大家似乎十分迷上拉图尔（Bruno Latour）的理论。这些社会学家（有几位更是极具"战斗格"的）在追认祖宗时，会追认涂尔干当年的论敌塔德（Tarde），之后就是拉图尔与贝克尔（Howard Becker）。就我粗浅阅读所及，他们没有提及麦鲁恒。

拉图尔认为社会学不重视 object，他在 *We Have Never Been Modern* 中讨论本体论，就是企图把"object"作为 other 放入本体论（您大概会称为"基础存在论"）里去。①我觉得拉图尔等人的理论与麦鲁恒有很多地方是重叠的。即使不追认麦鲁恒为祖宗，也应该花些时间讨论他。学科之隔，有时真的是不相往来的。

4 月 6 日复 Ben：

麦鲁恒在 20 世纪 60 年代名声最盛，名句"The medium is the message（message?）"风行一时，但我没有念过他的书，对他的理论一无所知。学海无涯，人生有涯。我只从你的描述中给出一些看法。

从主体性到交互主体性再到媒介（你说的媒体）是一个论述的秩序（order of discourse，我借用福柯的术语）。论述不能没秩序，有了一个秩

---

① Latour, Bruno, *We Have Never Been Modern*, New York: Harvester Wheatsheaf, 1993.

序，便会衍生其他秩序，论述者不得不在众多秩序中挑选其一。我为我的理论社会学挑选了从主体性到交互主体性，并把媒介放在交互主体性之中。这是你熟悉的事了。

麦鲁恒当然可以选择从媒介到交互主体性再到主体性。如果 message 是落在主体性身上，the medium is the message 不刚好是他所选择的论述秩序的必然结论吗？由此可见，对于理论家而言，选择论述秩序是个要紧的决定。这一点你应该谨记。

论述秩序与语意学系统有关，但不是同一回事。语意学系统是索绪尔意义上的语言（langue、language），论述是话说（parole、speech）。大部分理论家都是只话说，话说完了，理论便完成了。也就是说，大部分的理论（话说）都只是随着某一个秩序产生的论述。但是一旦从话说（论述、理论）梳理出它身在的语言（语意学系统），该语言容许的论述秩序便不光是原来理论（论述、话说）的那个秩序了。也就是说，一个理论（话说）的语言学系统可以容许的理论空间（众多的论述秩序）比理论（一个论述）表面上呈现的理论空间（众多秩序中的一个）更大！这一点你也应该谨记。

由媒体到感官触觉协调（sensory organ coordination?）再到纯粹视觉（pure vision?），然后由感官触觉协调到主体性（作广义解，即人的所有能力），当然是一个媒介理论。记住：麦鲁恒在前头已经从媒体到交互主体性再到主体性，那么，这便完成了一个论述圈，起点是媒体，分两路走，终点是主体性：

主体性便成了接收站！它的自主性（autonomy）到了哪里？它还是奥秘吗？是什么模样的奥秘呢？你隐约看到涂尔干（结构论）和塞尔（脑神经生物学，见我去年 11 月 16 日和宇凡 18 日邮件）的影子了吧？

"纯粹视觉"一词令人想起康德的"纯粹理性"，麦鲁恒是否随着康德主义的套路得出的？

4 月 6 日 Ben 复：

收到吕先生您的意见。虽然我还在看那本书（还未看完），但我猜我可以澄清我之前电邮的一些说得不清楚的地方。

首先，*The Gutenberg Galaxy* 这本书我本来是无心详读（因为工作关系才突然被安排要读这本书），只想"速战速决"，我读的是台湾的汉译本。我要查英语原文才知道那些用字的原文，请见谅。

吕先生您认为在麦鲁恒的理论中主体性只变成媒体的接收站，这是正确的。事实上，该书命名为 *The Gutenberg Galaxy*，就是要说明："数百年来的表音文字为古腾堡方法提供了心理基础，而以手工艺机械化方法制造出来的产品和引发出来的事件组成了内容繁多的星系。然而，所有事件和产品不过是方法的附属。"（p. 387）这个方法的基础是把视觉从其他五觉中孤立出来，以视觉压倒其他感官，媒体因而决定了很多行动者的能力（包括记忆、注意与期望的能力），我们或可称这个理论为"科技决定论"。

麦鲁恒也分析知识分子，尤其分析文学家、艺术家的作品与论述，得出另一番景象。一方面，媒体决定了行动者的能力，另一方面，这些人却时刻期望用这些媒体去表达那些与媒体不兼容的感觉（谨记：个别的媒体会着重某一感官而轻视甚至压迫其他感官）。他们有时（侥幸）成功，有时失败，使他们充满心理压力。

对于麦鲁恒来说，他举这些例子是作为反证来说明媒体的影响。但我们可以这样理解：这也许是人的自主性，或者人的奥秘。要注意的是：

（1）这些人通常是知识分子（至少他举的例子都是知识分子），其他人大概会被媒体所改变，例如他在开首篇幅引述不同学者对非洲人的研究。

（2）对知识分子来说，媒体，作为交互主体性的媒体，在他们表达自己感受时，是压迫/限制的存在，他们期望突破这些障碍去表达自己的感情。

我有冲动想说，对知识分子来说，媒体是一个他性。但是，我发觉有以下的差异：

（1）知识分子纯粹表达自己内心感受的行为（例如文学创作）。我连分辨它是韦伯的理性行动还是情绪行动也不敢肯定，如果它是情绪行动，我也不敢肯定情绪行动有否他性的存在，因为情绪行动既没有划策也没有叙事。

（2）在麦鲁恒笔下，媒体对知识分子的影响。知识分子只可以在媒体的限制下尝试突破这个限制，表达媒体所不能甚至不允许的感受，但他们却无法改变该媒体仍是交互主体性里的媒体。对麦鲁恒来说，媒体的改变是要依靠新的科技，个别知识分子也许在媒体限制下有所突破，成为艺术史上的鬼才，但媒体仍然存在。

我尝试找去年 11 月的电邮，遗憾的是我找到吕先生您的回应（在附件三），却没有该电邮的附件。吕先生那封电邮说及塞尔、蔡华以脑神经科学基础建立社会学理论，提到蔡华的脑神经科学大概是跟随斯特劳斯（Levi-Strauss）以脑神经科学为基础的结构人类学。至于涂尔干，麦鲁恒在文中时有征引涂尔干的"社会分工论"。

麦鲁恒的"纯粹视觉"，似乎不是追随康德，而是追随文学评论、艺术评论的文献。毕竟麦鲁恒出版此书时，是一个大学语文教师，所谓"媒体宗师"之说，都是后来追认的。

4 月 6 日宇凡致 Ben：

您说的附件似是《文化科学和自然科学的统一性——兼答蔡华先生》，转发给您。

4 月 7 日复 Ben：

我一直没有把沟通和交易的媒介（medium）安置在实在论和诠释论，没有把它俩视为他性，只是以并未明言的方式安插在交互主体性（社会过程、社会制度）之中。由此，它俩也就并未明言地进入了韦伯行动历程之中。这意味着它俩也是并未明言地藏身在韦伯行动历程的参与者的处境里。

单说沟通的媒介。如果所有的参与者都不知道它藏身在他们的处境里，它当然不会出现在他们的"处境之定义"里。它也不会是他性，因为没有参与者知道可以从外召入它（作为把所有定义捆绑在一起的条款）。但是它可以作为参数（同样作为把所有定义捆绑在一起的条款）由麦鲁恒这样的研究者带入叶贝斯表示式之中。麦鲁恒是一个知情的局外人（a knowledgeable outsider）。至于不知情的局内人（韦伯行动历程的参与者），无论他是被改变（非洲土人）还是感到压迫（知识分子），他都不会把它带入他的叙事和划策之中。

可以肯定地说，知识分子纯粹表达自己内心感受的行为（例如文学创作）既不是叙事也不是划策，因为根本没有另一个参与者是他特定的对手。如果这位知识分子真的清楚确认压迫来自沟通媒介，并希望冲破它，他也只是独个儿面对着沟通媒介，像唐吉诃德（Don Quixote）那样挑战风车。舒茨有一篇文章分析唐吉诃德，可在他的论文集里找到。

有关的叶贝斯表示式是这样：设定 x 是参与者的定义，θ 是沟通媒介，$Pr(x|θ)$ 便是参与者感到沟通媒介的压迫，$Pr(θ|x)$ 便是他尝试冲破它。在此叶贝斯表示式中，θ 相对于 x 来说，确实很像一个他性，因为参与者是从外召入 θ 的。但是，θ 顶多是一种发育未全的他性，因为有关参与者只是独个儿面对它，只有当另一参与者也出现在叶贝斯表示式中，它便完全发育为一个他性。你或记得，我去年 11 月 18 日邮件说过，货币，即交易媒介，就是一个他性。理由简单，很少情况会是一个参与者独个儿面对货币的。

应该注意到：上面两个相当简单的叶贝斯表示式其实是诠释论的分析部分的参数因果性和士多噶因果性。换言之，这位参与者（例如文学创作者）清楚确认沟通媒介的压迫，并尝试冲破它，他其实跟社会研究者一样，都在使用因果分析。社会研究者不也是独个儿面对研究难题吗？

麦鲁恒没有说错，即使知识分子成功冲破沟通媒体，他也无法改变该媒体仍是交互主体性里的沟通媒体。理由是，他只是独个儿冲破沟通媒体，其他参与者没有这样做。

顺便一问，是哪一门功课、哪一位老师要你念麦鲁恒？

4 月 7 日 Ben 复：

谢谢您的回复。吕先生运用我转述的麦鲁恒，阐述了媒介在您的理论社会学中实在论与诠释论的位置，使我茅塞顿开。

但我仍有未解之处，即麦鲁恒把主体性限制成媒介的接收器，主体性是否因而失去自主性（即奥秘）？还是您认为媒介应该要到实在论才引入，因为本体论没有可以容纳媒介的位置？若我没有理解错误，吕先生您的论述秩序是基础存在论、本体论、实在论到诠释论。

另外，您提到舒兹有一篇讨论唐吉河德的文章。无独有偶，麦鲁恒书中也有一节讨论塞万提斯如何借唐吉河德这个角色，反对大量印刷书籍这个媒体。麦鲁恒没有引用舒兹，而是引用文学评论与文学史的文献。他还利用这个个案借题发挥，提到美国年轻人的心态，引用了社会学家理斯曼（David Riesman，1909－2002）的大作 *The Lonely Crowd*。

最后，是我的同门师兄令我读麦鲁恒的。他跟我的论文导师写博士学位论文，毕业后在我系中当导师。他的兴趣是日本研究，他曾到日本交流一年兼搜寻论文资料，他接触麦鲁恒大概是他在日本那边的社会学研究生研讨会（seminar）上。据说，麦鲁恒在日本社会学界地位很高，他们会要求研究生读麦鲁恒，如同要求研究生读韦伯、涂尔干、马克思那般。因他另有事务，原来他负责的学生导修转由我负责，我便要读他指定下来的文章，即我在读的 *Gutenberg Galaxy*。

附：多谢宇凡学弟转寄文章给我。学弟有意于社会学理论本土化这个大题目，我虽曾细读学弟的有关电邮，仍未能掌握本土化理论的概要，却已感受到这个题目要求研究者具有很高的哲学和社会学修养。学弟愿意开展这个题目，极有魄力，非常难得。

4 月 7 日再复 Ben：

我在石家庄机场候机去上海。

我是极度尊重主体性，如非必要，绝不愿意在我的理论社会学里限制它的自主性，还要尽量保持它的奥秘。这是我个人的理论取态（theoretical inclination），可以说是一种理论美学（theoretical aesthetics），直至有一个社会学理论是我理论社会学无法收编的，我才会考虑改变。

我翻译 ontology 为"存在论"，不用"本体论"。媒介其实已在存在论里，因它是交互主体性不可或缺的一部分，更准确地说，交互主体性没有媒介根本就不可能是一个网络，是媒介保证了网络成为可能。如此的媒介理应安置在交互主体性之中。

The Lonely Crowd 是当年极流行的社会学作品，不少行外人也阅读。阿伦特在 *The Human Mind* 中只提到二位社会学家，韦伯和理斯曼，后者

的书目只有 *The Lonely Crowd*。

4 月 11 日宇凡来邮：

看了您《社会世界里的他性——理论社会学研究之二》的暂定目录，从您对他性研究的类型学来看，都是社会世界的不同侧面，如宗教、经济、政治等。我的问题是：自然能作为他性吗？比如自然他性？

原因是这样：现代性是社会学的背景，它是以反自然态度呈现。阿多诺有所反思，似乎是要建立自然与社会的同一性。阿多诺在有关道德哲学的讲座中指出：

> 超越自然者乃是体认自身的自然。或者是超越自然的那部分是我们体认自身是自然的一部分这个过程所发生的。理性不同于自然，但同时作为自然的要素，这乃是成为理性的内在规定的前史。理性是自然性的，是作为自我保存的目的而分叉出来的心理力量。不过一旦从自然分裂出去，与自然对比之后，理性也成为自然的他者。短暂地超越自然，理性与自然是同一的，也是非同一的，根据其自身的概念就是辩证的。然则理性在辩证之中，越来越不顾一切地树立与自然的对立，而遗忘自身，他便是更加退化为自然、荒芜化的自我保存。只有在反省自然之时，理性才将超越自然。[①]

若从这一反思来看，自然可否进而成为行动者的他性？他性既是他之定义，是行动者视野下的奥秘，说到底是行动者之边界吧。那自然岂不是那根本之限制或奥秘？

4 月 11 日复宇凡：

光从中译本去理解是不足够的。有英译本吗？

---

① T. W. 阿多诺：《道德哲学问题》，谢地坤译，人民出版社 2007 年版。

4 月 12 日宇凡复：

我依照的是何乏笔（Fabian Heubel）的译文，他在"自然与山水的跨文化思考"的讲座以及《身体与山水：探索"自然"的当代性》一文（附件）中均有提及。①

何乏笔是德国人，依据的是德文版，学生一时未找到对照的英文版页码。若找到英译本再发给您。

4 月 12 日复宇凡：

昨午回到香港，忙于俗务，很晚回家。今晨有点空，不等英译本了，只就中译本一说。

文中所说的"自然"应是指自然界，即大自然（Nature），即物理、化学、生物等事体（physical, chemical and biological entities, etc.）构成的整体（whole）。这个整体当然可以是主体性（作广义解，即人的所有能力）的对象性，即它可以是主体性（作狭义解，即记忆、注意、期望）的对象性，也可以是能动性（记忆、注意、期望以外的能力）的他性（也是一种对象性）。应该注意到：理论思维（theoretical thinking）当然是一种理性，也就是一种能动性。

我个人认为，就社会学的科学课题而言，即使"理性是自然性的，是作为自我保存的目的而分叉出来的心理力量"是事实，也大可不理。这是我一贯的看法，你是知道的，不赘。不过，"一旦从自然分裂出去，与自然对比（对立？）之后"，理性虽未"成为自然的他者"，自然却成为能动性（理性）的他性。从我给出的"他性"一词的定义来说，理性不可能是自然的他者，因为自然缺乏广义的能动性，不可能由它衍生出他性，理性却是能动。因此，自然可以是从理性衍生出来的他性。

---

① 何乏笔（Fabian Heubel）：《身体与山水：探索"自然"的当代性》，《艺术观点》2011年第 45 期。

毋庸多说，这仅是我个人对"他者"或"他性"一词的用法，阿多诺无须依从。况且，他既然认定"理性是自然性的"，他便无法像我那样区分理性和自然了，也就是说，他无法从自然界中把"人"（行动者）单独提取出来作为社会学的科学课题的起点。我想，阿多诺大概也不想这样做，他是马克思社会学一路的社会理论家，"人"在他眼中是要算入自然界里，否则"人之劳动"便无法提升至马克思眼中的理论高度。这一点正是阿伦特 *The Human Condition* 的论点之一，不赘。

我想，理性在与自然的对立当中，并不是如阿多诺所说"遗忘了自身"，而是因为理性是一种能动性，他性是它的对象。只有在自省中，理性才会成为自己的对象。如此说来，随后那句话"他便是更加退化为自然、荒芜化的自我保存"便无所本了。

你说得对："行动者视野下的奥秘，说到底是行动者之边界吧。那自然岂不是那根本之限制或奥秘。"我同意自然是把所有"处境之定义"捆绑起来的一个条款，它因而是贝叶斯表示式中的一种他性（它是一种参数）。我或可补充说明：若然行动历程中没有参与者从外召入自然，研究者也可以把自然引入贝叶斯表示式之中，这时候它虽不是他性，却是参数。

事实上，"一旦从自然分裂出去"，理性已经"超越自然"了，何须再多事？

4 月 14 日宇凡来邮：

学生的学士学位论文《发现气学社会学之旅》已写好，见附件。期盼您批评指正。

发现气学社会学之旅

内容提要：本文基于对西方社会学理论传统与中国思想传统进行"双重挖根"的态度，分别阐明费孝通的差序格局理论与叶启政的修养社会学实际上都是置于自我社会学与气学哲学之间的中间点。本文一方面指出差序格局理论为社会性自我范畴添加了一个西方的均质性自我不同的差序性自我维度，另一方面通过费孝通晚年的思考以及"血缘性纵贯轴""感通格局"逐步透视差序格局理论，指明这一理论中"克己复礼"的"推"亦可依托于张载气学哲学体系中"得礼"的"变化气质"之道。同样地，本文亦一方面指出叶启政的修养社会学为自我社会学添加了一个与社会性自我不同的内在性自我维度，另一方面通过诠释叶启政的作品仍可以看出修养一说仍是"虚心"的"变化气质"之道。在费、叶二人理论的中点位置得以确证后，本文提出气学社会学这一概念，并从语言、实践与本体论三个层次上分析气学哲学与自我社会学之间外推策略以证成这一概念的逻辑生成。最后，文章指出本土社会学应立足于外来西方与内在传统之间的现代本土这一位置，从而秉持"双重挖根"的全面性与客观性。

4月15日复宇凡：

看过你的毕业论文稿，可以给你一些意见，但你交稿在即，不要因我的意见而有所改动。

（1）由于题目太大，这篇论文只算一个研究的开题报告。

（2）"驿站"比喻虽可减少反对意见，终究不是气学社会学的正面说明。

（3）"气"是一关键词，它身在的语意学系统还未勾画出来。

（4）你论文中的图5应是你最大的研究成果。若撇开"均质性自我"，它就是图6的细节安排。所谓"自我社会学"仅得"社会性自我"和"内在性自我"一组对立。所谓"气学社会学"仅得如下一语意学环：

差序性自我——内在性自我——修养社会学——差序格局理论——差序性自我

以及另一语意学环：

世人——得礼——圣人——虚心——世人

但是，如果得礼 = 虚心，该环便可简化如下：

世人——得礼 = 虚心——圣人——得礼 = 虚心——世人

所谓"气学哲学"仅得一语意学环与上面简化后的环同构。

若是保持"得礼"和"修养"的区分，便应在张载的哲学中找出"变化气质"的细分。

"得礼""修养"、"变化气质"或可统称为"实践"。所谓"本体"仅得"差序性自我"和"内在性自我"一组区分。如此归类之后，所谓"语言"的所指便需重新厘定。

4 月 15 日再复宇凡：

继续我上一邮件的讨论。

我重新安排你论文中的图 5，如下：

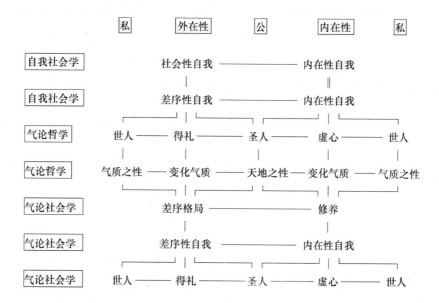

我只分别删短"差序格局理论"和"修养社会学"为"差序格局"和"修养",并在适当的地方把一些符号连接起来。不一一细说了,你看看是否合理。

留意:

(一)自我社会学、气论哲学和气论社会学三者一起组成一个语意学系统。事实上,三者是互相紧扣在一起的,因为气论社会学要同时从气论哲学和自我社会学中借用一些符号,只有"差序格局"和"修养"一组对立是它独有的。这不正是费老和叶老师的贡献吗?

(二)外在性和内在性二轴从顶到底贯通了整个语意学系统。这恐怕意味着结构和行动仍然是隐藏在这个语意学系统(索绪尔意义上的语言)所支撑的社会理论(索绪尔意义上的话说)之中!

(三)公和私一组对立却同时在外在性和内在性之中。这意味着"公—私"跟"外在性—内在性"不是同一回事。这两组区分应是不同的认识论事体(epistemological entities),也许是认识论容许两组不同的区分同时交叉出现。

(四)若是撇开"社会性自我"和"内在性自我"一组对立,余下的符号所组成的语意学系统看来是相当整齐的,足以自成一个小型的社会理论。这意味着它有可能进一步转为一个社会学理论(在某些条件下能够承受实证探究的社会理论)。

(五)原来的"社会性自我"只细分为"均质性自我"和"差序性自我"。这意味着我们在这两个已知细分之外还可以再作其他细分。同理,"内在性自我"应可以有颇多的细分。这些细分都是有待发掘的可能性,也可能是早已被发掘,只待我们从文献中钩沉。这些臆测令人浮想联翩!

4月16日致宇凡:

我把我上一邮件给出的语意学系统再简化一下,所得如下:

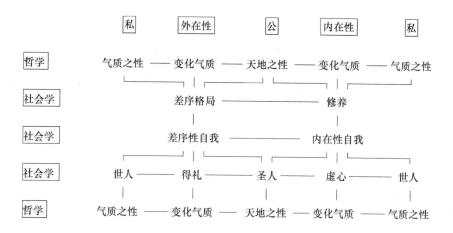

虽经简化，它保留了原来系统的所有有关细节，费孝通、叶启政和你便是在其中话说的。你们仨的话说不妨称为"费—叶—孙理论"。我从我的理论社会学（内容见我 2 月 8 日邮件）出发，分析这个简化系统（索绪尔意义上的语言）。如费—叶—孙理论真的可以充当一个社会学理论，我的分析便等于尝试收编它为我理论社会学的一个案例。你看看我的分析是否合理。

首先，哲学一行在哲学分科中应称为宇宙论（cosmology），是一种形而上学（metaphysics）。怀海德（Alfred North Whitehead，1861 – 1947）的名著 *Process and Reality* 便是一例。你应记得，我的理论社会学的起点是一个基础存在论（行动在肉身里，肉身在当下一刻里，当下一刻在行动里），不是从一个宇宙论出发的。

所谓"基础存在论"不过是关于主体性的内里结构的一个构思。那么，费—叶—孙社会学理论有自己的基础存在论吗？如果真的有的话，恐怕只能是在"内在性自我—差序性自我"这组对立身上。

我们不妨假定"自我"拥有"肉身"，这应是无人有异议的。《论语·子罕》："子在川上曰：逝者如斯夫，不舍昼夜。"显然，若是自我没有肉身，便不会有孔夫子的川上之慨。

但是，一个基础存在论无法避开时间性（temporality）。这组"内在性自我—差序性自我"对立可有时间性吗？或者可以有。先看看社会学第三行：

世人——得礼—— 圣人——虚心——世人

该行或可理解为一个单向循环圈，如下：

你或者会有此疑问：难道"世人"不可通过"虚心"成为"圣人"吗？我解答：若是如此，便是佛家或道家，而非儒家了。世人得礼之后也不过是沾了一点虚心而已，他其实永远不会成圣。这是儒家的入世观。

如此一来，我们便得到一个不断互相交替的时间序列：

……→得礼→虚心→得礼→虚心→……

把这个时间序列复印在 社会学 第二行，即得：

……→ 差序性自我 → 内在性自我 → 差序性自我 → 内在性自我→ ……

综合这两个同步的时间序列，我们或可进一步这样描述这个时间性："自我"在"得礼"和"虚心"这两个模态性（modalities）之间不断往返。

但是，费—叶—孙理论里的"自我"是在"当下一刻"里吗？我理论社会学里的"当下一刻"共有三个现在，即：在过去的现在里记忆，在现在的现在里注意，在将来的现在里期望。这视乎"得礼"和"虚心"这两个模态性的内容如何。我想，记忆、注意和期望恐怕都不是它俩的主要内容。若是如此，"自我"便不是狭义的"主体性"（只有记忆、注意、期望三种能力），主要应是我说的"能动性"（记忆、注意和期望以外的所有其他能力）。应注意到：既有"能动性"，"他性"应会随时出现。后果是：撇开"得礼"和"虚心"价值判断的成分，它俩便应是分别接近我说的"叙事"和"划策"了。确实，"自我"在"叙事"和"划策"

之间往返！

如此说来，社会学 第一行里的"差序格局"应是关乎"处境"多于"行动历程"（韦伯的或吉登斯的），而"修养"应是只关乎"处境之定义"，不及其他。整行，即"差序格局"和"修养"一起（它俩本来就是一对对立）便应是主要关乎"定义"了。也就是说，除了"世人"和"圣人"二符号外，社会学 的三行（一个三乘二的语意学矩阵，见后）其实是坐落在我理论社会学里的"处境""定义""他性""能动性""叙事""划策"几个符号的邻近（索绪尔说的"邻近"）。这就是费—叶—孙理论的真相，真有点出人意料。

讨论至此，情况也清楚了，可以总结分析所得如下：

（一）费—叶—孙理论的实在论里没有"韦伯行动历程""吉登斯行动历程""社会领地""象征全域""索绪尔—布迪厄话说网络"，只剩下"定义"，顶多还有"处境"。

（二）它的基础存在论残缺不全，没有"主体性"，也就连带没有"对象性"。但是，它的存在论有"能动性"和"他性"，"交互主体性"和"交互对象性"则缺如。

（三）它的诠释论的演绎部分却足够完备，"能动性""他性""叙事""划策"都应在。你应记得："能动性"和"他性"虽属于存在论，却只出现在演绎之中。

（四）有关的三乘二语意学矩阵如左下，它坐落在右下的我理论社会学的三组符号的邻近：

费—叶—孙理论的最明显缺失是没有把"自我"区分为"能动性"和"他性"，以致"差序格局—差序性自我"这组对立意义不清。我个人

认为，"差序格局"是一种"处境"，"差序性自我"是一种"他性"，但"处境"跟"他性"不搭杆。或者，你需要重新细读费老的理论。

（五）费—叶—孙理论的宇宙论有何作用？作用是把宇宙论的语意学环（ 哲学 一行）复印在 社会学 （第三行）上。这个同构性帮助"得礼"和"虚心"二符号顺利地得到它们的语言值（linguistic value）（即意义），这是你对费—叶理论的重要贡献。

最后，我的理论社会学能够收编费—叶—孙理论（作为社会学理论）吗？我想，在它目前的残缺状态中，应该是能够的，因为我的分析还未找到它跟我理论社会学扞格不入的地方。

你愿意日后花时间补足费—叶—孙理论目前尚未具备的部分吗？

4 月 16 日宇凡复：

谢谢您将学生论文中的语意学系统进一步修正完善。其实我认为里面最大的张力便是费孝通是从大众的角度看"圣人礼法"，叶启政却是从知识分子乃至圣人的角度看"礼"。虽然都用"礼"或"圣人"来连接，却可能有根本差异，我未能协调好。这种张力可能也是中国文化之特征吧。

4 月 17 日宇凡再复：

非常感谢您细致分析我的论文。学生就您昨日邮件里提出的总结再说一说我的想法。

（一）费—叶—孙理论的实在论里没有"韦伯行动历程""吉登斯行动历程""社会领地""象征全域""索绪尔—布迪厄话说网络"，只剩下"定义"，顶多还有"处境"。

答：行动历程与社会领地/象征全域的划分，基本上我是回避的，正如我在文中没有对"自我"进行明确界定一样。"自我"作为一个模糊概念，一般分为"I"与"me"，但"self"作为合一的概念，无法分别展开并对其中的"I"与"me"进行类型学讨论。

（二）主体性与能动性、他性的问题。

答：我曾在论文提纲中用"主体性"与"主体间性"来分别概括叶

启政与费孝通的理论旨趣，但后来在写作过程中还是放弃了。

"差序格局"被林安梧与蔡锦昌解释为主体间性，我认为是值得商榷的。正如您所说，更可能是关于"能动性"的描述，奥秘的他性也寄身其中。费老的问题意识便是中国乡土社会中的公私问题，便是要破除公私划界，便是要说明私人的社会联系的弹性，如此一来，主体性便不是他要考虑的，他不需要一个客体与之对立，只需要说明行动者"徇私枉公"的能力便可。但是，他并没有为这一能动性设立界限，他性的干扰模糊不清。费老是用"修身"作为他性的边界，但"八纲要"只有外推至"平天下"的逻辑，并没有对行动之限度进行说明。如此一来，我用"差序性自我"，实际是用"礼"来说明"差序性自我"，这可能的确违反费孝通的意思。最起码的，本来是实然的"差序"在此变成应然了。

叶启政讲得更干脆，他在《进出"结构—行动"困境》一书的第528 页这样讲：

> 人的修养，尤其是以孤独化，并不是用来证成所谓的主体性，因为这些概念并不内涵必然需要有一个客体性来与之相对彰着。毋宁的，修养所可能臻至的是一个与体系化结构或者相互涵摄，或者把它推移开、或者甚至是完全摒弃的圆融境界。[①]

按叶启政说法，他是按福柯的权力分析来看主体性，不太可能用客观的态度对待主体性这个概念，主体性的缺失便很自然。

（三）内在性与外在性、公与私的问题。

答：学生以为您的这种将天地之性、气质之性与变化气质的"一分为三"转化为"二二分"，十分有创见！张载的类型学划分，若从现代的类型学要求来看，是有问题的。因为天性之性与气质之性都是"气"，有共享的意思。即使按"天地之性＝心""气质之性＝身""变化气质＝身心"也是牵强的。

张载当时面临的问题是，面对佛家兴起的困扰，必须建立与佛家

---

① 叶启政：《进出"结构—行动"困境：与当代西方社会学理论论述对话》，（台北）三民书局 2004 年版。

"来世与现世隔离"不一样的"一以贯之"的道学。所以，若以"一以贯之"，那么，类型学是不会接受的。

您这条划分，把变化气质一分二，用公与私分别置其两端，的确弥补了张载思想现代转化的大问题。

（四）您最后问，学生是否日后愿意花时间弥补这一理论中尚未具备的部分。

答：学生的想法是，我对您的理论体系还未吃透，最起码的，您的理论体系涉及大家甚多，他们的作品我还未一一读过，所以不敢说我假若着急上马，补上的部分是否足够对应。我当下之急，还是先读书，把您的理论中诸环节的位置拿捏准确，再一一补齐。

4 月 17 日 宇凡来邮：

在上海时，您说做研究要追着自己的尾巴跑，像狗一样打转。我的理解是，要认识到自己暂时还不能解决的问题，并给他安置下来，由此给自己边界，然后在这个边界内自己好好发挥。

可是，问题在于，认识到自己解决不了问题，安置何方似乎更为关键。比如，我的论文中，我只是认识到自己解决不了问题，比如内在性与超越性。但是，我并不知道如何安置超越性的位置，这样一来，我便回避了问题，但这一问题正如他性一样干扰着我的想法。比如，圣人作为费、叶连接点，可能二人理解的层次不一样。

所以，想听听您在安置奥秘时，从认识到它之存在，到安置到恰适的位置上的治学经验。

4 月 17 日 宇凡再来邮：

学生这两天还是在体会您那天在上海的时候教诲的内容。我在想，对于我来说，社会科学院的行政岗位到底有没必要去争取。

这种考虑，一方面因为其工作内容为办公室事务，与学术没什么关系，也担心工作几年下来磨掉了学术上的锐气。另一方面，因为我不知道这样的岗位是否能予以编制，毕竟如果今后出国读书，岗位能否保留也是一个需要考虑的因素吧。

那天您说得很现实，很有道理。学生一直试图寻求终生关怀与职业要求合一的命运，但毕竟这么多前辈的学术生涯也证明了，这合一的实现的确很困难。

您说的两条路：一是分裂式精神生活，周雪光是一例，二是像您那样的经商兼学术的生活。大致想了一下，从发生的角度来说，可能是这样的吧：前者是由动转静，开始是做一些自己感觉比较喧闹的学术，再慢慢转向自己感觉比较宁静致远的终生关怀。后者可能是由静转动，一开始便迈向学术圈，但必须在静中慢慢习得生意经，学会动起来。

求教快结束之际，您提醒学生一句：你也可以做生意呀。您是感觉我比较灵活。学生当时婉拒，现在想想，的确，青春期涉足"蛮荒"的互联网市场仍是现在心中不愿再去挑战的事情。但如果从上面的两条道路来说，我却仍旧是倾向于后者。学生有个习惯，动的时候，往往全身心投入，非要筋疲力尽才行，所以由动转静恐怕难行。但由静转动却一直是我性格中更为倾向的特征。正如我这么爱折腾，都是"说走就马上走"的迸发力量，说去上海便去，说去广州便去了。

所以，也许今后还可能走上做生意的道路吧。

4 月 18 日复宇凡：

昨日一连收到你三封邮件，我先回应你第一封邮件的头三点意见。

第一点。我想，我给出的社会实在的仔细区分（韦伯和吉登斯二行动历程、社会领地、象征全域）不是社会学界的共识，也不为他们所认可或认识。如你在毕业论文引入，徒添麻烦。但是，较为粗糙的"行动历程"（不细分韦伯和吉登斯两种）应是社会学常识了，可以引用。我个人认为，无论是费老或是叶老师如何避开"行动历程"，总可在他们的文本中找到蛛丝马迹。行动历程不过就是社会过程（互交主体性）中所有个别参与者的行动序列的总体（totality）。他俩就是能够避开"行动历程"，恐怕也避不开"社会过程"。

费和叶不用"I—me"这个区分，我也认为他俩的理论不一定需要这个区分。但是，"自我"还是可以另作区分的。你提出的"内在性自我"

和"差序性自我"的区分不就是吗？我在上一邮件里便是尝试在你的区分之上进一步辨认"能动性"，甚至"他性"。至于你是否同意我的辨认，当然是可以讨论的。

第二点。你说费老"要说明私人的社会联系的弹性，如此一来，主体性便不是他要考虑的，他不需要一个客体与之对立，只需要说明行动者'徇私枉公'的能力便可"。这当然是费老的理论关怀，我却是这样理解的：主体和对象（我不用"客体"一词）的对立，更准确地说，能动性和他性的对立，还是必要的。理由是，没公可枉，何来私可徇？"徇私枉公"不是他性干扰能动性，而是能动性"干扰"他性。这样的"能动性"的确无法为它"设立界限"，因为它近乎无法无天。大如"文化大革命"，小如官吏贪污，不就是如此吗？这个"私的弹性"太大了。这就是"人治"大于"法治"的底蕴。

第三点。叶老师的说法恐怕是说不通的。在现代社会里，人是可以主动孤独化的，但是只可以在一段短时间里，不可能在一段长时间里。事实上，我们每天都有一段时间是孤独的，就是睡着的时间。即使"修养"可以完全是内在性的（immanent），它仍然是一个目的论（teleology），是为了臻致"圆融境界"，也就是为了获得一种"超越性"（transcendance）。按照叶老师所述，我以为这个"超越性"恐怕是一种超凡的能动性，足以"与体系化结构或者相互涵摄，或者把它推移开"。但是，如此超凡的能动性之所以成为必要，不正是因为人面对着犹如巨灵的他性吗？

我没有好好读过福柯的权力分析，不敢评论叶老师所称。不过，我可以确定地说，"主体性"与主观或客观都无关，它身在存在论范围内，是一个哲学构思。"主体性"若有缺失，只是构思者的理论决定（或遗漏？），算不到"主观—客观"这组对立或"主体—客体"那组对立的头上。

现在回复你第二封邮件。我在上面其实已安置了"超越性"和"他性"了，不赘。

至于奥秘这个难题，我曾两次讨论过它，一是我2月8日邮件，一是我很早便送给你的《混沌与奥秘：如何安置无可解释之事？》一文。前者把"行动"和"结构"这两个奥秘视为一个蜕变过程，它俩在我理论社会学的论述当中互相纠缠着蔓延开去。这其实是因为奥秘的整体（whole，不是 totality）是不可穷尽的，它只随着一个论述点点滴滴地显露自己，所得便是它的总体（totality）。我另有一文讨论"整体"和"总体"的区分，待我有空找出来发给你。我现在在从深圳到武汉的高铁上。

后一文是在解释理论（theory of explanation）（分析哲学一支）里的安置奥秘。解释其实是在混沌中劈开一条路，它的起点仍然在混沌，即"赤裸事实"（brute fact），是奥秘的一个类型。当一个解释到了它的终点，这个终点本身不是一个奥秘，却是身陷混沌包围之中。在这个包围着它的混沌中总会有一些奥秘贴近它，这是另一种类型的奥秘，就是"他性"。

这是我至今处理奥秘的经验，日后还会面对奥秘的这个难题，说不定还可以得到一些新经验。

4 月 19 日复宇凡：

我还在衡阳，今晚住长沙，明天才回邢台。

我的人生也不是如你想象，由静转动。自年青时期，我便断断续续做生意，商、学，我一直两条腿走。到今日，我还没有认为自己的做法比终生只学不商的朋友在学术成就上吃亏。

社会学就是这样的学问，人生阅历是一种资源。

4 月 19 日宇凡来邮：

在上海的时候，您问学生余英时在大陆的影响，学生确是不知。

今日想起，搜集资料，却找到三篇台湾学者严厉批判余英时作品及其品德问题的文章，让学生倍感惊讶。卢建荣更是出版了《余英时与台湾学术贵族制四十年》一书。[①]

先生当日问我之意，是想了解大陆学界是否有类似的看法？

---

① 卢建荣：《台湾 1975—1988：捍卫威权体制下的制作大师》，《社会/文化史集刊》2011 年第 8 期，（台北）新高地文化；卢建荣：《以公心评余英时的史学研究》，《社会/文化史集刊》2011 年第 8 期，（台北）新高地文化。卢建荣：《余英时与台湾学术贵族制四十年》，（台北）新高地文化。张友骅：《难道"余英时"三个字不能讨论?!》，卢建荣、张友骅编《社会/文化史集刊》2011 年第 9 期，（台北）新高地文化。

4 月 20 日复宇凡：

刚回到邢台。我对余英时的良好印象只来自他几本严谨的著作，例如《朱熹的历史世界》。我是从社会学的理论目光看他的著作，我以为，他对社会学（作为理论）不外行。至于他运用史料是否得当，不是我这个历史学行外人可以置喙的了。他跟台湾政治的关系我没有注意，他的品德也不在我注意之内。

我那天提及余英时，是因为你以前似乎曾提过大陆学界对他的一些论点好像不大欣赏，我想知道不被欣赏的是什么。

不怕见笑，我顶喜欢读高阳的历史小说，特别是三十年前。我几乎读遍他的所有作品，从中学到不少旧中国的故事。他没有社会学知识，但他说的故事，入情入理。这种没有在西方社会学知识影响（污染？）下说出来的故事，很像人类学家在田野里听到当地人说的故事，对我的理论社会学特别有启发。故事是否真实，其实已不重要了。

高阳自称"野翰林"。

4 月 21 日致宇凡：

应届社会学毕业生就业容易吗？是哪些行业？一般待遇如何？

4 月 21 日宇凡复：

学生只能以本届毕业生的就业情况为您介绍。

本届共 87 人，包括社会学（51 人）和社会工作（36 人）两个专业的学生；男生 26 人，女生 49 人。本届上研究生（直接录取与调剂）、考公务员事业单位的人数占二分之一到三分之二，剩下的为找工作的同学。

从目前签约情况来看，男生就业情况大大优于女生。男生共 10 人工作，一位外企（优衣库，本届工资最高，在上海，6000 元基本工资加1200 元出差补贴）；二位国企（一是天津某农行，工资不知；另一是省交通投资公司，项目助理，工资包五险一金 3000 元到 3500 元，项目分红另算）；6 位私企（德邦物流会计员 1 人，七匹狼营销人员 1 人，某游戏公司文案策划 1 人，某电影院管培生 1 人，某清洁用品公司营销人员 2 人），此 6 人平均工资均在 3000 元左右，提成另算。

50％左右的女生找工作，但目前就业签约率可能不足二分之一，就业方向主要为人力资源管理与销售两种，工资水平亦在 3000 元左右。

以上未说明工作地点的，均是以合肥为主，工资水平亦是以合肥的水平定的。

因此，总的来说，主要工作地点是合肥，平均工资水平是 3000 元到 3500 元（含五险一金），营销类为主。从就业观念上来看，优先选择顺序是先国企/外企，后私企。

4 月 21 日再致宇凡：

我没到过合肥，生活消费水平如何？以上海为比较，低多少？

从 6 位投身私企的男生情况看，入行容易，但将来的发展前景都不大妙，恐怕在同一行业的各个企业之间跳来跳去，升迁机会不大。

4 月 22 日宇凡复：

从吃饭来看，在一般的小吃店买一份盖浇饭吃，合肥的价格在 8 元到 15 元，上海的价格在 10 元到 20 元。我个人生活的感觉，合肥的生活成本是上海的三分之二左右。

从住房来看，合肥目前房子的均价在 6000 元到 7000 元。近两年除了个别新区地段，房价涨幅不大。我室友在 2011 年购置的 90 平方米期房，靠近合肥最优秀的中学，房价亦是 6000 元/平方米左右。相对来说，上海的房价可能就二万多/平方米了，三四百万一套也常见。这样来看，合肥的住房成本算低了。

您说的对，社会学毕业生，除非有辅修的第二学位，想找专业性的工作是不太容易的。之前给您介绍的在农行和德邦工作的同学，是分别辅修金融和会计专业，找工作时亦是用辅修专业文凭而非社会学专业。

先生既然没来过合肥，学生不妨多介绍两句。

合肥作为省会城市，从与各省的省会比较来看，最大的欠缺是资源集中度不足。就省内而言，合肥长期面临与芜湖的经济水平竞争。作为皖中的合肥，皖北有蚌埠和阜阳城市群，皖南有芜湖和马鞍山城市群，均使得合肥无力吸引省内其他城市向此集中。从安徽与江苏比较，合肥与南京的竞争程度也较强。两城是中国最邻近的省会，使得两城之间的马鞍山等城市向南京靠拢而非合肥。合肥多少为上面两方面原因而吞并了巢湖市，但亦只是中国省会发展常见策略，如河南郑州吞并新郑与开封，效益仍未明显。

较有利的一点是，我认为作为省会城市，由于合肥是后进城市，因而垄断性不似太原与郑州这样的中部城市那样强。以购物广场为例，合肥的本土品牌是百大，原合肥百货大楼，在品牌拥有上不若郑州的丹尼斯那样形成高端垄断。近两年，在百大附近的地段，以及新开发的政务区与经济开发区等地，新建了万达、中环等，百大也并未有比较优势。当然，这种与太原郑州的比较，我只是从太原郑州的同学那听来罢了。

您预计同学们毕业后可能会有跳槽的情况学生也表示同意。据说上一届便有些同学跳槽率较高。据我在一个社会学 qq 群里接触到的信息，几位有类似工作经历的朋友均是半年到一年便跳槽。其实，这也是他们自身想法吧。比如那位去游戏公司的同学，便是想着干两年回家乡芜湖发展。去省交通投资公司的同学也是想着做两年出来再自己做事情。

这可能也是社会学学生灵活的后果之一吧。

4 月 28 日宇凡来邮：

我刚听到一位来自农村的同学拒绝了一间在某县城的私企雇用的解释，先生可以从中看到毕业生的就业考虑。

主要是他家人不同意，然后他也顾虑着，最终做了这个决定。第一，工作环境。地方较偏，交通不便，公共设施较市里差一些。第二，发展前途。家人期望他到大城市发展，即使开始岗位不好，但年轻的时候应该多出去闯闯。第三，他的顾虑。开始，他觉得可以从这间私企学到很多，而且工资稳定，可以还上学时的贷款，所以就答应去了。可是，他家人说前程更重要，不要违背了他们让他上大学出外发展的初衷。

4 月 29 日复宇凡：

我厂也是在县城，七八年前也曾聘入一批本科新毕业生，一个也没有留下来。

其中一个男的很不错，也愿意留下来，但女朋友反对。最终二人去了天津，结了婚、生了孩子，工作是有，但说不上有所发挥。他一直与工厂里一些人有联络，传来的讯息好像是活得不太得意。他这一生恐怕便是如此了。

我和妻一直感到很可惜。如果他留下来，现在应是我厂高层员工了。一个看似不要紧的决定影响了自己的一生遭遇。孔夫子说的"慎始"大概是这个意思吧。

况且，大城市的职场陷阱岂是职场新手和农村父母知道的，不足为怪。

4 月 29 日宇凡复：

您谈到大城市的职场陷阱，学生想再多了解一下。希望能听到您进一步的解释。

4 月 30 日复宇凡：

或许"陷阱"一词不大恰当，应用"风险"一词。

新毕业进入职场，一路走来，到了离开职场的时候，回顾走过的路，他才可能看到一路走进了一个脱身不得的困境。"陷阱"是在终点上在过去的现在里记忆而来的。

对于尚未到达终点的职场中人，他在途中所承受的"风险"不是他凭着主体性（记忆、注意、期望）能够掌握的。或者可以进一步说，若他不晓得主动把"风险"转变为他性（一种参数，是某些参与者从外召入行动历程的定义或捆绑所有定义的条款），它便仅仅是一种参数（是所有参与者都不知道或没有参与者把它从外召入），是知情的研究者引入贝叶斯表示式之中。在此情况下，概率理论里的风险分析（hazards analysis）绝对是合用的工具，"风险"一词亦应依此理解（整个保险行业便是建基于此）。

有什么风险是大城市的职场新手无法评估或无力减低的？我认为，几乎所有都是！原因是：从人力供应方（大学）到人力需求方（企业），绝大多数的新毕业生跟供需两方都没有个人关系。大城市不是农村，不是孙立平老师说的"熟人社会"，不妨借用理斯曼（David Riesman）"孤独的人群"一词来形容这一大群新手。对于新手来说，大城市的职场就是人海茫茫，是他们不得不进入的陌生世界，在进入那一刻他们在有关的叙事和划策中无法评估也无力减低有关风险。

这样的大城市职场是国内二十年来大学教育（供应方）快速扩张、市场经济（需求方）快速发展和大城市（职场所在地）快速扩展的结果，对新手而言，风险特别吓人，因为职场变化的可预见性和稳定性特低。新毕业生首选政府机关、事业单位、国企，然后顺序而下，外企、私企，便不言而喻了。在这个意义上，所有新手（和他们的父母）都采取了原是研究者分析用的参数因果性（见我 2 月 8 日邮件），风险仅仅是参数，还未转变为他性。这意味着风险仍未能以他性的身份进入他们的叙事和划策之中。

新手若是要评估和减低风险，他必须是身在职场（韦伯行动历程）里为自己看到的处境（他目光的焦点坐落处）给出定义（在象征全域里的话说），并且必须动用自己的能动性（记忆、注意、期望以外的所有能力）把原来仅是参数的风险从外召入，转变为他性。如此，他在叙事（在他性的局限下，先别人的定义，后自己的定义）和划策（在他性的局限下，先自己的定义，后别人的定义）中终于算是能够间接地评估他性，从而减低风险了。然而，到了这一步，新手已经身陷职场了。

有新手能避过这一命定论（fatalism）吗？有，官二代和富二代。他还没有进入职场，一代便以监护人的身份进入职场，在他的划策中凭着有利的个人关系（不就是他在职场里的处境吗？）为二代评估和减低未来的风险。

还有谁能避过？至少还有两种不是官二代或富二代的新毕业生。一种是明白这个命定论，并晓得找前辈帮忙；另一种是遇上主动为他减少风险的雇主，并晓得抓住。

5 月 24 日 Ben 来邮：

5 月 4 日曾发一邮件给您，未见回复。一是由于吕先生的香港邮箱失效，二是您这个月一直在内地。现在转寄您这个内地邮箱，如有不便，请见谅。原件如下：

有二事想向吕先生您请教，一是学术问题，二是有关学术圈问题，先述前者，我近读布迪厄和帕斯隆（Bourdieu and Passeron）的 *Reproduction in Education, Society and Culture*。①我还是学生时曾尝试读此书，读了几页就放弃了。

最近因工作在读英国教育社会学文章，反而使我对此书重拾兴趣。为了更好理解这本书，我尝试绘画此书的语意学系统。不知为何，总绘画不出来。似乎我太容易被布迪厄和帕斯隆论述的秩序（order of discourse）牵着走。对此书感觉茫茫不知所以。希望吕先生能够分享你过去绘制语意学系统的经验。有什么诀窍？或者，有一些实用的技艺？

另一事是希望吕先生评价一类社会学家的学术倾向，主要是体现在一些定量研究者身上。在美国社会学一级期刊如 AJS、ASR 上，定量研究是主流。但是，这类文章有时光看摘要（有时只需要看题目）就知道主旨，因为彼等可以说是没有理论，只是否决某些假设。这些假设有时是基于普通认识（commonsense），有时基于前人的研究，有时只是报告一些与直观不符的新发现。

我不是说这类文章没有价值，能刊登上的文章若是在理论上没有新意，必然是在统计学方法上有所突破，能够找出对有关分析对象最为合适的统计学模型，或将之修改，使之适用度更高。这种在统计学方法上不断革新，但明显不太关顾社会学理论的做法，不知吕先生对这种学术取向有什么评价？

---

① Bourdieu, Pierre and Jean-Claude Passeron, *Reproduction in Education, Society and Culture*, London: SAGE Press, 1991.

5 月 24 日复 Ben：

我正在香港的家养病。本月 3 日因胆石阻塞，急性胆管炎，翌日在石家庄做了手术。16 日坐高铁南归，在香港继续治疗。

明日是星期六，若是下午有空，欢迎来舍下聊天。

6 月 2 日 Ben 来邮：

上星期六得到吕先生家谈天，获益良多。吕先生认为我们讨论的一些观点，也许别人也有兴趣知道，嘱我把它们写下来。我把我记得的写下来，请吕先生过目。

（一）吕先生提到社会学实证研究当中有一类型是人口学研究（demographic research），吕先生以前的文章已提过。这类研究的特色是，研究者把一些人口学参数（demographic parameters），例如年龄（age）、性别（gender）、社会阶层（social class）等，带入研究之中，用以因果地解释行动者的行为（behaviour）。这些参数的特色是，行动者不一定知晓它们对他行动的影响，又或者在考虑自己或别的行动者的行动时不一定考虑它们的作用，即这些参数是研究者自行带入研究之中，不一定以他性（他性肯定是参数，参数不一定是他性）出现在有关行动者的处境之定义当中。

针对这个类型的实证研究，吕先生提到三个要点：

（甲）人口学研究的方法是一种自然科学研究方法，即把对象仅视为对象。举一个例子：自然科学家研究降雨量与树木生长的关系，就是由自然科学家把降雨量当作参数带入研究之中。树木本身不是一种能动性，它不会把参数（降雨量）当作他性，并且设法利用它帮助自己生长。人口学研究就是类似这个自然科学例子，没有他性（跟能动性是一组对立），只有不是他性的参数。

吕先生说，在美国学术圈中，人口学从来都被视为社会学里正正当当的一支，而且事实上也是枝叶茂盛的一支，人才辈出。随手拈来，上一辈有弗里德曼（Ronald Freedman）等，晚一辈有汉南（Michael Hannan）、图马（Nancy Tuma）、兰福斯（Ronald Rindfuss）等。

（乙）这种实证研究是美国社会学的强项，而且与政策研究（policy research）密不可分。这种研究把焦点放在研究者自定的那些参数如何影响行动者的抉择和行为，这正是政策研究的意图，透过经济、社会或政治的诸安排（arrangements）达到政府的政策目的。这不就是"宏观调控"吗？

（丙）吕先生提到人口学研究的一个特点：只要不是第一次进行有关研究，在有关的行动历程中总有一些参与者知晓有关的参数，例如有关的政府官员，有关参数便是在他的处境之定义当中变身为他性。

我记得这个问题在科尔曼（James Coleman，1926－1995）的 *Foundations of Social Theory* 第二十三和第二十四两章，以 "applied social research" 的名目提出，但还没有人在科尔曼的基础上好好处理这个问题。[①]

（二）吕先生的谈话由人口学研究转入社会分层（social stratification）研究。由于社会分层研究所关心的"社会结构"（例如"阶级结构"）既可以是行动者不一定注意到的参数［例如布劳（Peter Blau，1918－2002）和邓肯（Otis Duncan，1921－2004）提出的 socio-economic status variables］，又可以是行动者的处境之定义里的他性［例如马克思取向的莱特（E. O. Wright，1947－）和韦伯取向的戈德索普（John Goldthorpe，1935－）各自的阶级理论］，如何面对社会分层的两个面向（aspects）便成为了有关研究的独特课题。

这使我想起英国社会学家斯科特（John Scott，1949－）对分层研究现况的批评，实际上与吕先生的说法一致。[②]斯科特批评一些时髦的分层研究者不断说"阶级"已死，其实是混淆了阶级有此两个面向：所谓"阶级已死"，充其量不过是说在最近几十年"不同阶级失去了不同的独特的阶级生活方式（life style）和阶级文化"（吕先生的用词：作为他性的阶级不再在行动者的处境之定义中出现），但"财富不均的影响"（吕先生的用词：作为参数的阶级）丝毫不见有减弱的趋势。

（三）吕先生说，要好好做个理论社会学家（甚或广泛地说，社会学家），必须具有一定的统计学、社会学理论、哲学三门知识，个人兼有相

---

① Coleman, James Samuel, *Foundations of Social Theory*, Cambridge, Mass: Belknap Press of Harvard University Press, 1990.

② Scott, John, "Social Class and Stratification in Late Modernity", in *Acta Sociologica*, 45 (1), 2002, pp. 23 – 35.

当的历史感（historical sense）。

先说统计学知识。社会学家可以不作统计学分析，若不懂统计学却批评它是"实证主义"，恐怕要贻笑大方了。吕先生认为埃里克森（Robert Erikson，1938 - ）和戈德普索（John Goldthorpe）的 *The Constant Flux*：*A Study of Class Mobility in Industrial Societies* 可以充当基准（benchmark）：能看懂此书里的统计学分析，便算是具有相当的统计学知识了。[①]

再说社会学理论知识。基准是要读得广阔，阅读范围若是只限于自己的专业领域，甚至专业领域中的某一两套社会学理论，那恐怕是过窄了。

三说哲学知识。社会学家从来没有好好想过有关的基准，即：社会学家是否应该具有相当的哲学知识？现时的情况是：社会学家面对哲学时，往往无从入手。吕先生有自己的哲学书单（例如《凝视》和《我思》等著作的参考文献），他建议不妨先按此书单阅读。此书单必定含有吕先生的个人偏向，既然目前没有更好的选择，也就将就着用吧。

历史感。吕先生重视的不是历史研究，而是能够从历史故事里感受到有关行动者可能身在的众多处境。学者生活在学院中，阅历始终有限。历史感最重要的功能是有助于开拓社会学家对不同阶层和不同时代人处境的想象力。因此，未必真的要读真实的历史，或者进行历史社会学式的研究（我补充说：如科尔曼的中世纪商会研究）。吕先生推荐的是高阳的历史小说、《水浒传》，以及日本历史小说（最后者的特色是把行动者的处境推向极端），有空可以翻翻《二十四史》。

（四）吕先生的理论社会学（范式），目标是收编所有的社会学理论（案例）。但对社会学理论的判准（criterion）定得十分宽松：只要经过有关的实证数据（data）检验，能够经得起检验的社会理论便是社会学理论。吕先生认为理论社会学不宜在检验方式上作出限制，否则就犯上自证预言（self-fulfilling prophecy）的嫌疑。

至于如何才是合适的检验方式，吕先生把权威归于库恩所说的"科学共同体"（scientific community）。若有一天社会学界的共识是一个十分荒谬的检验方式，理论社会学家也要接受它，他顶多是批评经此检验的社

[①] Erikson, Robert and John H. Goldthorpe, *The Constant Flux*：*A Study of Class Mobility in Industrial Societies*, Oxford：Clarendon Press, 1992.

会学理论在理论社会学审视下在存在论、实在论、诠释论上可能有的缺失，而不是对检验方式作出批评。

（五）我指出，社会学家不大明白如何合理地挪用别人的社会学理论，因为他们不知道理论社会学和社会学理论的区分（吕先生认为，默顿可能是唯一的例外）。例如，布迪厄对法国的教育体制研究与威利斯（Paul Willis）对英国的教育体制研究，结论不同。[①]布迪厄认为教育不平等的关键是家庭，威利斯认为不平等再生产的场所是学校。有人认为这两个结论互为补充（competing explanations），布迪厄却认为不是这样一回事，而是威利斯挪用他的社会学理论（见 *Invitation to Reflexive Sociology* 中译本《布迪厄社会学面面观》，台湾麦田出版社，Part II，注 31）。这是怎么一回事呢？

针对这堆糊涂话，吕先生重述几点基本看法：

（甲）社会学理论是一套有关人等在特定时空里的人之景况的论述，关键是这套论述是经过数据（data）检验的。任何一个社会学理论都只是解释一些人在特定时空里的人之景况，不是解释所有人在全部时空里的人之景况。

（乙）只有理论社会学（范式）有责任收编所有的社会学理论（案例）。通过全面收编，理论社会学可以说是企图解释所有人在全部时空里的人之景况。

（丙）布迪厄与威利斯都是通过各自数据检验的社会学理论。两者的结论即使看似互相矛盾，实际上不过是解释着不同社会的教育体制。社会学理论之间没有矛盾，没有竞争。或者可以说，一般社会学课本上诸如功能论与冲突论的对立其实只是各自描述不同的处境。

我认为，所谓挪用社会学理论，应是指把布迪厄的教育社会学的语意学系统抽象化，然后放入威利斯实证研究之中。据上述注文所言，似是威利斯把布迪厄的诸概念及其关系带入他自己的研究中。布迪厄说威利斯挪用他的理论，不是毫无道理。

我认为在一些实证研究中，经常遇到研究者如下的做法：研究者会

---

① 布迪厄、华康德：《布迪厄社会学面面观》，李猛、李康译，台湾麦田出版社 2009 年版。Willis, Paul L. , *Learning to Labor*：*How Working Class Kids Get Working Class Jobs*, Farnborough, England：Saxon House，1977.

说，"我的理论是这样这样的，此为零假设（null hypothesis）。备择假设（Alternative hypothesis）却是那样那样的"。然后，他通过否定备择假设（alternative hypothesis），从而肯定他的理论（null hypothesis）。其实，零假设（研究者自己的理论）和备择假设（通常是别人的曾经 data 检验的理论）都算得上是社会学理论。

一方面，我认为这个做法在以下情况下是多余的：例如，把布迪厄和威利斯的社会学理论视为备择假设，解释香港社会的教育分层。我个人以为，香港社会没有独特的阶级文化，整个社会的文化都是同质的。因此，香港社会的教育不平等与布迪厄和威利斯的教育不平等根本是两码事。若清楚厘定两者的语意学系统，就会发觉此一点。这样的研究，不过是把不相干社会学理论带入实证研究中，可说是无谓之作。

另一方面，这种做法在以下情况下是有用的：在统计学上，你的理论提出以 X 这个变量去解释 Y 那个变量。但是有人会认为，即使你统计学上证明了 X 和 Y 有关系，这个关系仍然可能是虚假的，因为你没有控制其他变量。这些其他变量其实可能是备择假设。最出名的例子出现在网络研究里，为了证明网络效应（network effect）真的存在，除了证明网络与行为模式（behavior pattern）有统计学上的相关性（statistical correlation）外，你必须同时排除选择性偏差（selectivity bias）。这是在数据检验的层面要做的工序，与社会学理论无关。换言之，备择假设的目的不是排斥其他的社会学理论，证明它们是错的，而是为了证明自己的社会学理论是对的。

（六）谈话中还有一些零碎的事项，记录如下：

（甲）我提到贝克（Ulrich Beck，1944 - ）《风险社会》的论述。[①]吕先生从我对贝克的简述中觉得他的说法非常粗劣。也许这是转述者的问题。不过吕先生觉得贝克的想法其实可能开启新的研究方向，即风险转移（risk transformation）、风险分配（risk distribution）和风险演变（risk evolution）的问题。

（乙）谈话中说及张载，我提到达伦道夫（Ralf Dahrendorf）对乌托

[①] Beck, Ulrich, *Risk Society*: *Towards a New Modernity*,（translated by Mark Ritter.）London: Newbury Park, Calif: Sage Publications, 1992.

邦想法的讽刺语。我是看人转引的。①

（丙）吕先生曾透露想把网络理论（network theory）收编在其理论社会学麾下。我的理论老师曾说怀特（Harrison White，1930 - ）的 *Identity and Control* 是网络理论在理论层面最成熟的一本书，吕先生不妨一读。②

（丁）吕先生说我可以带些同学在周末下午跟其谈天。有几位表示有兴趣，问有没有吕先生的著作给他们看看，我就随意叫他们去看先生在《社会学研究》上发表的两篇文章，结果他们都打了退堂鼓了。

6 月 3 日致宇凡：

近况如何？

6 月 3 日宇凡复：

今日收到老师邮件，也算缓下了学生心里的担心。

5 月 25 日我在安徽大学进行了一场面向全校的学术报告会，主要内容为我的那篇毕业论文，本想收集一些理论上的提问，可惜多是对气学社会学有故弄玄虚的质疑。不过，作为学生的第一场学术讲座，还是颇有纪念意义的。

学校的毕业论文答辩定在 6 月 16 日，预计 6 月底离校。目前在校主要是学习社会组织的研究。

这段时间未向老师请教，反而对您之前的点拨得以沉下心细细体会，譬如有关"终生关怀"的问题。

6 月 5 日宇凡来邮：

学生修改了《发现气学社会学之旅》，主要是将"驿站"改为"中

---

① Dahrendorf, Ralf, "Out of Utopia", in *System*, *Change and Conflict*（ed. by N. J. Demerath III and Richard A. Peterson.），New York：The Free Press，1967，pp. 465 - 480.

② White, Harrison C.，*Identity and Control：How Social Formations Emerge*，Princeton University Press，2008.

点"、重新解释了本体论的外推、添加了用阿多诺的"非同一性"解释"修养社会学"。

仅就 2013 年的电邮录来看，我竟发现这篇毕业论文是在吕老师您的潜移默化下形成的思路。从最初的宋明理学的探讨到关于自我的解释，您的分析引导学生慢慢地走成了一定的路数。我想，好的导师莫过如此，"润物细无声"，学生拿出来东西又能够"掷地有声"。当然，学生至今的思考仅是发出声音，距离"有声"还有很远。

6 月 12 日致 Ben：

我看了你转发来的达伦道夫 "Out of Utopia" 一文。

该文原文 1958 年发表于 *American Journal of Sociology*。上距他的成名作 *Class and Class Conflict in Industrial Society* 德语本一年，下距他同名作品英语本一年。你不难发现该文的一些论点也出现在该作品里。

就该文看，帕森斯 1951 年出版的 *The Social System* 一书才是达伦道夫的攻击对象，不是乌托邦主义（utopianism）。他攻击该书提倡的社会之共识理论（consensus theory of society），并由此捧出他的成名作提倡的社会之冲突理论（conflict theory of society）。

我在《凝视》第三章"二律背反"中曾经提过这两个理论：

> 帕森斯〔曾提出〕…… 如下的四乘二符号学矩阵：
> 抽象—————具体
> 价值—————引起冲突的利益
> 社会制度—————社会互动
> 人群—————处境
> （第 160 页）
> 我们从矩阵揭走"引起冲突（〔conflict〕）的利益（〔interest〕）"一子，换上"保证秩序（〔order〕）的强行（〔coercion〕）"〔,〕……价值（〔value〕）和强行的悖论马上现身。在这个新设想里，共识论和冲突论的关系决不是一个时离时合的互补性，而是一个生死相缠二律背反。（第 162—163 页）

　　我在稍后的讨论中会回到我这个关于"秩序""强行""价值"的看法，在此先行略过。

　　留意：共识理论和冲突理论都是关于"社会"这个形象模糊和解说不清的社会学事体（sociological entity）（叶启政老师称为"巨灵"，不无道理）。你是知道的，我自己的理论社会学是不用"社会"一词的，而代之以一个实在论（韦伯和吉登斯二行动历程、社会领地、象征全域、索绪尔—布迪厄话说网络）。这意味着从我的理论社会学看这两个关于"社会"的理论，所见自是不同，稍后你会看到。

　　顺便一提，哲学家波普（Karl R. Popper, 1902 – 1994）是达伦道夫（在伦敦经济与政治科学学院念博士时？）的老师（之一？）。他应是借鉴了老师 1945 年出版的名著 The Open Society and Its Enemies 对乌托邦主义的批评，指出帕森斯共识理论的弱点。

　　我先就我个人的理论偏重为"Out of Utopia"一文作一摘录，共二十三个论点，从中你可以清楚看到达伦道夫论述的起承转合，我在每一环节后附上我的评论，如下：

起：社会之共识理论

　　(1) Consensus on values is one of the prime features of the social system. … That societies are held together by some kind of value consensus seems to me either a definition of societies or a statement clearly contradicted by empirical evidence … (p. 470)

　　(2) [T] he structural-functionalist insist on his concern not with a static but with a moving equilibrium. But what does this moving equilibrium mean? It means, in the last analysis, that the system is a structure… of the organism type. Homoeostasis is maintained by the regular occurrence of certain patterned process which, far from disturbing the tranquility of the village pond, in fact *are* the village pond. Heraclitus' saying, "We enter the same river, and it is not the same," does not hold here. The system is the same, however often we look at it. Children are born

and socialized and allocated until they die; new children are born, and the same happens all over again. What a peaceful, what an idyllic, world the system is! (p. 471)

（3）Structural-functional theory does not introduce unrealistic assumptions for the purpose of explaining real problems; it introduces many kinds of assumptions, concepts, and models for the sole purpose of describing a social system that has never existed and is not likely ever to come into being. (pp. 472 – 473)

　　达伦道夫在论点（2）中相当细致地区分了乡塘（village pond）与河流（river）这两个比喻。乡塘（帕森斯的社会系统）不是一潭死水，生活在其中的生物生生不息（不就是"移动中的平衡"（moving equilibrium）吗?），但它本身肯定不是一条昼夜不息的河流（既然是活水，当然还会有着生生不息在其中的生物），乡塘和河流各自具有的"同样性"（sameness）显然不是同一的（identical）。每位社会学家都必须认定他眼中的"社会"所具有的同样性究竟是哪一种，二者之间没有闪腾躲避的余地（就 *The Social System* 而言，"社会系统"便是"社会"的同义词）。我个人倾向达伦道夫的看法："社会"像河流多于乡塘。

　　达伦道夫在论点（3）中否认"社会系统"的存在（existence），即在他的存在论（ontology）里没有这回事［社会系统是由价值共识（value consensus）维持的］。他在论点（1）中否认社会系统的实在（reality），即在他的实在论里也没有这回事（存在论和实在论不是同一回事）。稍后我们会看看他的冲突理论里的存在论和实在论究竟是何模样。

　　他在论点（3）中也点出下两个环节（"承一"和"承二"）的讨论焦点，即他说的诸假定（assumptions）、诸概念（concepts）、诸模型（models）。正是在这些焦点上，他看出了帕森斯共识理论的死穴。稍后你会看到，这些焦点都坐落在科学哲学（philosophy of science）、认识论（epistemology）或方法学（methodology）的范围内，大体上应属于他老师波普的行当。这意味着达伦道夫在存在论方面的讨论可能像他老师那样，颇为简略，甚或付诸阙如。

承一：理论（theory）、研究（research）、问题意识（problem-consciousness）

(4)［T. H. Marshall and Robert K. Merton］advocate something they call a "convergence" of theory and research. … ［T］his conception implies that sociological theory and sociological research are two separate activities which it is possible to divide and to join. I do not believe that this is so. In fact, I think that, so long as we hold this belief, our theory will be logical and philosophical, and our research will at best be sociographic, with sociology disappearing in the gorge between those two. (p. 474.)

(5) There is no theory that can be divorced from empirical research; but, of course, the reverse is equally true. (p. 474)

(6) Many sociologists have lost the simple impulse of curiosity, the desire to solve riddles of experience, the concern with problems. (p. 474)

(7)［A］t the outset of every scientific investigation there has to be a fact or set of facts that is puzzling the investigator … ［W］hat matters is that every one of … ［the puzzling facts or sets of facts］invites the question "Why?" and it is this question, after all, which has always inspired that noble human activity in which we are engaged—science. (p. 475)

(8)［A］scientific discipline that is problem-conscious at every stage of its development is very unlikely ever to find itself in the prison of utopian thought or to separate theory and research. Problems require explanation, explanations require assumptions or models and hypotheses derived from such models; hypotheses, which are always, by implication, predictions as well as explanatory propositions, require testing by further facts; testing often generates new problems. (p. 475)

(9)［P］roblem-consciousness is not merely a means of avoiding ideological biases but is, above all, an indispensable condition of progress in any discipline of human inquiry. The path out of utopia begins with the recognition of puzzling facts of experience and the tackling of problems posed by such facts. (p. 476)

达伦道夫认为，当时的社会学受害于理论与研究的分离［论点（4）］。此处所谓的"研究"只指经验研究（empirical research），我称为"实证探究"（positive investigation）。

我同意他所说的"理论和研究是绝不可分离的"［论点（5）］。显然，此处的所谓"理论"只可以是我说的"社会学理论"（在某些条件下能够承受实证探究的社会理论）。请记住我作出的社会理论、社会学理论和理论社会学三者的区分。

承接论点（5），论点（6）［"许多社会学家已经失去了好奇心的朴素冲动（simple impulse of curiosity），失去了解决经验上诸疑难（riddles of experiences）的欲望，失去了对诸问题的关怀（concern with problems）。"］所说的"社会学家"应是指社会学理论家，不是指社会理论家或理论社会学家。论点（7）　［"在每一个科学探究开始时，总是有一些事实（facts）在困惑着探究者，……"］所说的"探究者"便更清楚了，只可以是社会学理论家。

社会理论是完全不理会实证研究的，属于社会学的思辨课题，在此处可以不论。社会学理论和理论社会学属于社会学的科学课题，后者是范式（paradigm），前者是案例（exemplar），后者只有通过前者才跟实证研究扯上关系。就"Out of Utopia"一文来看，达伦道夫所说的"社会学"只指社会学理论（案例），与理论社会学（范式）无涉。应该一提：库恩（Thomas S. Kuhn, 1922 – 1995）的名著 *The Structure of Scientific Revolutions* 1962 年才面世，达伦道夫在撰写"Out of Utopia"的时候对范式理论（theory of paradigm）应是一无所知。

我完全同意达伦道夫对问题意识的重视［论点（8）和（9）］。

他在论点（8）［"……诸问题需要解释（explanation），诸解释需要诸假定或诸模型以至衍生自如此的诸模型的诸假设（hypotheses）；……诸假设……需要进一步的诸事实来检验（testing）……"］点出了承二的焦点，即：解释和模型。承二是承一的延续。

留意：模型本身是一种假定，衍生自模型的假设才是实证研究的焦点，数据（data）（达伦道夫说的"诸事实"）因而得以用于假设的检验，成就了解释。显然，在达伦道夫的眼中，只有成功通过数据检验的假设才可以说是解释，换言之，解释只出现在社会学理论之内。

承二：解释、模型

（10）It is perhaps inevitable that the models underlying scientific explanations acquire a life of their own, divorced from the specific purpose for which they have originally been constructed. The *Homoo economicus* of modern economics, invented in the first place as a useful, even if clearly unrealistic, assumption from which testable hypotheses could be derived, has today become the cardinal figure in a much discussed philosophy of human nature far beyond the aspirations of most economists. The indeterminacy principle in modern physics, which again is nothing but a useful assumption without claim to any reality other than operational, has been taken as a final refutation of all determinist philosophies of nature. Analogous statements could be made about the equilibrium model of society. （p. 477）

（11）We face the double task of having to specify the conditions under which this model proves analytically useful and of having to cope with the philosophical implications of the model itself. It may seem a digression for a sociologist to occupy himself with the latter problem; however, in my opinion it is both dangerous and irresponsible to ignore the implications of one's assumptions, even if these are philosophical rather than scientific in a technical sense. （p. 477）

（12）… The models with which we work, apart from being useful tools, determine to no small extent our general perspectives, our selection of problems, and the emphasis in our explanations, and I believe that in this respect, too, the utopian social system has played an unfortunate role in our discipline. （p. 477）

论点（11）指出，若要批评帕森斯的共识理论，批评者要挑起双重任务，既要"指定在那些条件下该模型得以分析地有用"，亦要"应付该模型本身在哲学上的诸含义（implications）"。

论点（10）指出，同样的双重任务也出现在经济学里的"经济人"

（homo oeconomicus）和物理学里的"不决定原理"（indeterminacy principle）二模型身上。

注：达伦道夫说的"不决定原理"应是物理学家海森堡（Werner Heisenberg，1901 – 1976）提出的"测不准原理"（uncertainty principle），他何以另称之，待考。又注："经济人"无疑是一个模型（假定）。但是达伦道夫何以认为"测不准原理"也是一个模型，待考。

论点（12）指出，模型也有份决定了研究者的诸视角［注：原文是"general perspectives"，我略去"general"（普遍的）一词］、诸问题的挑选（selection）、诸解释的重点（emphasis）。从另一个角度看，每一个模型都带来特殊的（particular）视角（注：这是我略去原文"general"一词的原因。"particular general perspectives"虽没错，却别扭）、问题、解释。我认为更贴切的说法是，没有模型是普遍的，每个模型都只是特殊的。我的说法得到论点（14）的支持，见后，不赘。达伦道夫应是认定社会之共识理论不会是例外，由此，他的论述进入第四环节"转"。

留意：通过"承一"和"承二"两个环节，达伦道夫把社会系统（社会之共识理论）的哲学地位（philosophical status）从可能是存在论或实在论事体（第一环节"起"）贬至只是假定（模型）（第三环节"承二"），即认识论或方法学事体。

转：社会之冲突理论

（13）There may be some problems for the explanation of which it is important to assume an equilibrated, functioning social system based on consensus, absence of conflict, and isolation in time and space. I think there are such problems, although their number is probably much smaller than many contemporary sociologists wish us to believe. The equilibrium model of society also has a long tradition in social thinking ⋯ But neither in relation to the explanation of sociological problems nor in the history of social philosophy is it the only model. (p. 478)

（14）Parsons' statement in *The Social System* that this "work constitutes a step toward the development of a generalized theoretical system" is erroneous in every respect I can think of and, in particular, insofar as it implies that all sociological problems can be approached with the equilibrium model of society. (p. 478)

(15) I can think of many more problems to which the social system does not apply than those to which it does ⋯ I would certainly insist that⋯ at least one other model of society is required. It has an equally long and, I think, a better tradition that the equilibrium model. ⋯ [T] his alternative model, which I shall call the "conflict model of society," is gaining ground in sociological analysis. (p. 478)

(16) A Galilean turn of thought is required which makes us realize that all units of social organization are continuously changing, unless some force intervenes to arrest this change. ⋯ Moreover, change is u-biquitous not only in time but also in space, that is to say, every part of societies is constantly changing. (p. 479)

(17) The great creative force that carries along change in the [conflict] model ⋯ and that is equally ubiquitous is social conflict. ⋯ [A] gain, a complete turn is necessary in our thinking. Not the presence but the absence of conflict is surprising and abnormal, and we have good reason to be suspicious if we find a society or social organization that displays no evidence of conflict. (p. 479)

(18) To be sure, we do not have to assume that conflict is always violent and uncontrolled. There is probably a continuum from civil war to parliamentary debate, from strikes and lockouts to joint consultation. (p. 479)

(19) [C] onflict can be temporarily suppressed, regulated, channeled, and controlled but that neither a philosopher-king nor a modern dictator can abolish it once and for all. (p. 479)

(20) There is a third notion which, together with change and conflict, constitutes the instrumentarium of the conflict model of society: the notion of constraint. From the point of view of this model, societies and social organizations are held together not by consensus but by constraint, not by universal agreement but by the coercion of some by others. It may

be useful for some purposes to speak of the "value system" of a society but in the conflict model such characteristic values are ruling than common, enforced rather than accepted, at any given point of time. And as conflict generates change, so constraint may be thought of as generating conflict. We assume that conflict is ubiquitous, since constraint is ubiquitous wherever humans set up social organizations. In a highly formal sense, it is always the basis of constraint that is at issue in social conflict. (pp. 479 – 480)

论点 (13) 确认帕森斯共识理论只是一个模型。模拟于论点 (13)，论点 (15) 确认了达伦道夫自己的冲突理论也是一个模型。留意：他以"社会之平衡模型"（equilibrium model of society）一词取代了原名"社会之共识理论"。"平衡"一词早已在论点 (2) 中出现。他自己的"社会之冲突理论"也随之易名为"社会之冲突模型"（conflict model of society）。

论点 (16) 引入"变迁"（change）：通过确认"社会组织（social organization）的所有单位（units）总是连续地在变迁中"，进一步确认"变迁不单是无时不在，也是无处不在"（not only ubiquitous in time but also in space），最终确认"诸社会的每一部分（part）总是恒常地在变迁中"。留意："社会组织"就是达伦道夫眼中的"社会"，显然有别于帕森斯眼中的"社会"（"社会系统"）。

论点 (17) 从"变迁"推导到"冲突"："冲突带动变迁"，"冲突同样是〔无时和〕无处不在的"，"冲突的缺席（absence）是不正常的（abnormal）"。

论点 (20) 从"冲突"推导到"约束"（constraint）："正如冲突引发（generates）变迁，约束引发冲突"，"约束是〔无时和〕无处不在的"。

至此，达伦道夫确认了一个无时和无处不在的发生论（genetics），即"约束→冲突→变迁"。应该注意到，他不是在认识论或方法学上确认它，而是在实在论上——甚或是在存在论上——确认它，因为"无时和无处不在"这个实在论或存在论特征已经超出了认识论和方法学的范围。换言之，达伦道夫在有意或无意之间把自己的冲突理论从认识论或方法学事体（模型、假定）上升为实在论或存在论事体！

更有兴味的是，他在后面的论点（22）竟然说："在某个哲学意义上，社会具有两面，都是同等的实在：一是稳定、和谐、共识，一是变迁、冲突、约束。"（"［I］n a philosophical sense, society has two faces of equal reality: one of stability, harmony, and consensus and one of change, conflict, and constraint."）他推翻了论点（1），甚至是论点（3）。

其实，达伦道夫是不得不如此做的。理由是，"变迁""冲突""约束"三词必须是在与"稳定""和谐""共识"的各自对立（索绪尔说的"对立"）之中才能得到它们的各自语言值（linguistic value）（即意义），其语意学矩阵如下：

留意："共识""和谐""稳定"三词构成了另一个发生论，它也是"无时和无处不在的"。我个人认为，这一对发生论只表达了一个（而且只有一个）实在论（甚或存在论）事体的两端。这两端确实是构成一个二律背反。然而，在任何当下一刻里，发生论总是游走在这背反的二律之间。若是如此，论点（23）（"在平衡和冲突二类型之外，恐怕不会有其他的社会模型。"）（"［I］t is hard to see what other models of society there could be which are not of either the equilibrium or the conflict type."）便说不到要害。因此，在本邮件开头我便提过我在《凝视》的说法："共识理论和冲突理论的关系决不是一个时离时合的互补性，而是一个生死相缠二律背反。"

也应留意："冲突"这个关键词成为社会之冲突理论的发生论的枢纽，它把"变迁"和"约束"连接起来，但是，它跟达伦道夫眼中的"社会"（"社会组织"）却没有直接关系。论点（20）指明："诸社会和诸社会组织是由约束拉扯在一起的（held together），不是由共识做到的；不是由全盘同意（universal agreement）做到的，而是由一些人受到其他人的强行（coercion）而做到的。"（"［S］ocieties and social organizations are held together not by consensus but by constraint, not by universal agreement but by the coercion of some by others."）也就是说，"约束"才跟"社会组织"直接有关，即"约束—社会组织"。

也应留意：论点（20）节外生枝，同时确认社会组织因"由一些人受到其他人的强行"而得以约束。也就是说，达伦道夫同时把"约束"跟"强行"连接起来，即"约束—强行"，也许他认为二者几乎是等同的，即"约束≒强行"。

但是，"强行"究竟又跟什么有关？达伦道夫没有说。这便得回到我在本邮件开头提过的我在《凝视》中的有关分析："保证秩序的强行"，即"强行—秩序"。你若是翻翻韦伯死后两年出版的《经济与社会》卷一第一章"基础社会学词汇"，不难发现"组织"和"秩序"二词其实是表里关系，就像"社会关系"（social relationship）和"社会行动"（social action）的关系一样。因此，达伦道夫所说的"社会组织是由约束拉扯在一起的"应可理解为"社会组织里的秩序是由强行来保证的"！符号学地可以写为如下的二乘二矩阵：

顺便一提："基础社会学词汇"其实是一组定义，很细致。从这组定义的分类学（taxonomy）来看，最高属（highest genera）应有四："社会行动"、"社会关系"、"秩序"、"组织"。次高属众多："行动取向"（action orientation）、"正当性"（legitimacy）、"冲突"、"共识"、"支配"（domination）等。"强行"大概是在"秩序"和"正当性"二词之下的一个属或种（species），不过"Out of Utopia"也没有提及"正当性"一词。其余的定义，不谈了。

论点（18）和论点（19）只是"冲突"一词的补充说明，不谈了。

合：结论（conclusion）

（21）[T] here is a fundamental difference between the equilibrium and the conflict models of society. … [W] e live in a world of uncertainty. … Because there is no certainty …, there has to be constraint to assure some livable minimum of coherence. Because we do not know all the answers, there has to be continuous conflict over values and policies. Because of uncertainty, there is always change and development. （p. 480）

（22）I do not intend to … advance for the conflict model a claim to comprehensive and exclusive applicability. As far as I can seem we need for the explanation of sociological problems both the equilibrium and the conflict models of society; and it may well be that, in a philosophical sense, society has two faces of equal reality: one of stability, harmony, and consensus and one of change, conflict, and constraint. （p. 480）

（23）I shall not be prepared to claim that these two are the only possible models of sociological analysis. Without any doubt, we need a considerable number of models on many levels for the explanation of specific problems, and, more often than not, the two models outlined here are too general to be of immediate relevance. In philosophical terms, however, it is hard to see what other models of society there could be which are not of either the equilibrium or the conflict type. （Footnote, p. 480）

论点（21）是从认识论（甚或方法学？）事体到实在论（甚或存在论）事体的两个因果性（causality），一是"因为我不知道所有答案，关于诸价值和诸政策的冲突便不得不连续发生"，即"无知→冲突"，二是"因为诸不确定性（uncertainties），变迁和发展便不得不常常发生"，即"诸不确定性→变迁"。另外，"诸不确定性"跟"连贯性"在认识论上是一组对立。有关语意学系统如下：

论点（22）和论点（23）在前头说过了，不赘。

具体分析应到此为止了，所得的语意学系统的整体，如下图。

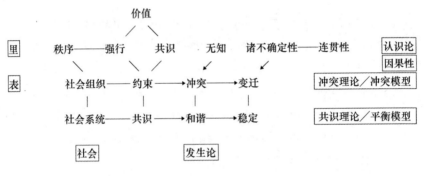

社会之共识理论和冲突理论的语意学系统

"价值"这个关键词一直没有出现在各子系统（sub-systems）之中，因此，我在整体系统中添加了《凝视》提到"价值"和"强行"的悖论，即"价值—强行"。

稍稍收束我对"Out of Utopia"一文的整体观感如下：

（一）达伦道夫只通过波普式的（Popperian）科学哲学、认识论和方法学从帕森斯的共识理论过渡到他自己的冲突理论去（"承一"和"承二"）。为此，他不得不先按认识论的要求压缩该二理论，让它们通过"模型"这个樽颈，再在有意和无意之间恢复"理论"的实在论原貌。

（二）他的冲突理论几乎完全避开了有关"社会"的所有存在论事体（主体性、对象性、交互主体性、交互对象性、能动性、他性）。从我的理论社会学立场看，没有存在论的社会学理论（冲突理论是一个社会学理论）难免有所缺失。

（三）以韦伯式"社会组织"为"社会"的关键成分（key ingredient）应是比帕森斯式"社会系统"优胜。"组织"（面）和"秩序"（里）终究相对容易跟"社会关系"（面）和"社会行动"（里）连接起来，只要稍想想"社会系统"的 AGIL（A = adaptation，G = goal achievement，I = integration，L = Latency）模型（不就是"乡塘"，即平衡模型吗？）便不难明白了。

（四）以韦伯式"社会组织"为发端的冲突理论，作为社会学理论虽非完善，算是可用。但是，若是用作理论社会学恐怕还是不如我以韦伯式"行动历程"为发端的理论社会学，因为以"行动历程"为发端或可有望覆盖所有社会学理论可能的实在论了。

6 月 13 日 Ben 复：

收到你的分析。一如以往，文章非常精彩，尤其是你指出达伦道夫用知识论（即波普的套路）去批评共识论，但在"转"和"合"二环节却把他的实在论静悄悄地引进去了。这是我看文章时没有注意到的。

但有几点我不太明白。望吕先生指点：

（一）在你邮件第二个语意学矩阵中，有"表""里"之分。"表—里"是否与你一向使用的"深处—表面"同构？

（二）吕先生说过"社会学理论之间没有竞争"。若是如此，达伦道夫凭什么认为共识理论与冲突理论是彼此竞争的？

（三）我一直以为每一个社会学理论都按照自己的研究对象建构自己的实在论（甚至存在论）。达伦道夫却认为，彼此竞争中的共识理论与冲突理论可以分享同一实在论，他凭什么可以如此认为？是不是因为他的研究对象恰巧是"社会组织"？社会组织有其独特之处：组织免不了有冲突（成员之间可以有利益上的冲突），但是冲突之余，组织必须也有秩序，否则无法通过协作完成组织任务（organization task）。

（四）吕老师认为"这两个理论构成一个二律背反"。你之所以如此认为，是不是因为它俩正如达伦道夫所说"可以分享同一实在论"？

（五）你指定"无知""诸不确定性"和"连贯性"是认识论事体，有何理由？

（六）我明白"冲突"和"变迁"是实在论事体。但是，从认识论事体到实在论事体的"无知→冲突"和"诸不确定性→变迁"究竟是哪一路的因果性？

（七）吕先生的理论社会学的论述之秩序（order of narrative）是存在论、实在论、诠释论，最后者包括了认识论和方法学。在此处，认识论事体却反过来是实在论事体之因，可否略作说明？

6 月 17 日致 Ben：

我从你的疑问一开始回答。"表—里"（outer-inner）和"深处—表面"（depth-surface）都是二分结构（binary structure），太简单了，几乎可以说是无法不同构的，两者的区分其实是视乎它俩各自身在的语言学系统是否有异。

我在《凝视》和《我思》里清楚指出，"深处—表面"这组对立是在古希腊士多噶派学说的语意学系统之内，"行动者在深处里互动，互动遗留的踪迹却浮在表面上"。转换为现代统计学的假设检验理论（theory of hypothesis-testing）的术语，行动者的互动（深处）是有待检验的假设，互动遗留的踪迹（表面）是用于检验假设的数据。

对于研究者而言，他便如考古学家那样只能得到业已湮没的行动者（他们曾有的互动只能是假设了）无意中遗留下来（肯定不是行动者有意为研究者留下）的文物（relics）（数据）。这就是我理论社会学的诠释论的分析部分的"士多噶因果性"。

"表—里"这组对立只是我阅读韦伯"基础社会学词汇"一章的印象，是有待论证的。我在上一封邮件说过，韦伯词汇分类学（不也是一个语意学系统吗？）的最高属四词便是两组"表—里"对立，即"社会关系—社会行动"和"组织—秩序"。

仅就上述四词而言，"身—心"（body-soul）这个比喻应该比"表—里"更为贴切：若"社会关系"是"身"，"社会行动"便是"心"；同样，若"组织"是"身"，"秩序"便是"心"。试试应用到韦伯名著《新教伦理与资本主义精神》：若"新教"是"组织"，"伦理"便是"秩序"；同样，若"资本主义"是"组织"，"精神"便是"秩序"。

个人（the individual）要"身—心"俱在才活着。或许在韦伯的眼中，集体（the collectivity）也要"组织—秩序"（或"关系—行动"）俱在才活着。模拟于涂尔干借用活着的动物（当然是活着的才有意义！）的诸器官（organs）及其功能（functions）为他社会学的基本隐喻（basic metaphor），难道"身—心"不是韦伯社会学的基本隐喻吗？这只是我胡猜，我并没有在社会学文献里见到有人这样说，有待论证。

疑问二。从库恩的科学哲学来看，如果社会学真的成熟如物理学，在社会学的科学课题里，众多的理论社会学当中只有一个能够竞争成功当上社会学的范式（paradigm）。一旦有了范式，任何一个社会学理论便只被容许以两个面目之一出现在科学课题之中，即：它是有关范式的一个案例（exemplar），或是一个反例（counter-example）。可以肯定地说，它无须跟其他社会学理论竞争进入社会学的科学课题。

但是，目前的社会学远远未成熟到如物理学。仅就达伦道夫来说，他眼中的社会学的科学课题恐怕只有社会学理论，没有理论社会学。那么，一个社会学理论凭什么进入科学课题呢？它必须跟一个已被众多社会学家接受的社会学理论（共识理论便是）争论，并且不得在争论中败阵下来！当时达伦道夫应是这样想，至今大部分的社会学家恐怕还是这样想。我一直认为这是错误的想法，其根源就是对范式在科学课题里的关键角色一无所知。这也是我致力于理论社会学的原因之一。

疑问三。就"Out of Utopia"一文而言，达伦道夫其实是没有证明共识理论与冲突理论可以分享同一实在论。他顶多是在形而上学的层面上承认总有一个尚未（无法？）言明内容的终极实在（ultimate reality），并且相信帕森斯和他眼中的"社会"（"社会系统"和"社会组织"）正是在其中。若是如此，"分享同一实在论"与"研究对象是社会组织"无关。

我个人的想法是这样的：一方面，我完全同意"任何一个社会学理论都可按照自己的研究对象建构自己的实在论"；另一方面，我认为任何一个理论社会学必须明确地指定它的实在论内容（例如我指定了的"韦伯行动历程""吉登斯行动历程""社会领地""象征全域""索绪尔—布迪厄话说网络"），不应采用只由形而上学承认的尚未言明内容的终极实在。只有以一个"明确指定的实在论内容"来接受所有社会学理论"按照自己的研究对象来建构的实在论"，理论社会学才算是以简御繁（一个范式收编了所有案例），正正当当地挑起它的科学使命（scientific mission）！

我可以很干脆地回答你的疑问四：不是。

疑问五。"无知"和"诸不确定性"是研究者（他不是身在行动历程之中）身陷的认识论困境，因此是他眼中的认识论事体。行动历程中的参与者（即行动者）无疑是身陷"冲突"和"变迁"当中，但他绝不是因为对二者的认识不足（"无知""诸不确定性"）才身陷其中。

那么，行动者也应要面对一些认识论事体吧？是的，他也要面对。在我理论社会学的实在论里，他"在过去的现在里记忆，在现在的现在里注意，在将来的现在里期望"；在诠释论里，他"在韦伯行动历程中叙事，在吉登斯行动历程中划策"。显然，主体性（记忆、注意、期望）和能动性（三者以外的所有能力）都牵涉到行动者的性质不同、程度不同的认知和思考能力（cognitive and reasoning capabilities）。他认知和思考的那些特殊对象不就是他面对的认识论事体吗？换言之，我在我理论社会学里——并未明言地——把行动者面对的认识论事体暗藏在实在论和诠释论（只限演绎部分，即叙事和划策）里。你必定记得，我也并未言明地把"沟通"（communication）暗藏在"交互主体性"（米德说的"社会过程"）里。

最后，"连贯性"是一个认识论要求，是由于研究者或行动者身陷"诸不确定性"之中而提出的。

疑问六。因果性（causality）只是解释（explanation）的一个形式（form），而且恐怕是解释难以跨越的一个形式。正如解释属于认识论和方法学，因果性也是。就存在论、实在论和认识论三种事体而言，研究者可以自行决定何者是因，何者是果，他无须考虑它们究竟是哪种事体。

我理论社会学的诠释论的分析部分的参数因果性和士多噶因果性是我选定的，是为了方便有关社会学理论家（他是实证研究者）用于假设的数据检验的。达伦道夫的两个因果性呢？都与数据检验无关，他应是为了解释他提出的发生论（"约束→冲突→变迁"，实在论甚或是存在论事体，在解释中是果）而在认识论里找因（"无知""诸不确定性"）。这个做法是否合理，当然可以商榷。

留意：他没有为"约束"在认识论里找因。也许他认为，既然"约束≈强行"（见我上一封邮件的环节"转"一段），也就无须解释了。

你的疑问七应是不说自明了：论述之秩序与认识论事体并无关联。

6 月 17 Ben 复：

收到你的回答，当可解答我的疑问。

另，吕先生说我若平日下午有空可到府上与你交谈。不知明天吕先生下午有没有时间？

6 月 17 日复 Ben：

我明晚七时在中环有饭局，之前六时左右要到湾仔办些事。我路过中大时跟你在众志堂喝杯茶如何？你下午什么时间有空？

6 月 17 日 Ben 再复：

有空，明天我们电话联络。

6 月 17 日再复 Ben：

好的，明天下午众志堂见。

6 月 19 日致 Ben：

你 6 月 2 日邮件提到的科尔曼（James Coleman）*Foundations of Social Theory* 第二十三和第二十四两章，我看了，也翻看了第二十、第二十一和第二十二章的目录。

这五章组成第四篇"现代社会"，各章的标题简洁地指明其旨趣，顺序是"自然人和新的法人行动者""法人行动者的职责""新社会结构中的新世代""社会学和社会行动在新社会结构中的关系""新型社会结构和新社会科学"。五章一体，科尔曼关怀现代社会里人之景况，站稳社会学理论家（我说的"社会学理论家"，即"实验社会学家"）的立场，首三章是从社会学的角度观察和论述，尾二章是从伦理哲学的角度评论和建议。

他以"法人行动者"（corporate actor）的兴起和繁衍为现代社会（他称之为"新型社会结构"）的标志。在现代社会里，"法人行动者"主导了"社会行动"。他忧虑"自然人"（natural person）在现代社会里的景况。他的忧虑言之成理，必须正视。

稍说一下有关的词汇：

（一）科尔曼说的"法人行动者"应即是韦伯说的"组织"（organization），我有时随着涂尔干一系的习惯，称之为"集体"（collectivity）或"集体行动者"（collective actor）。

（二）他说的"社会行动"应是我说的"行动历程"多于是"社会行动"。我的理论社会学区分了"社会行动"和"行动历程"，前者属存在论（准确地说，基础存在论），后者属实在论。

（三）他说的"自然人"应是我理论社会学说的"行动历程中的参与者"，我称之为"行动者"，有时也随着涂尔干一系的习惯，称之为"个体"（individual）。

（四）在我的理论社会学里，科尔曼的"自然人"（我说的"行动者"、"个体"）是"主体性"（记忆、注意、期望）和"能动性"（记忆、注意、期望以外的所有能力），他的"法人行动者"（"组织"、"集体"）顶多是"他性"，跟"能动性"对立。

科尔曼是个有用世之志的社会学理论家。我以为，他的"应用研究"（applied research）一词主要不是相对于"纯粹理论"（pure theory）一词，而是指"应用于某事物的研究"，即带着某目的（政策目的？）做的研究。只有这样理解，"应用社会研究"才会跟由"法人行动者主导了社会行动"的现代社会里"自然人"的令人忧虑的景况扯上关系。

科尔曼以"应用研究者"（实验社会学家、社会学理论家，甚至社会科学家？）的身份周旋于"法人行动者"和"自然人"之间，试图力挽狂澜。能吗？不知道，但至少其志可嘉。

6 月 19 日 Ben 复：

我现在在回家的火车上，收到你的电邮。

见吕老师看科尔曼，大概是在考虑处理政策研究的问题吧？我感到十分兴奋，尤其正在重读老师 2009 年秋季讲课稿《哲学家与社会学》第十二章"士多噶因果性、数据、他性"关于香港 1966 年的九龙骚乱的假想分析，知道该问题早已在老师脑海中，现在大概成熟了。

学生只有一点补充，是有关"法人行动者"概念在组织社会学里的关键性的。科尔曼站稳他自己提出的理性理论的立场。一方面，他不满一些组织研究把"组织"当作单纯的"行动者"，即："组织"与"自然人"无异；另一方面，他也不满一些理性理论拒绝把"组织"本身看作一个分析单位，例如：若是分析政府，就是只分析政府里的官员及其互动，不理会"政府本身也是存在的"这个事实。

科尔曼从他的中世纪商会的研究，在他自己的"理性行动者（rational actor）"这个概念的基础上提出，在某些条件下，"组织"（"法人行动者"）可以有"行动者"（"自然人"）的一些特定（当然不是所有）性质。就我有限阅读所见，这个想法为很多以"组织"为分析单位的研究提供了存在论基础，虽然它可能不过是"他性"的一种类型。

不过，恐怕大部分组织社会学者对科尔曼的构想未必领情，因为他们不觉得把"组织"看成"行动者"有何困难。

6 月 20 日致 Ben：

你 6 月 2 日邮件提及科尔曼的中世纪商会的研究，我没有读过。可否送我一份副本？

6 月 20 日 Ben 复：

有关中世纪商会的研究，我是从一位师兄处听来。科尔曼的 *The Asymmetric Society* 亦有提及，我以为是他自己研究所得。[1] 我刚在科尔曼著作表上翻查不获，应该是他引用别人的研究了。我误会了。

另附上一篇 2005 年 *Annual Review of Sociology* 题为 "The Sociology of James S. Coleman" 的文章，作者皮特·马斯顿（Peter V. Marsden），应

---

[1]　Coleman, James S., *The Asymmetric Society*, Syracuse, N. Y.: Syracuse University Press, 1982.

是科尔曼的学生。①请注意 "Organizations and Corporate Actors" 一节，其中提及科尔曼在更早的著作 *Power and Structure of Society* 中已提出 "法人行动者（corporate actor）" 一词。我没有读过该书。②

6 月 20 日复 Ben：

从马斯顿的介绍看，我们也应找 *Power and Structure of Society* 来看看。

6 月 20 日再致 Ben：

我想把科尔曼加入我今年秋季的社会学—哲学讲课里。请给我意见。

你应该注意到，在下面刚修改的课程大纲里的两个社会学分析都是你先告诉我，我才知道或留意的。

十分感谢。

The Human Condition in Modern Society
现代社会　人之景况
Lectures in Sociology-Philosophy, Fall 2013

The human condition, in all places and at all times, is a great passion for philosophers, and there have been an abundance of philosophical analyses of it. When the discipline of sociology took shape in the nineteenth century, the same passion was carried over from philosophy. Now, there are also an abundance of sociological analyses of the human condition.

This course focuses on the human condition in modern society. Hannah Arendt's systematic study of the human condition will be taken as a classic from philosophy, and one third of the lecture time will be devoted to a careful reading of it. It is a work in the fifties of the last century.

---

① Marsden, Peter V. , "The Sociology of James S. Coleman", in *Annual Review of Sociology*, 2005, pp. 1 – 24.

② Coleman, James S. , *Power and Structure of Society*, New York: Norton, 1974.

Another one half of the lecture time will be devoted to an equally careful reading of two sociological analyses of the human condition in modern society. The first one, mainly a theoretical one, also a classic, is by James S. Coleman; the second one, an empirical one, by John R. Logan and Harvey L. Molotch, is meant to be an illustration of the first one. They are works in the last three decades of the last century.

The two types of analysis, that is, philosophical and sociological, no doubt share the same concern about the human condition, but the two differ in purpose, scope, presupposition, language, concept, presentation, argument, data and method. In the last lecture, to conclude the course, a discussion on Arendt's and Coleman's analyses will be given in the light of theoretical sociology.

The tentative teaching plan is as follows:

Introduction

Lecture 1　Introduction to the Course

Part I　A Philosophical Analysis by Arendt (1906 – 1975)

Lecture 2　The Human Condition, and Vita Activa

Lecture 3　The Public and Private Realm

Lecture 4　Intrumentality, Animal Laborans and Homo Faber

Lecture 5　The Agent in Speech and Action, the Web of Relationships and Enacted Stories, and the Process Character of Action

Part II　Two Sociological Analyses, Separately by Coleman (1926 – 1995), and Logan (PhD, 1974) and Molotch (1940 –)

Lecture 6　Coleman (1): The Natural Person and the New Corporate Actor

Lecture 7　Coleman (2): The Responsibilities of the Corporate Actor

Lecture 8　Coleman (3): The Relationship between Sociology and Social Action in the New Social Structure

Lecture 9　Coleman (4): The New Social Structure and the New Social Science

Lecture 10   Logan and Molotch：*Urban Fortunes*

Conclusion

Lecture 11   A Discussion on Arendt's and Coleman's Analyses in the Light of Theoretical Sociology

6 月 21 日致 Ben：

6 月 2 日邮件有一段你的意见，我一直想请你确认，今日有空正好提出。你的原话如下：

> 我说，在一些实证研究中，经常遇到研究者如下的做法。研究者会说，"我的理论是这样这样的，此为零假设（null hypothesis）。备择假设（Alternative hypothesis）却是那样那样的。"然后，他通过否定备择假设（Alternative hypothesis），从而肯定他的理论（null hypothesis）。其实，零假设（研究者自己的理论）和备择假设（通常是别人的曾经 data 检验的理论）都算得上是社会学理论。

就检验假设的惯例来说，研究者先接受零假设为真，那挑战零假设的假设便是备择假设，究竟哪个理论是挑战者？是研究者的还是别人的理论？按常理，应是后来者挑战先达者，也就是说，研究者的理论应是挑战者吧？

6 月 21 日 Ben 复：

我重读我原来的话，发觉自己犯了一些入门级的错误，正如你指出的那样。不过，我原本想说的跟我犯的错误应是关系不大。

我要说的其实是这样的：

（一）前人提出变量 X 去解释变量 Y 的变异（variation），通过数据的检验，X 未被否定，并据此接受（至少是暂时如此）X－Y 关系（X 与 Y 之间的关系）为真实。

（二）研究者却提出新变量 Z 去解释同一 Y 的变异。

（三）除非他强烈怀疑 X – Y 关系跟 Z 有关，例如 Z 是 X – Y 关系的 Moderator，又例如前人提出的 X – Y 关系根本是虚假的，否则前人的理论（X – Y 关系）与研究者的理论（Z – Y 关系）并不互相排斥。理由显然，Y 可以是多因的，即 X 和 Z 可以同时是 Y 的因，各自部分地解释 Y 的变异。而且，来自不同理论的 X 和 Z 本来是可以无关的。

6 月 22 日致 Ben：

我之所以再修改今年秋季讲课的大纲（我 6 月 20 日邮件），是为了腾出更多讲课时间给科尔曼关于"自然人"和"法人行动者"的构想。我只留下洛根和摩洛奇 *Urban Fortunes* 一书用作说明科尔曼理论的案例。

我明白你推动我阅读组织社会学著作的背后善意，确实，我关于"他性"的构想若是不进一步发展，不跟"法人行动者"扯上关系，或者说，不把"法人行动者"纳入"他性"的邻近（索绪尔说的"邻近"），我的理论社会学恐怕也无力收编组织社会学（一种非常重要的社会学理论）为案例。衷心感谢。

会试试在今年秋季开课之前写出科尔曼的"法人行动者"和我的"他性"之间可以有的理论关联。我应有足够时间做好这个工作，我妻已说了让我尽量留在香港的家养病。未来半年里，如无必要，我只作一些短期出门。

我没有 *Foundations of Social Theory* 的英语原本，若你有空，请你送我第 20—24 章的副本。中译本我会另购，反正这一两周之内我要去广州和佛山出差一天。

6 月 22 日 Ben 来邮：

18 日下午在众志堂的谈话记录，见后。为方便你阅读，我抄下你 2009 年秋季讲课稿《哲学家与社会学》第十二讲"士多噶因果性、数据、他性"的一些段落。

另：我想起吕先生说过家中还有一两份 KAP Survey 的问卷。我在网上搜寻，见到很多诸如"A guide to developing knowledge, attitude and practice surveys"的文章，不知是否类似？

本月 18 日谈话记录

我：我重读老师 2009 年秋季讲课稿《哲学家与社会学》第十二讲"士多噶因果性、数据、他性"。老师当时提出以下的说法：

"Rather, the key question I want to address in this lecture is this：

"How can a social theory be admitted as an exemplar (that is, a sociological theory) of the paradigm？

"It concerns a matching of hypotheses and data, since a social theory becomes a sociological theory (an exemplar) only when certain hypotheses from it can be actually or potentially tested with certain data—in the manner permitted by the paradigm. Therefore, the same question can be rephrased as follows：

"With respect to a social theory, what manner of testing hypotheses with data is permitted by the paradigm？

"Clearly, the permitted manner is specific to the particular theoretical sociology which is claiming itself the paradigm. In the case of my theoretical sociology, data must be on the surface of the social world, as such they are the effects of some causes at the depth, and such causes are the hypotheses testable by the data. Simply put, hypotheses and data are related as causes at the depth and effects on the surface in the Stoic causality. This is the manner permitted by my theoretical sociology；both hypotheses and data must conform to it. "

老师当时只承认士多噶因果性（即"因在深处，果在表面"，而数据是从表面获得的）是唯一一种可供实证研究的因果性。但最近老师提出参数因果性，另一种可供实证研究的因果性，老师可以解释一下吗？

老师：士多噶因果性是古希腊哲人提出的，源远流长。这种因果性特别适合历史研究，因为历史研究的行动者都已作古，我们只能够看到关于他们的种种记录，这些记录不过是他们行动历程的痕迹。士多噶因果性的最简单说法就是，我们要由行动历程的痕迹（表面）推断他们的行动历程（深处）。

　　把士多噶因果性颠倒过来就是参数因果性，即：以行动历程（诸参与者的互动）为果，影响它的那些尚待证明的因素（社会学家通常称之为"结构"）为因。这种因果性的学术历史其实很短，甚至可以说是 20 世纪 40 年代起才确立，即社会学家拉扎斯菲尔德（Paul Lazarsfeld，1901 – 1976）所提倡的民意访查（opinion poll）和问卷调查（questionnaire survey）。这样的访查或调查直接访问当前行动历程中的参与者，收集他们各人的有关数据，用于检验研究者提出的有关因素的假设（hypothesis）。这样做不就等于是把原来在深处的行动者扯上表面吗？因此，对古希腊哲人来说，参数因果性是难以理解的：他们面对的只有历史记录（表面），已作古的参与者无法说出他们曾经的行动历程（深处）。拉扎斯菲尔德大概不知道，他其实在科学方法上掀起了一场革命，即：实证研究可以采取不止一种因果性。我近几年甚至说：因果性可以是多式多样的，不只是参数因果性和士多噶因果性。

　　我：在同一讲里，老师在讨论研究者（即社会学理论家、实验社会学家）如何营造数据时，提出营造数据的两个准则：

"［The empirical researcher］has the scientific mission to produce conclusions that are in a certain sense universally valid; that is to say, the product must be completely alienated from the producer."

　　一是"普遍皆准"（universally valid），一是"完全从生产者（即研究者）异化开来"（completely alienated from the producer）。第一项准则"社会学理论的结论必定是普遍皆准"，老师似乎后来放弃了，可否说明老师放弃的原因？

　　老师：第二项准则是可以从第一项推导出来的。

　　当时我还没有仔细考虑托马斯·库恩（Thomas Kuhn）的范式论，所以把"普遍皆准"的准则放在社会学理论身上。现在我明白"普遍皆准"一准则应放在理论社会学（范式的候选者，普遍理论）身上，社会学理论（范式的案例）只是对特殊的人之景况的分析（特殊理论）而已。

　　就社会学的科学课题（scientific project）而言，"普遍皆准"当然是一个必要的准则，没有社会学家会否认。问题是，即使他还未想好如何安置这个准则在科学课题里，却常常会汲汲于为它找栖身之所，我也不例外。我当时未仔细考虑"范式—案例"这个设想，到了2010年秋季讲课才有机会想明白。

达伦道夫便是一例。他在撰写"Out of Utopia"时并未知道库恩的范式论，他对帕森斯的功能理论和自己的冲突理论（两者都是特殊理论）何者是"普遍皆准"无法不犹豫。这恐怕是所有有志于科学课题的社会学家的通病。

我：吕老师在附于十二讲后的《社会分层里的行政他性：李普瑟的结构—张力论》一文"分层论作为行政他性：一个香港个案"一节里尝试证明"行政他性"是真实存在的。你的论证只是通过贝叶斯表示式（Bayesian representations）来分析"官"和"民"两方不同的叙事和划策（都是不同的贝叶斯表示式）。

最有兴味的是，你的第十二讲又在自己的理论社会学的语意学系统之内，特地为检验有关"社会结构"（老师现已改称之为"社会领地"）的假设而假拟了一个意见调查（opinion survey）的设计（design），是用于收集假设检验所需的数据的。图如下：

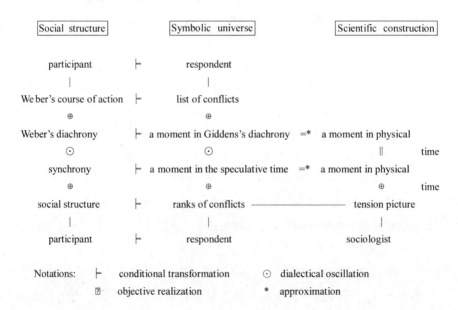

The surface -depth correspondence in opinion survey

Social structure		Symbolic universe		Scientific construction
participant	⊢	respondent		
|		|		
Weber's course of action	⊢	list of conflicts		
⊕		⊕		
Weber's diachrony	⊢	a moment in Giddens's diachrony	=*	a moment in physical time
⊙		⊙		||
synchrony	⊢	a moment in the speculative time	=*	a moment in physical time
⊕		⊕		⊕
social structure	⊢	ranks of conflicts ———————— tension picture		
|		|		|
participant	⊢	respondent		sociologist

Notations: ⊢ conditional transformation ⊙ dialectical oscillation
�□ objective realization * approximation

这一节令我浮想联翩。如果老师假拟的意见调查的设计真的可行，我便应该可以根据这个（或近似）设计获得有关的假设（hypotheses）和数据（data），然后执行有关的检验（test）。那么，有关的实证研究到底会是何模样？我试试假想两个例子：

（甲）如何否定"行政他性"不是并无其事？

1966 年九龙骚乱之后，当时的香港政府成立了一个调查委员会。委员会提出改善建议之后便解散了，只留下了一张建议清单。这张清单是一些政府官员们知道的，他们日后在自己的叙事与划策中不得不考虑它。由于委员会已解散，清单便成为了知情官员面对的他性，老师称之为"行政他性"。日后，每一位知情官员（他是一个能动性）在给出自己的处境之定义时，必定考虑这个他性（老师的用语："他性在表面一出现，就旋即落入深处"）。

首先，研究者必须选定一自以为合适的条件概率分布（conditional probability distribution）。由于数据来自意见调查，有关条件概率分布只能是 Pr（x, y | θ），其中的变量（variables）x 和 y 分别是"官"和"民"给出的定义，参数 θ 是一个与行政他性有关的代理（proxy）。注意：这个条件概率分布已指定了有关分析是一个参数因果性。

零假设（null hypothesis）就是没有"行政他性"这回事，为方便表示，暂且写为"θ = 0"，备择假设（alternative hypothesis）呢？当然是有这回事，暂且写为"θ = 1"。如此一来，检验所用的条件概率分布就是：Pr（x, y | θ = 0）。数据呢？就是在委员会解散之后，向"官"和"民"作意见访查得来的关于 x 和 y 的数据。

骤眼看来，老师的设计应该是可行的。但是，"行政他性"（建议清单）跟李普瑟的理论关系不大，顶多只可说是委员会的思路跟后者暗合。

（乙）如何否定李普瑟理论不是与香港的当时社会实在不符？

如果委员会在构思建议清单时真的是不自觉地运用了与李普瑟理论相似的思路去判断香港的当时实在，这等于说他们把李普瑟理论假定的一些变量视为当年香港的社会实在，也就是九龙骚乱的原因。

老师给出的李普瑟理论的语意学系统抄录如下：

The Lipsetian language

$$
\begin{array}{ll}
\boxed{\text{stratification}} & \boxed{\text{system}}
\end{array}
$$

$\boxed{\text{integration}}$　social class = economic exploitation + political coercion + ideology + higher – order terms

$\boxed{\text{rationality}}$　　　substantive rationality —$+$— functional rationality

$\boxed{\text{integration}}$　social status　=　cultural purpose + social means + ideology + higher – order terms

委员会没有为他们假定的社会实在（即备择假设：李普瑟理论与香港的当时社会实在相符）作出检验（当然，他们没有为检验搞过意见访查）。不过，我们不妨作出如下假想：

（1）李普瑟理论的一些变量的确是香港骚动的原因，委员按此厘定的建议清单的确能够处理这些引起骚动的变量。

（2）官员们据此清单能够恰当地调控这些变量，足以避免同样的骚动再发生。

显然，只要（1）或（2）出错，同样的骚动便会再发生。后来的香港历史却告诉我们，官员们的确是据此清单能够恰当地调控这些变量，而且同样的骚动再没有发生。我们可以说，香港的社会实在没有否决李普瑟理论。

如此说来，我们关心的一对假设应是这样的：

零假设：李普瑟理论和当年香港的社会实在不相符
备择假设：相符

这对假设跟上一对不是同一回事。在此处，我们不是关心"行政他性"是否真的存在，而是关心李普瑟理论在香港这个个案是否正确。

数据呢？就是委员会解散后，香港的历史记录（例如 1967 年以后十五年间的官方档案、民间记载、新闻报道、各种意见访查的结果等）。但是这样的数据是先经整理、评估和综合等工序，得出一些指标（indicators）或指数（indices）才是可用的数据。这是一个十分复杂和充满争议的处理，无法在此处仔细解释，只说一点，即：从历史记录之中研究者可以按他定下的假设得出合用的数据。

首先，不妨理解李普瑟理论为"社会结构"，当年香港的社会实在为"行动历程"，同时假定前者是参数，后者是变量，分别表示为 $(\theta_1, \theta_2, \cdots)$ 和 $(x_1, x_2, \cdots)$。

其次，如果我们理解上述那对假设是关于"行动历程" $(x_1, x_2, \cdots)$ 的，它俩便可改写如下：

零假设：当年香港的社会历程与社会结构不相符
备择假设：相符

检验所用的条件概率分布就是 $\Pr(\theta_1, \theta_2, \cdots \mid x_1, x_2, \cdots)$。研究者便要从历史记录中得出有关"社会结构" $(\theta_1, \theta_2, \cdots)$ 的数据（指针或指数）。如此的检验遵循士多噶因果性，接近历史学研究。

反过来，如果我们理解上述那对假设是关于"社会结构"的，也就是前面说的"关心李普瑟理论在香港这个个案是否正确"，它俩便应改写如下：

零假设：当年香港的社会结构与社会历程不相符
备择假设：相符

检验所用的条件概率分布就是 $\Pr(x_1, x_2, \cdots \mid \theta_1, \theta_2, \cdots)$。研究者便要从历史记录中得出有关"社会历程" $(x_1, x_2, \cdots)$ 的数据（指针或指数）。如此的检验却是遵循参数因果性，接近人口学研究。从这个角度看，李普瑟理论便是应用于政策研究的社会学理论。

（上述几段文字是事后改写的。对谈时，我未能清楚说出上述两者的分别，但老师似乎明白了我仍纠缠于政策研究的科学性上，话题转去古典社会学家如何处理这个问题。）

老师：参数因果性其实是伴随现代统计学诞生的。马克思、韦伯和涂尔干在世时，恐怕参数因果性还未构思成熟。戈德索普（John Goldthorpe）在他的 *On Sociology* 一书便说过这三人使用统计方法的故事。马克思向工人派发过问卷，回收率很可怜。韦伯用了大概十年时间尝试运用统计方法进行因果分析，但失败了，所以他才回到历史研究中去。涂尔干的 *On Suicide* 一般被视为现代实证研究的始祖，该书 1897 年出版，标志着现代统计学诞生的卡方检验（Chi-square test）还要多待三年才出现，他所能运用到的统计方法只是前现代统计学的简单概念，即平均值（average）。

我：我觉得有关意见访查的假想那一节最为有趣。一个基于存在论的理论社会学竟然能够说明为何意见访查收集回来的数据可以供社会学家做实证研究！

我的疑问在于，由于被访者是在吉登斯的行动历程中接受访问，他只能"在过去的现在里回忆"或"在将来的现在里期望"，意见访查便跟"在现在的现在里注意"无关。可是，今天流行的意见访查经常问及"态度"（attitude）。显然，"态度"既不在回忆又不在期望之中。请吕老师说说你对这个问题的看法。

老师：这其实是人口学研究的老问题。在家庭计划中经常采用的 KAP［Knowledge（知识），Attitude（态度），Practice（实行）］Survey 里，这个问题早已浮现："态度"究竟是什么？

它通常被视为概念测量（conceptual measurement）的问题，没有意识到这其实是存在论中奥古斯丁三个现在的问题。意见访查只能获得行动者回忆和期望的数据，态度应发生在"现在的现在"，不在回忆与期望里。另一方面，问卷设计可以触及"在过去一段时间对政府的态度""在未来一段时间里对政府的态度""在过去的政治取态""在未来的政治取态"等问题。倒过来说，设计问卷时若不清楚写明"回忆中的态度"和"期待中的态度"，把问题含糊化，所得数据反而不能用。

我：另一个类似的问题是"性格"（personality）在问卷设计里的情况。

老师：这是心理学的领域，社会学家不宜涉足。

心理学基于自己的关怀，建立了他们自己学科里有关人的思维、情绪等心理状态的实在论。心理学的实在论与社会学的实在论，如何兼容、能否兼容，是一个复杂的问题，牵连甚广，而且不见得可以梳理清楚。但是，对于一些社会学家，把心理状态纳入社会学仍然是一个诱惑，甚至包括一些顶尖的社会学家。帕森斯固然是一个例子，批判帕森斯最得力的米尔斯（C. Wright Mills）是另一个例子，格斯（Hans Gerth）和他

1954 年出版的 *Character and Social Structure: The psychology of social structure* 就是这方面的著作。多年下来，这类尝试对社会学的发展始终乏善可陈，未必无因。至今，社会心理学仍然不是心理学的主流。

我们继续讨论数据吧。我以为，所有用于参数因果分析的数据都只能由行动者在吉登斯行动历程（"在现在的现在里注意"缺场）中生产出来。问卷访查如此，所有关于行动历程的数据都是如此。他在韦伯行动历程（"注意在场"）中无暇顾及数据。即使是所谓第一手资料，如历史学常用的私人日记，都不是在韦伯行动历程中生产的，因为有关行动者写日记时，他已经在吉登斯行动历程之中，他的所见是象征全域，不是社会结构。我不妨大胆说，所有声称可以获得行动者在当下行动时的主观经验的实证研究者都可以视为骗子。

我：对于那个有关问卷访问的假想，有一处想不明白。就是在那个假想问卷中，被访人只会被问及一个问题，"这里有一张清单，列出即将过去的一年里在香港曾经发生的社会冲突。请你按自己认为的严重程度给名次，名次 1 是'最严重'"。你在第十二章的中文稿里是这样说的：

> "如果我们假定负责理论分析的社会学家能够无误地把每一个冲突牵涉到的香港社会结构的张力点辨认出来，所得数据便容许分析数据的统计学家绘出在回答那一刻每一个被访人眼中的香港社会结构的张力图，这正是李普瑟—科塞—布劳（Lipset-Coser-Blau）分层论的焦点所在。如此一来，每年都有一沓张力图，每年累积。我声称：这一沓沓的张力图就是香港社会结构的实证性。"

如果由我来做这个研究，我还未能想象出来我将会得到怎样的数据，这些数据又怎样分析。假如说，我只问被访人一个问题："这里有一张清单，列出即将过去的一年里在香港曾经发生的社会冲突。请你按自己认为的严重程度给名次，名次 1 是'最严重'。"但是，清单上只有两个社会冲突：（1）工人罢工；（2）政治示威。

我想，大概会有四种做法，用来分析（或处理）这样的数据，我尝试按吕先生的思路去评估这四种做法，希望吕先生可以检视一下我这个构想是否符合你的理论社会学的构想：

（甲）描述研究，例如，五成市民认为工人罢工最严重，五成市民认为政治示威最严重。

（乙）把等序变量（ordinal variable）视为等距变量（interval variable）。若研究者把最严重的社会冲突评为 5 分，次要严重的社会冲突评为 3 分，要求受访者进行评分。最后可以获得以下形式的结论："工人罢工的严重程度的平均分为 4.5 分，政治示威的严重程度的平均分为 4.1 分。"

（丙）把答案变成一个依变量（dependent variable），例如把"工人罢工视为最严重的社会冲突"作为行动者的属性（attribute），然后寻找影响这个依变量的自变量（independent variable）。可以预期获得类似以下形式的分析结果："社会阶级"与"行动者眼中的社会结构"统计学地相关（或者不相关），例如中产阶级倾向把政治示威视为最严重的社会冲突，而工人阶级倾向把政治示威视为最严重的社会冲突。这是依参数因果性的想法构思的社会调查。

（丁）同样我们可以把此数据变成一个自变量：那些视"工人罢工为最严重的社会冲突"的人，会不会更倾向把自己的资金投向外地？这是依士多噶因果性构思的社会调查，分析的焦点是："工人罢工冲突严重"就是那些被访者给出的身在处境，他们按之叙事和划策，认为香港是一个不利于投资者的地方，就会把自己的资金投向外地。

老师：我分两步回答你。第一，在过去三十年，一些统计学家努力发展 order statistics，不妨汉译为次序统计学。（印象中，考克斯爵士（Sir David Cox，1924 - ）是其一。他可说是当代英国统计学大师，有名的考克斯比例风险模型（Cox proportionate hazards model）便是他发明的。我跟他有一面之缘。大概是 1975 年他路过香港，应香港统计学会之邀参加了一个座谈会。会上我问了一个问题，他没有正面回答。（可能是我的问题太幼稚。）这个方法在假设检验（hypothesis-testing）中保留了数据（data）原有的次序（诸如大小、先后等），因此，既不是你在（甲）说的描述方法，也不作你在（乙）说的数据约简（data reduction）。没有接触统计学多年了，不知道次序统计学有没有大突破，即使有，诸如 SPSS 的统计软件包中大概还没有收入吧。

第二，即使没有次序统计学这个方法，你在（丙）说的分析仍然是可以做的。譬如，研究者可以先以某些准则作分类，可以有种（species）有属（genus）［我在 2 月 15 日邮件说过分类学（taxonomy）］，然后从分类学中作出自以为合适的划分，得出一个变量，用于分析。你假定只有两个社会冲突，那便很简单了，不赘。我想你在（丁）说的分析也应有办法做分析的，也不赘。

我：我有一个关于绘制语意学系统的问题。如果两位研究者按同一个文本绘出截然不同，甚至是冲突的语意学系统，是不是其中必有一位是绘错了的？

老师：这大概不是个急于解答的问题。目前社会学界并不认为社会学理论（话说）只能发生在一个语意学系统（语言）之中，也不认为"语言—话说"（language-speech）对立，我相信还没有社会学家觉得有需要为社会学理论绘出背后的语意学系统。

但是，只要理论进一步发展，必然会遇到这个问题。也不妨提早给出应有的判准步骤：首先，重读该文本，衡量前后两个语意学系统能否让同一文本里所有的话说都出现在其中。

若是如此，下一步是找同一作者的其他文本或者与作者理论立场相近的文本，核对哪一个语意学系统更合用。例如，我在绘制李普瑟的结构—张力理论的语意学系统时，发觉那个系统暗藏了功能学派的 AGIL 图式，虽然李普瑟在文本中没有提及。这个发现使我对自己绘出的语意学系统的准确性（accuracy）更具信心。

在绘制语意学系统时，有时为了更精准地表示作者的概念关系，或有需要引入绘制者自己熟悉的概念。例如，我在分析布劳的地位集结理论时便引入了士多噶学派的"深处—表面"这组对立。不用说，引入的对立若是无助更精准地了解作者的理论，则应放弃。

顺便多问你一句，我近日电邮对达伦道夫"Out of Utopia"一文的分析，你有什么意见？

我：我最有兴趣的是老师处理"认识论事体"一节，关于达伦道夫为了保证自己的发生论式的存在论，提出"无知""诸不确定性"等认识论事体。这是另一种因果性。但这种因果性与老师提出的参数因果性和士多噶因果性不同，这种因果性无法进行经验研究，甚至在社会学的科学课题中这些概念也显得有点累赘（redundant）。

老师：这其实不单是达伦道夫的问题。我觉得社会学家在建构他的理论时，有时不好好想清楚他提出的概念是什么事体。我提出的理论社会学严格地定出一些厘清准则："这个概念是存在论上的？是实在论上的？还是诠释论上的？"我觉得这样厘清对理论建构是必要的。

6 月 23 日 Ben 来邮：

很久没有练习绘制语意学系统了，我这次的练习样本是拉米雷斯（Francisco Ramirez, 1974 PhD）和克里斯汀生（Tom Christensen）去年在 *Higher Education* 这本期刊中发表的文章 "The Formalization of the University: Rules, Roots and Routes"。[①]

先说说该文有关的学术背景。拉米雷斯是斯坦福大学社会学系与教育学系教授，师承社会学的新制度主义（neo-institutionalism）开山宗师梅耶（John W. Meyer, 1965 PhD）。论辈分，我要称拉米雷斯为师伯。

新制度主义是由梅耶和教育学家罗文（Brian Rowan, 1978 PhD）在 1977 年 *American Journal of Sociology* 的一篇文章 "Institutionalized Organizations: Formal Structure as Myth and Ceremony" 中提出的，至今仍被视为组织学的主流。[②]但有两点值得留意：

（一）20 世纪 70 年代，众多的组织理论涌现，诸如组织生态学派［organization ecology，代表人物为汉南（Michael Hannan, 1970 PhD）］、资源依赖学派［resource dependence theory，代表人物为菲佛（Jeffrey Pfeffer, 1946 - ）］，新制度主义却能从中脱颖而出。

尽管今天的新制度主义衍生了不少支派，大部分支派却只愿追溯梅耶至他七八十年代的著作。换言之，今天大部分的制度主义者仅视梅耶为新制度主义的开路先锋，他为此曾经发牢骚。

（二）梅耶一派与其他新制度主义支派不同。其他支派一般只研究组织活动，梅耶一派却同时研究多个社会学次领域（sub-fields）。事实上，梅耶和拉米雷斯等在 2000 年后主力研究的范围都不在组织学领域中。

---

① Ramirez, Francisco O. and Tom Christensen, "The Formalization of the University: Rules, Roots and Routes", in *Higher Education*, 65 (6), 2013, pp. 695 - 708.

② Meyer, John W. and Brian Rowan, "Institutionalized Organizations: Formal Structure as Myth and Ceremony", in *American Journal of Sociology*, 83 (2), 1977, pp. 340 - 363.

（三）克里斯汀生（Tom Christensen）是挪威奥斯陆大学（Oslo University）政治科学系教授，是年轻一辈的组织学者。应注意，该校是组织学新制度主义的大本营，但这个支派源自斯坦福大学社会学家马奇（James March，1928 - ）。

马奇一生从事组织学，师承西蒙（Herbert Simon，1916 - 2001）。他自 20 世纪 80 年代开始研究制度主义，1989 年与奥尔森（Johan Olsen，1939 - ）合写经典之作 *Rediscovering Institutions*，并开创了新制度主义另一个支派，主要是分析政治组织。奥尔森是奥斯陆大学的教授，与另一位同校教授布朗松（Nils Brunsson，1946 - ）开创了以个案研究（case studies）闻名的斯堪地那亚制度主义。马奇和梅耶在斯坦福是同事，两人互相引用对方著作，但两人从未合作。克里斯汀生的研究的新制度主义应是指马奇支派的理论。

我这次分析的 "The Formalization of the University" 不是新制度主义的重要文章，它甚至似是游戏文章。拉米雷斯和克里斯汀生不过是各自把自己任职的院校写了一次，并成功 "骗" 了教育学者在他们的期刊（到底是 Social Sciences Citation Index 收录的期刊！）刊登了文章。我以前的硕士学位论文是关于香港中文大学的组织个案研究，我的论文老师最近特地电邮这篇文章给我，促我好好参考，写篇类似的文章发表。

对我来说，这次练习是一个好好再思的机会。我之前曾向吕先生你提及，我的论文的领域是组织学。我当时选择了梅耶一派的组织学作为我的理论基础，旁涉其他支派。梅耶的理论在我硕士那些年头大大地吸引我，尤其是当社会学界亦开始视他为社会学理论学家（当然，梅耶自己亦可能是如此自视），*Sociological Theory* 和 *Theory and Society* 等社会学的理论期刊开始刊登和评论梅耶的理论。我后来对他这套理论的热情减退，原因很多，不详述了。

从吕先生理论社会学的角度看，梅耶的新意应是提出一种特别的他性，即 "业已制度化的诸理念"（institutionalized ideas）一词。我一直无心再读梅耶及其一派的文章，论文老师这次的要求使我有了动力，好好清理我硕士时的所学。实际上，我在绘画这篇文章的语意学系统时，可能是因为太熟悉这套理论，每画一组对立的概念我记忆中的其他文本总是告诉我 "你简化了梅耶文本的复杂性了！" 以致我下笔极为犹豫。

废话说了太多。先来一个语意学系统，包含了新制度主义和路径依赖论（path dependency theory），来自"Theoretical Perspectives"一节（pp. 696 – 697）：

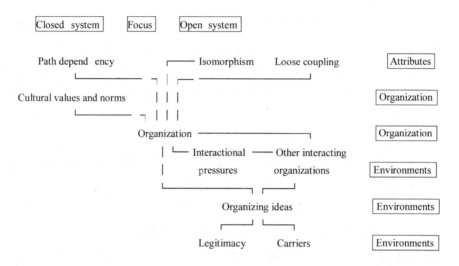

（一）"Theoretical Perspectives"一节分了两小节，即"Processes of standardization, rationalization and formalization affecting universities"和"Path-dependency and universities"。前者是新制度主义，上述系统右边 Open system（开放系统）栏下便是；后者是路径依赖论，左边 Closed system（封闭系统）栏下便是。

路径依赖论是历史制度主义（historical institutionalism）的重要部分，引发出来的研究成果丰硕。不过，两位作者明显不重视该理论，只算是辅助角色，第二小节因而仅为整个语意学系统添加了两个符号："路径依赖（Path dependency）"和"文化价值和规范（Cultural values and norms）"。

（二）第一小节有两段。首段把三个支派的理论综合进去，不熟悉新制度主义的读者很容易被迷惑。

首两句"From a neo-institutional perspective, the basic insight is that organizations are influenced by the environments within which they operate. From this perspective organizations are open rather than closed systems"是新制度主义的基本论点，所有支派都会同意。

第三、第四两句 "Organizations are open to the influence of the legal system, to what other similar organizations do, and to the discourse generated by professionals on how best to function as an organization. The influences add up to coercive, mimetic, and normative pressures" 来自迪马吉奥（Paul DiMaggio, 1951 - ）和鲍威尔（Walter Powell, 1951 - ）1983 年 *American Sociological Review* 中 "The Iron Cage Revisited" 一文。①印象中，该文是该期刊被引用次数最高的文章。

"The Iron Cage Revisited" 与 "Institutionalized Organizations" 两文成为新制度主义两篇经典文章。不过，若是仔细看这两篇文章，除了同样关心组织的诸环境（environments）之外，无甚共同点。顺带一提，迪马吉奥和鲍威尔后来分别建立了自己的支派。

随后三句 "These pressures are especially consequential when the organizations lack efficacious technologies with which to attain organizational goals. Under the condition of relative uncertainty as regards means to ends, organizations gain legitimacy by adhering to a logic of appropriateness. This condition is most evident when organizations have diffuse rather than specific goals" 引自 *Rediscovering Institutions*。

不过，我个人认为有关论点在骨子里只是马奇和奥尔森在 70 年代提出的 "垃圾筒决策模式"（garbage can model）。为何出现这样的怪事？或者，拉米雷斯和克里斯汀生并不认为该模式属于新制度主义，并且不认为它与 *Rediscovering Institutions* 在理论上有连续性。

这一节其余的论点都是梅耶一系的组织理论。注意："Carriers"（诸负载者）"Isomorphism"（同等形态性）和 "松动勾扣"（Loose coupling）都是 "Institutionalized Organizations" 一文中的重要符号。

（三）这个语意学系统的焦点（ Focus ）是 "组织"（Organization）一词。

我们先看 Open system 栏下的符号。"The Formalization of the Universi-

---

① DiMaggio, Paul J. and Walter W. Powell, "The Iron Cage Revisited: Institutional Isomorphism and Collective Rationality in Organizational Fields", in *American Sociological Review*, 48 (2), 1983, pp. 147 - 160.

ty"一文指出，新制度主义的基本洞见在于组织是受到他们身处的诸环境影响。在这个语意学系统中，"诸环境"（ Environments ）是一组符号："互动的诸压力"（Interactional pressures）"互动中的其他组织"（Other interacting organizations）"组织用的诸理念"（Organizing ideas）"诸载负者"（Carriers）和"正当性"（Legitimacy）。在这样的理解下，"开放系统"指向组织身处的诸环境。

相对而言， Closed system 栏下的符号指向组织自己的内部。如此说来，"路径依赖性"（Path dependency）便是组织的诸属性（ Attributes ）之一了。

顺带一提，"The Formalization of the University"一文没有说出"开放系统"和"封闭系统"这组对立的来源，它俩其实是由斯科特（W. Richard Scott，1932 - ）带入组织学之中。他师承布劳（Peter Blau，1918 - 2002），70 年代改宗新制度主义。他跟梅耶和马奇是斯坦福大学的同事。

组织与组织之间不断互动（interacting）。在过程中，一个组织承受着来自其他组织的"互动的诸压力"（Interactional pressures），共三种：强行性的（coercive），主要源自法律系统（也是一种组织）的压力；模仿性的（mimetic），主要源自同类组织（例如大学与大学）互相模仿的压力；规范性的（normative），主要源自专业组织的压力。这种说法明显来自 "The Iron Cage Revisited"。

简言之，组织与组织互相为对方带来压力，迪马吉奥和鲍威尔猜想，这些压力促使组织的"正规结构"（formal structure）愈趋相似。用吕先生的说法，若是暂时把组织视为行动者，当某行动者与其他行动者互动时，它在叙事和划策中便不得不考虑彼此的"处境之定义"。这就是"互动的诸压力"的来源。

（四）梅耶一系认为，在互动中的诸组织都可以从外召入一些"组织用的诸理念"（Organizing ideas）。

这些理念也就是"业已制度化的诸理念"（institutionalized ideas），源自伯格和勒克曼（Peter Berger and Thomas Luckmann） *Social Construction of Reality* 一书中的"制度化"（institutionalization）一词。原义是：当某些理念经过"制度化"这个过程之后，它们在行动者［注意：在 *Social Construction of Reality* 中应是指"个人"（the individual），不是指"组

织"〕眼中便变成了不可动摇的"诸事实"（facts）。例如，"一所学校必定会有一个校长"其实仅仅是一个理念，但经过了"制度化"，这个理念就好像是等同于"学校必定要有校长"，于是，若要建立一所学校，在该学校的组织结构上便必然预留了"校长"的职位。

梅耶一系认为组织的环境中充斥了很多这类"组织用的诸理念"，并且把"正当性"跟它们扯上关系。后一词在梅耶一系的新制度主义中用法特别："正当性"是一个筛选机制，只有一部分的理念才有机会经历"制度化"，得以成为"组织用的诸理念"。例如，现代社会的所有"业已制度化的诸理念"都必须与"进步"（progress）或"正义"（justice）（不就是"正当性"吗？）等扯上关系，才有可能得到制度化。

梅耶一系认为这些"组织用的诸理念"是一种"资源"（像不像是在吕先生说的"索绪尔—布迪厄话说网络"之中？），背负着这种资源的那些组织称为"诸负载者"。但这些负载者未必跟所有组织紧密接触与联系，只是把"组织用的诸理念"流传开去，让它们知道这样的"资源"的存在。"The Formalization of the University"一文提出了两种负载者：国际组织（International Organization）和国际顾问公司（International Consulting Firm）。梅耶一系认为：很多"组织用的诸理念"现今已在全球流通，这些国际性组织便是传播者。注意：梅耶一系认为负载者不用真的要与有关组织经常互动，只需要定期让这些组织记得有"组织用的诸理念"的存在，便完成任务了。

总括而言，梅耶一系的制度主义十分重视这些"业已制度化的诸理念"，甚至认为比"互动的诸压力"更重要。就诸组织之间的互动而言，每一组织都可以从外召入这些"组织用的诸理念"，换言之，它们其实是一种"他性"。既然如此，本来用贝叶斯表示式来分析它们应最清楚明白了。我尝试过，但做不好。请吕先生不以我愚昧，点拨一下。

（五）在 开放系统 一方，我们已经讨论了 组织 与 诸环境 内的所有符号。但新制度主义会同时讨论当组织受到这些环境影响之下产生的后果，主要有两个："同等形态性"和"松动勾扣"，应算入组织的诸属性（ Attributes ）。所有组织学制度主义支派都会同意这是环境影响组织的后果。

由于 "The Formalization of the University" 是面向不懂组织学的教育学者，两位作者用了最简单的方法解释："同等形态性" 即 "In practice this means that organizations are pressured by the environments to look more like each other, especially with respect to formal structure"。 "松动勾扣" 即 "That is, there should be some gaps between the goals and policies of organizations and their actual day-to-day practices"。

在组织与组织的互动中，"互动的诸压力" 和 "组织用的诸理念" 都促使组织趋向 "同等形态性"。组织也是 "人在江湖，身不由己"，它至少需要做好门面工夫，好像真的顺从大环境。反正，与它互动的其他组织未必知道它的内部事务，只要大家在门面上，包括 "正规结构"、对外公开的 "组织目标与政策"（organizational goals and policies），大家都做得一模一样，便应无人理会组织内部究竟是在做什么。

"The Formalization of the University" 文中提及的组织的 "目标" "方法" "资源" 等属性都是 "诸环境" 与 "诸后果"（consequences）的中介，包括：（甲）组织的目标是特定的还是分散的？（乙）组织有没有达致组织目标的明确方法？（丙）组织的资源如何？这些组织属性影响着 "诸环境"（它是一个符号群）究竟能否导致 "诸后果"。可以想象，还有很多组织属性是两位作者未有明言的。

（六）与 开放系统 丰富的符号相比， 封闭系统 的符号少得可怜。两位作者实际都不是路径依赖论的学者。

他们认为 "文化的诸价值和诸规范" 被封闭在组织的内部，它们若是存在的话，组织就会走上它们所规定的发展路径。因此， "路径依赖性" 就是 Closed system 那方的 Attributes。同样地，所有 "属性" 都要连上 "组织" 这个符号。

讨论至此，我们可以离开前面的语意学系统（它只关乎 "组织"），转去讨论两位作者对大学作为 "组织" 的分析，我得到的语意学系统见下图：

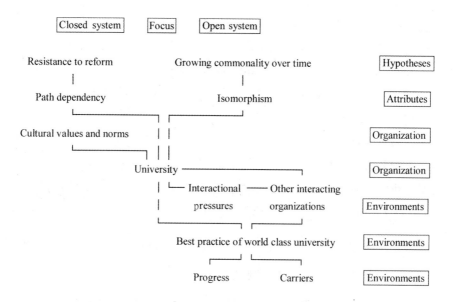

前后两个语意学系统大致结构相同，只有两个地方不同：

（甲）在 Attributes 行上，"松动勾扣"不见了。

原因是两位作者要解释的只是两所大学的发展轨迹，"松动勾扣"在此并不重要，所以被删掉了。

（乙）在 Attributes 之上加上 Hypotheses 一行，是关于"发展纹路"（development pattern）的。

这需要说明一下。由于梅耶一系的制度主义学者关心的是他们的概念"组织用的诸理念"是否真的存在，他们不愿意在组织之间的互动中论述它们（不就是吕先生你说的"他性"吗？）的存在。他们的想法是这样：若"组织用的诸理念"真的存在，个别组织固然可以在互动中从外召入它们（这就变成了"他性"），但也可以不召入。进一步说，即使个别组织无法不面对"组织用的诸理念"，它也可以采取不合作态度。例如，"组织"作为"行动者"可以明知"一所学校必定会有一个校长"，却可以与世俗不妥协，偏要建立一间没有校长的学校。

从这个想法出发，由于个别组织在互动中可以采取各式各样的回应，梅耶一系便不得不在历史时间里搜集数据（data）。如此，个别的不合作例子只占少数，众多组织在大体上便愈趋相似了。也就是说，为了假设检验（hypothesis-testing）结果符合他们的理论，梅耶一系把时间框架拉得很长，通常是一百年。"The Formalization of the University"展示的"日益壮大的共同性"（Growing commonality over time），其中包括"正规化"（formalization）、"理性化"（rationalization）、"标准化"（standardization）诸过程（processes）其实只是特定数据上可以观察到的"纹路"（也是通过数据得到检验的假设）。

就语意学系统的内容而言，两位作者的论述不过是这样：一旦"世界级大学的最佳做法"（Best practice of world class university）这个理念通过全球化（globalization）的推动被诸大学（它们是诸"组织"）接受为"组织用的诸理念"（在 Environments 之内）之一，"进步"（Progress）便几乎是必然坐稳了"正当性"（Legitimacy）（也在 Environments 之内）的位置。同样几乎是必然的，通过"同等形态"（Isomorphism）（在 Attributes 之内），"日渐壮大的共同性"（Growing commonality over time）（在 Hypotheses 之内）便会被数据所证实。即使两所大学位于不同的国家，具有不同的"文化的诸价值和诸规范"，只要"进步"成为全球性的理念，并且占据"正当性"的位置，也就只有同一个结论。

应该指出，"The Formalization of the University"对"Best practice of world class university"一词的论述极为含糊。两位作者似乎是说，"世界级大学的最佳做法"是今日的大学（作为"组织"）面对的游戏规则，即使是某大学不认同它，在与其他大学的互动中，也不敢冒犯它。只要冒犯，惩罚恐怕逃不掉。我觉得我绘出的语意学系统已经有这个意味，不必细说了，仅作记。

最后，这是一篇梅耶一系的作品，后一个语意学系统明确表示了这一点。有两个特点可以留意：派外人通常批评梅耶一系对"组织"的"能动性"不重视。〔记住："组织行动者"（organizational actor）是组织学者的基本前提，换言之，"组织"应当有一定的"能动性"！当然，这在存在论上真的是有点问题。〕在"The Formalization of the University"的语意学系统里，"组织"不单被 Environments 压住，又同时被 Organization 内的"文化的诸价值和诸规范"压住。用批评者的说法，这篇文章比梅耶一系的一般作品更加保守。

这两个语意学系统绘制之后，可以清楚看到梅耶一系的话说（parole，speech），是由系统中的"正当性"开始出发，通过"组织用的诸理念"（作为"他性"）进入了"组织"和"互动中的其他组织"当中，从而促使"组织"走向"同等形态"和"松动勾扣"。显然，由于语意学系统作为言语（language，langue）容许各式各样的话说，"正当性"只是话说可以采用的众多出发点之一。对于曾苦读这个理论好一段时间的学生来说，这倒是知性上的一个新发现。

6 月 24 日致 Ben：

我晚些日子才有空讨论你对"The Formalization of the University"一文的意见。

我在家找不到关于家庭计划的 KAP 问卷，却找到有关艾滋病的 KABP（Knowledge，Attitude，Behaviour and Practice）问卷。后者是从前者发展出来的。

我明天要去广州一趟，大概后天才回家。

6 月 24 日宇凡来邮：

学生今日刚到广州，办理入职所需的户口档案，预计 28 日回合肥。先生若工作之余有空的话，愿能当面聆听您的教诲。

我住在地铁站 1 号线杨箕站附近，仍用以前的手机号码。

6 月 26 日宇凡来邮：

我住的地方网速太慢，下载不了唐世平的文章。

唐世平的代表著作有《论社会进化》和《论制度变迁的广义理论》。

附上今晨我们分手前喝广东早茶时的谈话记录（见 7 月 5 日致宇凡）。

6 月 26 日宇凡又来邮：

《社会科学的基础范式》是唐世平为提出社会进化范式而作的准备。[①]

---

① 唐世平：《社会科学的基础范式》，《国际社会科学杂志（中文版）》2010 年第 1 期。

《制度变迁的广义理论》是他的同名著作的概括，是篇工作论文。①

6 月 26 日复宇凡：

回到香港家，已打印《社会科学的基础范式》和《制度变迁的广义理论》两文。翻了第一篇，不陌生。

6 月 26 日再复宇凡：

两个小时前赶着吃晚饭，我只写了"不陌生"，没有说明。

一分钟前把我 2010 年秋季讲课的第四、第五、第六讲稿发给你，因为第六讲是谈巴斯卡（Bhaskar）的实在论，而我翻翻唐世平的第一篇文章便感觉到巴斯卡的影子。

晚饭后上网翻翻唐世平，便找到他对巴斯卡的崇敬，见下：

http：//m. unisk. cn/iphone/leader/fsyl/124/30/1477554. html。

巴斯卡自己很张狂，你在第六讲第一个脚注便看到。叶启政老师在《进出行动—结构》一书谈的爱瑟儿（Margaret Archer）便是巴斯卡的追随者。

要适当看待巴斯卡的实在论，必须要跟其他实在论比较，第四讲是谈艾耶尔（Ayer）的实在论、第五讲是谈舒茨（Schutz）的实在论。我个人认为舒茨的实在论最佳，他是从现象学出发。艾耶尔是从逻辑实证论出发，最糟糕。巴斯卡是罗姆·哈里（Rom Harre）的学生，属于英国当代分析哲学一系，居中。

在第六讲，旁及伯格和吉登斯，跟艾耶尔、舒茨和巴斯卡相比，他俩只能算是实在论的行外人。

6 月 28 日致宇凡：

翻过了唐世平的第二篇文章《制度变迁的广义理论》，只是唐老师同名大作的汉语简介，我也只能说说我的初步印象。待我读过原书后，才好

---

① Tang Shiping, *A General Theory of Institutional Change*, London：Routledge/Taylor & Francis.

细说。

（一）纵观全文，唐老师不忘用世之志。毋庸说，用世之志与科学要求不一定矛盾。不过，从文中涉及前者之处，他构思的那些部分偏离后者便不难辨认了。

（二）原书英语，只有 117 页，以汉语简介正文 16 页算，原书顶多只能把简介内容放大十倍。简介旁征博引，原书应无足够篇幅从容引入别家的原文，恐怕只能像期刊那样标出有关文献的页码。大体而言，专论成书应有别于期刊论文。我个人的经验是，若要仔细梳理各家各派的理论异同，免不了引入相当多的别家文字。

（三）唐老师采用数学上常用的公理模式（axiom scheme），他说的三个"元事实"（meta-facts）便是：

> 第一，行为体（agent，个体或个体的集合）是自利的（self-interested）。
>
> 第二，人类膨胀导致资源日渐匮乏，行为体之间不得不围绕资源展开竞争。因此，行为体之间的利益冲突变得不可避免，尽管他们之间依旧有着共同利益。
>
> 第三，自从诞生以来，人类取得了长足的进步，尽管这种进步是不均匀的甚至有所反复。（第 3 页）

对于社会学家来说，第一和第二元事实是老生常谈，第三元事实或有"新意"。后者不光是事实，还是个性质古怪、资本兼价值的判断。试想想该把它安置在索绪尔—布迪厄话说网络哪一面？资本话说还是价值话说？谁爱说它？主子（Herr）还是老百姓？把它当作公理，我们不无介心。记住：公理是不容怀疑的，但是提议者却又无须答辩。

（四）唐老师以"变异—选择—遗传"为制度变迁的核心机理，并指明：

> 制度变迁过程包含五个阶段：1. 产生关于特定制度安排的观念（idea）；2. 政治动员；3. 围绕规则制定权展开争夺；4. 创建规则；5. 使规则合法、稳定并进一步被复制。这五个阶段契合了进化的核

> 心机制的三个阶段：变异、选择、遗传。其中，观念的产生相当于变异、政治动员和权力斗争相当于选择；规则创建和使制度合法化/稳定/复制相当于遗传。（第 8 页）

唐老师采用"权力"（power）和"观念"这组对立。在"选择"阶段，"权力"举足轻重。唐老师还列出九种令制度稳定（不就是"遗传"阶段吗？）的基本因素，其中四种与"权力"有关，也是举足轻重。（第 10 页）"观念"只在"变异"阶段起作用。

但是，"权力"并不关心人类是否进步，不见得会保证第三元事实。

（五）我们不妨转去看看科学，它几乎只跟"观念"有关，"权力"无涉，它的长足进步却是众所公认。

想想库恩的科学革命的核心机理"危机—修正—常态"。常态（normalcy）就是"范式（paradigm）已立，反例（counter-example）未出现"，危机（crisis）就是"反例出现，旧范式倒下来"，修正（revision）就是"新范式收编了反例为它的案例（exemplar）"。范式、反例、案例，都不是来自"权力"。

从这个反差看，我们敢信任"权力"保证"人类的长足进步"吗？

（六）上述疑问早在唐老师的考虑之中：

> 在多数情况下，由于权力对制度变迁起着决定性的作用，因此无法保证每一个良好的观念都能在制度变迁过程中被认可。……如何解释人类进步的元事实？（第 12 页）
>
> 社会进化区别于生物进化的显著特点在于，人类知识在其中发挥着重要的作用。
>
> 制度安排的适应性主要决定于"人为选择"（artificial selection，应是跟"自然选择"（natural selection）一词对立吧？），即人类知识的确认。因此，人类知识不仅提供了观念变异，而且构成社会进化的主要进化压力。人类进步正是植根于"人为选择"的机理之中。

唐老师把"人为选择"跟"知识"扯上关系（疑问："人为选择"不可以跟"权力"扯上关系吗？唐老师没有讨论）。由于"知识""科学""观念"总是彼此邻近（索绪尔意义上的邻近），参照科学革命的核心机理"危机—修正—常态"，我们有理由相信"观念"促进人类进步。但是掺进了"权力"之后，这个经过"权力"化学改性的"观念"是良药还是毒药？我不知道。

（七）最后，唐老师的创见究竟是在社会学发展上的哪一点？

从简介看，经济学里的冲突学派发展得很晚，留下了一个空档（niche）让唐老师发挥。但是，在社会学里，同样的空档早了五十多年便由达伦道夫（Ralf Dahrendorf）填上了，他的成名作 *Class and Class Conflict in Industrial Society* 1957 年出版。就这一点，社会学比经济学走快一步。正因为如此，他说到的"意识形态""权力""利益"，我们都耳熟能详。

6 月 28 日宇凡复：

记得之前在上海的时候，您谈到大理论应如何书写。

您说韦伯也是有意于做理论社会学，只是没成功。他的书写方式是新康德主义式的，先界定关键概念再展开语意学系统，但是，当语言值溢出定义，理论社会学构建便宣布失败。

另一种是您的方式。先描绘语意学系统，再给出关键概念的定义。如果以此种大理论书写方式看唐世平的努力，他便是第一种。他的《制度变迁的广义理论》可能相当于韦伯的《社会学的基本概念》，梳理一个概念体系。[①]当然，他可能也犯了语言值模糊或外溢的问题。

对比来看，您在书写时，十分小心谨慎，着力于论证诸"概念的亲和性"，先避免模糊或外溢，再提出理论抱负。您在《现象学在社会学里的百年沧桑》一文中，便是先摆放了诸现象学与社会学理论的位置，再提出这是理论社会学的功夫。[②] 学生以为，这是一种"先开放，再封闭"的大理论写法。那么，韦伯或唐世平的可称为"先封闭，再开放"的写法。您对唐世平的批评也大致集中在"再开放"超出"先封闭"的边界。

如果说"先封闭，再开放"是新康德主义式的写法，那么您的写法是从谁那里得到灵感的呢？还是这种写法就是吕式的呢？诚如吕先生所

①　马克斯·韦伯：《社会学的基本概念》，顾忠华译，广西师范大学出版社 2011 年版。

②　吕炳强：《现象学在社会学里的百年沧桑》，《社会学研究》2008 年第 1 期。

言，学生也感觉自己要在科学哲学等基础性问题上下功夫并有所"咬定"，否则总是被这种类似的问题干扰。

另外，刚找到了《制度变迁的广义理论》的英文版全文。的确如您判断：

（一）收录在 *Routledge Studies in the Modern World Economy*，补了经济学的空档。

（二）原文无足够篇幅引用别人的文字，除了在开篇的概念界定部分，多是只引页码。

6月28日 Ben 来邮

大家好。

最近公事扰身，不能细读宇凡学弟寄来的两篇文章，只是略翻唐老师《制度变迁的广义理论》一文，颇有熟悉的感觉。

"制度变迁"乃是西方政治科学、组织学和制度经济学的热门课题，相对而言，美国社会学对这个课题兴趣缺如。感觉上，唐老师是走西方政治科学的"历史制度主义"（Historical Institutionalism）一路，试图以历史制度主义的理论收纳制度经济学对制度变迁的解释和社会学中研究制度因素的理论，提出"制度变迁"，我猜"广义"一词指此。这部分的理论我不熟悉，但可以提供这些理论的一些基本资料，用作大家谈话之资。

（一）历史制度主义是西方比较政治学的理论，本来是探讨美国政治里出现种种政治行为，例如独特的政治游说（Lobbying），它是美国现存的政治体制。政治体制当然是"人为选择"，不过这个"人"不是今日任何一位政客，而是之前的政客，是他们的互动留下来的"人为选择"，却成为今日政客互动的框架。因为种种原因，今日的政客都不愿意改变这个政治体制，乐于在其中继续逐利。历史制度主义的研究者就是讨论为什么这些框架能够继续下来，或者为什么几乎所有当今政客都乐于在这个框架下互动，很少触到框架的改革。

（二）历史制度主义的其中一个特色就是把达尔文生物进化论带入社会科学。

之前进入社会科学的所谓"进化论"其实是社会达尔文主义，推崇

"物竞天择，适者生存"，强调不同物种间的竞争。达尔文生物进化论并不重视这样的竞争，而是强调能适应于外在环境（external environment）的物种就可以生存下来，不能适应的（即使强悍如恐龙）也会被淘汰。这种适应机制就是"变异—选择—遗传"。

（三）放在社会世界中，这种进化论能否合适，众说纷纭。

韦伯在 Economy and Society "Basic Sociological Terms" 的第八个定义"冲突、竞争和选择（Conflict, Competition and Selection）"中提及这种说法。[1]留意：韦伯似乎与当时的知识人一样，把社会达尔文主义与达尔文理论混淆了。但韦伯至少明白一点，在历史研究中要解释"制度改变"时，研究者只能在文献中获得关于"冲突"的资料。

达尔文理论者却不会视之为"冲突"，而是视为"外在环境改变"下的各式"变异"，最终留存下来的制度就是"与外在环境最适应"的"变异"。这些研究者面临的困难是无法在历史资料中获得"与外在环境最适应"的数据。

据我所知，历史制度主义者其实是建基于拟生物学的统计学提出他们的理论。但他们明白他们的数据的局限，它们只能解释行动者为何倾向不改变现存的制度，换言之，他们只把焦点放在"遗传"。唐老师文中也勾画过这些机制，包括当一个制度一直运行下去，这个制度会出现回报递增（Increasing Return）的情况，行动者不会有动机去改变制度。要收集数据去证明这个机制反而比较容易。历史制度主义一开始便把"变异—选择"归因于历史偶然原因，但唐老师关心的是"制度变迁"，他不会满足于历史制度主义者对"制度维持"的偏重。

（四）唐老师这种"制度变迁的广义理论"在学术文献里不太罕见。

就我所知，就组织学来说，去年便有两本关于"制度变迁"的广义理论（即尝试提出一个后设理论收纳所有与制度变迁相关的社会学理论）的著作。两本著作都大有来头：一是弗雷格斯坦（Neil Fligstein, 1979 PhD）和麦克亚当（Doug McAdam, 1979 PhD）的 A Theory of Field；另一是科顿（Patricia Thornton）、奥思（William Ocasio, 1992 PhD）和奥兹伯

---

① Weber, Max, *Economy and Society Volume* 1 (edited by Guenther Roth and Clasus Wittich), Berkeley; Los Angeles; London; University of California Press, 1978.

里（*Michael Lounsbury*，1966 - ）的 *The Institutional Logics Perspective*。①第一本的两位作者是美国社会学中经济社会学与社会运动两个领域的大教授。第二本的三位作者是社会学界的新秀（他们都是商学院的经济社会学与组织学教授）。我不清楚政治科学及制度经济学那边的情况，我猜这个课题亦能吸引那两个领域中的优秀的学者。

上述二书比唐老师的文章更接近社会学界的讨论，唐老师恐怕对制度层面的社会学理论不太熟悉，他只收纳了经典的社会学理论［例如帕森斯（Talcott Parsons）］。留意：社会学界的共识是 20 世纪 70 年代社会学理论对制度理论有极速的发展，并且公开与这些经典制度论决裂，称它们为"旧制度论"（old institutionalism），连这些被归入旧制度论的学者也会承认这个分野，例如斯廷奇科姆（Arthur Stinchcombe，1933 - ）。我不是批评唐老师的理论无法收纳这方面的社会学理论，但我觉得唐还未这样做。若是不做，他的"广义理论"便会失去社会学那一版块的支持，有点可惜。

（五）饶有趣味的是，在处理"制度变迁"这个课题上，社会学理论家会相信"制度变迁"需要依赖一个"后设理论"（是一个收容所有相关的社会学理论的），虽然这个收纳未必依库恩的范式—案例模式，而是亚历山大的"微观—宏观联系"模式。

6 月 28 日复 Ben：

我得读读弗雷格斯坦和麦克亚当的 *A Theory of Field* 和科顿、奥思、奥兹伯里的 *The Institutional Logics Perspective* 二书了，可方便送我副本吗？

6 月 28 日 Ben 复：

当然可以。但请你注意：

---

①　Fligstein, Neil and Doug McAdam, *A Theory of Fields*, Oxford: Oxford University Press, 2012. Thornton, Patricia H., William Ocasio and Michael Lounsbury, *The Institutional Logics Perspective*: *A New Approach to Culture*, *Structure*, *and Process*, Oxford: Oxford University Press, 2012.

（一）这两本书不是希望收纳所有社会学理论，他们的目标都是希望建立一个"制度变迁"的理论，所以不属于"理论社会学"。

（二）他们同时认为，"制度变迁"的理论其实是一系列与制度相关的社会学理论（可以作为经验研究）的集合，是一个可以收纳所有与制度相关的实证研究（社会学理论）的理论。用吕先生的语言，"制度变迁"理论同时亦不会是社会学理论。

（三）这两本书是来自组织学（偏向社会学）学者对"制度变迁"理论的尝试。但"制度变迁"理论不是社会学家独占的，唐老师那本书就可以看作政治科学与经济学的尝试。但是我可以肯定，他不是这个领域第一个这样做的学者。

（四）这两本书未必比唐老师的那本高明，尤其是 *A Theory of Field*，与唐老师文章风格其实十分相似。

我有 *The Institutional Logics Perspective* 一书，但不知放在哪里，要找一找。我没有 *A Theory of Field* 一书，但作者把它的重要部分刊登在 *Sociological Theory* 这本期刊上，可以从网上下载。至于书本身，我得回中大图书馆借了。

6 月 29 日致宇凡：

你昨日邮件问我的大理论写法是"从谁那里得到灵感的？"

我在《凝视》"序"中已有了说明：

> 索绪尔也是令人钦佩的。对于我来说，他的结构主义是自十九世纪末二十世纪初以来最具创意的科学哲学和方法学，清楚指出了理论社会学应走的路。
>
> 我认为，理论社会学和实证研究之间的关系类似语言和话说之间的关系。索绪尔语言学把焦点集中在语言系统上，理论社会学可以仿效这个做法，把焦点集中在社会学的符号学系统上。如同语言一样，社会学所用的符号只能在所属的系统里彼此帮助界定各自的意义。

先例是物理学：

这个做法其实早已在理论物理学里行之有年，也就是伽利略（1564—1642）数学化物理学的所为。当物理世界能够被写为几条数学方程式的时候，理论物理学和实证研究才得到了区分，物理学才真正起飞。这几条数学方程式其实就是物理学的符号学系统，即它的语言。物理学的实证研究也就是在这个语言中的话说。

但是，硬套数学化于社会学身上恐怕是行不通：

我们没有本事把社会世界写为几条数学方程式，但是总可以把各派的社会学理论所蕴含的符号学系统写出来。如何一来，这些理论便可以在符号学系统的层面上进行整合，理论社会学终于成为可能！

7 月 5 日致宇凡：

你上月 26 日邮件附来的谈话记录我看了，作了一些文字修饰，也补答了当时在匆匆中没有回答你的一些问题。现在发回给你，请看看还有没有需要进一步修改的地方。

6 月 26 日在广州的谈话记录

1. 社会进化与目的论

孙：复旦大学的唐世平老师似乎想用社会进化论来做社会科学的广义理论。吕老师怎么看呢？

吕：我没有读过唐老师的文章，只能泛泛回答。我以为社会进化论（social evolutionism）难免带有目的论倾向（teleological inclinations），我心目中社会学的科学课题（scientific project）并不接受目的论。

孙：但是社会学理论中也有隐含着目的论的，比如说，实证研究便有以职业分类表（occupational classification table）代表社会结构。这种总体性表格不就是目的论的寄身之所吗？换句话说，我认为目的论是为当下提供了一个总体性发展方案。

　　吕（补答）：我想，你说的"实证研究"应是指政策研究吧？政策研究当然是带着目的的。如此的"目的"恐怕只能英译为"goal"。另一方面，你说的"总体性发展方案"是研究所得，是达致有关目的的手段（means）。如此的"目的"又该英译为"end"。这样说来，政策研究不就是"目的—手段"这组对立吗？

　　政策的"目的"（end）跟目的论的"目的"（telos）不是同一回事。目的论是哲学上的一种玄思（speculation），它只在于人们相信不相信，所以与社会学的科学课题无关。

　　目的论与概率论无关；更准确地说，目的论与假设检验理论（theory of hypothesis-testing）无关。例如，即使全世界的人都相信某一目的论，有关的假设（hypothesis）仍然是无法通过数据（data）得到检验（test）的。

　　目的论的逻辑结构是这样的：

　　（一）接受现况是如此如此，现况是既有事实（given fact）。

　　（二）另有一假设（hypothesis）（譬如说，上帝这回事是有的），既有事实（也譬如说，物理世界）是它的目的（telos）。如此说来，目的论可以表为"目的—假设"这组对立。

　　（三）目的（物理世界）可以视为数据，若是要以既有事实（数据）来检验"上帝这回事是有的"这个假设，它便只可以是备择假设（alternative hypothesis），这是假设检验理论所规定的。那么，零假设（null hypothesis）只能是"没有上帝这回事"。

　　（四）数据的概率分布（probability distribution）必须假定是由零假设决定，这也是假设检验理论所规定的。也就是说，物理世界（数据）是由"没有上帝这回事"（零假设）所决定的！

　　（五）因此，逻辑地说，目的论（"目的—假设"）的"假设"（上帝这回事是有的）是无法检验的。

　　孙：如果目的论提供一个相对开放的范畴，比如"修身、齐家、治国、平天下"诸选择，那么这种目的论能接受吗？

　　吕（补答）："修身、齐家、治国、平天下"显然不是既有事实，所以即使真的能够找到"发展方案"（means）达致如此的"政策目的"（end），如此的"目的—手段"仍然不是一个目的论。

2. 社会学本土化的基础：中国大陆与台湾的比较

孙：中国大陆的本土化水平比不上台湾，原因是大陆未形成本土化的共识。

吕：没有共识反而更好。

孙：社会学本土化的前提就是承认将会有本土社会学体系，这种承认本身就是一种价值默认。因此，对于学术社群而言，如果形成了本土化共识，对于整个学术脉络的形成是有好处的。鉴于中国学术体制，没有共识或者是好事，但我不这么认为。

首先，我以为这种共识应当是一种学术共识，而非政治共识。如此一来，社会学便不会与现实贴得太近，不至于担当意识形态的卫道者或重建者的角色。

再者，共识是要经过共同商议的，因此需要学术会议等学术活动来实现。比较中国与台湾地区的本土化研究论文，台湾本土化二三十年来通过多次学术会议，形成了一批经常被引用的论文。大陆的本土化研究论文却只能引用期刊和专著，相关学术会议几乎未闻。期刊中的本土化研究大都零散，成规模成气候的便是像周晓虹、谢曙光主编的《中国研究》2012 年春季卷中的"孙本文纪念专刊"的组稿。①以组稿形式呼唤本土化，在大陆很少见。

3. 定性研究的饱和度如何确立？

孙：近闻阎云翔对中国的人类学与社会学定性研究的评论，大意是过于依赖访谈，有"道德化"与"意识形态化"的风险。我以《中国非营利评论》第 9 卷《社会管理创新的上海实践：马伊里访谈录》和《社会学研究》2013 年第 1 期的姚华《NGO 与政府合作中的自主性何以可能？——以上海 YMCA 为个案》对照着阅读。②前一文访谈了上海社会发展局局长马伊里本人，后一文访谈了 YMCA（基督教青年会）

---

① 周晓虹、谢曙光主编：《中国研究》2012 年春季卷。

② 马伊里：《社会管理创新的上海实践：马伊里访谈录》，王名主编《中国非营利评论》第 9 卷。姚华：《NGO 与政府合作中的自主性何以可能？——以上海 YMCA 为个案》，《社会学研究》2013 年第 1 期。

成员和社发局成员（记录上没有马伊里，未知有否访谈她）。二文都是谈及 YMCA 与上海社发局的合作，从共识到分歧的过程。

共识阶段：

马伊里："那个时候我很认真地跟它们合作。"《社会管理创新的上海实践：马伊里访谈录》

YMCA 的 W 总干事（即吴建荣）："我认为最大的共同点就是：政府想把社会功能做得大一点，符合浦东新区政府提出的'小政府，大社会'这个概念，而我们又想为社会做更多的服务。……就这样子使上海基督教青年会和政府的社会发展局走到了一起。"《NGO 与政府合作中的自主性何以可能？——以上海 YMCA 为个案》

分歧阶段：

（1）到底谁牺牲了？——检验"道德化"

马伊里："但在我强力支持它的时候，它自己的能力却不成长。……那个时候，我发现社会组织的确有风险，不仅它自己有风险，对我也有威胁。……我就要为它背黑锅。"《社会管理创新的上海实践：马伊里访谈录》

吴建荣："当时 M 局长还是有很多前瞻性打算的，她想让我们跨进这个领域，但是别人不认可。在这种情况下，我要做一个牺牲。"《NGO 与政府合作中的自主性何以可能？——以上海 YMCA 为个案》

M 局长即马伊里。吴并没有说出马的质疑与风险意识，而这种风险意识最终让合作破裂。

（2）到底谁更能力更强？谁更懂民间？——检验"意识形态化"

马伊里："吴建荣在与人打交道的时候，一旦遇到问题就对别人说你们去找马伊里。我也没有办法，找不到别的组织，只有去说服别人支持它们。但是它也要改进。"《社会管理创新的上海实践：马伊里访谈录》

马伊里认为 YMCA 能力建设欠缺，实际上还要依赖他们才能开展服务，赢得公信。

"YMCA 抱怨政府的服务项目并没有依赖小区居民需求制定，于是采取了'做加法'的策略。即：保留全部既定的服务项目，让委托方自己去看是否有需求；同时根据居民不断变化的实际需求增加新

的服务项目；待委托方逐渐看清事实后，再做项目的删减。"《NGO
与政府合作中的自主性何以可能？——以上海 YMCA 为个案》

YMCA 认为政府不懂社会，而他们更懂。而这种服务项目的制定
与管理意味着 YMCA 的能力建设无须担忧。

从上面的对照来看，假如要做的文章是"NGO 与政府合作中的
自主性"，那么如何避免道德化与意识形态化以及其他可能的风险？

暂且不接受阎云翔对参与观察法的提倡，如果坚持访谈法的话，
那么问题在于如何在访谈中达至以下目标：

①访谈对象的选择是否要涵盖所有利益相关者？姚华应要访谈至少
三方人员：社发局、YMCA 及小区服务对象。从他的访谈对象选择来看，
可能并未访谈社发局的马伊里局长，因为作为关键利益相关者，她的访
谈记录并未出现。小区服务对象的访谈也未出现，这一对象的缺失使得无
法判断 YMCA 与社发局哪个对项目的制定更完善更合理。

②与上一问题相关联的是，如何理解与确立何时涵盖了"所
有"？"所有"即总体。这在定量研究中是容易确认的，但在定性研
究中是无法确认的。上述（1）提出的是以利益相关者的全面性作为
总体的设准。同时，在定性中，"所有"的确认还与以下因素有关：
理论迸生、理论饱和度。

一方面，我认为理论迸生是说：研究者带理论假设进行定性研
究，当收集的数据足以与个案外的理论进行对话的时候，便结束研
究。例如：布洛维（Michael Burawoy）的拓展个案方法（the extend-
ed case method）。[①] 另一方面，Glaser 和 Strauss 理论饱和度（theoreti-
cal saturation）指的是不可以获取额外数据以使分析者进一步发展某
一个范畴之特征的时刻。

如果接受陈海文将社会定义为"集合（a_1、a_2、…）之集合（A）"
的意思，那么个案研究要解决的便是从 a_n 归纳推论 A 的问题。[②] 从理论
迸生的角度来看，A 不是社会事实本身，而是既有理论所建构的事实。

① 麦克·布洛维著，吕鹏译：《拓展个案法》，载麦克·布洛维著，沈原等译《公共社会
学》，社会科学文献出版社 2007 年版。

② 陈海文：《启蒙论：社会学与中国文化启蒙》，社会科学文献出版社 2010 年版。

从理论饱和度来看，得到的是研究者心中最完整的 a_n。这两种取径似乎都是不够满意。以理论进生为设准的结尾语可能是："你（研究对象）说了一个我（研究者）之前不知道的事情"。以理论饱和度为设准的结尾语可能是："请不要再重复你（研究对象）说过的话了"。

我认为，假如理论进生和理论饱和度的设准都是以"资料本位"，而非"利益相关者本位"，可能都不够完整。定性研究往往教育研究者做数据记录方面的循环，即记录数据，反思分析，尤其是通过多种方法获取数据的三角检验方法。如果强调"利益相关者本位"的话，研究过程将是这样：记录 x 呈现的数据，理论进生得到 x 与 y 的利益相关，记录 y 呈现的数据，得到 y 与 z 的利益相关，……"当不再出现新的利益相关者的时候即发掘出了"总体"。当 x、y、z… 的所有利益链数据全获取时，便是理论饱和度的时候。

所以，"如何走出个案"便不再是微观向宏观的推广问题，或许是微观的累积的过程。[①]

吕（补答）：我没有读过你提到的阎云翔和陈海文的文章，我只能从你的转述来回答。

首先，你的关注点若是"如何走出个案"，访谈是否容易堕入"道德化"和"意识形态化"的风险应是可以暂时放下不论。从这个收窄了的角度看，你引入的几段文字便是俗语"公说公有理，婆说婆有理"的例子，研究者的任务就是：如何在方法学上合理地统一双方所说于同一组兼容的事实（compatible facts）之中。所谓"兼容的事实"只可能出现在有关社会学理论的实在论那部分。（若是有关的社会学理论没有好好构想过它的实在论，那便无法可施了。）

显然，你引入的几段文字处处都牵涉到"组织"（organization）这回事，社发局和 YMCA 都是。因此，马局长和吴总干事在他俩各自的叙事和划策中恐怕都不得不把有关的组织当作"他性"。（你应记得："他性"即某些参与者从行动历程之外召入的"处境之定义"或把所有的定义捆绑在一起的条款。见我 2 月 8 日邮件。）

---

① 卢晖临、李雪：《如何走出个案——从个案研究到扩展个案研究》，《中国社会科学》2007 年第 1 期。

　　如此说来，如果访谈是旨在让被访人说出他的叙事和划策，由于"他性"几乎是必然出现，研究者其实是被迫不得不"走出个案"的！我个人甚至认为，布洛维的拓展个案方法就是实证研究者（positive researcher）（记住：他就是实验社会学家、社会学理论家）在一番乱闯之后有一天终于"恍然大悟"的寻常道理！（我又想起了劳思光先生生前的口头禅："这可是常识呀。"）

　　有此理解后，你提出的"理论迸生"（应是 emergence of theory 吧？叶启政老师汉译如此）的问题应可迎刃而解了。简言之，理论迸生是必然的，不以研究者的意志为转移。我认为：实证研究者和演绎研究者（interpretive researcher）并无差异，"理论迸生"绝对不是后者的专利，没有实证研究者面对着研究对象而不在理论上揣摸的。我甚至认为：布洛维 1998 年 *Sociological Theory* "The Extended Case Method" 一文中作出科学的实证模型（positive model）和演绎模型（interpretive model）的区分若不是错误（mistake）也是误认（misrecognition）。个中论证复杂，留待有空时讨论。

　　"理论饱和度"一词应是 Glaser 和 Strauss 在 1967 年出版的 *The Discovery of Grounded Theory* 中或更早提出的吧？在时间次序上，布洛维 1968 年开始他的赞比亚铜矿研究，1972 年出版 *The Colour of Class*，他极有可能当年曾经拜读过 Glaser 和 Strauss 的大作。在实证研究（我指方法方面）无法不牵涉到社会学理论（我指理论方面）的一些关节时，拓展个案方法比扎根理论考虑得更成熟是完全应该的，"苟日新，又日新"，这是研究者分内之事。如此说来，"理论饱和度"一词恐怕已是过时了，应该可以放弃。

　　回到"组织"和"他性"的问题。我在上月 22 日致 Ben 的邮件中说过：

　　"确实，我关于'他性'的构想若是不进一步发展，不跟'法人行动者'扯上关系，或者说，不把'法人行动者'纳入'他性'的邻近（索绪尔说的'邻近'），我的理论社会学恐怕也无力收编组织社会学（一种非常重要的社会学理论）为案例。"

　　当"法人行动者"（Coleman 的用词，即"组织"）以"他性"的存在论面目进入访谈之中，即使研究是基于"利益相关者本位"，恐怕还是不够完整。显然，"理论进生"引发的理论拓展远超一般学者的想象：它引入了"他性"！在这个广阔的远景里，"资料本位"和"利益相关者本位"都是次要的争论。

4. 理论社会学与个案研究的比较

孙：部分个案研究者的关怀是如何走出个案的，犹如部分社会学理论家想走出社会学理论（走到理论社会学？）一样？

对于社会学来讲，如果个案研究没有走出个案便不具有社会学意义了。那么，不妨看看个案研究的两种类型，我以卢晖临、李雪的《如何走出个案：从个案研究到扩展个案研究》的表述为参照：

"在研究的立足点上，扩展个案方法表现出和传统个案研究的根本区别。

传统个案研究虽然不排斥对外在宏观因素的考察，但却是站在微观个案的基础上理解宏观因素对微观生活的影响，可以称之为一种建立宏观社会学之微观基础的努力。

布洛维赋予扩展个案方法的创见在于立足点的方向转移——从个别个案转移到宏观权力。它将社会处境当作经验考察的对象，从有关国家、经济、法律秩序等已有的一般性概念和法则开始，去理解那些微观处境如何被宏大的结构所形塑，其逻辑是说明一般性的社会力量如何形塑和产生特定环境中的结果，用布洛维的话来说，它试图建立微观社会学的宏观基础。

从这种区分来看，传统个案研究是以微观为基础，以宏观为延伸，所以必然面临着难以走出去的难题，因为经验材料限于微观。扩展个案研究是以宏观为基础，以微观为延伸，那么走出个案便是必然的，而他所谓的宏观便是既有的国家、权力等理论论述。"

对比来看，你的理论社会学对布迪厄、索绪尔等人的理论进行分析时，把他们的理论看成数据，那是一种传统个案研究的眼光还是扩展个案的眼光呢？

吕（补答）：我从来没有想过：当年我处理（我想，主要不是分析）布迪厄、索绪尔等人理论（作为数据）的时候，我究竟是在使用传统个案方法还是扩展个案方法？

首先，当年我虽耳闻布洛维的扩展个案方法（extended case method），却未目睹。"个案"这个概念并不出现在我的思考中。

其次，即使视布迪厄、索绪尔等人的理论为个案，我的理论社会学跟它们的关系不是"宏观—微观"，因为我的理论不囿于"宏观—微观"，他们的也不是。

最后，我的理论社会学不是从他们的理论（姑且当是个案）走出去，因为索绪尔的"语言—话说"这组对立——对我来说，也就是方法——从一开始便是指导着我如何在理论社会学的层面上处理数据。我在上封给你的邮件中已经说过。

布洛维的扩展个案方法当然值得我们讨论，我会找个机会一谈。

5. 理论社会学与社会学理论的中间地带

孙：理论社会学与社会学理论有中间地带吗？如果有，理论社会学为什么直接收编社会学理论而非中间地带的理论？

吕：做中间地带研究（如对社会学理论归类）将不得不在诸社会学理论之细节处比较、勘误，这种做法往往耗费心神太多。因此，在有限时间内我不选择做这种研究。我希望有人做中间地带的理论，但我还是做我的理论社会学。

孙：吕老师您似乎对中间地带是否存在持存疑态度。

学生的看法如下：一方面功能论、冲突论、互动论等可能便是徘徊在社会学理论与理论社会学之间的理论。但问题在于，这些功能论、冲突论或互动论都是一个标签，未有真正意义上收编冲突社会学理论的广义理论。

另一方面，社会学理论的领域太广，所以划分类型也众多，除了上述教科书式的社会学理论划分，在一些实证研究领域仍可见得上述所谓的"广义理论"。例如：在社会分层领域有依照文化资本、经济资本等诸种划分的社会学理论，但有位学者（名字忘记了，梁玉成在讲座中提到此事，梁是边燕杰的学生）以"租金"（rent）概念收编了所有社会分层理论，并得到 David Grusky 等社会分层学派的认可。同样的，唐世平所做的制度的广义分析、权力的广义分析亦是如此。

假若这种广义社会学理论（姑且称呼唐世平等人的收编成果）

成立的话，它们将作为社会学理论与理论社会学的中间地带，因为它们达至三点要求：

（1）比社会学理论高一层次。

（2）不是社会理论，仍接受数据检验。

（3）不是理论社会学，因为它不想争当社会学的范式，最多也是竞争所在领域（如社会分层）的"范式"。

如果广义社会学理论的定位成立的话，那么，理论社会学的收编对象为什么一定是社会学理论而非广义社会学理论？当然，从理论层次来看，如果收编了社会学理论自然也收编了广义社会学理论。但是从方法论上来看，正如 James Coleman 在质疑新教伦理与资本主义的连接时，需要建立一个微观—宏观连接的中层范畴才行。如果承认科尔曼的做法合理，那么，理论社会学（宏观）的收编是不是直接面对社会学理论（微观）也可能产生推论的问题呢？

吕（补答）：我没有看过科尔曼对新教伦理与资本主义的质疑，不敢插话。不过，我的理论社会学跟它要收编的社会学理论的关系不是"宏观—微观"，而是"范式—案例"。我想，你最后的那个问题是无须回答的了。

我经常用"收编"（to recruit）这一动词来表示"范式—案例"这个关系，却没有仔细说明，不妨借此机会说说。我曾在其他一个场合说过的一番话，可以拿来当作说明：

"理论社会学采取了一个迂回的方式从数据的围困中脱身出来：它本身只跟社会学理论打交道，却让社会学理论停留在数据的围困之中。数据可以推翻一个社会学理论，理论社会学却可以置身事外，它只不过是失去了一个案例。对范式的挑战，只来自与它矛盾的社会学理论，即反例。留意：反例本身必须是一个未被数据推翻的社会学理论。因此，反例对范式的挑战完全是在理论层面上的，不涉及数据。

范式对挑战的回应是在理论层面上进行自我修正，力图收编这个反例为案例。"

在一门成熟的科学里，例如物理学，范式是只跟反例打交道，案例不在它的注意之中。"收编"所表示的不是"范式—案例"，而是"范式—反例"。社会学远远未到这境界。

我对中间地带的理论没有存疑。这样的理论对个别领域在社会学理论层面上的理论整合（theoretical integration）肯定是起着积极的作用，是应该鼓励的。但是，仅仅在个别领域的社会学理论层面上"整合"（to integrate）跟一个理论社会学从上朝下伸向社会学理论层面"收编"（to recruit）终归不是同一回事，我认为是应该仔细区分的。

6. 时间、社会过程、行动历程

孙：时间在社会学中有何意义？

吕：以交互主体性（即社会过程）为例，如果没有时间便是无法谈论的。一些学者或从"权力"（power）（Michael Burawoy 便是）或从"面对面"（face-to-face）（Irving Goffman 便是）开始谈论"交互主体性"，但是形塑"交互主体性"的基础条件是时间。

起点是基础存在论，即"行动＝肉身＝当下一刻"。如果两个个人只有行动和肉身，也不能出现交互主体性，还是必须有当下一刻。这个当下一刻可以是主观时间，也可以是物理时间。前者成就了行动历程，后者成就了社会过程。既有社会学论述很少谈论"行动历程"，但它确实必要。

举例来说，甲在合肥，乙在广州。虽未见面，但如果约定明天（物理时间）约会，那么便为此进行筹划。从时间轴的延伸来看，二人的交互主体性有了寄身之所。

孙：谈到"行动历程"，吕老师总是不愿引入心理学的论述。是否因为"行动历程"是现象学的果实，吕老师不愿将之与心理学分享？又或许因为心理学的还原主义虽然可能会使"行动历程"得出确证，却会使"社会过程"的地位受到威胁？

吕（补答）：我在我的理论社会学里把"社会过程"（交互主体性）和"行动历程"分别安置在存在论和实在论之内。前者不是一个社会实在，后者才是。你应该记得我给出的定义：

"社会过程"就是一网络的主体性，该网络是正在持续中的（ongoing），而且是在沟通（communication）甚至是交易（exchange）的媒介（medium）之中。

"行动历程"就是在社会过程里出现的所有行动序列（action sequences）［即时间序列（time sequences）］的集合（collection），每一序列属于而且只属于一主体性。

你没有说明"心理学的还原主义"是何所指。我想，你的意思大概是这样吧：社会学倾向于尽量保存行动者的奥秘（enigma），只指明那些社会学必须指明的属性（attributes）。心理学却力图指明行动者的所有属性。所谓"还原"（reduction）就是通过索绪尔式差异原则（Saussurian principle of difference）不断地从一团混沌身上挖掘更多的属性，或更准确地说，更多的元素（elements）。

我认为，如此的"心理学的还原主义"最终只会毁灭行动者的主体性（记忆、注意、期望）和能动性（记忆、注意、期望以外的所有能力）以至社会学的存在论（社会过程在其中）和实在论（行动历程在其中）。至于行动历程是否现象学的果实，不在考虑之列。

孙：以前学生以为您与叶启政之间的差异很大，但是近来对行动历程有些理解之后，便粗略认为行动历程与他的修养社会学有异曲同工之意。叶启政的修养观是认为行动者能够将社会结构的论述转入内心，能够以"停顿"的功夫进行筹划，从而达至"阳奉阴违"或"上有政策，下有对策"的效果，从而证成他心目中行动者的"主体性"与"能动性"。

我在《发现气学社会学之旅》中，将之称为"内在性"。但是，叶启政意欲将他的"行动历程"移到心理学领域，这应该是吕老师您不愿看到的，而学生是希望将我所看到的"行动历程"移到中国哲学的心性之学，这也是您不愿看到的。叶启政先生与我虽然转移路径不同，但其实差别不是很大。我做的功夫的前提是承认"既内在又超越"，而郝大维、安乐哲是将"既内在又超越"称之为"适当的心理调整"，所以其中的张力我认为不是很大。

但是，我的论述、叶启政的论述与您的行动历程观却可能与您的因果性论述有差异。从因果性角度来看，如果叶启政与我不放弃社会学理论的地位，那么就得接受士多噶因果性，否定参数因果性。这样一来，叶老师与我的因果性论述便没有您的完善。

其实我相信叶老师和我都面临着这种因果性在实证研究具体地如何展开的难题。也许正因为无法通过数据的假设检验，所以只能是社会理论。进一步讲，学生仍不明白"由行动历程的痕迹推断他们的行动历程"。这是指深入访谈吗？希望吕老师能进一步解释一下。

吕（补答）：先澄清一下用词。我认为"行动历程观"一词并不合适，应该采用"实在论"一词，"行动历程"这个社会实在便是身在其中。

我当然是不愿意看到"行动历程"被移入心理学领域。我也不知道社会学的实在论（行动历程在其中）如何在心理学里得到安置。它还会是实在论吗？如果不是，它还会在吗？如果它还在，它会是什么？从你刚才说的话，我听不到苗头。

叶老师在构思他的修养观的时候，有没有考虑存在论、实在论和诠释论的相对比重和彼此配搭？我不知道，但是我相信他的修养观免不了有存在论、实在论和诠释论的成分。至于比重和配搭是否得宜，便无从得知了。

我个人认为，无论是理论社会学抑或是社会学理论，作者都应该在他的理论里有意识地安置他自己认为有关的存在论、实在论和诠释论。舍此，他便是没有做好他的理论。

你问："由行动历程的痕迹推断他们的行动历程"是指深入访谈吗？所引的那句话是用来说明士多噶因果性（研究者作出的一种分析）的，出现在上月18日我和Ben的谈话记录中，见Ben上月22日邮件。在同一记录里，我也说了："对于古希腊哲人来说，参数因果性是难以理解的：他们面对的只有历史记录（表面），已作古的参与者无法说出他们曾经的行动历程（深处）。"

"深入访谈"（in-depth interview）的内容大概不可以马上用于士多噶因果性。原因是，被访人谈的大概是他自己在"过去的现在"里的记忆（当然也可以是他的在"将来的现在"里的期望，只是与士多噶因果性无关），但他还是活着。只有他作古了，访谈内容成为历史记录，士多噶因果性才派上用场。我国以前的历史家有"百年不论史"的习惯，部分原因是他们只用士多噶因果性。

说真的，我不知道叶老师到底接受不接受因果性。

7 月 6 日致 Ben：

前几天看了你上月 23 日寄来你对拉米雷斯和克里斯汀生"The For-malization of the University"一文的分析，这几天也看了该文，想说说我的一些观感。

（一）你的语言学系统（semiotic system）绘画得很清楚，有关的说明也很仔细，很不错。

如果你日后有暇绘出梅耶和罗文"Institutionalized Organizations"、迪马乔和维特"The Iron Cage Revisited"以及马奇和奥陆臣 *Rediscovering Institutions* 三派综合的新制度主义语言学系统，便是功德无量了。

（二）你没有仔细分析文中关于奥斯陆大学和斯坦福大学的历史叙述（historical account），我却在这个叙述中看到众多的"自然人"（natural person），也看到他们的行动历程。

我想，我是看到了我理论社会学说的存在论（主体性、对象性、能动性、他性、交互主体性、交互对象性）、实在论（韦伯行动历程、吉登斯行动历程、社会领地、象征全域、索绪尔—布迪厄话说网络、处境和它的定义）和诠释论（叙事、划策、参数因果性、士多噶因果性）的身影。

文中的历史叙述当然是一套话说（parole，speech），我直觉到它也许是完全可以在我理论社会学的语意学系统之内说出来的。

（三）这一套以诸自然人为主角的话说承托着那一套以诸组织为主角的话说。

如此一来，在语意学系统层面上便出现了一个新可能性，即：我们或者可以把你从新制度主义的话说中抽出的语意学系统和我理论社会学的语意学系统接驳起来。若是真的话，无论"组织"和"他性"两个符号在这个扩展了的系统里是如何迂回地连接起来，我们也可以一目了然。真是令人浮想联翩！

7 月 11 日致 Ben：

我试试用贝叶斯表示式来表达组织与组织之间的"互动"。

下手前，先梳理好相关的语意学系统。我从你6月23日邮件的第一个语意学系统中以"组织"之中心抽出与它有直接关系的符号，所得如下：

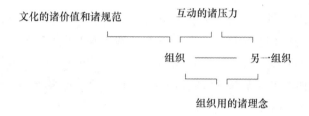

从你对拉米雷斯和克里斯汀生"The Formation of the University"的分析看，我认为"Interactional pressures"（互动的诸压力）其实是来自如下的情况：不同种类的"Other interacting organizations"（互动中的其他组织）（文中的例子是：法律系统、别的大学、专业团体）各自采用同一"Organizing ideas"（组织用的诸理念）的不同部分。这只是"组织—组织用的诸理念"这组对立的一个细致化（refinement），为简化构思，我撇开不用。另一个简化是，我只考虑两个组织之间的"互动"，因此只有"组织"和"另一组织"两个符号。

我的任务是把上面的语意学系统（除去"互动的诸压力"）嵌入我的理论社会学系统之中，为此，我特地从我2月8日邮件给出的整个语意学系统中抽取如下的部分，见下：

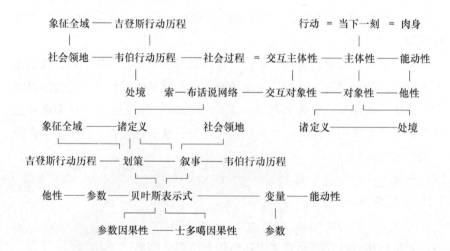

　　显然，这个嵌入无法不牵涉我理论社会学里的存在论、实在论和诠释论。我从存在论上的考虑开始讨论，应有助于你理解我如何在贝叶斯表示式（它是我诠释论的核心）中安顿组织与组织之间的"互动"。

　　你应记得，我在我的理论社会学只预设了"行动者"（actor）。他是一个活生生的个人，他遵从一个独特的基础存在论，即"行动在肉身里，肉身在当下一刻里，当下一刻在行动里"，有关的存在论、实在论和诠释论便是以它为源头蔓延开去的。我没有像科尔曼那样默认"组织"（organization）也是一种行动者，他称为"法人行动者"（corporate actor）。至于我说的"活生生的个人"，他称为"自然人"（natural man）。他当然不会像我那样预设了这个人遵从我说的基础存在论，反正他也不会知道我有此一说。

　　先考虑这样的一个问题："法人行动者"在存在论上是何模样？显然，它不可能是主体性或能动性，因为它没有肉身。这一点应无异议。它是交互主体性（米德说的"社会过程"）吗？恐怕也不是。若是，它便是一网络的主体性而已。正是为了另立门户，组织社会学家才把"组织"一词从"社会过程"一词区分出来。

　　但是，"组织"毫无疑问是跟"社会过程"关系密切。"The Formalization of the University"一文便是例子。我在本月 6 日给你的邮件中说过："我在该文关于奥斯陆大学和斯坦福大学的历史叙述中看到众多的'自然人'，也看到他们的行动历程"（"出现在社会过程中的所有的行动序列的集合"）。

　　从你上月 23 日的邮件看，新制度主义者十分坚定地要确立"组织"的存在论地位。确定了它不是主体性、能动性或交互主体性之后，我们便可以转去考虑它是否有可能是对象性、他性或交互对象性。相对于主体性（活生生的个人），"组织"当然可以是对象性。不过，我们可以证明：它不只是对象性，因为相对于能动性（还是主体性指的那个活生生的个人），它也是他性。

　　情况是这样的：主体性就是个人"在过去的现在里记忆，在现在的现在里注意，在将来的现在里期望"这三种能力，能动性就是"记忆、注意、期望以外的所有其他能力"。可以肯定，"自然人"只要是面对着"法人行动者"便免不了记忆、注意和期望。不单是如此，他还会为了某些目的或原因总要想出办法去"保护、改善、扶持、利用、躲避、蒙骗、打击、破坏、消灭"它。面对着这样的"能动性","组织"就是"他性"。也可以肯定,只要"能动性"出现,"主体性"恐怕也随之出现。

然而,为了确立"组织"也是一种"行动者"(科尔曼说的"法人行动者",肯定是有别于我说的"行动者"),它必须被赋予至少有点类似"自然人"拥有的"自主性"(autonomy)。因此,即使"组织"是一种"他性",组织理论家也不愿依照存在论的惯例让"能动性"指定它。但是,他无法否认一个存在论事实,即:"他性"只是"能动性"的对象,本身是没有自主性的。稍后可以看到,他也不是没有办法绕过这个难题:由于他也是实证研究者,他可以在他的分析中进行干预,他可以只让"组织"充当分析中的"假设",绝不让它充当"数据"。

余下未决的疑点是:"组织"可以是交互对象性吗?恐怕不是。尽管"组织"是"理不顺、看不透、说不清、人言人殊"的存在论事体(ontological entity),对于任何一个"能动性"来说,它总是靠近交互主体性多于是靠近交互对象性。

另外,Meyer 一系的新制度主义其实早已指出了一个特殊的"交互对象性",就是"组织用的诸理念"(organizing ideas)。何出此言?非常简单,"理念"就是"话说"(parole,speech),它肯定是在索绪尔—布迪厄话说网络之中。因此,"组织用的诸理念"也肯定是在其中。说到底,索绪尔—布迪厄话说网络不过就是覆盖所有可能有的话说的网络而已,它永远是"最大的交互对象性",每一个话说不就是一些微型得多的"交互对象性"吗?

跟"组织"相反,"组织用的诸理念"却不容许是"理不顺、看不透、说不清、人言人殊"。它的"载负者"(国际组织、国际顾问公司)必须保证:对于有关的"能动性"(不就是"自然人"吗?)来说,它总是"言之有理"。(若非如此,谁会相信?)否则,"载负者"便无法挑起使之流传的任务(这一点,你在邮件里没有提及)。换言之,每一套"组织用的诸理念"也是一个连贯的(coherent)存在论事体,对于任何一个"能动性"来说,它也是"他性"。

历史制度主义(historical institutionism)也提出了一个特殊的"交互

对象性"即"文化的诸价值和诸规范"。毋庸多说,它肯定是在索绪尔—布迪厄话说网络之中,因而它也是一个"交互对象性"。我认为,它不过就是"组织"的传统(tradition)(Gadamer 说的"传统")而已,否则它便不是"路径倚赖性"(path dependency)("组织"的属性之一)的来源。"传统"对于"能动性"来说,肯定是"他性"。

我们终于算是论证了"组织""组织用的诸理念"和"文化的诸价值和诸规范"是三种"他性"了。我把它们三个和"另一组织"一起嵌入来自我理论社会学的语意学系统(此处只给出与讨论相关的符号),如下:

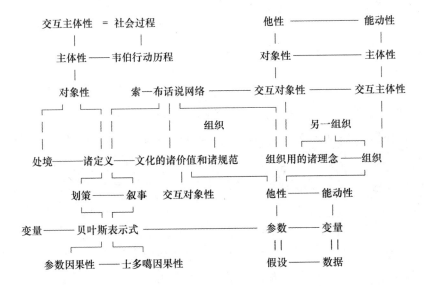

请注意如下两个二乘二矩阵,都是从嵌入后的语意学系统抽出的:

这个语意学系统需要一些解说。首先,"组织""组织用的诸理念"和"文化的诸价值和诸规范"都作为各自独立的"他性"通过"参数"进入了"贝叶斯表示式"。"划策""叙事""参数因果性"和"士多噶因果性"都是贝叶斯表示式。若是表达"贝叶斯表示式"为包含变量(variables）（x，y）和参数（parameters）（θ，φ）的条件概率分布（conditional probability distribution），上述四个贝叶斯表示式便是如下：

划策 = Pr（y | x，θ，φ）和叙事 = Pr（x | y，θ，φ）是一对，是"自然人"（"能动性"）使用于演绎（interpretation）的。在演绎里，无论是在分隔线"|"哪一方，变量 x 和 y 只能是"能动性"自己给出的"处境之定义"，参数 θ 和 φ 只能是"能动性"面对的"他性"。这是因应"自然人"来说的。

参数因果性 = Pr（x，y | θ，φ）和士多噶因果性 = Pr（θ，φ | x，y）是另一对，是研究者使用于分析（analysis）的。在分析里，"变量"和"参数"这两个统计学术语却是分别指分隔线"|"的左方和右方，凡是在左方的就是"数据"（data），凡是在右方的就是"假设"（hypothesis）。这是因应研究者来说的。为了指明此点，我特地添加了"数据"和"假设"二词，是我理论社会学的原来语意学系统没有的。

左方一个其实说明了梅耶一系为何重视"组织用的诸理念"的底蕴：

"组织用的诸理念"可以通过"交互对象性"（原在"索绪尔—布迪厄话说网络"之中）从而可以在研究者分析用的因果性（"参数因果性"和"士多噶因果性"只是其中两种）里充当"数据"。记住："诸定义"就是通过"索绪尔—布迪厄话说网络"得以在"参数因果性"里充当"数据"。

"组织"可以充当"数据"吗？按存在论说，当然可以。它是"他性"，它作为"能动性"的对象也可以像"诸定义"作为"主体性"的对象那样通过"索绪尔—布迪厄话说网络"得以在研究者分析用的因果性里充当"数据"。但是，若是如此，"组织"便是没有自主性，这正是组织理论家（他也是实证研究者）不愿看到的。换言之，"组织"在研究者的分析永远是"假设"，"组织用的诸理念"既可以是"假设"也可以是"数据"。

右方的矩阵恐怕也是说明了历史制度主义必须重视"文化的诸价值和诸规范"的底蕴，不赘。

也应该一提，"另一组织"也有同样的嵌入后的语意学系统。为简洁故，我在上述的语意学系统中略去了。

终于可以用贝叶斯表示式来表达组织与组织之间的"互动"了。步骤如下：

（一）为解说方便，设定"组织" X 和 Y 的"人员"（"自然人""主体性""能动性"）分别是 X_0 和 Y_0，即：

$X_0 = (x_1, x_2, \cdots), Y_0 = (y_1, y_2, \cdots)$，

其中 $x_1, x_2, \cdots, y_1, y_2, \cdots$ 是有关人员的"处境之定义"。显然，即使人员之间还有等级也不干扰我们的论证。

（二）设定"组织" X 和 Y 只从同一组"组织用的诸理念" $\Omega = (\omega 1, \omega 1, \cdots)$ 抽用各自合用的部分理念，即：Ω_X 和 Ω_Y。又设定 X 和 Y 各自的"文化的诸价值和诸规范"为 Ψ_X 和 Ψ_Y。

（三）设定 X_0 和 Y_0 的各自条件概率分布，即：

$\Pr(X_0 \mid X, \Psi_X, \Omega_X), \Pr(Y_0 \mid Y, \Psi_Y, \Omega_Y)$。

在研究者的分析中，它俩都是可以检验的参数因果性。不过，他不一定能够得到所有人员的数据的。因此，他通常只能因应某些理论、技术或其他原因选定一部分人员做访问。

（四）合并上述两个条件概率分布：

$\Pr(X_0, Y_0 \mid X, \Psi_X, \Omega_X, Y, \Psi_Y, \Omega_Y)$。

$(X, \Psi_X, \Omega_X, Y, \Psi_Y, \Omega_Y)$ 是假设，(X_0, Y_0) 是数据。这个参数因果性也是可以检验的。

（五）设定 $X, \Psi_X, \Omega_X, Y, \Psi_Y$ 和 Ω_Y 的边际概率分布，即：

$\Pr(X, \Psi_X, \Omega_X, Y, \Psi_Y, \Omega_Y)$。

（六）根据贝叶斯定理，得出研究者的分析中的士多噶因果性，即如下的条件概率分布：$\Pr(X, \Psi_X, \Omega_X, Y, \Psi_Y, \Omega_Y \mid X_0, Y_0) =$

$\Pr(X_0, Y_0 \mid X, \Psi_X, \Omega_X, Y, \Psi_Y, \Omega_Y) \times [\Pr(X, \Psi_X, \Omega_X, Y, \Psi_Y, \Omega_Y) / \Pr(X_0, Y_0)]$，

其中 (X_0, Y_0) 是假设，$(X, \Psi_X, \Omega_X, Y, \Psi_Y, \Omega_Y)$ 是数据。

(X_0, Y_0) 被当作假设出于研究者的现实考虑，不是他无中生有。在 X 和 Y（组织）日益壮大的今天，X_0 和 Y_0（组织的人员）对于研究者来说是越来越隐瞒。（你能知道香港特别行政区首长跟党主席和国务院总理的内部讨论吗？你能知道和记黄埔集团董事长和他的助手们的私下决定吗？）这个"数据"难题越来越严重，恐怕 Lazarsfeld 在世时从未遇过。

但是，我在前面说过，"组织" X 和 Y 只能是假设，不能充当数据。

因此，这个士多噶因果性是无法检验的。若改为如下的"既非参数的，也非士多噶的"的因果性，却是可以检验的：

$$\Pr\ (\Psi_X,\ \Omega_X,\ \Psi_Y,\ \Omega_Y\mid X,\ Y,\ X_0,\ Y_0)。$$

这等于说，"人员"（X_0, Y_0）不能作为假设单独检验。若要检验它，它便必须与"组织"（X，Y）一起当作假设接受数据（Ψ_X, Ω_X, Ψ_Y, Ω_Y）的检验。

（七）若是只看"组织"X，便得如下的因果性：

$$\Pr\ (\Psi_X,\ \Omega_X\mid\ X,\ X_0)。$$

这等于说，"组织"X及"人员"X_0必须是一起当作假设接受数据（Ψ_X, Ω_X）的检验。这意味着有关的人员（"自然人""主体性""能动性"）必然是跟组织捆绑在一起。这就是科尔曼的"法人行动者"的存在论真相。

应记得："人员"X_0其实是指所有人员的处境之定义（x_1, x_2, …）。因此，"组织"X也不妨视它的处境之定义。不过，它不是光从它的人员的诸定义衍生出来的，见后（九）。

（八）组织与组织之间的"互动"，即（X，Y），却可作为假设单独接受数据（X_0, Y_0, Ψ_X, Ψ_Y, Ω_X, Ω_Y）的检验，即如下的因果性：

$$\Pr\ (X_0,\ Y_0,\ \Psi_X,\ \Psi_Y,\ \Omega_X,\ \Omega_Y\mid\ X,\ Y)。$$

（九）若是只看"组织"X，便得如下因果性：

$$\Pr\ (X_0,\ \Psi_X,\ \Omega_X\mid\ X)。$$

这等于说，研究者手上可用于检验"组织"X这个假设的数据，只有"人员"X_0、"文化的诸价值和诸规范"Ψ_X和"组织用的诸理念"Ω_X。这就是研究"组织"X的全部实证基础！

我们大概可以用社会学的通俗词汇这样描述上述的因果性：实证地说，组织（X）的处境之定义是由其人员（X_0）的处境之定义、组织本身的传统（Ψ_X）和它从外吸收的诸理念（Ω_X）所决定的。

（十）如果"法人行动者"真的是像"自然人"那样的行动者，它的"叙事"和"划策"可以仿照着表示如下：

"叙事"：$\Pr\ (X\mid\ Y,\ \Psi_X,\ \Psi_Y,\ \Omega_X,\ \Omega_Y,\ X_0,\ Y_0)$

"划策"：$\Pr\ (Y\mid\ X,\ \Psi_X,\ \Psi_Y,\ \Omega_X,\ \Omega_Y,\ X_0,\ Y_0)$

但是，它肯定跟"自然人"不一样。因此，"法人行动者"若是真的要"叙事"和"划策","自然人"必须介入"演绎"之中，方式是"In the name of Organization，we …"（以组织之名，我等……）。

因此，正确的表示式应是如下：

"叙事"：$Pr\,(X, Y, X_1, X_2, Y_2 \mid Y_1, \Psi_X, \Psi_Y, \Omega_X, \Omega_Y)$

"划策"：$Pr\,(X, Y, Y_1, Y_2, X_2 \mid X_1, \Psi_X, \Psi_Y, \Omega_X, \Omega_Y)$

其中 $X_1 + X_2 = X_0$，$Y_1 + Y_2 = Y_0$，即"人员"X_0、Y_0 分拆为两部分，"执行人员"X_1、Y_1（来将何人？）和"非执行人员"X_2、Y_2。

你应记得，我说的"行动者"（"自然人""能动性"）的划策就是不断地自问自答："如果我给出的定义是 X，对方给出的定义 Y 会是何模样？"直至得到对方给出的定义 Y 是他乐于见到的为止。

科尔曼说的"法人行动者"的"划策"远为复杂，情况将会是这样的：

首先是"执行人员"X_1 不断地自问自答："如果我给出定义 X_1，定义 X、Y、Y_1、Y_2、X_2 会是何模样？"直至得到的 Y 是他乐于见到的为止。显然，在"执行人员"X_1 的划策中，Ψ_X、Ψ_Y、Ω_X 和 Ω_Y 作为"他性"可以不变，定义 X、Y、Y_1、Y_2 和 X_2 却随着定义 X_1 变而变。如此一来，"组织" X 和 Y 便是"处境之定义"多于是"他性"，只要忘掉了双方的"人员"$X_0 = X_1 + X_2$ 和 $Y_0 = Y_1 + Y_2$，它俩的确是貌似"行动者"。

"组织" X "划策"（划策人却是 X_1）之后，一旦"组织" Y "行动"起来（即定义 Y、Y_1 和 Y_2 出现了），Ψ_X、Ψ_Y、Ω_X 和 Ω_Y 作为"他性"可以不变，"执行人员"X_1 却不得不回应（就是叙事，即定义 X_1 不得不变），定义 X_2 和 X 便随之而变。这就是"组织" X 的"叙事"。同样地，"组织" X 和 Y 也貌似"行动者"。

7 月 13 日 Ben 复：

你的分析最令人惊奇的地方就是，即使把"组织"这个符号嵌入你的理论社会学中，仍然与科尔曼的方法论个人主义（methodological individualism）无所冲突。他大概不会反对，甚至会欢迎你的构思。

7 月 15 日 Ben 来邮:

附件是上星期五（12 日）跟你在金钟站附近喝咖啡时我提及的韦伯的两篇文章，都是近年才首次英译出来。[①]文中谈到的股票和期货交易市场，我视为韦伯说的"连手行动"（joint action），是你在《凝视》里曾经分析的。

我的想法是：把第一篇的 III 及整个第二篇的语意学系统描绘出来，应可归纳出一个有"食佣者""中介者""投机者"三种行动者之处境的交易市场。我尝试绘制此两篇文章的语意学系统，却不得要领。我想问吕先生：我的想法是否有问题，致使这个绘制遇到重重的困难？

下面是我对两篇文章的要旨撮要。

Paper 1　Stock and Commodity Exchanges

Ⅰ. 交代文章的源起与目的（p. 305）

（1）解释股票与商品期货交易（stock and commodity exchange）与现代大规模业（modern large-scale commerce）密不可分

（2）与前现代家长制下的市场制度比较

（3）定义"市场"（market）与"交易"（exchange）的分别（pp. 306 – 312）

（4）提出"交易"的商品，并提出该商品的使用方法与社会学意义，包括:（A）外币票据（pp. 312 – 313）;（B）债券（pp. 314 – 316）;（C）股票（pp. 316 – 320）

再次重申这些交易市场的商品必然与现代大规模商业的关切（pp. 320 – 321）

---

① Weber, Max, "Stock and Commodity Exchanges", in *Theory and Society*, 29 (3), 2002 [1924], pp. 305 – 338. Weber, Max, "Commerce on the Stock and Commodity Exchagnes", in *Theory and Society*, 29 (3), 2000 [1928], pp. 339 – 370.

Ⅱ. 讨论交易市场的运作（how... is this market... organized?）（p. 322）

由之提出两种"专业交易商人"（professional Exchange-Traders），食佣者（agent on commissions）和中介者（broker）（p. 323）

提出交易市场中价格形成（price formation）过程，并特别提出"交易行价"［（rate）–on-the-exchange］的重要性（pp. 324–326）

Ⅲ. 比较英、美、法、德、普鲁士的交易市场，由之提出政策建议（pp. 326–335）

Paper 2　Commerce on the Stock and Commodity Exchanges

I. 文章简介及交易市场运作简述

前文简介：中介者、食佣者、价格形成、行价等元素（pp. 339–344）

II. 比起上一篇文章（重视"交易行价"），这一篇文章似乎更重视每一宗交易的实际成交价。由之提出以实际成交价差异（price difference）获利的投机者（apeculator）及套戥者（arbitrager）（pp. 344–345）

III. 提出两种商业运作（forms of commerce），传统模式（第一篇的交易市场中提出的外币票据、债券及股票似乎属于这形式）（pp. 345–347）和期货（futures）（pp. 347–358）

谨记：期货是一种衍生工具（Derivatives）。这是上一篇没有提出的金融工具，这可能解释了上一篇韦伯政策建议不重视小投资者的利益（认为他们虽然可怜，但在国家利益之下可以被牺牲），这一篇却觉得小投资者可能借衍生工具，他们的盲目行为会损害国家利益，所以不得不正视。

再记：韦伯特别提出期货，另外一个原因是这种商业运作对投机者（speculator）最为有利。

补记：Weber 仍然认为不需要考虑个别小投资者的动机（p. 339），他似乎认为只需考虑期货市场运作即可。

IV. 在期货市场的投机行为对中介者角色的改变（pp. 358 – 359）

V. 讨论大众对期货市场的两个误解（pp. 359 – 360）

VI. 讨论期货市场容易吸引一知半解的小投资者（pp. 360 – 361）以及期货市场此特质的后果，包括对食佣者角色的改变（pp. 361 – 363）；对国家经济以及国际关系的影响（pp. 363 – 369）

7 月 16 日复 Ben：

这两天我事忙，18 日要到杭州、上海。有空便会看看韦伯这两篇文章，试试找出困难为何及其所在。

7 月 19 日 Ben 来邮：

据我所知，*Sociological Theory* 和 *Theory and Society* 这两本期刊，对理论议题有兴趣的搞实证研究的社会学家（也就是你说的"社会学理论家"）大概都会阅读，甚至投稿。前者比后者更好的一点是，它是少数不介意引文的期刊。

我觉得吕先生的一些想法，例如"社会理论""社会学理论"和"理论社会学"三者的严格区分、在社会学的科学课题里理论社会学和社会学理论两者的关系（前者彼此竞争当社会学的 Kuhnian 范式，后者是范式必须收编的案例），既与他们兴趣相符，又挑战他们既有的做法。若是写成文章，我猜这两本期刊非常愿意刊登，而且应会引起回响。

吕先生针对的问题正是西方主流社会学理论的问题。可以想象，很多人会不同意你的"理论社会学—社会学理论"的对立，尤其是致力于理论整合的社会学理论家，但总会有些人同意。但是，即使同意你这个对立的人，也未必同意吕先生你自己的那套理论社会学。

我觉得至少初稿不会太难写，因为你已有相关的文稿，加上你电邮中有关科林斯（Randall Collins）、亚历山大（Jeffrey Alexander）的评论，以至"收编"与"整合"的分野等，论点已具。请吕先生考虑。

7 月 19 日复 Ben：

你的提议我接受，剩下是执行的问题。

8 月 1 日 Ben 来邮：

近日找工作忙，但我在忙碌之中，也抽点时间绘制韦伯关于股票和期货交易的两篇文章的语意学系统，调解一下苦闷的心情。

这两篇文章的英译本分别是 2000 年 *Theory and Society* 刊登的由 Steven Lestition 翻译的 "Stock and Commodity Exchanges" 和 "Commerce on the Stock and Commodity Exchanges" 二文，见附件。

稍后我会尝试运用贝叶斯表示式来表达（一）commissioner，（二）broker，（三）capitalist、peasant、interest receiver，（四）speculator、arbitrager，四班人的互动。

8 月 1 日复 Ben：

我中午从石家庄飞深圳，刚回到家。

明天上午我要到中环见一些朋友，大概会下午回家。若是你有空可到我家一同吃晚饭，聊聊天。

我先看看你绘制的语意学系统。

8 月 1 日 Ben 复：

我明天有闲，就打扰吕先生你了。

8 月 3 日 Ben 来邮：

昨晚在您家交谈极为愉快，但吕先生送我上车后几分钟，突然滂沱大雨，希望吕先生没有因而着凉。

除了谈到韦伯关于股票和期货交易的二文之外，昨晚吕先生嘱咐我试试找有关理论整合的文献。回家后就立即拾起其中一位在组织学中搞理论整合的中坚分子斯科特（W. Richard Scott）的文章，略为阅读。斯科特是布劳的学生。

斯科特的 *Institutions and Organizations* 这本综合各流派制度主义的著作，1991 年出版，至今已经发行三版，而且每一版亦有更动。这本书广为流传，引用率亦奇高，在"理论综合"一类书籍中亦是异数。我在两年前读过，但印象并不深刻。[①]昨晚我读的是他 2005 年为 *Great Minds in Management: The Process of Theory Development* 这本多人论文集中写的一章"Institutional Theory: Contributing to a Theoretical Research Program"。[②]这篇文章夹叙夹议，一方面写他的学术生涯，另一方面写他对制度主义理论的意见。当中我特别留意他如何理解自己在"理论整合"的工作。这篇文章弥足珍贵，因为他记述了他进行"理论综合"工作的学术依据。

第一，"理论整合"似乎不是在库恩（Thomas Kuhn）意义上的"范式"上。他在文章中没有提及库恩的著作。

第二，他觉得自己的"理论整合"属于"Theoretical research program"（亦即他文章的副题）。他引用的依据是伯格（Joseph Berger）和泽尔蒂奇（Morris Zelditch, Jr.）在 1993 年编辑的 *Theoretical Research Programs: Studies in the Growth of Theory*。[③]这两位编辑是社会心理学家，所以这本书大部分章节都是社会心理学领域中不同的理论。但有两点值得留意：

（1）伯格和泽尔蒂奇在 2002 年又编辑了 *New Directions in Contemporary Sociological Theory*，该多人论文集收录了很多主流的社会学理论，包括制度主义在内，不像上一本大部分是社会心理学理论。[④]从目录看，伯格

---

① Scott, W. Richard, *Institutions and Organizations: Ideas and Interests*, 2008/2001/1991, Los Angeles: Sage Publications.

② Scott, W. Richard, "Institutional Theory: Contributing to a Theoretical Research Program", in *Great Minds in Management: The Process of Theory Development* (edited by Ken G. Smith and Michael A. Hitt.), New York: Oxford University Press, 2005, pp. 460 – 484.

③ Berger, Joseph and Morris Zelditch Jr. (ed.), *Theoretical Research Programs: Studies in the Growth of Theory*, Stanford: Stanford University Press, 1993.

④ Berger, Joseph and Morris Zelditch Jr. (ed.), *New Directions in Contemporary Sociological Theory*, Lanham, Md: Rowman & Littlefield Publishers, 2002.

和泽尔蒂奇似乎认为每一章所论述的理论其实都属于他们说的 "theoretical research program"。

（2）"Theoretical research program" 其实是什么样的东西呢？伯格和泽尔蒂奇的依据似乎是数学社会学家 Thomas Fararo（1933 - ）在 1989 年发表的 *The Meaning of General Theoretical Sociology*：*Tradition and Formalization*。① 所以两本论文集都找来了 Fararo 与他的弟子 John Skvoretz 两人写总结。我对此两人一无所知。但我记得吕先生曾经把 Skvoretz（与 Michael W. Macy 合作）的社会学研究放入今年秋季的硕士功课中，后来因为时间不足作罢。所以特别想问一问吕先生：知不知道 Fararo 与 Skvoretz 的想法的入手点是什么？或者我是否应该去认识他们的想法？

8 月 3 日复 Ben：

我当时为了找案例才找到 Skvoretz，我对这位社会学家所知极少。Fararo 的名字我很早便知道，记忆中却没有好好读过他的任何作品。

我想，"theoretical research program" 显然是个关键词，应可从有关的社会学文献库中找到它。

你提到的那些著作我都没有，可否发给我副本？

8 月 4 日 Ben 复：

我现在没有了中大的图书证，可能晚一点才可以弄到副本。

有关 "theoretical research program"，我稍稍查了一下，在 2007 年 *Blackwell Encyclopedia of Sociology* 有瓦格纳（David Wagner）撰写的条目，见附件。② 瓦格纳 1974 年斯坦福大学博士毕业，论文题目就是 "Theoretical Research Program：On the Growth of Sociological Theory"，他应该是伯格或泽尔蒂奇的学生。他后来的学术兴趣是理论方法（theoretical method）

---

① Fararo, Thomas J. , *The Meaning of General Theoretical Sociology*：*Tradition and Formalization*, Cambridge；New York：Cambridge University Press, 1989.

② Wagner, David G. , "Theoretical Research Programs", in *Blackwell Encyclopedia of Sociology*, Ritzer, George（ed. ）, Blackwell Publishing, 2007.

及社会心理学，与伯格的兴趣一致。

至此，与"theoretical research program"相关的学术人物大致明白了：

（1）伯格、泽尔蒂奇以及瓦格纳这班在斯坦福大学出身的社会心理学家。

（2）Thomas Fararo 亦在获得社会学博士学位后，在斯坦福大学的纯数学与应用数学系当过 research fellow，在时间上与瓦格纳读博士的时间一致。John Skvoretz 为 Fararo 的学生，两人的兴趣都是社会心理学以及理论的统一（unification of theory）。

（3）斯科特（W. Richard Scott）在斯坦福大学多年，极有可能与上述人士交流，虽然学术兴趣不重叠，但可能接受他们对理论建构与整合的想法。

大概弄明白了学术人脉，我下一步会先细读 *Encyclopedia* 的条目。

8 月 5 日 Ben 来邮：

我分析了瓦格纳在 *Blackwell Encyclopedia of Sociology* 撰写的"Theoretical research programs"条目，见附件。

8 月 6 日致 Ben：

我从网上下载了斯科特（W. Richard Scott）"Institutional Theory: Contributing to a Theoretical Research Program"一文，匆匆翻过，说说我的一些表面观察：

（一）斯科特提及他跟休厄尔（William H. Sewell, Jr.）的交往，以及后者 1992 年发表在 *American Journal of Sociology* 的"A Theory of Structure: Duality, Agency, and Transformation"一文。1996 年版 *Oxford Dictionary of Sociology* 庄重提及该文，显然得到当年英国社会学界的欣赏，原因应是"duality""structure""agency"等概念正是他们的国宝教授吉登斯的关心所在。留意：斯科特也欣赏吉登斯的理论。

休厄尔是我很喜欢的社会历史学家，他是极少数明白时间性（temporality）的多样性（multiplicity）在社会学的理论（社会理论、社会学理论或理论社会学）里的关键作用的社会学理论家（他完全可以当之无愧），并且敢于应用在历史研究（一种实证探究）上，对我启发极大。我在《凝视》一书大量引用他的文章。你若有暇，不妨细读我所引用的休厄尔文章，见《凝视》参考文献。

我在"Institutional Theory"一文中却看不到休厄尔在这方面对斯科特的影响。你可从此处入手窥看斯科特的制度理论，若是真的能够找到他因忽视时间性而在理论上有所缺失，这些缺失恐怕是所有新制度主义者都难以幸免的。

（二）我把"Institutional Theory"一文的段落列出来，如下：

1　Building a Theoretical Argument

　1.1　Early Insights

　1.2　A Bolder Conception

　1.3　An East-Coast Variant

2　Constructing a Comprehensive Framework

3　Shaping and Correcting the Agenda

　3.1　Toward More Interactive Models

　3.2　Conditionalizing De-coupling

　3.3　Reconsidering Rationality

4　Broadening the Agenda for Studying Institutional Change Processes

　4.1　Convergent and Disruptive Change

　4.2　Origins and Endings

5　Onward and Upward

　5.1　Expanding Facets and Levels

　5.2　Non-local Knowledge

6　Comments on Personal Contribution

7　Concluding Comment

这些段落顺序地反映了 Scott 身在的有关社会学圈子（不就是交互主体性，即社会过程吗？）和他在行动历程中的个人经验（他的时间序列）。有关的理论决定（所有的小段落）不就是他在理论工作中面对圈内人的划策和随之的叙事吗？换言之，他只活在这个小圈子里，大概不会迈出其外。因此，如果这个小圈子只关注某种社会学理论，他便被羁绊在其中。

我从你发给我的 *Blackwell Encyclopedia of Sociology* 由瓦格纳撰写的 "Theoretical research programs" 条目看到：

> A theoretical research program has three components: a set of interrelated theories, a set of substantive and methodological working strategies used to generate and evaluate these theories, and a set of models for empirical investigation and analysis based on these theories.

显然，theoretical research program（理论研究纲领）必然牵涉 models for empirical investigation（经验探究的诸模型），参与其中的社会学家恐怕都要为建立模型而进行一些实证研究（positive research），也就只能是社会学理论家了。如此说来，Scott 大概只是社会学理论家，不会是理论社会学家了。证诸于 "Institutional Theory" 一文的参考文献，Scott 的作品大都是基于实证研究。留意：该文的副题是 "Contributing to a Theoretical Research Program"。

（三）"Institution Theory" 一文的用词遣字恐怕是相当典型的美国社会学风格。且随手举出文中的一些例子：

1. modern organization structures are a product not only of coordinate demands imposed by complex technologies but also of rationalized norms legitimizing adoption of appropriate structural models.

2. organizations can and do decouple work activities from accounting, control, and other review systems.

3. institutions produce structural change ⋯ as a result of processes that make organizations more similar.

4. rational (or technical) performance pressures are not necessarily opposed but somewhat orthogonal to institutional forces—each a source of expanding rationalized structural arrangements.

5. A conception emerged of the role of institutional arrangements in constructing rationality, not just in the absence of effective instrumentalities, but as a framework for defining and supporting the full range of means-ends chains. A concern with effectiveness, efficiency and other

types of performance measures does not exist in a vacuum but requires the creation of distinctions, criteria, common definitions and understandings—all institutional constructions.

　　请注意这些例子中的诸动词（verbs）或由动词转出来的诸形容词（adjectives）：例 1 的"imposed by"；例 2 的"decouple"；例 3 的"produce"；例 4 的"rationalized"；例 5 的"emerged""constructing""defining and supporting""requires"。无一不要求读者自己小心想清楚"谁在动作?"。

　　显然，共有三种行动者：一是科尔曼说的组织牵涉到的"自然人"（natural person）；二是他说的组织即"法人行动者"（corporate actor）；三是研究该组织的社会学家，他是在组织外的"自然人"。我 7 月 11 日邮件已说明白"法人行动者"（作为行动者）是无法撇开它（作为组织）必须牵涉的"自然人"。如此说来，只要例子中的"谁"是组织本身，个中内情便无法简单。

　　美国社会学界文字风格的弊端之一就是在习惯上以简单的文字去说明一些其实是无法简单说明的事情，因而遮蔽了个中并不简单的内情。社会学还未到达物理学的简洁表达的境界，我个人认为如此文风令读者不得不在阅读时自行把并未明言的个中内情补上，方得其真。

　　另一弊端就是研究者在他的行文中忘记了要不时提醒读者们必须记住"'他性'（otherness）是可以多式多样的"这个分析事实。（或者不知道有此需要?）我在 6 月 24 日邮件中曾经提过，出现在研究者的因果分析中的众多"他性"，有些是组织牵涉到的"自然人"带入的，有些是研究者自己添加的。前者可以出现在分析的假设或数据之中，后者却只可以出现在假设之中。

　　我对美国社会学界文字风格的批评容或有偏颇之嫌，但你不妨试试以此为基础，看看"Institution Theory"的用词遣字是否可以改进。

8 月 8 日致 Ben：

　　我阅读了由瓦格纳撰写的"Theoretical research programs"条目，得出与你所得不一样的语意学系统，如下：

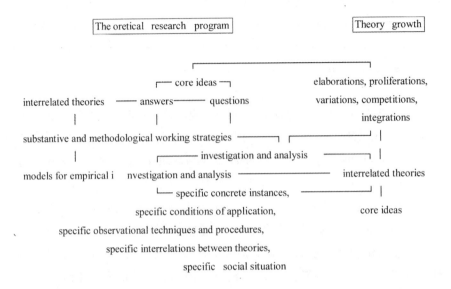

我解释一下我得出如此语意学系统的依据和考虑。首先，从条目看，我认为理论发展（theory growth）是目的（end），理论研究纲领（theoretical research program）是手段（means）、方法（method）或过程（process）。

所谓"理论发展"不过是日益关系紧密和范围扩大的"一组互相关系着的诸理论"（a set of interrelated theories），这些理论共享同一的"诸核心理念"（core ideas），个别理论之间的关系可以是"诸阐述"（elaborations）、"诸扩散"（proliferations）、"诸变异"（variations）、"诸竞争"（competitions）或"诸整合"（integrations），情况不一。

所谓"理论研究纲领"不过是有关的实证研究者（也就是社会学理论家，亦即实验社会学家）的所作、所为和所得。所作是"探究与分析"（investigation and analysis），所为是"问"（questions）与"答"（answers），所得是"诸核心理念"和一系列的"特定具体事例"（specific concrete instances）、"特定应用条件"（specific conditions of application）、"特定观察技巧和程序"（specific observational techniques and procedures）、"理论之间的特定互相关系"（specific interrelations between theories）和"特定社会处境"（specific social situations）。留意：只有"互相关系着的诸理论"和"诸核心理念"得以进入"理论发展"之中。

单从"理论研究纲领"看，所谓"互相关系着的诸理论""实质的和方法学的诸工作策略"（substantial and methodological working strategies）、

"经验探究和分析所需的诸模型"（models for empirical investigation and analysis）不过是犹如图书馆所用的分类学（taxonomy）。留意："诸工作策略"细分为"实质的"和"方法学的"两类。

"理论研究纲领"也可以视为一个"组织"（organization），只要回想库恩的"学科矩阵"（disciplinary matrix）便不难明白。它有四个向度，分为两组，即："科学课题"（scientific project）和"科学群体"（scientific community），显然是一个"组织"，见我 2010 年讲课稿《社会学的科学课题》第三章《范式及其诸案例》。"理论研究纲领"肯定是一个"科学课题"，参与其中的实验社会学家们当然是一个"科学群体"了，两者一起不就是一个"组织"吗？如此一来，"理论研究纲领"（连同参与其中的实验社会学家们）便无法绕过"组织"活在其中的"时间性"（temporality）。但是，有关的"时间性"又藏在那里？

我 6 月 28 日致宇凡邮件中便提到"范式—反例"这组对立（不妨视为纲领，称之"科学革命纲领"）逻辑地引发了库恩的科学革命的核心机理，即"危机—修正—常态"。常态（normalcy）就是"范式已立，反例未出现"，危机就是"反例出现，旧范式倒下来"，修正就是"新范式收编了反例为它的案例"。所谓"核心机理"不就是一个时间序列吗？它的模样是这样的：

………——常态——危机——修正—常态——危机—修正——……

但是"理论研究纲领"面对的，不是科学革命（scientific revolution），而是科学进步（scientific progress）。"诸阐述""诸扩散""诸变异""诸竞争"和"诸整合"只是不断地引发着进步，不是骤然地掀起一场革命。因此，它的时间序列只是：

………——停滞——进步——停滞——进步——……

留意：由于"理论研究纲领"（其实也可称为"科学进步纲领"）并不假定范式的存在，它包含的理论便无从是反例。"Theoretical research programs"这条目确实没有明文提及库恩式的科学革命，只是暗地里指指点点：

A focus on the broad foundational orienting strategies of the discipline reveals very stable intellectual structures that change only very slowly (if at all) and without being particularly responsive to the fortunes of the theories generated from these strategies.

在瓦格纳眼中的"科学进步纲领"与"科学革命纲领",孰褒孰贬,却是毫不含糊。不过,他也没有说错,科学革命绝不多见,想想从牛顿力学到爱因斯坦相对论,历时便是以世纪算。也如他说,范式对案例的运道并不特别介意,我7月5日致宇凡邮件便说过:

> 理论社会学(社会学范式的候选者)采取了一个迂回的方式从数据的围困中脱身出来:它本身只跟社会学理论(有待范式收编的案例)打交道,却让社会学理论停留在数据的围困之中。数据可以推翻一个社会学理论,理论社会学却可以置身事外,它只不过是失去了一个案例。

但是,科学不单只需要天天进步,还需要在发生危机时掀起革命。科学能没有危机吗?若是危机不可免,革命便不可免。社会学的吊诡之处却是:以它目前的情况看,危机是不可能发生的。原因是:社会学从未曾到达科学的常态("范式已立,反例未出现"),何来危机("反例出现,旧范式倒下来")?因此,当前急务是:积聚更多的理论社会学充当范式的候选者,让社会学的范式得以早日出现。我之所以致力于理论社会学,正是为此而已。

宇凡曾向我提出两个问题:

> 理论社会学与社会学理论有中间地带吗?如果有,理论社会学为什么直接收编社会学理论而非中间地带的理论?

> 假若这种广义社会学理论成立的话,它们将作为社会学理论与理论社会学的中间地带,因为它们达至三点要求:(一)比社会学理论高一层次。(二)不是社会理论,仍接受数据检验。(三)不是理论社会学,因为它不想争当社会学的范式,最多也是竞争所在领域(如社会分层)的"范式"。

如果广义社会学理论的定位成立的话，那么，理论社会学的收编对象为什么一定是社会学理论而非广义社会学理论？（见我 7 月 5 日致宇凡邮件）

我没有回答这两个问题，只是肯定了"广义社会学理论"的积极作用并把它从理论社会学区分出来。我说：

我对中间地带的理论没有存疑。这样的理论对个别领域在社会学理论层面是的理论整合（theoretical integration）肯定是起着积极的作用，是应该鼓励的。但是，仅仅在个别领域的社会学理论层面上"整合"（to integrate）跟一个理论社会学从上朝下伸向社会学理论层面"收编"（to recruit）终归不是同一回事，我认为是应该仔细区分的。（同上）

若是从"科学进步纲领"的角度看出去，所谓"中间地带的理论"或"广义社会学理论"仍然只是"互相关系着的诸理论"的一员而已，它虽是当前（经过"诸阐述""诸扩散""诸变异""诸竞争"和"诸整合"的种种评估）最进步的一员，却不是比其他未被淘汰的成员理论高一层次。留意：收编"广义理论"跟收编这些未被淘汰的理论应是同一样的，因为真正的关键在于检验它是否一个反例。相对于范式而言，"广义理论"固然可以不是反例，比它落后的理论却不见得不可以是反例。

最后，瓦格纳是这样描述 originating strategies（也就是我说的"理论社会学"）的：

Orienting strategies specify the fundamental aims and presuppositions the guide theoretical work. They provide an underlying ontology（what is to be seen as sociologically real）and an epistemology（how we know what is real）. The also provide a substantive foundation of presuppositions about such issues as the nature of the actor, action, and the social order. Does the actor have agency? Is action rational? What is the relative importance of conflict and consensus in action?

　　你记得，理论社会学必须同时具有基础存在论（fundamental ontology）、存在论（ontology）、实在论（realism）和诠释论（hermeneutics）。瓦格纳对理论社会学不是不了解，只是了解不全面：

　　（一）他虽未提及"基础存在论"，却不忘说出其内容（"presuppositions about such issues as the nature of the actor, action，…"）。

　　（二）他误以为存在论即实在论。

　　（三）他知道认识论（epistemology），却没有提及有些认识论（例如贝叶斯表示式）其实是可以充当诠释论用的，既可以供研究者用于分析（诸因果性不就是狭义的认识论吗?），也可以供行动者用于演绎（叙事和划策不就是狭义的诠释论吗?）。社会学的科学课题所需要的认识论正该如此。

8月9日 Ben 复：

　　读了你关于"Theoretical research programs"条目的分析。我觉得，我之前的分析的最大问题是忘记了理论研究纲领（科学课题的一部分）必然要在科学共同体（一个交互主体性）之中，理论发展就是这个交互主体性（即社会过程）的产物。

　　吕先生的论断是："单从'理论研究纲领'看，所谓'互相关系着的诸理论''实质的和方法学的诸工作策略''经验探究和分析所需的诸模型'不过是犹如图书馆所用的分类学。"我却把这些概念放入核心，忘记了实证研究者在科学共同体的所作、所为与所得。我的错误大概就是一般所说"rectification"（物化）的问题吧，忘记了理论研究纲领只不过是社会过程的产物而径自把它当作一个既存的事体（entity）。

　　我只在一小处不同意吕先生的分析。吕先生说实证研究的所得有二：一是"诸核心概念"，另一是"特定具体事例""特定应用条件""特定观察技巧和程序""理论之间的特定互相关系"和"特定社会处境"。我之前的分析用了条目中"解释领域"（explanatory domain）一词指称后者，并与前者相对。

　　通过理论发展中的"阐述、扩散、变异、竞争和整合"，若理论能够发展的话，"诸核心概念"与"解释领域"都会发生变化；前者会变得更复杂，后者会更扩大。换言之，我认为除了"互相关系着的诸理论"和

"诸核心理念"，"解释领域"亦可以进入"理论发展"。

最后，我在阅读吕先生的分析时，读至"所谓'理论研究纲领'不过是有关的实证研究者的所作、所为和所得"时，感到有点奇怪。吕先生用"所作"和"所为"二词分别指向实证研究者的意图（探究与分析）和他为达此意图所选取的方法（问与答）。但常用语有"所作所为"一词，两者应是同义。我在想，会不会有更好的词汇可以取代"所作"和"所为"二词呢？

8 月 10 日复 Ben：

有关的原文是这样的：

Another aspect of the development of theoretical research programs is associated with the implementation of theoretically based empirical models for research. Such models may include specifications of concrete instances of phenomena that can be modeled with the concepts and principles of theories in the program; they may specify conditions under which the model is expected to apply; they may identify observational techniques and procedures useful in applying the model; they may provide ways of interrelating elements from different theories in a program to deal with the complexity apparent in a particular application situation.

These are all issues of relevance in evaluating theoretical research programs. Models are central to evaluating empirical adequacy of a program in representing specific social situations.

可能是基于修辞上的考虑，瓦格纳不单采用了名词"specification"（特定）、动词"specify"（特定）、形容词（specific）"特定的"，也采用了动词"identify"（认定）和形容词"particular"（特别的）（见"provide ways of … in a particular application situation"）。我认为，关键词始终是"specifications"（诸特定）。因此，我挑选了"specific"（特定的）一形容词冠于由"具体事例"至"社会处境"一系列名词之上。

稍一思索便不难明白：用于经验探究和分析的诸模型不就是由解释领域里的一系列特定所规定的吗？因此，诸特定既衍生自诸模型，也牢牢钉在其身上，不像诸核心理念可以游走在"理论研究纲领"和"理论发展"之间。

顺便一提，我在瓦格纳撰写的"Theoretical research programs"条目中找不到"explanatory domain"一词。你是否在别处看到的？该条目内容在 *New Directions in Contemporary Sociological Theory* 一论文集中由编辑伯格和泽尔蒂奇亲自撰写的"Theory Programs, Teaching Theory, and Contemporary Theories"一章里也可以看到，仿如翻版。

最后，我也是在找不到更合适的词汇后，把日常词"所作所为"分拆为"所作"和"所为"。回想起来，我的做法也不是全无道理。日常词中也有"有所为，有所不为"的说法，在"所为"和"所不为"之间隐藏着某一尚未明言的道德准则，该准则并不在"所为"（或"所不为"）本身之中。因此，"所为"一词或可用来指向"路人皆见"的动作（act），不涉及其内情。如此理解下，"所作"便可用于指向"工作"（work），是必然带着目的的。探究和分析不就是实证研究者的"工作"吗？问和答便是他工作的"方式"（way, form）了。

8 月 10 日致 Ben：

经过这几天的讨论，所谓"理论研究纲领"的面目清晰了，它和我的理论社会学之间的差异和可能有的关联也开始清晰了。我稍稍梳理一下。

很清楚，所谓"理论研究纲领"其实只是限于社会学理论（在某些特定条件下能够承受实证探究的社会理论），不妨称为"社会学理论研究纲领"（sociological theory research program）。旗下的众多分支（branches）各有自己的研究对象（research object）[不是 research subject（研究题目）]，却不是各有自己的研究纲领。我个人认为，社会学理论家只应承认一个研究纲领，各支的差异不在纲领而在对象。我们应该向他们鼓吹这一观点。

Fararo 和 Skvoretz 在 *New Directions in Contemporary Sociological Theory*（2002 年出版）的"Theoretical Integration and Generative Structuralism"一文可以用作有关讨论的起点。我稍稍翻过该文，初步印象是他俩制造出来的 generative structuralism（记得吗？布迪厄好像便是如此命名他的理论。

待考）。貌似理论社会学，却不符合理论社会学的定义（那些具有要当社会学范式的大野心的社会理论，彼此竞争着收编所有社会学理论为案例）。他俩大概是从没想过要当理论社会学家。

　　我给出的"理论社会学"一词的定义大体上就是我心目中的"理论社会学研究纲领"。它与社会学理论研究纲领的逐项比较（item-by-item comparison）如下：

社会学理论研究纲领	理论社会学研究纲领
interrelated theories	彼此竞争要当社会范式的理论社会学
working strategies	彼此竞争收编所有的社会学理论为案例
models	索绪尔"语言—话说"区分、贝叶斯表示式
core ideas	基础存在论（行动、当下一刻、肉身）、存在论（韦伯历时性、韦伯共时性、吉登斯历时性、吉登斯共时性、主体性、对象性、交互主体性、交互对象性、能动性、他性）、实在论（韦伯行动历程、吉登斯行动历程、社会领地、象征全域、索绪尔—布迪厄话说网络、处境、诸定义）、诠释论（叙事、划策、参数因果性、士多噶因果性）
answers – questions	盘问（to interrogate）对方的基础存在论、存在论、实在论、诠释论
investigation and analysis	理论社会学与特定社会学理论的语意学系统比较分析
specific concrete instances, etc.	特定社会学理论的语意学系统
elaborations, etc.	各自为收编反例而自我修正

我心目中的理论社会学研究纲领的语意学系统可以表达如下：

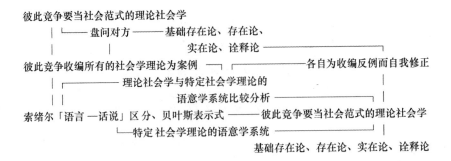

这个语意学系统只适用于范式从未曾建立（前科学时代）或已有范式倒下来（危机阶段）的情况。它跟社会学理论研究纲领的语意学系统是同构（homologous）的，但是具体内容不一样。

首先，诸理论社会学（范式的诸候选者）之间的关系是竞争。它们互相盘问对方的诸核心理念（基础存在论、存在论、实在论和诠释论），这样做不是为了推翻对方（事实上它也做不到，只有反例能够推翻对方），而是为了进一步肯定和改进自己的诸核心理念。

诸核心概念构成了理论社会学的语意学系统，语意学系统就是索绪尔"语言—话说"区分中的"语言"（langue, language），贝叶斯表示式（Bayesian representations）就是语意学系统里的诠释论。另外，社会学理论总是以"语言—话说"区分中的"话说"（parole, speech）的面目出现，它不过是一套话说而已。因此，理论社会学家必须从社会学理论（话说）中把它的语意学系统（语言）梳理出来。如此说来，索绪尔"语言—话说"区分和贝叶斯表示式便是理论社会学研究纲领里的"探究和分析所需的诸模型"。

理论社会学的探究和分析只集中在自己与特定社会学理论二者的语意学系统的比较分析（comparable analysis）上，而且是从自己的系统审视后者的系统。这样的探究和分析绝无实证研究的成分。

毋庸说，这个理论社会学研究纲领带着我个人的偏见。我认为，在社会学的科学课题里，理论社会学（如在竞争中胜出便是范式）只有通过语意学系统才能收编诸社会学理论为它的案例，数学形式化（mathematical formalization）恐怕也是无补于事。在这一点上，我与数学社会学家法拉罗（Fararo）、斯科弗雷兹（Skvoretz）等人分手了，他们始终是徘徊在社会学理论研究纲领之中。

名词索引

名　　词

十画

十六画

辩证振荡 = dialectic oscillations 17

整全主义 = holism 35 – 37

十八画

覆盖律 = covering law 7,8

英语名词